中国中古史研究

第十卷 「中古史研究的旧式新法」专号

中西书局

图书在版编目(CIP)数据

中国中古史研究. 第十卷 / 复旦大学历史学系，
《中国中古史研究》编委会编. —上海：中西书局，2023
ISBN 978-7-5475-2124-3

Ⅰ.①中… Ⅱ.①复… ②中… Ⅲ.①中国历史−中
古史−研究 Ⅳ.①K240.7

中国国家版本馆 CIP 数据核字(2023)第 101268 号

中国中古史研究(第十卷)

复旦大学历史学系 《中国中古史研究》编委会 编

责任编辑	李碧妍	
装帧设计	梁业礼	
责任印制	朱人杰	
出版发行	上海世纪出版集团	
	中西书局(www.zxpress.com.cn)	
地　址	上海市闵行区号景路 159 弄 B 座(邮政编码：201101)	
印　刷	上海商务联西印刷有限公司	
开　本	700 毫米×1000 毫米　1/16	
印　张	23.5	
字　数	388 000	
版　次	2023 年 8 月第 1 版　2023 年 8 月第 1 次印刷	
书　号	ISBN 978-7-5475-2124-3/K・436	
定　价	95.00 元	

本书如有质量问题,请与承印厂联系。电话：021-56044193

目　录

"魏明故事"试释：魏晋时期的爵位进级[*]

柴　芃

魏晋时期的爵位问题，恐怕不能算作这一时段制度史研究中很重要的一个方面。然而学界对此的关注却也并不缺乏，有相当多的高水平研究。其中专著主要有杨光辉《汉唐封爵制度》和王安泰《开建五等：西晋五等爵制成立的历史考察》《再造封建：魏晋南北朝的爵制与政治秩序》。顾江龙的博士论文《汉唐间的爵位、勋官与散官——品位结构与等级特权视角的研究》也对此有专门探讨，其较近发表的《晋武帝"罢五等之制"解》一文，对魏晋爵制中最难解的五等爵问题做出了系统分析，于学术史上的重要论文也有全面列举[①]，本文因此不再赘述。由于相关史料数量有限，故前贤讨论比较充分的部分，我们不必再重复。只是从爵制实际运行的角度，尽量发掘一些过去关注较少的材料，重点对于爵位普进级的演变以及西晋时期五等爵的地位问题提出一些自己的看法。不足之处，敬希方家指教。

一、曹魏时期的"增位"

《资治通鉴》卷八二：

> 杨骏自知素无美望，欲依魏明帝即位故事，普进封爵以求媚于众。……
> 丙子，诏中外群臣皆增位一等，预丧事者增二等，二千石已上皆封关中侯，复
> 租调一年。散骑常侍石崇、散骑侍郎何攀共上奏，以为："帝正位东宫二十余

---

* 基金项目：2021 年度国家社科基金青年项目"魏晋南北朝官员位阶体系研究"（21CZS019）。

① 顾江龙《晋武帝"罢五等之制"解》，《魏晋南北朝隋唐史资料》第 35 辑，第 52—53 页。

年，今承大业，而班赏行爵，优于泰始革命之初及诸将平吴之功，轻重不称。且大晋卜世无穷，今之开制，当垂于后，若有爵必进，则数世之后，莫非公侯矣。"不从。①

　　按《通鉴》叙西晋事，颇有不见于《晋书》及其他现存古籍者。如咸宁五年（279）山涛"释吴为外惧"一语，就不见于他书；元康九年（295）叙韦忠之语，与《晋书》本传所载亦大不相同，等等。其史料来源，《考异》经常提到的就有萧方等《三十国春秋》和杜延业《晋春秋》，是较为可靠的史书。上永熙元年（290）五月杨骏一事，《通鉴》叙述颇有条理，故本文引述之。对比现有其他史料，《晋书·惠帝纪》记此事为"丙子，增天下位一等，预丧事者二等，复租调一年，二千石已上皆封关中侯"②，又在杨骏、石崇二传中详述事件本末。另《御览·封建部》引王隐《晋书》亦有记载③。各书的措辞细节及官位略有差别④，应是史源不同所致。但基本事实是一致的：诏书规定群臣"增位"，《通鉴》《晋书·帝纪》同；石崇、何攀上书，称"班赏行爵，优于泰始"，《通鉴》《晋书·石崇传》《御览》皆同；"有爵必进，数世之后，莫非公侯"之语，《通鉴》《晋书》一致。观此三节，则兹事本末大体已可明了。其中难解之处，在于杨骏"欲依魏明帝即位故事，普进封爵以求媚于众"（本传作"大开封赏"），石崇上奏的主题也在于反对滥封，而诏书的主要措施却在于"增位"。如果"普进封爵"只是指"二千石已上皆封关中侯"的话，这种待遇绝不算优厚，无论如何上升不到"优于泰始革命之初及诸将平吴之功"的地步。而《通鉴》《晋书》虽然细节表述不同，但都把"增位一等、预丧事者增二等"放在了"二千石已上皆封关中侯"前面，似乎不好理解为"增位"只是"封爵"之外的一项不太重要的优惠措施，而对于二千石以上已有爵位者的进爵规定却偏偏被史家省略掉了。

　　对此问题的分析，本文的思路是首先对魏晋"普进封爵"的历史背景做一梳理，最后再解释"增位"与"进爵"的关系。而讨论"普进封爵"的第一步，则应对魏

---

① 《资治通鉴》卷八二晋惠帝永熙元年，中华书局，2011年，第2647页。
② 《晋书》卷四《惠帝纪》，中华书局，1974年，第89页。
③ 《太平御览》卷一九八，中华书局，1960年，第952—953页。
④ 如《通鉴》云"中外群臣皆增位"，而《晋书》云"增天下位"；《通鉴》"二千石已上皆封关中侯"在"复租调"之前，而《晋书》却在其后。《通鉴》称"散骑常侍石崇"，与《晋书》本传记载其时任侍中不同。《御览》记载何攀为"散骑常侍"，与《晋书》《通鉴》皆不相同。

晋爵级的情况略作介绍。与其直接相关的史料主要有二：一是《三国志·武帝纪》裴注引王沈《魏书》，记载了曹操所更定之六等爵，从高到低依次为列侯——关内侯——名号侯——关中侯——关内外侯——五大夫。二为《通典·晋官品》所载爵位，从第一品到第七品依次为开国郡县公（1）——开国县侯伯子男（2）——县侯（3）——乡侯（4）——亭侯（5）——关内、名号侯（6）——关外侯（7）。其中一、二品的五等爵为魏末所制，主要适用于晋以后，本节讨论曹魏爵级，对此暂不展开。三品至五品的县乡亭侯即为列侯的内部划分，六品以下的爵名似与曹魏六等爵不尽相同，实则清代学者钱大昕等即已指出，《三国志·武帝纪》里的"关内外侯"当作"关外侯"，"内"是衍文①。现代研究者也多已指出，"关中侯"在晋代史料中常见，《晋官品》不应不载。顾江龙《晋初封爵等级一览表》即直接将"关中侯"插入第七品"关外侯"之上②。笔者认为《晋官品》第七品本作"关中、外侯"，与第六品"关内、名号侯"并列的结构一致，而后代传写时不明其为二爵，故脱去"中"字。也就是说，晋代六七品的爵号由高到低排列为关内侯—名号侯—关中侯—关外侯，这是完全沿袭自魏制的。

在处理具体史料时，则应注意到"名号侯"虽然占据了关内侯和关中侯之间的一级，但性质较为特殊，一般官员的爵位迁转时不会出现，对此可以不用考虑。"关外侯"的级别较低，史料中也很少有。因此我们需要关注的，实际就是"县侯——乡侯——亭侯——关内侯——关中侯"这样一个爵级序列。《三国志》卷一四记载的孙资履历，就为我们提供了一个完整的样本。他在魏文帝曹丕受禅后赐爵关中侯，两年后因功进关内侯，明帝即位之际进亭侯，太和、景初时又相继立功，进乡侯、县侯。最后齐王芳即位，因县侯已是最高级爵，位无可加，故又有增邑、荫子的封赏③。《三国志》所载曹魏时的进爵履历大多没有这么完整，表现为一般都是关内侯起步，最终也未必都能到达县侯乃至进一步增邑，但晋级路线与孙资是完全一致的。

值得注意的是，孙资履历中至少有两次晋升并非因功而进爵，即文帝即位后由无爵得赐关中侯以及明帝即位后由关内侯进亭侯④。这其实就是本节开头所

① 卢弼《三国志集解》卷一引钱大昕、潘眉说，上海古籍出版社标点本，2012年，第192页。
② 顾江龙《晋武帝"罢五等之制"解》，《魏晋南北朝隋唐史资料》第35辑，第55页。
③ 《三国志·魏书》卷一四《刘放传》附，中华书局，1959年，第457、459页。
④ 曹芳即位，孙资有定策之功，其增邑的性质与文、明帝即位时的普进爵颇为不同。

谓的"明帝故事""有爵必进"的情况。对此现象,以往研究已有不同方面的发现和考察①。简单来说,曹丕于建安二十五年(220)的二月、十月相继当上了魏王和皇帝(《三国志》分别称之为"文帝即王位"和"文帝践祚",即王位后改元延康,践祚后改元黄初),进行了两次大规模的普进百官爵级的举措。前述孙资得爵关中侯,本传云时值"黄初初",即对应着十月"文帝践祚"这一次。应该补充的是,群臣百官人数众多,不可能无爵之人都得爵、有爵之人必晋级,但从数量上看,这两次进爵的覆盖范围是很大的。王安泰列有《汉末魏晋封爵总表》,按时间顺序排列汉末直到西晋各级爵位的授受情况②,从中可以很直观地感受到延康、黄初这两次进爵的规模,本文不再赘述。很明显,魏明帝即位后"诸臣封爵各有差"③、又一次大规模提升百官位次,完全是对其父当年即位举措的模仿。至于杨骏为何称"魏明帝故事"而非"魏文帝故事",想来原因无非有二:一是此制度文帝时尚属草创,在进爵范围等方面应该不如明帝时规范明晰,"明帝故事"更有参考价值;二来魏文帝是开国之君,明帝乃继体之主。以晋惠帝的地位,比照明帝显然是更合适的。

　　曹魏普进群臣爵位这一举措的背后动机,有两点值得特别注意。首先当然是曹魏立国未久、政局并非十分安稳,进行大规模的封赏有助于笼络人心,后来杨骏的模仿举动就能很好地说明这点;另外则是这一时期出现了对于以往封爵侧重军功的批评,袁准即云:

　　　　今有卿相之才,居三公之位,修其治政,以安宁国家,未必封侯也。今军政之法,斩一牙门将者封侯,夫斩一将之功,孰与安宁天下者? 安宁天下者不爵,斩一将之功者封侯,失封赏之意矣。④

曹魏的普进爵并不区分文武官,大家同享"有爵必进"的机会,这显然对"修其治政"的文官是有利的。

---

　　①　杨光辉《汉唐封爵制度》,学苑出版社,2002年,第129—130页。王安泰《开建五等:西晋五等爵制成立的历史考察》,花木兰文化出版社,2009年,第27页。
　　②　王安泰《开建五等:西晋五等爵制成立的历史考察》,第221—291页。
　　③　《三国志·魏书》卷三《明帝纪》,第91页。
　　④　《太平御览》卷一九八引《袁子》,第953页。又《艺文类聚》卷五一亦引,字句略有不同。

对此,王安泰特别强调了这一制度对"士族""行政官僚"群体的益处[1],笔者十分赞同。但如果说这同时也意味着士族对"文化素养较低的军功集团"的打压、"军功封爵者似无法借此进爵"[2],则恐不然。比较明显的反证,就是魏文帝对武官有特殊的照顾。前已言及,曹魏在 220 年中执行了两次进爵,武将如张辽、张郃、徐晃、朱灵、臧霸在这两次中都有提升:文帝"即王位"时由亭侯晋乡侯,"践祚"时由乡侯晋县侯[3]。文官就没有这么好的待遇了,如钟繇在建安中本已因功封亭侯,与上述武将同级,然而文帝"即王位"时他并未晋爵,只在"践祚"时晋升乡侯,就比武将们低了一档。华歆在"文帝即王位"时"封安乐乡侯","践祚"时就不再晋升。只有王朗在"即王位"时封亭侯、"践祚"时进乡侯,经历了两次进爵[4]。很明显,这也并非由于王朗特别有功或者受宠,而是曹丕有意识地将文官的爵级控制在乡侯以下,以与武官保持距离[5]。这背后应该是考虑到了军功爵本就偏重武将,不想让他们在群臣普增位中过分吃亏。当然,随着后来明帝时的又一次普进位,钟繇等人的爵级都升为县侯,与高级武将们一致了。但我们也应该注意到,即便同为县侯,也有户数多少的差异。臧霸本传就明确记载他在明帝即位时"增邑五百"[6],可见原已封县侯的武将在普进爵时仍有利可图,这项制度并未造成他们的损失。另,王安泰以夏侯惇之孙夏侯佐在西晋时仍为乡侯、爵级较低的例子证明军功将领被抑制。其实夏侯惇封乡侯,已是建安时期的高爵[7]。只是他不巧死于文帝践祚前,所以没能赶上文、明二帝进爵的大潮流。而功臣子孙所袭之爵应不在普进位之例。比较明显的例子,是杜畿在文帝时封亭侯,其子杜恕虽然很有时望,但在明帝即位后也没能再进乡侯,以至于杜预在入晋后也长期是亭侯。夏侯佐的情况与此同理,可见并非对武将有意压制,只不过

---

① 王安泰《开建五等:西晋五等爵制成立的历史考察》,第 33、183 页。
② 同上。
③ 见《三国志》卷一七、一八诸人本传。朱灵本传不载文帝即位后其为乡侯,然《隶释·魏公卿上尊号奏》载其为"后将军华乡侯",与"左将军中乡侯臣郃、右将军建乡侯臣晃、前将军都乡侯臣辽"同列,知四人名位平齐,而本传未载。又王安泰《封爵总表》多处参考《上尊号奏》,却不录此条,未详厥故。
④ 《三国志·魏书》卷一三《钟繇华歆王朗传》,第 395、403、408、409 页。
⑤ 由此可见,华峤《谱叙》中说他的祖父"以形色忤时"而未能进爵,当非事实。这点顾江龙已经指出了。参氏著《汉唐间的爵位、勋官与散官——品位结构与等级特权视角的研究》,北京大学博士学位论文,2007 年,第 77 页。
⑥ 《三国志·魏书》卷一八《臧霸传》,第 538 页。
⑦ 杨光辉《汉唐封爵制度》,第 44—45 页。

文官在屡次进爵中确实获利更多而已。

另外应该指出的是,现有史料、特别是正史史料中,曹魏官员进爵升级的情况十分普遍,但我们不能据此认定当时就已经真的到了"有爵必进""莫非公侯"的地步。原因在于现有史料中的人物只是当时官位、声望达到顶尖的极少数,不足以反映官员队伍的整体状况。而且即使是这部分人物,也并不是每遇新君即位就都能进爵。例如当时的名臣刘劭,从建安时期就已经得到任用,但在正始年间方才"执经讲学,赐爵关内侯"①,可知在文、明帝时均无爵封。崔林在明帝时官拜三公,但此前也只是关内侯,以至于不得不因拜官而封列侯,受到了裴松之的批评②。另外,曹魏刺史、太守在新帝即位时的进爵也受到了一定程度的控制。如梁习、贾逵二人在文帝践祚时进爵、赐爵③,明帝即位后就没再晋级;而满宠在明帝即位时由乡侯进封县侯,此前文帝即位(或践祚)之际却并未进爵④。刺史太守在文、明二帝即位时都能获得进爵待遇的,笔者尚未见其例。这都足证曹魏此前虽然因新帝即位而进爵者多,但还未到十分泛滥的程度。就以嘉平六年(254)九月废帝时群臣上奏所列头衔而论,三公中郑冲只是亭侯;孙邕官至光禄大夫,位次很高,但爵止关内侯;九卿中庾嶷、鲁芝、王祥等都无爵⑤。各等级官员中爵位参差,且无爵、低爵者比比皆是。

由此可见,以爵位高低为主要标准、作为魏晋人物的身份高低尺度,这种做法是靠不住的。王安泰提出,曹魏时以关内侯为界区分士族和较低阶层,西晋时这一标准更上升到了亭侯与关内侯之间。"士族未见获名号侯、关中侯以下爵"⑥。实则本文前举孙资就曾为关中侯,西晋墓志还记载裴祗、郑舒为"大司农关中侯",刘韬为"征东将军、关中侯",刘宝为"侍中使持节安北大将军领护乌丸校尉都督幽并州诸军事、关内侯"⑦,可见高官配低爵之例在魏晋常见。这其中

①　《三国志·魏书》卷二一《刘劭传》,第620页。

②　《三国志·魏书》卷二四《崔林传》,第681页。

③　《三国志·魏书》卷一五《梁习传》,第469页。《贾逵传》,第482页。

④　《三国志·魏书》卷二六《满宠传》,第722—723页。

⑤　《三国志·魏书》卷四《三少帝纪》裴注,第129页。

⑥　王安泰《开建五等:西晋五等爵制成立的历史考察》,第179、180页。

⑦　《刘韬墓志》,赵万里《汉魏南北朝墓志集释》,广西师范大学出版社,2008年,第三册,叶12a。《郑舒妻刘氏墓志》,叶12b。《裴祗墓志》,毛远明《汉魏六朝碑刻校注》,线装书局,2008年,第二册,第305页。《刘宝墓志》,第334页。

的问题其实不在于哪个爵级可以作为士、庶的分界线，而是当时并没有以爵等高低明确划分身份等级的做法。庶民兵士固然无缘获得高级爵位，但士族也完全有可能无爵，更不存在士族内部进一步划分、某一等级大致对应某种爵位的制度。我们注意到王氏在讨论西晋五等爵时，列出了一个金字塔图，认为五等爵对应功臣、列侯对应次等士族，等等[①]，这其实也是有问题的。关于五等爵的问题，本文下节还有讨论，此处从略。

曹魏的这种普进爵制度，在明帝之后仍继续存在，只是就现有史料反映的情况看，其规模有明显缩减的倾向。齐王曹芳时，因即位而进封的情况尤其少见，仅有蒋济进亭侯、卢毓赐爵关内侯之例。高贵乡公、常道乡公继位而进封的例子相较之下有所增多，但已不能与文、明帝的时候相比。具体情况可以参看王安泰《汉末魏晋封爵总表》，本文不再赘述。总之曹魏一朝的爵制及普封的大体情况已如上述。至于魏末咸熙元年（264），司马昭主导了所谓的"复五等爵"，是历史上的重要事件，本文将其与西晋爵制的总体运行情况一并讨论。

二、西晋五等爵的实际运行

由于五等爵的出现，使得南北朝乃至以后的爵制与汉代出现了很大不同。咸熙及至西晋时期五等爵的运行情况，也因此受到了学界的很多关注。然而由于材料的缺乏，在很多具体问题上学者分歧很大，这里我们暂不展开。本文的思路是首先梳理一下与五等爵直接相关的史料，然后从一些具体问题推进讨论。

关于五等爵的直接史料，其实主要就是《晋书》卷一四《地理志》和卷二四《职官志》中的两小段。《地理志》称：

> 晋文帝为晋王，命裴秀等建立五等之制，惟安平郡公孚邑万户，制度如魏诸王。其余县公邑千八百户，地方七十五里；大国侯邑千六百户，地方七十里；次国侯邑千四百户，地方六十五里；大国伯邑千二百户，地方六十里；次国伯邑千户，地方五十五里；大国子邑八百户，地方五十里；次国子邑六百

① 王安泰《开建五等：西晋五等爵制成立的历史考察》，第 185 页。

户,地方四十五里;男邑四百户,地方四十里。①

可知咸熙元年这次的五等之封,公侯伯子都分了上下两级,每级户邑、大小各
有差。《地理志》上文记载男爵只有一等,但《太平御览》卷一九九引《魏志》(当
非陈寿之书)偏偏又分了两级男爵,所以学者一般把五等爵分为十类。《地理
志》接着又说"武帝泰始元年,封诸王,以郡为国",规定大国、次国、小国的户
邑、军数各有差。这是因为司马氏之宗亲在咸熙元年的五等爵封中,与一般群
臣并无分别,如司马攸封安昌侯,司马干封定陶伯,司马伦封东安子,司马洪封
襄贲男等,都在上文所述的五等爵之列。及至司马氏正式代魏,自然要取消这
些人原来的五等爵,重新封王定级。《地理志》又称"罢五等之制,公侯邑万户
以上为大国,五千户以上为次国,不满五千户为小国"。对这句的理解分歧很
大,这里暂不展开。

《晋书·职官志》中关于五等爵的内容,则体现在晋武帝咸宁三年(277)遣诸
王就国一事之中。杨光辉、顾江龙都强调了此次事件对于五等爵制的意义。杨
光辉认为经此定制后五等爵不再授予宗室以外的异姓②,顾江龙认为此年确定
了五等爵中实封("开国")与半实封(演化为后来的"五等")的区别③。实则《晋
书·职官志》的这段记载主体都在讨论同姓诸王的分封问题,涉及五等爵的,也主
要是诸王子弟的分封制度,如"大国次国始封王之支子为公,承封王之支子为侯,
继承封王之支子为伯。小国五千户已上,始封王之支子为子……"之类。间或涉
及异姓群臣的,如"郡公制度如小国王,郡侯如不满五千户王",也是以同姓为准进
行比附。单从文本本身出发,实在很难看出这对五等爵制本身有什么影响。杨光
辉认为自此之后五等爵不再授予异姓的根据,在于"小国五千户已上,始封王之支
子为子,不满五千户始封王之支子及始封公侯之支子皆为男,非此皆不得封"一
句。对此,王安泰已指出"非此皆不得封"的限定范围应是"非上述条件之同姓子
弟"④,不能理解为异姓群臣一律不能封五等爵,其说良是。总之《晋书·职官志》
中记载的咸宁三年诸王就国,确实是西晋历史上的重大事件,在制度运行和政治

①　《晋书》卷一四《地理志》,第414页。
②　杨光辉《汉唐封爵制度》,第133页。
③　顾江龙《晋武帝"罢五等之制"解》,《魏晋南北朝隋唐史资料》第35辑,第64页。
④　王安泰《开建五等:西晋五等爵制成立的历史考察》,第41页。

势力的消长上都产生了显著影响①。然而其中直接涉及五等爵制的规定并不多，在史料中也观察不出此年前后五等爵的运行有明显变化的迹象。

《晋志》中关于五等爵的史料到此介绍完毕，可以看到由于史料太过缺乏、本身的表述也有一些含混难解之处，所以先前的研究存在不少歧异。另外的一些聚讼所在，如《地理志》"罢五等之制"如何理解、五等爵中的"侯"与列侯中的县侯如何区别等，这里暂不展开。我们先探讨一个很关键的问题，就是西晋的五等爵在当时的爵级体系中究竟是怎样一种地位，其与列侯爵的相对关系是怎样的？

此问题之前从未有很认真的讨论，原因在于这似乎是一个不需要探讨的问题。《晋官品》中明载：开国郡县公一品，开国县侯伯子男二品，以下才是县乡亭侯及关内侯等，五等爵的品级高于旧列侯。有些实例也能与此相印证，最明显的情况就是曹魏旧臣与司马氏关系亲密的，其子孙往往由县侯改封五等，如刘放、孙资之子就由县侯改封方城子、离石子，王肃之子王恂由兰陵侯改封承子，等等。再加之上节所述曹魏新帝即位普进爵的情况，都很容易给人一种魏末高爵泛滥、列侯旧级已经不敷使用，所以有必要在其之上再加新爵五等的印象②。笔者起初亦如此认为，后考察西晋史料，感觉当时的爵制运行并非这样简单。五等爵位在列侯之上，可能确实出于咸熙元年时的制度设定，然而由此来论定西晋制度是不合适的。原因首先在于西晋五等爵的授受有一些很明显的特点，与之前魏末以及之后东晋的做法都有不同，不能简单地一概而论；另一方面从进爵路线、荫封待遇来看，西晋时列侯爵的实际地位并不低，有不少沿袭曹魏制度的迹象。今阐述如下。

首先，从受封者身份来看，如果五等爵确实地位较高，悬居于列侯之上。那么受封者之前的地位也不应太低，除非立有大功，否则由白身或者较低级爵晋升的可能性较小，且应有从三品县侯晋升五等爵伯子男的例子。然而西晋史料中基本没有此类现象，东晋时则有临湘县侯纪瞻追封华容子、丹杨县侯张闿赐爵宜阳伯之例③。西晋武帝时期封五等爵的情况很少，伯子男除了即位时的封、进外

---

① 唐长孺《西晋分封与宗王出镇》，《魏晋南北朝史论拾遗》，中华书局，2011年，第134—138页。仇鹿鸣《魏晋之际的政治权力与家族网络》，上海古籍出版社，2012年，第241—245页。

② 参杨光辉《汉唐封爵制度》，第31页。王安泰《开建五等：西晋五等爵制成立的历史考察》，第180页。

③ 《晋书》卷六八《纪瞻传》，第1823页。卷七六《张闿传》，第2108页。

就再无除授①，找不到例证还可以理解。惠帝以后封五等爵的事例大增，然而受封者的地位一般都不甚高，往往因一事功而立封五等。如卞粹、嵇绍原皆无爵，只因不附杨骏、贾谧，就在事平后获封成阳子、弋阳子②，等等。先前研究对此往往以晋末失政、官爵滥封解释，应该说这种情况确实是有的，惠帝制度也确与武帝颇有不同。但也应注意到滥封主要集中在惠帝末期乃至怀、愍之际③，而卞粹受封的时间就在武帝去世后不久，如若此前五等爵地位非常尊崇，恐不至于一夜之间沦落至斯。何况五等既已贬值，其下列侯诸爵理应更甚，为何此时仍看不到东晋那种县侯升至五等爵的现象呢？如果认为曹魏的爵级有限、设置不够合理，司马氏新置五等爵有这方面的考虑，那么武帝时很少授予五等，整个西晋时期也不见采用列侯到顶后使其再入五等爵的做法，这对于曹魏爵制又能产生什么改良效果？

其次，从封爵荫子的角度看，西晋制度与曹魏几乎一致，即分父户邑封子为亭侯等，而看不到封子为五等爵的，例：

> 朝廷嘉其功，赐（卫瓘）一子亭侯。
>
> 其进（张华）封为广武县侯，增邑万户，封子一人为亭侯。
>
> （何攀）封西城侯，邑万户，赐绢万匹，弟逢平乡侯，兄子�关中侯。
>
> 其封（司马伷）子二人为亭侯，各三千户④。

此类尚多，不备举。这里尤其应注意司马伷的情况。如果说他人不能荫子为五等爵，是因为本人级别不够，或者有法令限制，司马伷则必然不在其列。他在有功荫子的情况下，仍是封为亭侯，我们有理由推测西晋在这点完全沿袭曹魏，而没有别封子弟五等爵的做法。东晋则有陆晔"以勋进爵为公，封次子嘏新康子"⑤，与西晋时的做法显然不同。

---

① 王安泰《开建五等：西晋五等爵制成立的历史考察》，第45页。《封爵总表》，第287—291页。

② 《晋书》卷七〇《卞壸传》，第1867页。卷八九《忠义嵇绍传》，第2298页。

③ 王安泰《开建五等：西晋五等爵制成立的历史考察》，第43页。

④ 《晋书》卷三六《卫瓘传》，第1057页。同卷《张华传》，第1070页。卷四五《何攀传》，第1291页。卷三八《琅邪王伷传》，第1121页。

⑤ 《晋书》卷七七《陆晔传》，第2024页。

再次，一些较为特殊的例子显示出，西晋时期存在着某人同时具备五等爵和旧爵的情况，这应是五等爵制尚未发展成熟的表现。关于这点，笔者是受杨光辉的启发。他认为《三国志》所载功臣子孙在咸熙元年改封五等爵的、在入晋后有被削除爵封的迹象，举傅祗、孙楚、王恂三例：

> 泾原子傅祗，泰始初"赐爵关内侯，食邑三百户"，已无子爵。离石子孙宏，其子楚爵为长乐侯，可知孙楚并未袭离石子爵。又承子王恂于咸宁四年卒，赠车骑将军而无谥。按西晋谥法，无爵即无谥，故其子爵当被刊除。[①]

今按，孙楚之例当可排除，因为本传并未载其为长乐侯，只是记其孙孙绰"袭爵长乐侯"[②]，而孙绰之父并非孙楚长子，此"长乐侯"应非孙楚本封。事实上孙楚是否继承了其父的爵位，本传都未曾明言，所以此处似以阙疑为上。至于傅祗、王恂的问题，其实前人已有所发现。如李慈铭就已指出泾原子的封爵本传不载，秦锡田指出王恂本传"无爵"[③]，可见这两处记载不合常理，对于熟悉晋制的研究者还是十分明显的。不过，笔者也并不甚认同"削爵"的看法，原因在于傅、王二人厥考乃司马氏死党近亲，恐不至于一入新朝，旧爵即被削夺。我们注意到，当时的大名士和峤的情况，就与傅、王二人都有相似处。按本传，和峤"袭父爵上蔡伯"[④]，他后来参与了汲冢书《穆天子传》的整理，题衔亦云"上蔡伯"[⑤]，然而陈寿上《诸葛亮集》时却又记其为"中书令、关内侯"[⑥]。从时间先后来看，陈寿上表时为泰始十年（274），《穆天子传》整理完毕已在太康二年（281）以后，乍看似乎是和峤从关内侯进爵上蔡伯。然而和峤上蔡伯的爵位继承自其父，《晋书》本传载和峤的履历为"袭父爵上蔡伯，起家太子舍人。累迁颍川太守……入为给事黄门侍

①　杨光辉《汉唐封爵制度》，第 132 页。

②　《晋书》卷五六《孙楚传》，第 1544 页。

③　李慈铭《越缦堂读史札记全编》，北京图书馆出版社，2003 年，第 652 页。秦锡田《补晋异姓封爵表》，《二十五史补编》，中华书局，1955 年，第 3367 页下栏。

④　《晋书》卷四五《和峤传》，第 1283 页。

⑤　《穆天子传汇校集释》，中华书局，2019 年，第 1 页。

⑥　《三国志》卷三五《诸葛亮传》，第 925 页。

郎,迁中书令"①。《晋书》又记载其父为"魏吏部尚书",与《三国志》记载相合②。如果《晋书》不是记载有误,那么其言外之意是很明确的:和峤之父和逌未入晋或者在晋初就已经死了,其袭爵是在泰始初,至少不会晚到泰始十年任中书令之后③。总之和峤在泰始十年时已袭爵上蔡伯,而仍题为"关内侯",这与傅祗的情况一致。本传又载和峤死后未能立即得谥④,这又与王恂之例相似。由此可见傅、王二传中的问题似非史书驳文漏载,三人在承袭五等或者由旧爵改封五等爵时,出现了五等"虚封"或者类似的情况,所以会同时另封关内侯、而死后也未能得谥。是否一定如此,由于别无旁证,笔者未敢断言,但至少傅祗、和峤之例中,若非史书记载有误,则他们同时具备五等爵与汉魏旧爵,显示出西晋时五等爵制度尚不成熟的一方面。后世五等爵已确定为列侯之上的一等,这种情况就不会出现了。

最后,我们讨论阐释一下西晋时五等爵中的"侯"与汉魏旧爵中的"县侯"混淆的情况。前已言及,按照《晋官品》,五等爵中有"侯",在第二品;旧爵列侯最高级的是"县侯",在第三品。如果按照品令规定,两者区分似乎很明显,但由于前述西晋时五等爵授受较少且并无县侯升五等爵的情况,因而造成了史料中这两种"侯"极难区分。对此,研究者尝试提出了各种区分的标准,但由于他们的思路、定义都很不相同,因此几乎每个人的观点都有差异。笔者选取了几种有代表性的观点,作一简要介绍。

首先,杨光辉、张学锋的研究发表较早,思路也颇为接近,可以说反映了在这个问题上的传统认识,其要点大致有三⑤:

一、名称上,称"县侯"的是列侯爵;单称"侯"的是五等爵,后者地位较高。

二、制度上,县侯的户邑、大小无定数;而五等侯遵循咸熙制度,大国千六百户、小国千四百户,里数亦有限制。

①《晋书》卷四五《和峤传》,第 1283 页。
②《三国志》卷二三《和洽传》,第 657 页。
③ 其后咸宁年间,和峤、王戎同时遭忧守孝,发生了著名的"生孝""死孝"事件,但那是遭母忧。程炎震对此已有考证,参余嘉锡《世说新语笺疏》,中华书局,1983 年,第 24—25 页。
④ 和峤卒于元康二年,然后在某年方才补赠得谥。《晋书》作"永平初"有误,究竟何年已不可考,参卷末校勘记,第 1292 页。
⑤ 杨光辉《汉唐封爵制度》,第 45、46、88 页。张学锋《西晋诸侯分食制度考实》,《中国史研究》2001 年第 1 期,第 33、37 页。

三、两种侯封存在"分食"的差异，即五等侯食三分之一，列侯食十分之一。以上第一条，现在看来似乎不确。从逻辑上说，推断五等爵单称"侯"、三品列侯称"县侯"当然是对的，但现有史料中看不出这种分别。如本传称杜预封"当阳县侯，增邑并前九千六百户"，按照上列一、二条标准，他理应是三品列侯。然而《晋书·武帝纪》《杜乂传》、《三国志·杜畿传》裴松之注引王隐《晋书》、《世说新语·方正》"杜预之荆州"条刘孝标注引王隐《晋书》都称"当阳侯"，不带"县"字。反过来，《晋书·武陔传》记载传主"五等建，改封薛县侯"①，这又是五等侯爵带"县"的例子。类似情况史料中实有不少。另外，笔者还注意到，不仅三品县侯的"县"字可以省略，以下"乡侯"的"乡"字也可不带。最明显的例子就是何曾的"颍昌乡侯"，查颍昌非县名，本传也记载他是由亭侯进封"颍昌乡侯"的。然而《三国志·三少帝纪》注引《魏书》②、《晋书》本传引《傅子》，都只称其"颍昌侯"，不带"乡"字。总之由于史料中这类省称的现象，我们无法由此区分清楚五等侯爵和列侯县侯。

以上第三条标准，其实可靠性也略嫌不足。判断列侯食十分之一的依据，主要是《晋书·武帝纪》中"五等之封，皆录旧勋。本为县侯者传封次子为亭侯，乡侯为关内侯，亭侯为关中侯，皆食本户十分之一"③这项规定。此条记载无上下文，并不好理解，而且所言内容为传封的标准，并未言及一般列侯是否都"食十分之一"。不过，张、杨二位先生都认为五等爵和列侯的分食标准有别，这里面的逻辑是很能理解的：《晋书》中记载平吴后杜预等人的户数都很高，动辄接近或达到万数，按照上述第二条标准，他们都是三品列侯而非五等侯。然而这样一来，低品列侯的户数多，高品五等爵的户数少，两者的差距还非一般的大，这实在有点说不过去。为了解决此矛盾，也就只有认定他们实际所"食"的户率有别了。

王安泰、顾江龙与传统理解的差异，最主要体现在他们都不认可上述第二条标准，即不认为杜预这类封户高于咸熙标准的"侯"是三品县侯，另外又都引《晋书·地理志》的相关记载为证。姚乐在对"县侯"的理解上则采用了传统说法，与王、顾二氏不同，不过他的研究思路同样立足于对《晋书·地理志》的考察。今列

---

① 《晋书》卷四五《武陔传》，第 1284 页。
② 《三国志》卷四《三少帝纪》裴注，第 129 页。
③ 《晋书》卷三《武帝纪》，第 53 页。

表对比如下:

表1　对西晋史料中"某某侯"性质的诸家判断标准

	王安泰	姚　乐	顾江龙
户数超过咸熙制度	五等侯	三品县侯	五等侯(开国)
户数符合咸熙制度	五等侯	五等侯	五等侯(不开国)
《地理志》有侯相	五等侯	三品县侯	五等侯(开国)
《地理志》无侯相	五等侯	三品县侯	五等侯(不开国)

如上表,王安泰不认为杜预等户数很高的"侯"是三品县侯,所以在咸熙制度之外另外寻找了一条标准,即《晋书·地理志》的县名下有无"侯国""侯相"。据其调查,县名下有此类注的,多系曹魏旧封或者晋代立军功者,地位重要,都应是二品的五等侯、而非三品县侯[①];而一般列侯"无五等爵之国相与国官,故并未开国"[②]。也就是说,《地理志》中有无"侯国""侯相"小注,是判断是否五等侯的重要标准,有此注者就都是五等侯。有些"侯"《地理志》中无小注,但王氏出于某种考虑,也把它们同样视作五等侯。如王戎封安丰侯,但《地理志》安丰县下并无"侯相",王安泰《汉末魏晋封爵总表》将其列入五等侯而非县侯。这种做法实际是将西晋史料中的"某某侯"基本都视作了五等侯,于是《封爵总表》的县侯部分就只到曹魏[③]。

姚乐考察的方式与王安泰大致相同,结论却几乎正相反,原因在于他仍采取了传统的认定标准:晋朝立军功者封邑较多,不符合咸熙标准,故直接认定为县侯;另曹魏旧封也仍是县侯。将《地理志》中注明"侯相""侯国"且现有史料中有记载的作一对比考察,会发现按上述标准它们都是县侯而非五等侯,进一步推论得出《地理志》有注者皆为三品县侯[④]。至于为何有的三品县侯封邑下无"侯相"注,如张华封广武县侯,雁门郡广武县下无注,姚氏未作讨论。另外对于五等侯,

---

① 王安泰《开建五等:西晋五等爵制成立的历史考察》,第39、41、69、75页。
② 同上,第70页。
③ 同上,第231页。
④ 姚乐《〈晋书·地理志〉县级封国考论》,《中国历史地理论丛》2012年第2辑,第148页。

姚乐推测它们基本不以县立国、与地方行政无关，自然也就与《地理志》牵涉不大了①。

顾江龙对《晋书·地理志》进行了系统考察，指出其中"侯国""侯相"小注有别，"侯国"小注是误抄《续汉志》的结果，不可信据②，应主要参考"侯相"注，这是一个很有价值的发现。对县侯标准的认定，其与王安泰的观点大致相同，并且明确提出了三品县侯在西晋"悬而不授"③的看法。在此基础上，将五等侯按照户邑多少分为两类：户数较多、不符合咸熙标准的为一类；户数较少、遵循咸熙制度的为另一类。并且认为这两类划分与《地理志》中是否有"侯相"注是对等的，即户邑较多的侯有"侯相"注，户邑较低的则无注，这种高低区分在东晋演化成了"开国"和"五等"侯的区别④。

以上就是诸家说之大要。现在我们来作一分析。首先姚乐对县侯和五等侯的区分完全遵从传统说法，对此前文已有评述；其推测五等侯与地方行政无关，顾江龙已指出"未免走的太远"⑤，本文不必多说。王安泰和顾江龙的分类，表面上都是从《晋书·地理志》中有无"侯相"的记录出发，从而得出一条与传统认识不同的区分标准。但实际上他们的结论都不是遵循《地理志》注之有无而得出的。如王安泰称，杜预封当阳侯、王濬封襄阳侯、王戎封安丰侯、唐彬封上庸侯，除安丰外，《晋书·地理志》载其他三县都有侯相，可见杜预等人应是五等侯而非三品县侯⑥。实际上《地理志》当阳县下并无小注，王氏在所作"《晋书·地理志》所载有国相者与魏晋封爵重合者表"中也不列杜预⑦，可见上述论证有明显的疏误。四例中有一半于《地理志》无注，又岂能得出他们同为一类、共属五等的结论？更遑论"《地理志》中有侯相注就是五等侯"这条标准也完全是主观设定，最终就导致了他和姚乐在材料、研究方法都大致相同的条件下，仍然得出了相反结论的情况。

顾江龙在分类上作了进一步细化，将户邑高低、《地理志》小注有无、"开国"

① 姚乐《〈晋书·地理志〉县级封国考论》，《中国历史地理论丛》2012年第2辑，第149页。
② 顾江龙《〈晋书·地理志〉小注"侯国"解》，《中国史研究》2019年第3期，第205页。
③ 同上，第204页。
④ 顾江龙《晋武帝"罢五等之制"解》，《魏晋南北朝隋唐史资料》第35辑，第58、64页。
⑤ 同上，第64页。
⑥ 王安泰《开建五等：西晋五等爵制成立的历史考察》，第41页。
⑦ 同上，第98页。

"五等"的区分,这三项标准事实上合而为一,思路是很巧妙的。但其推理的过程与王氏大致相似,也就必然会遇到同样的问题:据其统计,王濬、唐彬、王戎、杜预、张华、王浑、周浚七人户邑较多,按顾氏分类应同属"开国"、地位较高的一类,然而前三人《地理志》有注,后四人无注,就只好解释成《地理志》的失误①。七例中有一大半漏载,这概率也未免太高了。当然顾江龙批评《晋志》编纂水平低下,认为里面应有不少疏漏,这点我们是赞同的。但这样一份问题多多的史料,又如何能够作为主要区分标准呢? 如果事前已经认定了某些人就"应该"有注,那么只要《地理志》不是全部漏空,就都能用编纂者的疏失来解释,这样的做法恐不可取。事实上,王、顾二氏都先认定了杜预等人同属五等侯,而且户邑越多、地位越高。再用此去对比《地理志》,认为他们应属有"侯相"注的那一类。然而《地理志》的记载却多有违戾之处,所以王氏只好承认"二品之侯伯子男未必有国相"②,顾氏则把问题都归结于疏漏,这都恐怕难以服人。

综上,《地理志》"侯相"注之有无,本无一定之规律,实不足以作为区分五等侯、县侯,或者在五等侯内再分类的标准。不过,将杜预等户邑较多的封爵不再视作低一等的侯,这一思路是合理的。传统认识把杜预的"当阳县侯"作为三品列侯而非五等爵,一方面是由于其户数不合标准,另一方面仍是将五等爵的地位看得太高,觉得非晋室之死党心腹就不配染指。而杜预由于父亲与司马懿不和的历史原因,似乎更应该被排除在五等爵之外。实则西晋的五等爵并没有高倨列侯之上的地位,已如前述。而杜预虽然由于各种原因从未进入决策核心层,但由于平吴大功,晚年时名位已极,有所谓"征吴还,独榻,不与宾客共也"③的说法,设想他的爵位低人一等是不合适的。另外还有王浑的京陵侯,由于袭自其父的曹魏旧爵,所以原本就是县侯。其后又屡次增封,户数也并不遵从五等爵的标准。然而王浑在晋代的政治地位本无可置疑,显然不能认为连他都不具备获得五等爵的资格。可见用咸熙户数标准去区分"侯"的地位高低,并不是一种可靠的做法。

不过,我们也似无必要反过来认为西晋没有三品县侯,所见"某某侯"就都是

①　顾江龙《晋武帝"罢五等之制"解》,《魏晋南北朝隋唐史资料》第 35 辑,第 58—60 页。
②　王安泰《开建五等:西晋五等爵制成立的历史考察》,第 69 页。
③　《世说·方正篇》刘注引《语林》。余嘉锡《世说新语笺疏》,第 384 页。

五等。说到底,这种判断还是基于"五等爵压列侯一头"这种认识做出的:只要坚持此点,那么以王浑、杜预等人的地位,不把他们视作五等侯当然说不过去,进而由平吴功臣封侯者大都地位较高、户邑较多,最终就导向了西晋不设或者不授县侯的结论。可问题是县侯爵级在此前(曹魏)及此后(东晋)都运行正常,西晋无非是新设了五等爵,为何一定要把县侯虚置,而非像东晋那样爵至县侯以后再升伯子男,这很难解释得通,更何况没有任何史料提及或者暗示当时有此规定。而一旦破除了西晋时"五等爵压列侯"的惯性认识,情况就一下明朗起来:从实际的爵级晋升来看,当时的新、旧爵制并行不悖。咸熙时受五等爵以及子孙袭爵者,在男—子—伯—侯—公的序列里升级,如石鉴、刘寔、华廙等是;非此类情况,则形式上仍与曹魏旧爵的晋升相差不大,即关内侯—亭侯—乡侯—县侯(侯)—公,杜预、张华、王戎、华峤等遵循的是这种模式。由于并不存在县侯再升五等爵的做法,所以两种序列互不干扰。只不过在最高两级时,两种序列出现了合流的倾向,"公"并无五等、旧爵的区别,五等侯和旧列侯县侯也是大体对等的,也就造成了史料中两者极难区分的情况。

　　这种"新旧侯混淆、同升为公"的情况,在西晋建国之初就表现得很清楚。西晋的开国重臣、心腹,大致有司马孚、郑冲、王祥、司马望、何曾、荀顗、石苞、陈骞、司马攸、王沈、贾充、裴秀、荀勖、羊祜诸人[1]。从爵位变迁来看,荀勖、羊祜在魏地位较低,咸熙时封子,入晋后进爵为侯;司马孚年高位尊,在魏早已封郡侯,咸熙时封郡公、入晋封王;这三人的地位较特殊,我们不论。余下诸人在入晋初皆封王、公,然而在咸熙复五等前的爵位却颇有差别:王祥、何曾、荀顗、贾充在此前都只是乡亭侯,经过咸熙封建,都拜为"侯",这无疑都是五等爵中的"侯"。其中王祥传中还详录户数为一千六百户,正对应着大国侯之制。余下郑冲、司马望、石苞、陈骞、司马攸、王沈、裴秀七人,则在咸熙封建前均已封县侯(其中司马攸的舞阳侯是袭爵),其情况则可明显分为两类:司马攸、王沈、裴秀三人均经历了改封的过程,即分别由舞阳、安平、某县侯改封为安昌、博陵、济川侯[2];郑冲、司马望、石苞三人则均未改封,也就一直保持他们之前所封的寿光、顺阳、东光侯

---

① 仇鹿鸣《魏晋之际的政治权力与家族网络》,第184—188页。

② 《晋书》卷三八《齐王攸传》,第1130页。卷三五《裴秀传》,第1038页。卷三九《王沈传》,第1145页。

的爵位直至入晋。至于陈骞则正好在咸熙封建前后封郯侯,其具体时间不能确定[1],不知应划入这两类中的哪一类。

此现象过去未得到充分关注,可能由于普遍认为诸人既是司马氏重臣心腹,在咸熙封建时就理应得到五等爵,其中细节就不必推敲了。然而如果五等爵果真如此重要,则郑冲等传中不该无一字及之。即便他们未曾移封,只是由原县侯改为五等,似乎也应该交代一句,以免被误认为较低等的县侯,然而这样的记载也是没有的。当然,由于这些例证数量有限,不能排除是"史传省文"的可能[2]。但考虑到前述西晋时五等侯与县侯普遍混淆的问题,我们不能设想当时的制度设计就如此颠顿,将两种地位差别明显的爵位弄得很难分清。而应该注意到魏晋之际旧县侯是否改封五等的不确定,与后来西晋时期两种爵位的混淆是有联系的。

改封与否的人物区分,其实也颇有可玩味之处。不难注意到改封五等侯的三人中,除了司马攸身份特殊外,王、裴二人都是司马氏最亲近的心腹、当时决策和定制度的核心[3]。著名的"王、裴、贾"三人组中,只缺贾充一人[4]。为何最核心的人物要经历改封五等,而相对疏远的反而无此现象?这大概不是对他们的特殊优待,因为不久后晋武帝即位,诸人爵位统一晋升、彼此无别,已如前述。有个因素是值得特别注意的,即五等爵的户邑比一般县侯的要少,如王沈本封"安平侯,邑二千户",改封五等博陵侯,"班在次国",就减少为一千四百户。传统研究一般用"分食"比率的不同解释这种现象,但证据其实并不如何充分,这点前已论

① 景元四年(263),原荆州都督钟毓去世,陈骞从豫州接任。参钟毓、陈骞本传及万斯同《魏方镇年表》,《二十五史补编》,第2622页。本传称"徙都督荆州诸军事、征南大将军,封郯侯",若封郯侯与都督荆州同时,则此后未曾改封,应与郑冲等同一类。然而咸熙元年(264)的封建五等就在次年,本传叙述暧昧,未易断决,姑且阙疑。

② 此处感谢匿名评审的指点,评审老师并且补充了《三国志·王基传》"咸熙中,开建五等,以基著勋前朝,改封基孙廙,而以东武余邑赐一子爵关内侯"之例,认为这是由原县侯(东武侯)原地改封为五等侯的例子。然而《三国志》中其他改封之例皆称"改封某某子男",王基之孙是否有资格封五等侯,"改封基孙廙"这一独特行文是否是陈寿省略了改封对象或者传抄漏写,是值得斟酌的事情。再者,即便王廙确是由县侯改封同名五等侯,也没有任何迹象显示郑冲等人也一定如此。当然,如果假设西晋废除了县侯一爵,这样曹魏县侯在入晋后如非改封伯子男,那就一定是五等侯了。此前王安泰、顾江龙二氏的设想大概就是这样的,对此笔者有分析,详正文。

③ 参仇鹿鸣《魏晋之际的政治权力与家族网络》,第187—188页。

④ 甚至贾充很有可能也与他们同样,是由县侯改封五等侯的。按本传,贾充由宣阳乡侯"进封安阳乡侯,增邑千二百户",后来"五等初建,封临沂侯"。这里虽然说是"安阳乡侯",但魏晋史料称"进封"者,一般都有爵级的提高,而安阳也正是县名。颇疑此处应为"安阳县侯",若此则王、裴、贾三人的爵级进封也完全一致。

及。总之如果单从户数而言，对于王祥、何曾等爵级原本较低的人来说，改封即使不能大大获益，至少不会有多少损失。但对于此前因功获封较多的县侯来说，这就是很现实的一个问题。例如司马望、石苞久任方面，获得的户数不会太少①，如果按咸熙侯制去要求他们，则有明显的利益损失，这应该就是他们未曾改封的重要原因。至于王沈等人的户数一时受损，但很快也在禅代中得到了更多的补偿。何况这项制度本就是他们几人制定的，为了表率群臣而付出些损失，也是很自然的事情。

　　咸熙制度下，五等封爵的户数、里数都普遍偏小，在此笔者也谈一些自己的看法。之前研究者讨论此次"复五等"的具体内容，主要关注于礼制、军制等，不可否认这也是咸熙改制的重要方面。不过从当时人的讨论来看，他们追求的"复五等"，主要就是反对郡县、恢复周制，制造一些世袭半独立的国中之国。即所谓"士有常君，民有定主"②，"诸侯享食土之实，万国受传世之祚"，"南面之君，各务其治；九服之内，知有定主"③。我们现在固然知道这种开历史倒车的思路绝对行不通，而且司马家对这份得来不易的基业极为吝护，是断然不肯"分天下以厚乐、飨天下以丰利"④的。然而这种复古思潮在当时很有影响，从现有资料看几乎没有什么反对声音，所以司马昭在禅代前就搞了这么一场政治作秀。从表面上看，此次五等封建规划十分认真，不但有对应实土（如"以高苑县济川墟为侯国"），而且户邑、面积定数都相当保守，最高如县公也不过千八百户，原因大概是这样才有理论上实现"封建"的可能，也就给了当时的复古迷们一个未来可期的假象。也正因此，晋代才会把这作为司马昭的一项大功业予以歌颂，所谓"光建五等，纪纲天人""我皇迈圣德，应期创典制。分土五等，藩国正封界"之类。当然此事绝不可能真正实行，最后总得有一个官方的收场，《地理志》记载泰始初"罢五等之制"，就正是对此而言的。其后紧接着"公侯邑万户以上为大国，五千户以上为次国，不满五千户为小国"，则一方面针对石苞这类在曹魏就已获得较

---

① 本传未载二人户数，这里提供一些参考：邓艾在灭蜀前已"前后增邑凡六千六百户"，司马望是其上司，总会分享一些功绩。石苞的资历官位低于王基，而大致接近。平定诸葛诞之役，王基为豫州，石苞为青州，均立有大功，事后皆封县侯，又相继镇守扬州。王基户邑有五千七百，则石苞不会相差太多。
② 曹冏《六代论》，《文选》卷五二，中华书局影印李善注本，1977 年，第 722 页下栏。
③ 陆机《五等论》，《文选》卷五四，第 743 页上栏。
④ 同上。

高户邑、咸熙时又未再改封五等的旧勋，将其所享曹魏旧封制度化、合法化；另一方面新贵如裴秀此时也封三千户公、为小国，由此将新、旧爵位合流，从而形成了此后两类爵级晋升到高层后普遍混淆的局面。此前所封的伯子男爵，这时当然也不可能作废，"然但虚名，其于实事，略与旧郡县乡亭无异"①，如此而已。也正因如此，武帝死后惠帝迅速恢复了新授五等爵的做法，对当时的爵制并未产生多大影响。说到底，这也就是在旧乡亭侯之外另添一种名目，最终晋级到公侯时，甚至连名号上的区别都消失了。此前已有不少先例可循，所以执行起来并无难度。

对西晋五等爵的分析，到此为止。文献不足，不免有些推断缺乏足够证据，诚不敢自固自必，只希望其中有些发现，能够为进一步研究提供一些参考。我们着重想阐述的一点，则是不该将西晋五等爵的地位认定太高，而应注意到当时没有列侯封顶后再晋级伯子男的惯例。也就是说，不能认为魏末新设五等后，晋代的高级爵位就定好了关内侯——亭乡县侯——男子伯侯公这样一个大框架，以后的种种措施都是在此框架内调整。事实上，如果认定这样一个框架的存在，就不得不像先前一些研究那样，补充认定入晋后当局对其进行了诸多削减：武帝即位之初就减去了伯子男三爵（至少是除晋级外不再新授），不知何时又废除了县侯一级，曹魏原封的县侯若非在咸熙时改封伯子男，就是像王浑那样直接转为五等侯，实际上形成了一个关内侯——亭乡侯——侯公的序列。这种形式看起来固然颇为怪异，但若非如此设想，就无法解释史料中武帝时不见新封的伯子男，而西晋一朝的县侯和五等侯都混淆不清的局面。然而，这一系列设定又都是缺乏史料依据的：罢伯子男还可勉强与"罢五等之制"的记载相比附，废县侯则完全没有史料支撑，已如前述。另外，如果魏末新设五等确有很强的制度设计考虑、其目的在很大程度上是为了解决旧爵层次太少的问题，那么晋代再去废掉伯子男县侯四级，搞得整个爵制不伦不类，这也未免太过无谓了。事实上整个西晋时期，五等爵并没有起到拉长爵级、让原有的列侯再多一层晋升空间的作用，可见其在制度上并无非设不可的必要，咸熙复古主要出于政治考量。换句话说，这一套大框架在当时就没能搭建起来，武帝即位后"罢五等之制"，实际上承认了旧爵制的合理性，也就出现了西晋大量爵级升迁与曹魏时并无差别的事例。当然，

---

① 《晋书》卷三九《荀勖传》，第1154页。

五等爵的名号在这一时段是一直存在着的，其实质"略与旧郡县乡亭无异"，与旧爵一起实行也并无难度。后来东晋时地位进一步提升，居旧列侯之上，这点众所周知。然而以此来逆推西晋的爵制运行，则不免有诸多违戾不合。

另外，过去在重视五等爵本身的同时，也往往将具备五等爵的人也看作一个特殊新贵群体，想象他们组成了支撑司马氏的中坚力量，其实也未必如此。咸熙建五等，"自骑督已上六百余人皆封"①，自然包含了先前灭蜀立功的一些中层武将②，不必皆是司马氏之亲党。而真正作为晋室重臣、心腹的，又往往不具五等爵。王浑、杜预的爵位有争议，姑且不论；羊琇是晋武帝的旧交亲故、心膂之臣，然而爵不过亭侯；刘毅为当世名臣，位至仆射，卒竟无爵，以上似不能皆以特例视之。上节业已论及，魏晋时期爵级与身份并无一定的对应关系，五等爵也并不例外。晋武帝时很少封五等爵，过去往往将此作为五等尊贵、甚至"被功臣集团所垄断""唯我独尊"③的表现，现在看这未免与当时的政治格局多有不符。当然，如果说哪个群体在"复五等"这一系列活动中受益最多，那仍应属司马氏的僚佐、心腹们。但若是设想其在西晋时组成了高居普通群臣之上的特殊群体，则并非历史事实。

三、普封爵的终止及其与"进位"的关系

在对西晋爵制已有整体认识的基础上，我们回到第一节所讨论的、新君即位后普进群臣爵位的问题。首先这一政策在晋武帝即位之初仍是存在的，例：

> （傅玄）五等建，封鹑觚男……及受禅，进爵为子。
> （山涛）咸熙初，封新沓子……泰始初，加奉车都尉，进爵新沓伯。
> （郑袤）五等初建，封密陵伯。武帝践阼，进爵为侯。
> （李胤）封广陆伯。泰始初，拜尚书，进爵为侯。
> （王祥）五等建，封睢陵侯……武帝践阼，拜太保，进爵为公。④

---

① 《晋书》卷三五《裴秀传》，第 1038 页。
② 《晋书》卷四八《段灼传》，第 1340 页。
③ 杨光辉《汉唐封爵制度》，第 32、133 页。
④ 《晋书》卷四七《傅玄传》，第 1317 页。卷四三《山涛传》，第 1224 页。卷四四《郑袤传》，第 1250 页。同卷《李胤传》，第 1253 页。卷三三《王祥传》，第 988 页。

可见在公侯伯子男的序列中,基本都能找到进一级的例子。另外还有无爵者因此而得爵,如华峤"泰始初,赐爵关内侯"①。这无疑都是曹魏普进爵政策延续的表现。不过,从进爵的普遍程度看,泰始进爵似与魏文、明帝的做法有一定差距。比较明显的例子,就是上节末所讨论的羊琇,他在司马炎"即王位"时"封甘露亭侯","帝践阼"后就只升官而未进爵②。作为对比,魏文帝即位之际掌禁军的夏侯尚就两次进爵,一年之内升至乡侯③。又如剧阳子魏舒和观阳伯华表,也都未在晋武即位之际晋级。另外值得注意的是,刘寔本传说他封循阳子,"泰始初,进爵为伯",然而根据《晋辟雍碑》的题名,他在咸宁三年仍是子爵,可知本传记载有误④。众所周知唐修《晋书》的质量不高,此处不知是否史臣删节失当所致,更不知所见他例是否也有类似问题。不过仅就现有史料而言,已足以证明晋初群臣因武帝"践阼"进爵的情况并不十分普遍,其规模不能与曹魏时相比。

这种曹魏以来新帝即位普进爵的做法,到东晋时已基本终止。我们翻检这一时期的人物列传,就会发现虽然高爵者比比皆是,但至少在名义上都是军功得来,除了《刘隗传》记其在太兴初"赐爵都乡侯"⑤以外,再不见任何一例因元帝即位而得爵或者进爵的记录。这种现象的出现,与东晋时控制爵封、抑制收入以改善国家财政的施政思路有关,对此王安泰已有全面的总结分析⑥,本文不再赘述。值得补充的是,东晋初在抑制滥封的同时,还贯彻了一项重要的转变,那就是将"以爵议谥"正式改为"以官议谥"。《王导传》对这点说得很清楚:

> 自汉魏已来,赐谥多由封爵,虽位通德重,先无爵者,例不加谥。导乃上疏,称"武官有爵必谥,卿校常伯无爵不谥,甚失制度之本意也"。从之。自后公卿无爵而谥,导所议也。⑦

① 《晋书》卷四四《华表传》附,第 1264 页。
② 《晋书》卷九三《外戚羊琇传》,第 2410 页。
③ 《三国志》卷九《夏侯尚传》,第 294 页。
④ 余嘉锡《晋辟雍碑考证》,《余嘉锡论学杂著》,中华书局,2007 年,第 150 页。今按刘寔平吴之役中为杜预军司,据石崇"优于泰始革命之初及诸将平吴之功"一语,则平吴之后必有因功进位者,疑刘寔进爵为伯在太康而非泰始初。
⑤ 《晋书》卷六九《刘隗传》,第 1837 页。
⑥ 王安泰《再造封建:魏晋南北朝的爵制与政治秩序》,台大出版中心,2013 年,第 42—45 页。
⑦ 《晋书》卷六五《王导传》,第 1750 页。

其实对于赐谥标准，曹魏时已有讨论，普遍认为袭封低等爵位而无功之人不应有谥，即已部分否定了"有爵必谥"的原则①。不过"无爵不谥"的惯例在此前一直通行，西晋刘毅死后因无爵而无谥，有人上疏建议特赐，"奏寝不报"②，是为明证。东晋初彻底改制，自后赐谥的标准转为以官位为主，这应当是减少爵封范围后的补充措施，同时也是爵位本身的重要性下降的反映。

与普封爵密切相关的，还有所谓的"增位"制度。王安泰已指出，西晋时在普增爵外，也搭配使用"增位"的方式提升百官官资。"东晋时期财政拮据，增位遂取代赐爵，成为重大节庆事件时普赐百官的主要手段"③。这一总结当然是正确的，不过似应作一些小小修补。本文开头即提出，从石崇上奏的内容看，杨骏"依魏明帝即位故事"的主要目的就是普增爵，然而诏书却只提"增位"，且放在了很显眼的位置。如果把"增位"仅理解为提升官资、设想另有史料未录的增爵规定，当然也能够说得通，但对于此例的文本描述来说却不很合理。事实上从魏晋时期的史料看，"增位（偶尔也称进位④）"与"封爵"往往是连在一起使用的。如"封爵增位各有差"，"封爵、增邑、进位、班赐各有差"，"增封进爵各有差，文武普增位二等"⑤之类。甚至赏赐时也会接续言之，如：

> （姚）兴以司隶校尉郭抚、扶风太守强超、长安令鱼佩……等清勤贞白，下书褒美，增抚邑一百户，赐超爵关内侯，佩等进位一级。⑥

由此笔者颇疑初始时"增位"其实仍与爵位的资格叙定有关。一个很容易想到的问题是，魏文、明帝以及晋武帝虽然实行普进爵级，但总有一部分人未能进爵，另外无爵之人也不可能由此都"赐爵关内侯""关中侯"，那么这部分人似也不应一无所获，应该按照身份等级的不同获得一定的资格积累，即"文武普增位二等"之

---

①　《通典》卷一〇四，中华书局，1988 年，第 2716 页。

②　《晋书》卷四五《刘毅传》，第 1279 页。

③　王安泰《再造封建：魏晋南北朝的爵制与政治秩序》，第 44 页。

④　史料中叙述某人"进位"，一般都是指升至某官。与封爵搭配的一般是"增位"，但偶尔也有用"进位"的。

⑤　《三国志》卷三《明帝纪》，第 91 页。卷四《三少帝纪》，第 132 页。《晋书》卷三《武帝纪》，第 52 页。

⑥　《晋书》卷一一七《姚兴载记》，第 2980—2981 页。

类的待遇，及至积累若干之后再赐爵、增级。值此之故，"增位"与普封爵有时也可以互称，如杨骏之例中就把"增位"放到了最前面，即包含了"有爵者增爵若干等"和"无爵且未能赐爵者累积若干资格"两层含义。杨骏之外，还有石虎"以永和五年(349)僭即皇帝位于南郊，大赦境内，建元曰太宁。百官增位一等，诸子进爵郡王"①一例。此年石虎由天王僭位皇帝，诸子也都由公进王，似乎百官也不应都只"增位"、而也应有进爵者，史料则用"增位"一词笼统概括了。当然，由于相关例证很少，其他可能的解释也是存在的。笔者聊备一说，以供参考。另外，"增位"后来确实演变成了一种官资，对此阎步克已有讨论②，本文不必多说。

在本文的最后，我们尝试将普增位制度的演变作一小结。首先曹魏文明二帝时期大规模的普进爵措施，无疑对传统"非功不爵"的思想形成了挑战，而将爵级的身份尺度意义上升到了一个新高度。这一时期虽然没有、也不可能做到爵级与官员地位的大致匹配，但对于政治核心层的人物来说，位高则爵重，则是普遍现象。然而，由于此时的列侯皆非虚封，它还是与一系列的实际待遇相挂钩的，所以能在普封政策中真正获得爵位乃至不断升级的范围大概也十分有限，绝大多数人也只是"增位"而已。现有史料中这类现象相当常见，但我们应该意识到这是正史所载人物的特殊性所致，并非当时的普遍情况。当然，这一措施也确实造成了高级官僚中一定程度的爵位泛滥。晋武帝大概已经意识到了这个问题，对泰始初的进爵范围颇有所控制。而杨骏意图"依魏明帝即位故事"，则无疑是一种历史逆流，最终也未能贯彻实行。从西晋末墓志中二、三品官员往往配关内侯、关中侯这种低级爵的情况看，爵位在标示身份等级中能起到的作用已相当不明显，其性质又向赏功、特别是军功的方向回归。东晋建国后裁撤滥封、不再进行普封等一系列举动，固然出于经济方面的考虑，同时也是此前封爵意义回归常态化的结果。

---

① 《晋书》卷一〇七《石季龙载记》，第 2785—2786 页。
② 阎步克《品位与职位——秦汉魏晋南北朝官阶制度研究》，中华书局，2009 年，第 422—425 页。

南朝流外位阶的技术原理与等级结构分析：
资格、职类与品位序列

庞　博

　　《隋书·百官志》叙述梁武帝天监七年(508)十八班之制,在任职资格要求为中正二品的十八班之下,载有"不登二品者"七班、三品蕴位与三品勋位;在叙述陈代官制时,又将"不登二品者"七班称作"流外七班"[①]。官职的任职资格是否为中正二品,遂成为梁陈流内、流外的判断标准,流外七班也成为学者对梁陈"不登二品者"七班的通称。本文所考察的南朝流外位阶,主要指的便是上述流外七班、三品蕴位与三品勋位;之所以将时段拓展到整个南朝,则是希望将它们在宋齐时期的形态也纳入视野[②]。关于这些流外位阶,学界已经积累了非常丰富的研究,学者间的分歧也很大,主要集中在以下两点:其一,梁陈流外位阶的渊源,与中正品级间的关联;其二,流外七班与三品蕴位、勋位的等级关系,与流内十八班衔接所形成的官阶结构框架[③]。本文从资格、职类、品位序列等技术原理分析的角度,在这两个问题上也得出了一些与前辈学者不太相同的认识,希望能为相关问题的推进提供一种新的思路。

---

　　① 《隋书》卷二六《百官志上》,中华书局,2018年,第810—822页。后文所述梁代官职在十八班中的班位,以及陈代官职的官品、秩级,皆引自此卷,不再出注说明。

　　② 在这一意义上,本文所涉及的所谓宋、齐、梁"流外位阶",径直理解为"不登二品"之位阶即可。"流外"概念最先出现于北魏孝文帝时,在此之前南朝未有"流外"的说法,梁代也未见明确使用。本文称之为"流外位阶",是为了方便叙述。同样地,本文定义中的宋至梁"流内位阶",亦可径直理解为"登二品"之位阶。

　　③ 此外这些位阶还涉及南北朝隋唐流内、流外变迁和官吏分途问题,相关研究可参见叶炜《南北朝隋唐官吏分途研究》,北京大学出版社,2009年,第46—79页。

一、对南朝流外位阶研究的总结与反思

南朝流外位阶的研究涉及官阶制度、九品中正制、士庶之别等诸多重大议题，头绪较多，争论也很突出，那么在进入正式论述前，有必要进行较详细的学术史梳理。这样既可以在方法与思路框架层面理解学者间的分歧，也可以在反思先行研究的基础上，更明确地交代本文的研究视角与论述脉络。

最早对南朝流外位阶作出系统阐释的是宫崎市定。他认为宋齐时期高门士族的中正品（宫崎市定等日本学者称为"乡品"，为求行文一致，本文统称为"中正品"）为二品，寒微士人亦即寒士的中正品为三至五品，寒门庶人的中正品则为六至九品及无品第。又由于中正品与官品在起家官上存在对应关系，故而具备较高中正品者往往能垄断较高官品的官职，寒士和寒庶在官位晋升过程中最高仅能升至六品。在此背景下，寒庶所能担任的六品至流外五等官职被称作二品勋位至六品勋位。至梁武帝官制改革，原官品前六品官职被重新定为九品十八班，原七品至流外官职则被区分为寒士起家、任职的流外七班和庶人任职的三品蕴位、三品勋位及以下至六品勋位。宫崎氏还指出，梁代三品蕴位是由宋齐二品勋位改名而来，流外七班与三品蕴位、勋位间是平行关系，只是职位类别和选任对象不同[1]。

宫崎市定的论断提出于 20 世纪 50 年代。大约在二三十年后，台湾和大陆学界陆续出现了新的观点，其中具有代表性的是毛汉光、汪征鲁、张旭华三位学者的论述。如毛汉光指出，南朝的"二品"中包括了士人清贯二品和二品勋位；自二品勋位以下，可考证至六品勋位。勋位应该是专为"寒素"所设，用来作为他们的评品和任职官阶，形式上应包括一至九品。梁武帝的十八班制度是社会阶级的表露，士族占据"门地二品"，寒微士人从流外七班任职，有机会升为"清贯二品"，寒素则只能任职勋品[2]。

在中正品与勋品的关系上，汪征鲁延续了毛汉光的论断，指出南朝应存在一品勋位至九品勋位，史料中的"二品"应同时包括了中正二品与二品勋位。在此

---

① 宫崎市定《九品官人法の研究—科举前史—》，中央公论社，1997 年，第 246—294、334—398 页。

② 毛汉光《从中正评品与官职之关系论魏晋南朝之社会架构》，《"中央研究院"历史语言研究所集刊》第 46 本第 4 分，1975 年。

基础上，他提出中正品系统与勋品系统分立的观点，并进一步指出梁代的"流外七班"对应中正品三至九品，中正二品与二品勋位是平行关系，流外七班则高于三品勋位以及与三品勋位性质、等级相同的新设之三品蕴位。在此意义上，三品以下勋位整体低于中正品①。此外，在中正品与勋品关系、勋品等级等问题上，张旭华的观点有所不同，他认为宋齐勋品应有一品至六品六个等级，专为寒人而设，史料中的"勋品"即指"一品勋位"；梁武帝官制改革后一品勋位和二品勋位升并入中正二品，四品以下勋位则成为不入流品的冗末之职②。

回顾上述研究不难发现，毛汉光、汪征鲁、张旭华三位的基本观点是一致的，即认定在依靠门地获得资格的中正品系统外，还存在一个依靠功勋获得资格的勋品系统，两者彼此独立，分别施用于士族和寒庶。在这一前提下，他们着重于论证勋品系统独立编号，和中正品一样形式上自一品开始。于是我们便可理解，为何宫崎市定的论断并未得到中文学界的认同了：在宫崎氏的解释框架中，南朝寒庶和士族一样，是都可以获得中正品的。当然，宫崎氏的逻辑推演也存在问题。在他的解释框架中，起家官官品比中正品低四品，但他却以此推论当时流行将官品提高四等称呼，"二品勋位"是由寒庶最高任职的六品官提高四等虚称而来③。这其中有偷换概念的嫌疑。

经过诸位学者的努力，梁代三品蕴位、三品勋位的渊源已得到初步澄清。但中正品与勋品是否彼此独立，流外七班与三品蕴位、勋位间是否为上下关系，后续研究又有不同看法。如金裕哲考察梁代各位阶中的各官职后指出，流外七班与三品蕴位、勋位中的官职皆直接承续自流内，其中前者为"有独立性的官府"之属官，如府佐、州僚、国官等；后者则为"皇帝直属的官职"④。阎步克的研究则提出了新的思路框架。他通过辨析文献记载，指出现有史料不能支持"一品勋位""二品勋位"的存在，勋品应是中正品在三品以下的变体，形式上有三至九品七

①　汪征鲁《魏晋南北朝选官体制研究》，福建人民出版社，1995 年，第 412—422 页。

②　分见张旭华《南朝勋品制度试释》，初刊 1995 年，收入张旭华《九品中正制研究》，中华书局，2015 年，第 296—326 页；张旭华、孙险峰《萧梁官班制的渊源、创立原因及性质考释》，《史学集刊》2015 年第 3 期等。

③　宫崎市定《九品官人法の研究—科举前史—》，第 246—279 页。

④　金裕哲《梁武帝天监年间官制改革思想及官僚体制上之新趋向》，载中国魏晋南北朝史学会编《魏晋南北朝史研究——中国魏晋南北朝史学会第五届年会暨国际学术研讨会论文集》，湖北人民出版社，1996 年，第 160—190 页。

等,实际施行中只有三至六品四等。至梁武帝时期,任职资格为中正二品的官职被划为流内十八班,面向包括"门地二品"和"二品才堪"在内的二品士流;中正三品以下,原有的任职资格为三至六品的官职被划为流外七班,面向寒微士人;勋品三至六品则被压缩为三品蕴位、勋位,面向寒人武人。阎步克还认为,从面向对象来看,任职流外七班者的身份或许高于任职三品蕴位、勋位者;但从行政等级来看,两类位阶上的官职都直接上承流内,平起平坐。因此"很难断言流外七班与蕴位、勋位孰高孰低"①。

相比毛汉光等人的论断,阎步克观点的不同之处在于否定勋品相对于中正品的独立性,认为勋位是中正品在三品以下的变体。在没有史料能够直接论证"一品勋位""二品勋位"存在的情况下,阎步克的思路显然更具说服力。此外,在对流外七班、三品蕴位、三品勋位关系的判断上,阎步克也考虑到了品位等级与职位等级相交织所带来的复杂性。其后的学者如杨恩玉,便接受了勋品最高为三品的说法。以勋品为三至九品七等和中正二品为士庶分界线这两个假设为前提,杨恩玉认为所谓寒士也是庶民而非士族,与寒人一样都适用勋位。梁武帝将宋齐时的勋位七等转化为流外七班、三品蕴位和三品勋位,前者供寒士起家,后两者供"一般庶人"升迁。而在三者的等级关系上,杨恩玉延续了汪征鲁等学者的论断,认为三品蕴位、勋位在流外七班之下②。

从研究积累与学术对话的角度来看,南朝流外位阶的讨论似乎已经非常充分;面对零散的史料留存,学者们提出了各种可能性,也使得这一问题有了"题无剩义"之感。但若聚焦到思路方法层面,我们还是能够发现既往研究中的一些局限与盲点。

首先是史料解读上的问题,主要分为以下三个方面:其一,解释史料时不遵从原文,如针对诸陵令"旧用三品勋位,孝建三年改为二品"等记载,部分学者径直将其中的"二品"解释为"二品勋位",并由此继续推论勋品与中正品彼此独立。然而在尊重原文记载的原则下,此处的"二品"应解释为中正二品。除非如萧齐

---

① 阎步克《南朝"勋位"考》,原载葛兆光主编《清华汉学研究》第2辑,清华大学出版社,1996年;大幅修订后收入阎步克《品位与职位——秦汉魏晋南北朝官阶制度研究》,中华书局,2002年,第307—334页。本文征引以《品位与职位》一书所收版本为准。

② 杨恩玉《萧梁官班制的形成考论——以流外七班、三品勋位及蕴位为中心》,原载《南京师大学报》2012年第4期;收入杨恩玉《萧梁政治制度考论稿》,中华书局,2014年,第182—200页。

"(国子)典学二人，三品，准太常主簿；户曹、仪曹各二人，五品；白簿治礼吏八人，六品；保学医二人；威仪二人"这条记载一般①，能在梁制中找到国子典学确实位列三品蕴位的证据来印证，才可以说其中的"三品"是"三品蕴位"或"三品勋位"之简称，并推论其下的"五品""六品"也是勋品。其二，未有文献学依据而径改史料，如《南史》称典签"本五品吏，宋初改为七职"②，《唐六典》引《齐职仪》，亦载宋齐诸公领兵职局有"车厩典军五品二人，马典军五品二人"，"库典军七职二人，仓典军七职二人"③，两相印证，可知"七职"作为任职资格与某类官职等级，应真实存在。但有学者却认定"七职"为"七品"之讹，并以此继续推论存在七品勋位，勋位等级应为三至九七等。其三，将唐人的理解径直认定为历史事实，如学者在论述流外七班、三品蕴位、三品勋位的等级关系时，便经常引用《唐六典》中"梁初，位不登七班者别署蕴位、勋位"等记载④，论证流外七班在后两者之上。唐人这些叙述所体现的恐怕只是他们自己对南朝制度的理解。事实上，他们在梁代官品正从上下、官品与十八班的关系、梁陈时期散号将军的"本阶"属性等诸多问题上，都出现过"以今度古"的错误⑤。因此，我们必须注意唐人叙述与历史事实间的落差，警惕唐人只是看到三品蕴位、三品勋位在记载中被排在流外七班之后，便径直认定流外七班高于前两者的可能性。

　　其次是将假设与推论作为立论前提。如南朝寒士的中正品为三至九品，本是根据流外七班有七等，中正三至九品亦有七等，推论流外七班对应中正三至九品，再根据流外七班面向"寒微士人"推论而得来的⑥。但在后续研究中，便有学者将中正品仅授予士族作为论证前提，用以论述勋品的起源了。南朝时期是否只有士族能获得中正品，本是一个需要论证的问题，未必能够成立。类似之例还有将中正二品视作士庶分隔线，推论寒士属于庶人，再推论勋位适用于寒士，因

①　《南齐书》卷一六《百官志》，中华书局，2017年，第351页。
②　《南史》卷七七《吕文显传》，中华书局，1975年，第1933页。
③　《唐六典》卷二九《诸王府公主邑司》，中华书局，1992年，第732页。
④　《唐六典》卷一一《殿中省》，第322页。
⑤　相关论述参见张旭华《再论梁官品不分正、从、上、下——阎步克〈品位与职位〉第七章读后》，《魏晋南北朝官制论集》，大象出版社，2011年，第17—42页；冈部毅史《梁陈时代における将军号の性格に関する一考察—唐代散官との関连から—》，原载《集刊东洋学》第79号，1998年；收入冈部毅史《魏晋南北朝官人身份制研究》，汲古书院，2017年，第181—214页。
⑥　汪征鲁《魏晋南北朝选官体制研究》，第416页。

而流外七班来自勋位等。

最后是对职位等级排布原则的论述较为模糊。如有学者论证流外七班高于三品蕴位、勋位,曾举东宫系统官属的例子,认为太子二率殿中员外将军、太子二率正员司马督、太子二率员外司马督分列流外七、五、四班,"明显低于流内一班的东宫通事舍人、太子二率殿中将军","又高于三品蕴位之东宫外监、东宫典经守舍人、东宫导客守舍人,三品勋位之东宫门下通事守舍人、东宫典书守舍人、东宫内监等职"①。然而东宫系统诸舍人是分属太子中庶子、太子庶子统辖的,诸殿中将军、司马督则属于太子二率,三者彼此平行,形成了北朝隋唐东宫官制中的门下坊、典书坊与左右卫率坊②。因此说二率殿中员外将军、正员司马督等低于二率殿中将军尚为事实,但认为它们高于三品蕴位、勋位的诸舍人,则找不到任何依据。

进一步来看,上述问题其实反映出既往研究在思路方法上的一个重要取向:重视从人员结构切入讨论,而忽视对职位结构的考察分析。这里所说的人员结构与职位结构,分别指政治体制内部对人员、职位的分类分等方式③。举例来看,中正品、勋品本来是从属于个人的等级;另一方面,它们又与官职挂钩,成为官职的任职资格,进而成为了具体官职所在位阶的名称,成为了职位等级。既往研究从人员的身份类型和个人等级出发,所作的阐释与推论非常细致,如前述由高门士族、寒士、寒人之身份推论南朝的流内、流外、勋位区分,认为流外七班高于三品蕴位、三品勋位,以及流外七班来自中正三至九品等。但与之相对,职位分类标准、职位等级建构逻辑等问题的讨论就显得薄弱了。

在重视人员分类分等的同时,重视职位的分类分等方式,还有助于我们从"技术原理"的视角,整体把握南朝流外位阶的结构框架与演变轨迹。十八班、流外七班、三品蕴位、三品勋位等位阶的性质是将"职官用如品位"④,既是官员个人等级,标识官员品位,也是职位等级。那么在位阶的形成过程中,一方面会产

---

① 张旭华、孙险峰《萧梁官班制的渊源、创立原因及性质考释》,《史学集刊》2015 年第 3 期。

② 参见《隋书》卷二六《百官志上》,第 807 页;同书卷二七《百官志中》,第 846 页;同书卷二八《百官志下》,第 870 页。

③ 相关概念参见阎步克《中国古代官阶制度引论》,北京大学出版社,2010 年,第 9—10 页。

④ 阎步克《古代政治制度研究的一个可选项:揭示"技术原理"》,《河北学刊》2019 年第 1 期。关于"技术原理"分析在中国古代政治制度史领域的运用,亦可参见此篇文章。

生职位结构适应人员结构，即官职品位化的现象，由任职资格的不同而剥离出新的位阶层级或段落；另一方面，官职的品位化过程亦难以摆脱官职自身的建构逻辑，根据职等、职级和职类而生发出不同的品位序列。于是，揭示位阶形成过程中人员结构与职位结构互动的复杂样貌，明晰资格、职类和品位序列间的生发、衔接关系，便成为了我们对南朝流外位阶进行技术原理分析，考察其形成过程与结构框架的重要线索。

二、流外七班的形成过程：品位序列递减与官职班次下调

本节主要考察流外七班的形成过程。据《隋书·百官志》的记载，构成流外七班的是府佐、州僚、国官，领护将军、二卫将军、石头戍军、太子詹事、诸卿的五官掾、功曹史、主簿，太子二率的诸员外殿中将军、司马督，以及太子家令丞、御史台殿中御史。前辈学者已经注意到，这些官职大多位于从流内十八班延伸而下的官职序列中，与流内同类官职一样具有起家官的意义，且府佐、州僚、国官的序列会根据府主身份、州的等级和刺史身份、封国等级而等差递降①。本文在此想要继续指出的是，这种等差递降的形式在东晋时期便已存在，是东晋宋齐朝廷构建官职位阶的重要技术，流外七班的基本面貌迟至萧齐即已形成。梁代流外七班的具体官职构成与前代稍有不同，这是个别官职班次下调带来的结果。

为讨论这一问题，首先需要明晰上述官职序列的产生原理。根据官阶理论中的"职阶转化律"，职位的品位化过程可分为多个阶段，最终可能会成为拥有整齐阶次的品位序列②。以十八班中的皇弟皇子府为例，其僚佐分列于十至流外五班，形成长史、司马（十班）—咨议参军（九班）—中录事、中记室、中直兵参军（七班）—功曹史，录事、记室、中兵参军（六班）—主簿（五班）—正参军（四班）—行参军（三班）—长兼参军（流外七班）—参军督护（流外六班）—功曹督护（流外五班）的序列（皇弟皇子居诸公位则增置九班之从事中郎、八班之掾属、三班之祭酒、流外五班之东曹督护）。这些府僚及州佐、国官多闲散无事，其职位主要供官

① 阎步克《品位与职位——秦汉魏晋南北朝官阶制度研究》，第 329 页；张旭华、孙险峰《萧梁官班制的渊源、创立原因及性质考释》，《史学集刊》2015 年第 3 期。

② 相关概念与理论参见阎步克《中国古代官阶制度引论》，第 294—298 页。

员起家迁转。因此，它们组合成的序列既是官职的序列，又是品位序列。

在由职位演化为品位序列的过程中，职等（grade）、职级（class）是职位重新分等的重要依据。职等指处于不同职系，但工作繁简、责任轻重及所需资格相近的职位归类；职级则指权责相近的职位总和，因工作繁简、责任、资格而分为若干等级，一般处于同一职系。不同职系的职级皆可归入同一职等框架之中①。聚焦到中国古代王朝，职级主要表现为同科层的正副长官（尚书令、仆等），同性质职位的职务级别（散骑常侍、散骑侍郎等）和编任资格（如正参军、行参军，散骑侍郎、通直散骑侍郎等）；而根据职位权责，以官署统属关系、监管关系、官署地位、官职重要性作为参照原则，可以用官署机构作为职位的分类单位，将职等区分为以官品、迁转序列、秩级等官阶等级为参照系的"共同职等"，以及以不同官署内部权责、统属关系为参照系的"官署内部职等"。在这一区分下，同一官署中处于不同科层或不同事务层级（如决策、参议、执行等）的官职属于不同职等。

同样以皇弟皇子府为例，其内部职等结构按照不同事务层级所体现的权责与统属关系，可分为上佐（长史、司马）—门下（功曹、主簿）—分职诸曹（诸署曹、不署曹参军，参军、功曹督护）三等②。在此结构基础之上，咨议参军因专主讽议，任职亲近，获得了仅次于上佐的职等③；署曹参军中的录事、记室、中兵参军，因分别掌"总录众曹"、"文墨表章杂记之书"、"督帐内牙门将及军器"④，职任更接近门下，故职等与门下诸职相近，亦属合理。皇弟皇子府僚在演化为品位序列的过程中，一方面直接继承了上述职等结构，另一方面也通过职级区分进一步将阶次细密化，包括以职务级别分化出中录事、中记室、中直兵参军之阶，和以编任资格分化出正、行、长兼参军诸阶。当然，或许由于原本的临时军事差遣职能，参军督护与功曹督护虽然已闲散无事，依旧被压低到了诸参军之下，位居府僚阶次

---

① 倪星、谢志平主编《公共部门人力资源管理》，东北财经大学出版社，2015年，第81—82页；相似定义亦见加里·德斯勒（Gary Dessler）著，刘昕译《人力资源管理》，中国人民大学出版社，2017年，第400页。

② 相关分类可参见严耕望《中国地方行政制度史：魏晋南北朝地方行政制度》，上海古籍出版社，2007年，第175—224页。

③ 作为佐证，陈官品中皇弟皇子府咨议参军秩级为八百石，仅次于同府秩千石的长史、司马。而魏晋南朝时期秩级是与职务的繁简、职责的轻重相联系的，具有职位分等的色彩，叙定同一系统内的职位等级。相关论述参见张小稳《魏晋南朝时期的秩级》，《史学月刊》2004年第5期。

④ 分见（唐）虞世南《北堂书钞》卷六九《设官部二十一》，"录事参军""记室参军""中兵参军"条，天津古籍出版社，1988年，第284页下栏、第285页上栏。

最末,但这一位次也未违背皇弟皇子府内部的职等、职级结构①。

　　接下来需要讨论的是,在梁武帝改定十八班之前,这些品位序列在何种位阶之中怎样排布等级。晋安帝义熙三年(407),朝廷论镇军将军刘裕等人平定桓玄,迎驾江陵之功,封刘裕为豫章郡公,"镇军府佐史,降故太傅谢安府一等"②。由此可知,将公府与军府的品位序列根据府主的地位递降阶次,这种技术在东晋便已存在。此外据学者考证,萧齐时还有嫡皇孙之王友、文学加皇弟皇子王友、文学二等的制度③,可作为上述技术一直存续的证据。不过,有以下两个理由,令我们相信流外七班的起源应当追溯至宋齐为止:其一,东晋还未形成南朝皇弟皇子—嗣王—皇弟皇子之庶子、蕃王的宗室等级,因而军府、诸州和诸封国的等级顺序应与南朝不同④;其二,作为由官员迁转序列发展而成的官职资望位阶,十八班特别是流内的十八级位阶,其定型是在宋齐,那么作为流内十八班延伸的流外七班,其定型时间不可能更早⑤。事实上,顺着第二点理由,将十八班作为宋齐时期军府、封国诸品位序列排布的背景位阶,我们完全有可能复原出宋齐流外七班的大致面貌,论述线索则是府僚、国官职位中经历中正品调整者。

　　如前所述,流内、流外位阶的一个重要分界线便是中正二品。官职的任职资格是否为中正二品,是其能否划归流内的前提标准。但在南朝近二百年的时间中,官职的任职资格并非一成不变,许多官职所要求的官员中正品都曾发生变化。聚焦到本文所考察的构成流外七班主体的国官,胡宝国便曾发现,皇弟皇子国官中的典祠、典卫、学官三令,从宋初至梁初皆由中正品为二品者担任,至天监七年后才降至二品以下⑥。其实不仅是国官,皇弟皇子府部分僚佐的中正品要求也有变动。据《宋书·索虏传》,元嘉二十七年(450)何尚之建议"发南兖州三

---

　　①　关于南朝参军督护、功曹督护的执掌,可参见熊昕童《两晋南北朝督护制度考索》,《史学月刊》2020 年第 12 期。

　　②　《宋书》卷一《武帝纪上》,中华书局,2018 年,第 14 页。

　　③　柴芃《十八班的意义及实质》,《文史》2018 年第 3 辑。

　　④　目前所知"皇弟皇子"与"皇弟皇子府"最早出现在宋文帝元嘉时期,相关研究参见赵立新《南朝宗室政治与仕宦结构:以皇弟皇子府参军为中心》,台湾大学文学院历史学系博士学位论文,2010 年,第 139—142 页。

　　⑤　相关研究参见柴芃《十八班的意义及实质》,《文史》2018 年第 3 辑;庞博《十八班的制作原理与定型过程——以南朝官职的"位"、"位视"为线索》,《中华文史论丛》待刊。

　　⑥　胡宝国《东晋南朝时期的九品中正制》,原载《中国史研究》1987 年第 4 期;收入胡宝国《将无同:中古史研究论文集》,中华书局,2020 年,第 96—108 页。

五民丁,父祖伯叔兄弟仕州居职从事、及仕北徐兖为皇弟皇子从事、庶姓主簿、诸皇弟皇子府参军督护国三令以上相府舍者,不在发例"①。可知刘宋时北徐、兖州之皇弟皇子从事、庶姓主簿,以及诸皇弟皇子参军督护、国三令等职地位相当,应为同阶,皇弟皇子参军督护的任职资格亦应为中正二品。至梁代,十八班中皇弟皇子长兼参军为流外七班,参军督护流外六班,功曹督护流外五班,但《隋书·百官志上》记载梁初官制,称:

> 皇弟、皇子府,置师,长史,司马,从事中郎,咨议参军,友,掾属,中录事、中记室、中直兵等参军,功曹史,录事、记室、中兵等参军,文学,主簿,正参军、行参军、长兼行参军等员。嗣王府则减皇弟皇子府师、友、文学、长兼行参军。蕃王府则又减嗣王从事中郎,咨议参军,掾属,录事、记室、中兵参军等员。自此以下,则并不登二品。②

可见直至天监七年之前,皇弟皇子长兼参军的任职资格还是中正二品③。从宋初至梁初,皇弟皇子参军督护、长兼参军二职经历了位望下降的过程,先后降至中正二品的分界线之下。参军督护降至二品以下的时间是在元嘉以后至梁初,长兼参军则是在天监七年十八班制定前后。值得注意的是,根据宋齐迁选规则与官员迁例,皇弟皇子行参军的阶次应与梁代相同,为流内第三阶④。也就是

---

① 《宋书》卷九五《索虏传》,第 2578 页。

② 《隋书》卷二六《百官志上》,第 808 页。

③ 此处"长兼行参军"即"长兼参军",十八班略其"行"字。参见赵立新《南朝宗室政治与仕宦结构:以皇弟皇子府参军为中心》,第 137 页。

④ 在南朝二品士人的起家官中,最低一等为王国侍郎,多由三吴及寒门士族充任,后续多迁为王国常侍或皇弟皇子府行参军。与之相对,次等士族则多由奉朝请、太学博士和王国常侍起家,后续多迁为员外散骑侍郎(以下简称员外郎)、皇弟皇子府行参军。上述两条迁转路线在宋齐便已形成,前者之例可举出沈伯玉、徐勉、严植之、钟嵘等;后者之例亦可举出王晏、胡谐之、谢超宗、刘璡等。王国侍郎与常侍间有职级之差,在官职资望位阶中必不同阶,且王国侍郎已是二品官职中最低者,故而两者应一在流内第一阶,一在流内第二阶,与十八班中的班次相同。此外根据上述迁例,皇弟皇子府行参军大致在流内第二或第三阶。据《唐六典》注引《宋百官阶次》:"员外郎,美迁为尚书郎。"(《唐六典》卷二《尚书吏部》,第 29 页)又《通典》载宋齐太子詹事丞迁选:"过江多用员外郎,迁尚书郎。"(《通典》卷三〇《职官十二·太子詹事丞》,中华书局,1988 年,第 824 页)可知员外郎、太子詹事丞、尚书郎为相邻三阶。据梁十八班,三者分别为第三、四、五班,恰为印证。史料中也可见到许多宋齐官员由员外郎迁为皇弟皇子府行参军的例子,则皇弟皇子府行参军应与员外郎同为流内第三阶,员外郎迁正王府行佐为同阶平转。

说，只有长兼参军、参军督护和更低的功曹督护遭到了降阶。

皇弟皇子参军督护、长兼参军位望的逐次下降再次说明，以品位序列调整官职阶次的技术，自宋齐至梁初便一直为朝廷所采用，并且这种技术不仅限于升降整条序列，还被用来在某阶次截分序列，以实现下调部分官职的阶次，并降低这些官职任职所需中正品的目的。事实上，上述调整也在天监七年后的流外七班中留下了痕迹。如上文所见，若皇弟皇子任职为诸公，则其僚佐职位所构成的品位序列从第十班长史、司马下至第三班行参军，未曾出现缝隙。唯独在行参军之下，长兼参军、参军督护、功曹·东曹督护分别位列流外七、六、五班，使皇弟皇子府僚佐在第二班、第一班上呈现出两阶的断层。根据前述考察不难发现，这两阶断层之所以产生，正是因为长兼参军—参军督护—功曹·东曹督护序列被降低了两阶，皇弟皇子长兼参军由本该紧接流内第三阶皇弟皇子行参军的流内第二阶，降到了流外七班。

继续观察的话，由于嗣王、庶姓公府，皇弟皇子之庶子、蕃王府的僚佐阶次皆以皇弟皇子府为准递降，故上述两阶的断层相应地也出现在了其品位序列之中。更进一步来看，虽然上述断层未于庶姓持节府出现，但其品位序列中自流外七班至流外一班分别为除正参军、板正参军、行参军、板行参军、长兼参军、参军督护、功曹督护，与他府不同。很显然，庶姓持节府之所以会依据除授方式，将正参军、行参军两阶分化为四阶，也是因为其阶次降皇弟皇子府四阶后，在流外五班和流外四班两阶上出现了断层。至于为何单单增加庶姓持节府的职位阶次而不及其他军府，也许是宗王政治背景下抑制庶姓地方长官的体现。这种安排降低了庶姓持节府行参军及板正、行参军的位望，增加了其军府职位的升迁难度。

综上所述，皇弟皇子府正参军以下僚佐，在梁十八班中的班次，以及推定出的其在宋齐之班次，可列表如下：

表1　宋齐至梁军府正参军以下僚佐位阶表

阶次/时期	皇弟皇子府		嗣王、庶姓公府		皇弟皇子之庶子、蕃王府		庶姓持节府	
	宋齐	梁十八班	宋齐	梁十八班	宋齐	梁十八班	宋齐	梁十八班
四	正参军	正参军						
三	行参军	行参军	正参军	正参军				

续　表

阶次/时期	皇弟皇子府		嗣王、庶姓公府		皇弟皇子之庶子、蕃王府		庶姓持节府	
	宋齐	梁十八班	宋齐	梁十八班	宋齐	梁十八班	宋齐	梁十八班
二	长兼参军		行参军	行参军	正参军	正参军		
一	参军督护		长兼参军		行参军	行参军		
流七	功曹督护	长兼参军	参军督护		长兼参军		正参军	除正参军
流六		参军督护	功曹督护	长兼参军	参军督护		行参军	板正参军
流五		功曹督护		参军督护	功曹督护	长兼参军	长兼参军	除行参军
流四				功曹督护		参军督护	参军督护	板行参军
流三					功曹督护	功曹督护	长兼参军	长兼参军
流二								参军督护
流一								功曹督护

　　与府僚相比，国官的情况较为复杂。在梁十八班之中，皇弟皇子国官形成了郎中令（五班）—大农（四班）—中尉（三班）—常侍（二班）—侍郎（一班）—三军（上军、中军、下军将军，流外第七班）—典书令（流外六班）—三令（典祠、学官、典卫令，流外五班）的品位序列。嗣王国序列与蕃王国序列在此基础上各降一等，作为前朝之后的汝阴、巴陵二国在蕃王国基础上降二等，郡公、县公、县侯国在汝阴、巴陵二国之下再递降一等。而根据封国之等级，国官设置亦有缩减，自汝阴、巴陵二国以下无三军，自郡公国以下无常侍，自县公国以下无大农，县侯国则无中尉、侍郎①。此外据《隋书·百官志》记载，梁初国官“公已下，各置相、典祠、典书令、典卫长一人。而伯子典书谓之长，典卫谓之丞。男典祠谓之长，典书谓之丞，无典卫”②。梁流外七班中仅郡公国有典书令（流外一班），但其下的典祠令、典卫长，以及县公、县侯国的典书、典祠令和典卫长没有理由被废除，应当是由于官职按序列排布，导致其班次过低，未能进入流外七班。

---

　　① 梁十八班中无嗣王国中尉，应是漏记，参见叶炜《南北朝隋唐官吏分途研究》，第48页。此外梁十八班中还有皇弟皇子之庶子郎中令在流外六班，当是由于皇弟皇子之庶子虽亦封县侯，但终归属于皇室，故在郎中令的选任上高其他县侯一等（县侯郎中令为流外五班）。

　　② 《隋书》卷二六《百官志上》，第808页。

　　前文提到，刘宋时期皇弟皇子国三令的任职资格为中正二品。而根据《隋书·百官志》的说法，在梁初，几乎所有的皇帝皇子国官的任职资格皆为中正二品。此外，隋志还记载了梁初其他封国的国官设置情况：

　　　　王国置郎中令、将军、常侍官，又置典祠令、庙长、陵长、典医丞、典府丞、典书令、学官令、食官长、中尉、侍郎、执事中尉司马、谒者、典卫令、舍人、中大夫、大农等官。嗣王国则唯置郎中令、中尉、常侍、大农等员。蕃王则无常侍。自此以下，并不登二品。①

又《宋书·百官志》称：

　　　　宋氏以来，一用晋制，虽大小国，皆有三军。晋制，典书令在常侍下，侍郎上；江左则侍郎次常侍，而典书令居三军下矣。江左以来，公国则无中尉、常侍、三军，侯国又无大农、侍郎，伯子男唯典书以下，又无学官令矣。吏职皆以次损省焉。②

由宋志可知，诸封国国官的品位序列在东晋宋齐时期已基本形成。因此，对于隋志所说的嗣王、蕃王国官设置，有以下两种可能：其一，在品位序列之中，嗣王国不设侍郎以下诸职位，蕃王不设常侍以下诸职位，皇弟皇子、嗣王、蕃王国所有职位的任职资格都为中正二品。其二，所谓"嗣王国则唯置郎中令、中尉、常侍、大农等员，蕃王则无常侍"，指在任职资格为中正二品的诸官职中，嗣王国仅设有序列中的郎中令、大农、中尉、常侍，蕃王国则再减去常侍。除皇弟皇子国官和上述提及的嗣王、蕃王国官外，其余王国官的任职资格，自嗣王国侍郎和蕃王国常侍开始，皆在二品之下。相比而言，本文更倾向于第二种可能，这一方面是因为如前引隋志和宋志所述，东晋以降公、侯、伯、子、男诸国虽职位有损省，但皆设典书以下，唯独嗣王、蕃王国省置，不符合常理。另一方面，据前注考证，宋齐时期皇弟皇子国常侍、侍郎位望与梁十八班相同，两官应分别为于流内第二和第一级位

────────────────

①　《隋书》卷二六《百官志上》，第 808 页。原文作"执事中尉、司马"，有误，今改之。
②　《宋书》卷四〇《百官志下》，第 1366 页。

阶。以此为基准推定皇弟皇子国官序列各官的位阶,再依一阶之差递减,嗣王国常侍与蕃王国中尉正好位于流内第一级位阶,与隋志所言"自此以下,并不登二品"相符。

皇弟皇子国官的任职资格全部进入中正二品,造成了一个序列排布上的问题,那便是在流内第一级位阶上,叠压着皇弟皇子国官序列中自侍郎以下的所有阶次。除上述三军、典书令、三令外,还有庙长、陵长、典医丞、典府丞、食官长、执事中尉司马、谒者、舍人、中大夫等官。据《通典》所录晋官品,"王、郡公、侯诸侍郎、诸杂署令"为第八品,"王、郡公、侯诸署长、司理治书、谒者、中大夫、署丞"为第九品①。晋官品的主要功能是叙定礼制等级②,指导官员迁转的功能可能有限,性质与宋齐时的官员迁转序列和梁十八班不完全相同,却是目前唯一对这些低级王国官职分等的官阶。在没有其他参照标准且没有痕迹表明位列其第九品的诸国官有发生进一步分等的情况下,我们只能采用晋官品的记述,将这些官职作为一阶,称作"三令以下"。于是,在宋齐的流内第一级位阶上,可以认为排布着皇弟皇子国官序列中的侍郎—三军—典书令—三令—三令以下五阶次。

根据上述皇弟皇子国官序列的等级排布状况,按照梁十八班中的封国等级递减规则,并考虑因封国等级下降带来的官职损省,我们可以大致还原出萧齐至梁初的国官位阶状况(刘宋时期的情况无法复原,这是由于萧齐时有汝阴国官之阶,而刘宋时既无巴陵国,又无汝阴国)。为清晰地展现其面貌,现列表如下:

表 2　萧齐至梁初国官位阶推定表

阶次	皇弟皇子国	嗣王国	蕃王国	汝阴、巴陵国	郡公国	县公国	县侯国
五	郎中令						
四	大农	郎中令					
三	中尉	大农	郎中令				
二	常侍	中尉	大农				

---

① 《通典》卷三七《职官十九》,第 1006 页。
② 关于魏晋官品的功能,相关论述可参见周文俊《魏晋南朝官品与官资秩序研究》,高等教育出版社,2022 年,第 53—76 页。

续　表

阶次	皇弟皇子国	嗣王国	蕃王国	汝阴、巴陵国	郡公国	县公国	县侯国
一	侍郎至 三令以下	常侍	中尉	郎中令			
流七		侍郎至 三令以下	常侍	大农	郎中令		
流六			侍郎至 三令以下		大农	郎中令	
流五						大农	郎中令
流四				侍郎至 三令以下 （无三军）			
流三					侍郎至 三令以下 （无三军）		
流二						侍郎至 三令以下 （无三军）	
流一							典书令至 三令以下

　　由职级、职等组合规律和品位序列递减等一系列技术原理可以推定，萧齐至梁初国官的最低等级，正好为中正二品第一阶以下的第七级位阶，对应为梁流外七班中的流外一班。也就是说，若以梁代班位为参照，萧齐至梁初诸封国之国官皆位于流外七班和流内十八班中。在这一基础上，梁十八班进行了两项调整：其一，将王国官中的三令以下诸职剔除，不再按序列排定位阶。这些官职不太可能直接废除，应当是进行了另外的安排。其二，除去三令以下诸职后，将皇弟皇子国官中叠压在流内第一阶的四个阶次向流外依次铺展，形成侍郎（一班）—三军（流外第七班）—典书令（流外六班）—三令（流外五班）的面貌。嗣王至侯国的相应官职也依次递降，郡公国三令以及县公、县侯国典书令以下被顺次排除出了流外七班。

　　那么，为何这些官职是被排除出了流外七班，而不是在流外一班之下，再设置几级位阶来进行安置呢？结合上文所述王国官三令以下诸官职在流外七班中的缺席,本文提出以下两个推断:其一,位列流外七班的诸官职有特定的任职资格要求,梁武帝君臣调整了王国三令以下诸官职的任职资格,使之不再符合流外七班的要求;其二,梁武帝君臣严格限制了流外七班的位阶数量,在序列排布中阶次低于流外一班者,其任职资格也遭到了调整,不再与流外七班的要求相同。上述两点都造成了事实上的官职降阶。由此我们亦可得出另一个推断:从萧齐至梁十八班,流外七班及其前身的位阶数量始终维持在七阶。

可作为佐证的是北魏制度。北魏太和十九年(495)《品令》规定,在官品九品之下,"小人之官,复有七等"①。那么,这个流外七等是根据何种技术原理搭建而成的呢?观察《魏书》所载太和二十三年(499)《后职令》官品表可知,北魏当时的封国等级分为皇子国、王公国、侯伯国、子男国四等,国官等级按两阶递降②。以皇子国为例,除独有的皇子友(第五品)、皇子文学(第六品)外,其国官形成郎中令(第六品)—大农(从六品)—中尉(第七品)—常侍(从七品)—侍郎(第八品)—三将军、中大夫(从八品)—典书令(第九品)—三令(从九品)之序列③。此外虽然官品表未见记录,但从孝文帝迁都前"王国舍人应取八族及清修之门"④,以及东魏北齐王国官中设有防阁、斋帅、食官长、厩牧长、典医丞、典府丞、执书、谒者、舍人等职来看⑤,《后职令》从九品以下应该亦设有至少一级位阶,来承纳三令以下诸职。如此将皇子国序列按郎中令至三令以下九阶计算,从第九品的子男国郎中令开始下计九阶,得到的数字正好是流外七等,与萧齐至梁初的流外七等位阶若合符节。这说明北魏的流外七等与梁代的流外七班,都是通过品位序列递减这一技术原理搭建而成的,直接来自萧齐至梁初的流外七级位阶。而梁代流外七班的面貌之所以与其前身稍有不同,是因为个别官职班次遭到了下调,导致处于不同开府等级或封国等级中的相同官职也必须降低班次。部分官职因此而被排除出了这七级位阶。

---

① 《魏书》卷五九《刘昶传》,中华书局,2017年,第1433页。相关时间的考察参见宫崎市定《九品官人法の研究—科举前史—》,第449页。

② 《后职令》官品每品分正从,自第四品以下又分上下阶,上、下之阶为半阶。相关考察参见阎步克《品位与职位——秦汉魏晋南北朝官阶制度研究》,第378—379页。

③ 《魏书》卷一一三《官氏志》,第3257—3263页。

④ 《魏书》卷二一《献文六王·咸阳王禧传》,第606页。这里紧接的是咸阳王元禧用任城王隶户为王国舍人事。从史料记述顺序来看,应发生在孝文帝为诸弟婚配,亦即太和十七年(493)之前。

⑤ 《隋书》卷二七《百官志中》,第847页。

三、再论南朝流外位阶的等级结构

上节论述了梁代流外七班的形成过程。在论述中我们提到，流外七班及其前身内的诸职有特殊的任职资格要求。对于这一要求，《隋书·百官志》称："此是寒微士人为之。从此班者，方得进登第一班。"[①]但这只是一个模糊的说法。正如梁流内十八班诸职的任职资格是中正二品，流外七班诸职的任职资格也应具体到中正品等级上。而本文认为，流外七班诸职的任职资格应为中正三品中的门品三品。

如前所述，关于流外七班官职的中正品要求，学界一般认为是中正三至九品。但仔细推究，这一论断存在以下三个疑点：

其一，如学者所考察的，中正品在实际运作中并不存在七至九品[②]。那么，南朝人是否会将流外七班对应到实际中并不存在的中正品级上，来追求形式层面的和洽呢？从流外七班的起源来看，其七个阶次的面貌实则来自品位序列递减规则的实施，与中正二品以下的中正品级数目相同，更有可能只是巧合；而从制度运作的角度来看，若流外七班对应中正七至九品，那么流外三、二、一班官位的中正品要求就成了并不存在的七、八、九品了，这显然有悖于制度运作的实际样态。

其二，流外七班与中正三至九品间亦非一一对应。前文提到，齐高帝建元四年（482）置国子学，于祭酒、博士、助教之下置"典学二人，三品，准太常主簿；户曹、仪曹各二人，五品；白簿治礼吏八人，六品；保学医二人；威仪二人"。则萧齐时太常主簿的任职资格为中正三品。但在梁十八班中，太常主簿却位列流外四班，按照流外七班与中正品一一对应的假设，其中正品应当是六品。从这一实例来看，认为流外七班与中正三至九品对应，与官职的实际任职资格并不相符。当然，由国子典学在十八班中为三品蕴位，也可以得出太常主簿在萧齐为三品勋位而非中正三品，至梁天监七年后才改选的解释。但需要注意的是，太常主簿既处在太常五官、功曹—太常主簿的序列中，又处在诸卿五官、功曹—诸卿主簿的序

---

①　《隋书》卷二六《百官志上》，第822页。

②　阎步克《品位与职位——秦汉魏晋南北朝官阶制度研究》，第314页。

列中,调整太常主簿任职资格意味着也要将诸卿属官的任职资格全部调整。这种规模的调整,我们在史料中却未见到任何蛛丝马迹,很难令人信服。关于萧齐国子典学、太常主簿任职资格所透露出的南朝流外位阶之等级结构信息,下文将另有解释。

其三,由东宫属官的等级排布进行观察,流外七班下接的并非三品勋位,而是四品勋位。在梁十八班中,总领东宫事务的太子詹事,其五官、功曹史位列流外六班,主簿位列流外五班。而在萧齐时期,太子詹事之下分管东宫事务的太子家令、率更令、仆,其主簿则皆位列四品勋位①。按照由职等转化品位序列的惯例,太子三卿主簿之上应当如太子詹事系统一般,设有五官、功曹史,但相关职位不见于梁流外七班及三品勋位。这说明太子三卿属官序列的排布不经三品勋位,同时表明太子詹事、三卿属官序列直接勾连了流外七班与四品勋位。若认为流外七班对应中正三至九品,那么这种任职资格等级与品位序列间的组合状况,是很难解释的。

以上疑点提示我们,不应将思路局限于流外七级位阶与中正三至九品这七个等级间的数字对应,而应考虑其他可能。在此本文提出,流外七班诸职的任职资格为中正三品,确切地说是其中的“门品三品”,理由则有以下三点:

其一,依旧聚焦到萧齐国子典学与太常主簿的史料,若流外七班诸职任职资格为门品三品,则国子典学“三品,准太常主簿”便顺理成章了:国子典学与太常主簿都要求中正三品,只不过前者要求的是勋位三品,需要寒人由功勋积累而获得;后者要求的则是门品三品,寒微士人依靠父祖官爵和户籍注记而获得。换言之,正因为勋品是中正品在三品以下的变体,本质上属于中正品形式的一种,所以上述这则记载中只提“三品”“五品”“六品”,即可令时人理解这些官职的大致等级情况,详细说明其是勋位某品或门品某品并非必要。事实上,中正品的分类很可能更复杂。据《南齐书·百官志》:“(诸陵令)永明末置,用二品三品勋。置主簿、户曹各一人,六品保举。”②有学者将此处的“六品保举”解释为由六品勋位者保举③。但从前面的“三品勋”来看,“六品保举”应与其格式相同,指诸陵令主

----

① 《唐六典》卷二七《家令率更仆寺》,第697、700、702页。
② 《南齐书》卷一六《百官志》,第352页。
③ 张旭华《九品中正制研究》,第321页。

簿、户曹用由保举而获得中正六品者。此外如前引史料所示，"五品吏"不过为典签之流，六品勋位者是否有资格保举他人担任诸陵令主簿、户曹，是很值得怀疑的。

其二，如前所述，对于三品勋位以下诸勋位等级在梁代的情况，学界有省略不记和合并入三品勋位两种观点。由于目前史料所见宋齐时期四品勋位以下诸官职，并未和梁三品蕴位、勋位官职相重合，故而合并的观点缺乏依据，恐怕不能成立。那么，为何《隋书·百官志》要省略三品勋位以下呢？若流外七班诸职要求门品三品，这一问题便有了合理的解释：流外七班、三品蕴位、三品勋位虽有要求门地和功勋之别，但都要求中正三品，隋志只收录了梁代中正三品以上诸位阶，中正三品之下的各个官职则省略不记。对此，我们还可以联系到前述阎步克等学者所得出的流外七班、三品蕴位、三品勋位诸职皆直接上承自流内，在行政级别上平行之结论。正因为这些位阶都要求中正三品，直接上承中正二品之线，所以于职位等级方面呈现出了平行特征。

其三，若流外七班要求门品三品，则前述种种疑点，也便有了合理的解释：正因为流外七班要求门品三品，所以位列流外第四班的太常主簿亦为"三品"；正因为流外七班要求门品三品，所以太子詹事、三卿属官序列直接勾连流外七班与四品勋位，是在中正品三、四品整体框架中的次第铺展。

当然，为支持上述论断，我们还需辨析《隋书·百官志》所载流外七班"是寒微士人为之，从此班者，方得进登第一班"这则史料。有学者据此认为，不仅是寒微士人，位在三品蕴位和勋位的寒庶，若想升入流内，也需要先经流外七班。由此进一步认为，三品蕴位和三品勋位应在流外七班之下[①]。然而这里的"从此班者，方得进登第一班"，应当仅指"寒微士人"，位在三品蕴位和勋位不需经流外七班即可升入流内。刘系宗"泰始中，为主书，以寒官累迁至勋品。元徽初，为奉朝请、兼中书通事舍人，员外郎"[②]。据阎步克考证，此处"勋品"指三品及以下勋位，奉朝请要求中正二品[③]。则可知刘宋时三品及以下勋位可直接迁升至流内。事实上，即使从位阶排布层面来看，三品蕴位、勋位诸职也不应迁为流外七班。

①　杨恩玉《萧梁政治制度考论稿》，第 198 页。
②　《南齐书》卷五六《幸臣·刘系宗传》，第 1079 页。
③　阎步克《品位与职位——秦汉魏晋南北朝官阶制度研究》，第 314 页。

《隋书·百官志上》所载陈官品是以梁初官品为蓝本更定后的产物①,其第九品官职下限,大致与梁十八班中的流内第一班相对应②。又由于陈官品中的府佐、州僚、国官亦以品位序列的形式排布,与十八班基本一致,故而可以确定,十八班中位列流外七班的诸职,在梁陈官品的排布原则中也一定位居九品之下。而值得注意的是,《隋书》中的这份陈官品表并不完整,结合《唐六典》的记载可知,十八班中位列三品及以下勋位的中书、门下令史,在梁陈官品中分列第八、九品③。南朝官品与官员礼遇挂钩④,梁陈官品还直接关系到是否能荫庇佃客⑤。在这种情况下,若三品蕴位、勋位进入流内必须先经流外七班,意味着他们在进入流外七班的同时,将会失去官品及与官品相对应的种种礼遇、特权,这是非常不符合情理的。与之相对,三品蕴位、勋位与流内官职同在九品中,但在升迁上由三品蕴位、勋位升入流内,合情合理。这使我们联想到后世类似的制度结构:北宋时期,绝大多数文官都要先在选人七阶中历经常调,再改入京朝官四十二阶序,京朝官在迁序中与选人七阶有明显界限。但在官品中,却并非京朝官高于选人七阶,两者部分官职的官品等级是重叠交叉的⑥。在中国古代官阶制度的发展脉络中,南朝与北宋皆处在品位分等趋于高涨,官职分类分等相比于前代逐渐繁复细密的阶段。相似制度结构的出现,可以视作制度变迁过程中的规律性现象(当然,由于北宋王朝的统治基础与南朝存在很大不同,两者的实际迁选差异也很显著。南朝只有寒庶需要从勋位迁入流内,北宋则大部分文官都要先在选人七阶

---

① 周文俊《魏晋南朝官品与官资秩序研究》,第105—114页。

② 经统计,《隋书》所载陈官品中第九品诸职,除二卫殿中将军丞不见于梁十八班,"皇弟皇子诸州主簿、西曹"情况特殊外,其余位列第四至第一班。其中的南台侍御史等十三职班位最低,为第一班。需要说明的是,皇弟皇子州主簿、西曹最低有流外六、五班者(越桂宁霍四州),但实际任职中皇弟皇子最低只为荆、江、郢诸州。因此所谓"弟皇子诸州主簿、西曹"最低应作流外第七班算,属陈官品第九品中的唯一特例。

③ 《唐六典》卷八《门下省》:"晋置门下令史,品第九。宋及梁、陈并同晋氏。"(第245页)同书卷九《中书省》:"梁中书令史二人,品第八。"(第277页)梁三品勋位有"门下集书主事通(事)正令史""中书正令史",虽然不能排除《唐六典》所载门下、中书令史地位比"正令史"低的可能性,但反过来可以确认的是,梁三品勋位中的门下、中书正令史官品不会比普通令史更低,其一定位列九品之中。

④ 张旭华《萧梁官品、官资制度考略》,《中国史研究》1995年第2期。

⑤ 《隋书》卷二四《食货志》,第748页。

⑥ 北宋前期官品沿用唐制,构成选人七阶的是幕职州县官。它们中只有州县官具有官品,因此无法与京朝官全面比较。神宗至徽宗年间制定新官品并改选人七阶为儒林郎等七郎后,面貌就清晰了许多。相关品级考证可参见龚延明《宋代文官寄实禄官制度》,《河北大学学报》2019年第6期。

中沉浮）。

行文至此，我们已可对南朝流外位阶的等级结构，以及其所反映的南朝政治人群的身份结构，得出一些新的认识。就流外位阶的等级结构而言，划分等级段落的主要依据是中正品等级。任职资格为中正二品的官职形成流内十八班；任职资格为中正三品的官职则根据中正品获得方式与种类的不同，形成流外七班和三品勋位（最迟至梁代，又增加了三品蕴位）。至于中正四品以下诸官职，至少亦分为"门品"与"勋品"两类，其中中正六品确定有"六品保举"的门类。而就政治人群的身份结构而言，由于流外七班为寒微士人起家、迁转所经，寒微士人凭借门地，经此七班可以进入流内，故而可以认为南朝士族的中正品最低为门品三品。与之相对，三品蕴位、三品勋位及三品之下诸中正品，则由寒庶获得。他们得到门品后，可担任具备相应门品要求的官职，也可以依靠军功、劳效、捐纳取得品级更高些的勋位、蕴位，任职比自身门品要求中正品等级更高的官职，甚至不经流外七班而直接迁入流内。至于最低端的六品勋位，则可能是为不能得到门品的出身极低贱且缺乏才德者所设。对于这一结构，我们可以列表如下：

表3　南朝位阶等级结构推定表

士族	门地二品（流内十八班）	二品才堪（流内十八班）	中正二品	《隋志》有载
寒庶	门品三品（流外七班）	三品蕴位、三品勋位	中正三品	
	门品四品	四品勋位	中正四品	《隋志》失载
	门品五品	五品勋位	中正五品	
	门品六品（齐时可保举）	六品勋位（齐时可保举）	中正六品	

上述等级结构的揭示，意味着我们否定了中正品与勋品相互独立的观点，而认为勋品应当从属于中正品，是中正品分类的一种。那么，勋品的获得是否需要中正评品呢？据《南齐书·高帝纪》建元元年（479）十月诏书：

> 宋元徽二年以来，诸从军得官者，未悉蒙禄，可催速下访，随正即给。才堪余任者，访洗量序。若四州士庶，本乡沦陷，簿籍不存，寻校无所，可听州

郡保押，从实除奏。荒远阙中正者，特许据军簿奏除。或戍扞边役，末由旋反，听于同军各立五保，所隶有司，时为言列。①

诏书针对宋元徽二年以来"诸从军得官者"的相关待遇问题，主要下达了以下两点要求：一、查明其中有哪些人还没有发放俸禄，"随正即给"；二、这些因军功而得官者中，如果有人具备担任其他官职的才能，要"访洗量序"，斟酌授予新职。由"从实除奏"等用语可知，"若四州士庶"一句以下都是在说这些"才堪余任"者中"四州士庶"的除授问题：由于淮北四州沦陷于北魏，故而出自这些地区的应授官者往往缺少簿籍文书作为证明材料。对于这些人，必须由州郡或军队进行"保押"，证明他们的身份、资格，只有"荒远阙中正"之地可以"特许据军簿奏除"。这也就意味着，在州郡系统的"保押"流程中，必须要有中正的参与；之所以会有此环节，则是因为按正常流程，军簿所记载的军勋需要经过中正的认定与转化，才能变为任官资格。进一步来看，这种任官资格只能是勋品。此外，这则诏书也使我们明白了"六品保举"的来源：在受评者故乡沦陷，无法核验档案，或者受评者远在边疆的情况下，需要由受评者州郡或所在军队组织为其证明，进行"保押"，由这种方式获得的中正品便被称为"某品保举"。《南齐书》所载"六品保举"大致是在永明时期，去建元年间未远，很可能是同一政策下的产物。从前引诏书来看，经保举而得的中正品可能既包括勋品，也包括门品，故前表未在中正六品中将其单列。

上述等级结构的揭示，同时意味着我们不同意南朝中正品的面向对象仅为士族这一论断。一方面如前所述，其本是推论之上的推论；另一方面，可据以为佐证的两条晋代史料，也存在解读上的问题。其一是西晋时"孙秀为琅邪郡吏，求品于乡议"，王衍将不许，王戎"劝品之"②。孙秀无法获得中正品，未必是因为出身低贱，倒不如说是由于像他这样的郡吏，按制度一般要在察举为廉吏后才能获得中正品，故而王衍选择了拒绝③。事实上，直到刘宋时期，寒人依旧可以通

① 《南齐书》卷二《高帝纪下》，第 37 页。

② 《晋书》卷四三《王戎传》，第 1235 页。

③ 关于察举制度与中正评品间的关系，较早的讨论参见宫崎市定《九品官人法的研究—科举前史—》，第 145—151 页。宫崎氏的结论存在较大问题，对此阎步克已有辨析，参见阎步克《察举制度变迁史稿》，中国人民大学出版社，2009 年，第 149—157 页。

过察举出仕①，我们完全可以依据晋代制度，推测南朝寒人察举后亦可获得中正品。其二则是东晋许荣上书中提到的"今台府局吏、直卫武官及仆隶婢儿取母之姓者，本臧获之徒，无乡邑品第"②，有学者据此认为寒人无中正品③，也有学者在勋品与中正品相互独立的论证前提下，将"台府局吏"认定为中央官署的令史，据此推断令史无中正品，所谓"三品令史""四品令史"皆指勋品④。不过一方面，目前没有证据表明东晋时便已存在勋品；另一方面，据《南齐书·百官志》序所注"诸台府郎令史职吏以下，具见长水校尉王珪之《职仪》"⑤，可知中央官署诸令史之下还有"职吏"，所谓"台府局吏"更应当指他们。事实上，东晋南朝中央官署的令史多由三吴富人出任⑥，他们虽非士族，却也可以体面地成为建康朝贵的门生，进而谋取台职，绝非低贱的奴婢亦即"臧获之徒"。认为令史就是没有中正品的"台府局吏"，并不能获得史料支持，那么进一步地，认为寒人无中正品，也就没有了依据。

综合上文考察，对于为何中正三品位阶会分化为流外七班、三品蕴位、三品勋位这一问题，我们已可作出技术原理视角的总结，具体可分为三个层面：

第一个层面是任职资格及其面向对象。至南朝时期，依据获得方式，中正三品内部分化出门品三品与三品勋位，分别面向寒微士人与寒庶。寒微士人凭父祖官爵和户籍注记标识的士族身份获得门品三品，寒庶则依靠功勋得到三品勋位。最迟至萧梁时期，中正三品中面向寒庶者又增加了三品蕴位。门品与勋品的分类应当适用于自三品以下的所有中正品级，并且它们皆由中正来评定。

第二个层面是职类。中正三品作为一类任职资格，直接与大量具体官职挂钩，但这些官职的职类多种多样。像府僚、州佐、国官这样的僚属类官职，任职清闲，无劳考压力，更加符合士族的审美与迁转要求。而像署令、丞和令史等事务型官职，平日工作繁重，考绩压力较大，并且更容易受到处罚，故而不为士族所青睐。可以推测，正是在这一背景下，三品勋位逐渐挂钩到了这些署令长、令史职

---

① 阎步克《察举制度变迁史稿》，第 184 页。
② 《晋书》卷六四《司马道子传》，第 1733 页。
③ 张旭华《九品中正制研究》，第 322 页。
④ 过超、晋文《南朝时期的勋品及其升迁制度》，《南京晓庄学院院报》2018 年第 2 期。
⑤ 《南齐书》卷一六《百官志》，第 347 页。
⑥ 参见王铿《六朝时期三吴地域非门阀士族人士的政治出路——商人、门生、恩幸之关系》，《中华文史论丛》2016 年第 2 期。

位之上，寒庶则为其主要任职者。

第三个层面则是品位序列。由职类产生的事务繁简之别，决定了它们品位化的程度，事务越清闲，职位的品位化程度越高，越容易勾连成复杂的升迁阶次，形成品位序列；事务越繁重，职位的品位化程度越低，科层结构的束缚性越强，越不易形成更多的等级层次。在中正三品官职的品位化浪潮中，由寒微士人任职的门品三品诸职演化为了等级繁复的品位序列，形成了多级位阶，由寒庶任职的三品勋位诸职则保留了原有的简单层级，两者间很自然地便产生了等级参差。由此出现了流外七班与三品蕴位、勋位的形式分裂。需要说明的是，虽然流外七班与三品蕴位、勋位相比阶次更为繁复，官员迁升要经历更多的阶次，但考虑到不同职类间事务的繁简区别，我们也不能断言流内七班依靠门地迁至流内的难度，要高于三品蕴位、勋位依靠功绩、劳效迁升至流内的难度。流外七班及三品蕴位、勋位迁至流内，其模式化路径是怎样的，又是否有名额、年资等层面的限制，皆有待继续讨论。但遗憾的是，现有史料无法支持这种讨论。

最后简单推测一下三品蕴位与三品勋位的区别。从字面含义来看，"蕴，积也"①，有积聚之意。联想到汉唐官员功劳获取方式中按事积"功"和按年月日积"劳"的区分②，本文怀疑，勋位的获得方式为积功，蕴位的获得方式为积劳，勋位主要面向寒庶中的武人，也可纳资充勋取得；蕴位则面向寒庶中的文吏。南朝虽然社会等级森严，但在官员升降任免过程中，并不只看门资，依旧有针对年资、劳效的管理③，选任官员时"功劳""勋勤"亦常见并称④。因而专门设置面向寒人文吏的中正品种类，让他们凭借劳效获得比门品更高一些的任职资格与迁任空间，并非不可想象。此外，刘宋朝廷曾于泰始二年（466）出官捐纳，在可纳粮而得的官职列表中，有五品、四品、三品令史，（殿中）内监，荒郡郡守和王国三令⑤。三

---

① 《左传》隐公六年杜预注，（清）阮元校刻《十三经注疏》，中华书局，1980 年，第 1731 页下栏。

② 相关论述可参见大庭脩《漢代における功次による昇進》，收入大庭脩《秦漢法制史の研究》，创文社，1982 年，第 546—566 页；阎步克《饮酒庆功礼与班位、命数——周代的品位形态及功绩制》，《北京大学学报》2018 年第 2 期。

③ 相关论述参见庞博《两晋南朝免官制度补论：技术环节、等级体系与制度环境》，北京大学国学研究院编《国学研究》第 47 卷，中华书局，2022 年，第 249—269 页。

④ 如于天宝"元徽中，自陈功劳，求加封爵"（《宋书》卷九四《于天宝传》，第 2542 页）；萧谌亦"以勋勤封安复县男"（《南齐书》卷四二《萧谌传》，第 829 页）等。

⑤ 《宋书》卷八四《邓琬传》，第 2346 页。

品令史和殿中内监，在梁三品勋位中皆可找到，但位列三品蕴位的殿中外监，却不在此列表中。这就令人怀疑，勋位、蕴位的区别或许在刘宋时便已产生，捐纳所得令史、内监等职被限定在勋位诸职之中。当然，这仅仅是猜测。

四、结语

士族政治的发展与士族社会的成熟是贯穿南朝历史的一条主线索，南朝的政治与社会因此呈现出重视士庶身份区分、阶层凝固且封闭、官员具备较强自利取向等特征。上述线索与特征反映到官僚等级制度上，便是朝廷对职位的分类分等方式，很大程度上服务于对政治人群的分类分等方式，由此造成了剧烈的官职品位化浪潮。

这种官职品位化浪潮对职位结构的影响，主要体现在两个方面：其一，品位化官号大量出现，并形成品位序列，如东西省散官、诸大夫，以及上文论及的府僚、州佐、国官等；其二，中正品作为官员个人品位，发展为任职朝廷大多数官职时所必须的任职资格，并且中正品等级成为形塑官员迁升序列、区分官职资望位阶等级段落的重要标准。

不过，在中正品重塑朝廷职位结构的过程中，中正品自身也发生了变化。以往学者多注意到魏晋至南朝中正二品的"贬值"，以及中正二品在南朝流内流外划定中的重要作用，而聚焦到本文所考察的南朝流外诸位阶，我们还可以看到中正品内部的类别分化。这种分化并非是在中正品框架外又分裂出一个新的系统，而是发生于中正品框架内部的每一阶次之中。事实上，这种分化方式也符合我们对制度变迁的规律性认知：一个得以正常维系的组织，不仅要追求效率，还要采纳在组织运作过程中为合理性概念所界定的、业已充分制度化的策略与程序，以获得存续的合法性[①]。南朝政权归根结底是一个政治组织，面对已经发展成为覆盖朝廷大多数官职之任职资格的中正品系统，选择在其中局部调整，是顺理成章之事。与之相对，若在中正品系统之外另起炉灶，仿照中正品结构建立起

---

① 参见约翰·W. 迈耶（John W. Merye）、布利安·罗恩（Brian Rowan）《制度化的组织：作为神话与仪式的正式结构》，收入沃尔特·W. 鲍威尔（Walter W. Powell）、保罗·J. 迪马吉奥（Paul J. DiMaggio）主编《组织分析的新制度主义》，上海人民出版社，2007 年，第 45—67 页。

一套独立的系统,不仅缺乏制度合法性来源,难以获得朝臣的理解与认同,由新系统建立所带来的事务衔接与等级换算,也会徒增行政成本,带来效率的降低。

由不同等级、类别的中正品所构筑的任职资格体系,与职类、品位序列相互配合,共同塑造了南朝流外位阶的面貌,这一点在流外七班、三品蕴位、三品勋位的形成过程中可以清楚地观察到。不过,前文的论述还遗留了一个技术原理方面的关键问题:是先有了中正品划分出的任职资格等级段落,再有了不同段落内部的品位序列递减吗? 或者正好相反,是先有了诸官署品位序列的生成与递减,再有了依据品位序列中的特定阶次来划分官职中正品的要求界限? 这一问题并不难解答。中正品在魏晋时便与官职挂钩,成为了官职的任职资格,但如上文所述,彼时尚未产生南北朝时特有的官署等级。因此,本文的答案是前者。不过至梁初十八班制定前,我们确实已经看到了"自此以下,则并不登二品"的表述。能以品位序列中特定阶次为基准区分官职中正品等级,其背后必然已形成了一张清晰完整且与十八班面貌高度相似的官阶表格。在这一意义上,北魏孝文帝与梁武帝如同两座箭垛,他们制礼作乐的热情与垂范后世的自觉,在史书上留下了浓墨重彩的一笔,却也使宋齐朝廷的制度建设沦入历史的阴翳,令我们低估了南朝前期在官僚等级管理方面所达到的技术成熟程度。

高欢侍佛图与北朝晚期的肆州地域社会[*]

段　彬

绪　论

　　永嘉之乱后,北中国进入了长期的深度分裂之中。不同群体间的碰撞与融合、秩序的崩溃与孕育,成为十六国北朝重要的时代特色。政治与族群的集团性投射到地域上,表现为各区域的政治地位乃至社会结构在不同时期存在明显的差异[①]。比如北齐的地缘政治表现出重北轻南的策略[②],"并州之太原、青州之齐郡,霸朝所在,王命是基"[③]。而传统的战略要地淮南乃至河南,却成为无关紧要的局部,"国家待遇淮南,失之同于蒿箭"[④],"假使国家尽失黄河以南,犹可作一龟兹国"[⑤]。区域定位的巨大差异,既受到政权自身基础与政权之间攻守关系的影响,也与地方人群的状况密不可分。对各类典型区域的剖析,将有利于我们深入认识北朝政权的属性及其与不同地域社会的关系。

　　肆州便是一个值得关注的特殊区域。肆州大体即今山西省忻州市一带,位

　　* 基金项目:2021 年度国家社会科学基金特别委托项目"大同地区碑铭所见民族融合历史研究"(21@ZH030);2021 年度国家社会科学基金艺术学一般项目"北魏'云冈模式'形成与传播研究"(2021BF04420)。

　　① 廖基添《论魏齐之际"河南—河北"政治格局的演变——从东魏张琼父子墓志说起》(《文史》2016 年第 3 期)一文从高欢集团成员任职的空间分布入手,将东魏北齐分为河南、河北两大区域,及山东、山西、河淮、河汉四个子区域,重点论述了魏齐之际存在"河南—河北"政治格局,对笔者颇有启发。

　　② 详参苏小华《东魏北齐重北轻南的原因及其影响》,《社会科学战线》2009 年第 4 期。

　　③ 《北齐书》卷四《文宣纪》,中华书局,1972 年,第 51 页。

　　④ 《北齐书》卷四十三《源彪传》,第 578 页。

　　⑤ 《资治通鉴》卷一百七十一,陈宣帝太建五年八月,中华书局,1956 年,第 5329 页。

于平城以南、晋阳以北,山河表里,农牧交错,是汉晋以来多民族交融的前沿地带,也是北朝后期尔朱氏的大本营和高欢集团的政治核心区之一。高欢亲信刘贵(刘懿)墓志和九原岗北朝壁画墓皆出土于此。2013 年,忻州市忻府区发掘清理了一座佛教造像窖藏坑。据发掘简报介绍,窖藏坑内共出土佛教石刻造像 34 尊,年代上起北魏,下至唐中期,尤以东魏北齐时代的遗物最为丰富。其中两件石刻上留有题刻,一件为东魏立佛(标本 H1：X004),佛像舟形背光的背面分布着“勃海大王高欢”在内的 6 位阴线刻绘的佛像与人物图像,造像时间为东魏武定二年(544)[①]。

经比对发现,新出造像记所见姓氏乃至部分造像者皆可见于清代以来定襄、盂县、阳曲一带陆续发现或出土的其他 18 方造像记中。除个别石刻的位置难以确定外,连同此次忻府区的新发现,共计 20 方造像记皆出自北朝中后期的肆州南境,因此本文统称其为肆州造像记(造像记原文与详细情况参见附录)。

相对于肆州地区在北朝后期特殊的政治地位,学界对这一地域仍缺乏专题研究[②],高欢侍佛图与肆州造像记恰好能提供一个讨论的切入点。如此多的题记出自同一组交叉人群已属罕见,加之题记中包含有不少关于家族出身背景、地域关系、政治认同等方面的信息,殊为珍贵。除新出造像记外,部分造像记在清代以来的胡聘之、牛修诚、王瑝昌、水野清一等人的金石研究及魏斌、侯旭东、仓本尚德等先生的造像记研究中已有零星涉及或个案分析。本文试图立足魏齐之际政治与社会秩序重构的背景,综合考量肆州造像记展示出的历史信息。

一、“勃海大王高欢侍佛时”的背后

(一) 高欢侍佛图刊刻过程的再思考

东魏执政者高欢图像的首次出现,成为引人瞩目的新史料,魏斌对此已有十

---

① 山西省考古研究所、忻州市文物管理处、忻府区文物管理所《山西忻州忻府佛教造像窖藏坑发掘简报》,《文物》2018 年第 12 期。

② 毛汉光《北魏东魏北齐之核心集团与核心区》(见氏著《中国中古政治史论》,上海书店出版社,2002 年)与魏斌《传说与历史：并肆地区的北魏皇帝遗迹》(《文史》2021 年第 2 辑),都对肆州作为北朝政治核心区的特殊地位给予了重视。

分精彩的专文探讨①。这一图像不仅是对高欢形象的直接描绘，也是肆州造像群体的一种自身表达，对于其中一些细节问题及历史情境，我们仍可展开进一步讨论。图像内容据简报描述：

> 佛左侧面佛侍立三人，内侧为一沙门，左手垂于体侧，提香囊，右手持长柄香炉，体表大衣通覆两肩，右角垂搭左腕，前上方题"沙门都比丘□□供养"；沙门身后二人均外着交领广袖长袍，双手拢于腹前，持一长茎莲花（蕾），内侧者头前上方题"魏故新兴太守邢阳□□"，足下方题"夫理"，外侧者头挽发髻，头前上方榜题"邢氏母马法华"；佛右侧面佛侍立二人，内侧一人头顶高冠，外着交领长袍，下身着分裆裤，左手托举火焰宝珠，头前上方题"勃海大王高欢□□□"；其身后一人头着包巾，外着长袍，下身着分裆裤，右手做向前高举状，身后题"征虏将军刘愿侍佛时"，足下方题"令史珝"和"令史王诞"。佛像下方刻动物、植物形象。佛像下方为一立象，侧身背后有树干、枝叶，象头前方刻一相向卧姿公鹿，头有角，头举向佛。象尾后刻母子二鹿，母鹿站姿，身形随小象头举向佛，身下方幼鹿跪卧哺乳；象右侧刻一卧鹿，头举向佛。

因造像中部断裂，"高欢"之后的三字已剥落，其中最后一字尚存下半部分，据拓片辨认可能是"时"。根据北朝造像的惯例，"时"前二字应与"征虏将军刘愿"后一样为"侍佛"，这也符合图中的高欢作为礼佛人的身份。因此我们不妨将这一图像称之为"高欢侍佛图"。

侍佛图下的造像记中，交代了此次造像活动的缘由：

> 弟子沙门都建义寺比丘僧恪，……借托邢氏，与魏故济南太守弘农人杨道，在石碑山寺禅讼谷，慨法业嚣微，不遇诸圣。因大王建义，愿为造灵图二级，餝（饰）彩将成，仰酬恩德，不促世难多屯，弗获速就。今嘱值大丞相勃海王匡辅魏刚（纲），四方有始，回愿仰为敬造人中王像一区，通光趺六尺。

---

① 魏斌《看见高王》，《读书》2020 年第 4 期。

图1　忻府区东魏武定二年(544)立佛背光拓片[①]

① 拓片引自山西省考古研究所、忻州市文物管理处、忻府区文物管理所《山西忻州忻府佛教造像窖藏坑发掘简报》,《文物》2018 年第 12 期。

此次活动的倡导人为比丘僧恪，参与者主要是邢氏家族成员。按照魏斌的分析，僧恪其实也是邢氏族人，出家为僧。造像记中唯一的外姓成员是"济南太守弘农人杨道"。联系另一方武定七年(549)三级浮图题记中有"檀越主济南太守杨□，妻邢幽光"推测，两者可能是一人。若是如此，杨道便是邢家的女婿。也就是说，高欢侍佛图产生于邢氏一家主导的家族性造像活动中。

从表现形式来看，北魏时期在佛教石刻中体现帝王形象有两种途径：一是如云冈昙曜五窟的做法，将佛像与帝王形象融为一体，即所谓"令如帝身"。二是如龙门、巩义石窟中的"帝后礼佛图"，帝王在图像中仅以"他者"身份出现。帝后礼佛图的整个画面模拟了北魏帝后礼佛的真实场景，对图中人物的衣着、饰物刻画非常精致。作为供养人图像，礼佛图镌刻于石窟的两壁，佛像本身仍是整座石窟的中心。

相比之下，新发现的高欢侍佛图有如下差异：首先，佛像两侧没有胁侍菩萨与弟子，世俗人物的图像在整个画面中占据了绝大部分面积，供养人像由常见的佛像底座的位置上升到了造像碑顶部的佛像两旁。也就是说，图像刻画的并不是佛陀的世界，而是现实的礼佛仪式本身。图中孤零零的佛像不是宗教意义的"佛"，而是物化的"像"，在整幅图像中仅仅是一个背景式的存在。

其次，画面中着力表现人物之间的尊卑差序，秩序井然。佛像一右一左分别是高欢和沙门都比丘，高欢身后是官阶较高的征虏将军刘愿，比丘身后是造像活动的主导者邢氏家族母子。高欢的身高尤其突出，与佛的身高相等，比丘、刘愿、邢氏母子四人的身高相等，至于刘愿手下的两位令史——王诞和屚，则连肖像甚至姓氏也没有出现，仅将其名字刻在主官刘愿脚下。线刻图像下方的造像记对造像题材的描述也比较简略，对世俗世界及当代政治的关心占据了重要篇幅，与图像的世俗化形成呼应。

与龙门、巩义石窟中的帝后礼佛图相比，高欢侍佛图出现的场所也令人疑惑——我们很难想象作为东魏最高执政者的高欢本人会随意参与郡太守一级地方官员的家族性造像活动。魏斌对高欢侍佛图场景有这样的推测：僧恪等人最早因"大王建义"，即尔朱荣起兵之事，发愿建造三级佛塔，最终没有完成。从寺名来看，建义寺本身具有政治性的纪念碑功能，属于尔朱荣政治遗产的"记忆之场"。到了高欢时代，邢氏又"回愿"造此佛像。"无论是从个人情感，还是从凝聚六镇勋贵集团来说，(高欢)到肆州之时访问建义寺，都显得合情合理。如果是这样的话,忻州造像上的高欢侍佛图,就有可能是对一个真实访问场景的表现。"①

笔者认为,联系到肆州人群在尔朱氏、高氏阵营中的特殊地位,以及高欢频繁往来并肆之间的经历,这一推测不无道理。但这在时间维度上似乎存在一个悖论:高欢礼佛的前提,是作为礼拜对象的佛像已经完成雕刻,置于寺庙中;而背光上的高欢侍佛图如果作为真实场景的表现,又必须晚于高欢的礼佛活动。这一矛盾该如何解释?

假如高欢并未来过此寺,侍佛图是邢氏家族虚构的场景,在最初的粉本设计上已经定型,这从造像过程的序列看,尚能讲得通。可是,邢氏家族如果要虚构一个并不存在的高欢礼佛场景,不会把征虏将军刘愿乃至令史王诞、令史厝等具体人物画入其中——这是模式化的图像中不可能存在的细节。

更有趣的是,背光上的文本与图像两种表达也出现了时间线上的分离,叙述了两个完全不同的故事:文本所讲述的造像过程,是佛像雕凿阶段的事,仅由邢氏本族与僧恪师徒参与其中,高欢并未介入,其"匡辅魏刚(纲)"的功绩仅仅作为造像的时代契机出现在文中;图像中的礼佛仪式,则由邢氏家族作为活动主持者,高欢、刘愿、两位令史等不同等级的官员作为造访者,分列佛像两边,共襄盛举,像是在举行佛像的开光仪式。

真实的历史现场已无法完全复原,背光上留给我们的某些痕迹,使笔者倾向于这样一种推测:在邢氏家族造像之时,作为郡级地方官员的家族造像活动,高欢自然没有亲自参与的可能。当佛像正面的主体部分雕刻完成并初步安置在建义寺后,造像记的文本业已撰成,工匠正准备刊刻背光部分,已着手刻下了造像记的前两个字"夫理"。恰逢此时,高欢来到肆州,入寺礼佛。这一盛事打乱了佛像背光上原本的空间规划,造像者为了将这一光荣的经历定格在佛像上,不得不对原本的画面布局做出相应调整。对于已经铭刻了"夫理"两字、但起笔位置太高的造像记,需要压缩其所占空间,因此只能另起炉灶,重新在下方打格后刻写造像记,故而留下了方格之外的"夫理"二字衍文。

这一推测也是从图像与造像记的叠压打破关系做出的判断。假如题记外的方格线向上延伸,"夫理"衍文的字间距较为宽松,将超出方格线之外,因此这两字的铭刻时间一定早于方格。说明按照最初设计,题记部分本是不需要打格的。

---

① 魏斌《看见高王》,《读书》2020年第4期。

在压缩题记空间后,为了保证完整地刻下造像记全文,工匠不得不打格以计算字数。刊刻图像部分时,为了不破坏造像记的方格线,图像正下方大象的足部刻至方格边界戛然而止,而左右两侧呈跪地姿势的鹿,其腿部线条却不可避免地叠压在方格线上,因此打方格的时间又早于刻绘图像的时间。这一顺序说明背光上的刊刻步骤是,"夫理"衍文最早,其次为方格及其中的文字,最后才是上方的侍佛图。这似乎也说明了工匠对于背光上图像与文字的布局,有过犹豫与更改的过程。

(二) 高欢侍佛图的刊刻动机

其实无论高欢是否亲临礼佛,侍佛场景究竟是虚还是实,这幅图像都可以被认为是主观建构出的产物。图像线条简单,技法粗糙,与精致的帝后礼佛图形成鲜明对比,应是邢氏家族令地方匠人自行设计绘制的图像。从画面内容来看,高欢侍佛图虽然描绘了高欢率领部下礼佛的场景,但仍在努力突出邢氏家族的存在感——图像以佛像为轴线,对称地分为邢氏团队与高欢团队两组主客人群。假如高欢确曾亲临建义寺,虽是建寺功德主但官阶仅为郡太守一级的邢氏及其女眷,真的能在仪式上占据如此重要的位置吗? 恐怕也未必。画面无疑在夸大、抬高邢氏家族的地位。

那么邢氏族人为什么如此重视高欢亲临之事,不惜改动已经开刻的题记,哪怕让整个背光留下误刻的瑕疵,也要记录下这一场景呢? 这就要考虑到图像制作者的主观心态与图像观众对高欢的认知。

首先,从当时流行的佛教观念上来看,高欢已经超越了一般的护法国主,具有某种特殊的宗教地位。此前已有许多学者关注到两个比较突出的现象[①]:一是高欢之名被冠于佛经之前,出现了著名的《高王观世音经》(简称《高王经》)和《一切法高王经》等正统大乘经典之外的伪经,其中《高王经》伴随着新兴的观世音信仰,在魏齐之际广为流布,高欢父子对于这类佛经的形成与传播起到了直接的推动作用。二是东魏北齐各地存在以高欢为名的佛寺,比如河南五岩山的高王寺、洛阳的齐献武王寺、山西临汾的神武皇帝寺等。《献武皇帝寺铭》如此称赞

高欢:"惟睿作圣,有纵自天,匡国庇民,再造区夏。功高伊吕,道迈桓文。虽住止域中,而神游方外,影响妙法,咫尺天人。"①赞语围绕高欢在政治与宗教两方面的特殊地位来分别论述。在这样的宗教语境下,高欢既是匡扶社稷、护法崇教的人王,似乎又具有了观世音化身的意味。侍佛图中的高欢,手持火焰纹圆形宝珠。宝珠既是供养物,又有照明世界、去除病苦以益众生的功能。在北朝石窟造像中,宝珠常作为胁侍菩萨的手持物出现②。手持宝珠的姿态,似乎在暗示高欢的超凡形象。

其次,镌刻高欢侍佛图的直接动机,应有标榜造像者地位的现实意图。造像记既是邑义成员实践宗教信仰的手段,也是他们在当地从事社会活动的纪念碑。这尊造像的归宿是被安置在佛寺之中,成为公共的宗教圣物,直至唐代会昌法难时才被掩埋至窖藏坑内③。伟大且神圣的高王亲临,固然是本寺盛况空前之事,但终归是一场转瞬即逝的仪式。若将此情此景刻画在佛像背面,把瞬间固化为永恒,置于人来人往的寺庙内,宣示了本家族与最高权力中心之间不同寻常的亲密关系,无疑可以起到持续彰显造像者地位的作用。魏斌在文中推测,图像中另一位官阶较高的征虏将军刘愿,不排除是当时肆州地区最高军政长官刘贵的家族成员。若果真如此,那么高欢侍佛图便以虚构的画面,完成了霸府(高氏)—州(刘氏)—郡县(邢氏)—属吏(王诞、厗)的真实权力序列的表达。

联系到地域社会的背景,高欢侍佛图出土于此,或许并非偶然。谷川道雄说:"北魏末的内乱似可用如下两个契机为中轴来加以把握:一是从自由民沦为贱民的历史状况,一是再从贱民奔往自由民的志向与行动。"④肆州可以说是第二个契机得以开展的重要舞台。魏齐之际生活在当地的边缘人群、南迁此地的六镇人群,都与尔朱氏、高氏统治集团有着紧密的依存关系。正因为存在一群特定的"观众",侍佛图的展示才会成为一种必要。接下来我们需要回到传世文献与肆州造像记文本中,考察肆州地域社会的特殊性所在。

---

① (唐)欧阳询《艺文类聚》卷七十七《内典下·寺碑》,上海古籍出版社,1999 年,第 1320—1321 页。

② 苏铉淑《东魏北齐庄严纹样研究》下编第 2 章《佛教艺术中的宝珠纹》,文物出版社,2008 年,第 138—141 页。

③ 山西省考古研究所、忻州市文物管理处、忻府区文物管理所《山西忻州忻府佛教造像窖藏坑发掘简报》,《文物》2018 年第 12 期。

④ 谷川道雄著,李济沧译《隋唐帝国形成史论》,上海古籍出版社,2004 年,第 5 页。

二、文献所见北朝后期的肆州及其居民

(一)"俗杂华夷"与肆州政区的诞生

自东汉以来,肆州一带便是一个人口变动频繁、胡汉杂糅的区域。建安二十年(215),曹操"省云中、定襄、五原、朔方郡,郡置一县领其民,合以为新兴郡"①。新兴郡即后来的肆州州治。同时,曹操又将南匈奴北部的驻地安置在新兴郡。西晋末年,为换取拓跋猗卢支持,并州刺史刘琨割让句注陉北之地,"乃徙马邑、阴馆、楼烦、繁畤、崞五县之民于陉南,更立城邑,尽献其地"②,位于陉南的肆州地区再次接纳了大量移民。

北魏立都平城后,原属并州北境的肆州地区因紧邻畿内,控制着平城南下中原的必经之路,开始成为独立的政治军事区域。天赐二年(405)置肆卢镇,太平真君七年(446)改为肆州,肆州自此脱离并州,成为独立的一级政区。北魏前中期,史料可稽的肆州州郡官员多是与拓跋部合作的酋长部帅,如尔朱羽健、间凤、苟资、陆昶等。其中的尔朱羽健即尔朱荣之祖,尔朱荣之父名为尔朱新兴,应是以羽健任职的肆州新兴郡作为其汉名。尔朱氏最初的封地北秀容川原不在肆州境内,但是有了羽健父子的关系网络,在六镇之乱爆发前,尔朱氏在肆州应当已积累了一定的政治影响力。

太和迁洛以后,肆州并未随着洛阳朝廷汉化的方向迈进,保持着"九原之地,俗杂华夷"③的面貌,其政治地位一度随之下降。孝明帝时,杨津"还除北中郎将,带河内太守。太后疑津贰己,不欲使其处河山之要,转平北将军、肆州刺史"④。在朝廷的轻视下,肆州胡人"劫盗"问题十分尖锐。元深拜肆州刺史,"预行恩信,胡人便之,劫盗止息"⑤。尔朱荣也参与了平定肆州部落民"叛乱"的军事行动:"南秀容牧子于乞真反,杀太仆卿陆延。别将尔朱荣讨平之。"⑥肆州的

---

①　《三国志》卷一《魏书·武帝纪》,中华书局,1982 年,第 45 页。

②　《魏书》卷一《序纪》,中华书局,1974 年,第 7 页。

③　王银田、李杲《东魏高唐县开国男穆瑜及夫人陆氏墓志考释》,《暨南史学》第 11 辑,广西师范大学出版社,2015 年,第 15 页。

④　《魏书》卷五十八《杨津传》,第 1296 页。

⑤　《魏书》卷十八《拓跋渊传》,第 429 页。

⑥　《魏书》卷九《肃宗纪》,第 237 页。

南秀容川在此时可能已被纳入尔朱荣势力之下。

六镇之乱爆发后,肆州作为北镇与中原间缓冲地带的作用凸显了出来。战乱之际,尔朱荣扩充地盘的第一步便是拿下肆州全境。孝昌二年(526),尔朱荣"率众至肆州,刺史尉庆宾畏恶之,闭城不纳。荣怒,攻拔之,乃署其从叔羽生为刺史,执庆宾于秀容"①。攻下肆州城,成为尔朱荣专制一方的标志,肆州城所在的忻定盆地与其西侧的南北秀容川连为一体②,"自是(尔朱)荣兵威渐盛,朝廷亦不能罪责也"③。尔朱荣之所以能在魏末乱局中脱颖而出,与肆州所处的地理位置密不可分。在尔朱氏东征西讨时,肆州始终是其稳定的"根本"。河阴之变前,"(尔朱)荣向京师,以天光摄行肆州,委以后事"。其后"(尔朱)荣将讨葛荣,留天光在州,镇其根本"④。

尔朱荣崛起后,大量追随尔朱荣或被尔朱氏裹挟的各色势力迁到了肆州。比如高欢的好友司马子如,"孝昌中,北州沦陷,子如携家口南奔肆州,为尔朱荣所礼遇,假以中军"⑤。又如孙腾,"魏正光中,北方扰乱,腾间关危险,得达秀容"⑥。高欢本人与娄后、尉景、段荣、蔡儁等人也陆续"亡归尔朱荣于秀容"⑦。

不少南奔的北镇势力保留了原先的武力基础,携带整个家族、部曲乃至镇民而来,比如贾显度:"正光末,北镇扰乱,为贼攻围。显度拒守多时,以贼势转炽,不可久立,乃率镇民浮河而下。既达秀容,为尔朱荣所留"⑧。又如步大汗萨:"正光末,六镇反乱,萨乃将家避难南下,奔尔朱荣于秀容"⑨。葛荣战败后,余部又有"流入并、肆者二十余万"⑩,尔朱荣对其采取"擢其渠帅,量力授用"⑪的办法

①　《魏书》卷七十四《尔朱荣传》,第 1645 页。

②　此处有必要交代下秀容和肆州的关系。秀容原本是肆州西境山区及附近平川一带的泛称,既包括部落民生活的南北秀容川,也有郡县制下肆州所属的秀容郡、秀容县。随着尔朱荣的势力扩展至肆州全境,"秀容"概念也随之扩大化,有时会成为整个肆州的代名词。比如史称刘贵为"秀容阳曲人",阳曲县位于肆州的最南境,与狭义的秀容川、秀容郡皆相距甚远。

③　《魏书》卷七十四《尔朱荣传》,第 1645 页。

④　《魏书》卷七十五《尔朱天光传》,第 1673 页。

⑤　《北齐书》卷十八《司马子如传》,第 238 页。

⑥　《北齐书》卷十八《孙腾传》,第 233 页。

⑦　《北史》卷六《齐高祖神武帝纪》,中华书局,1974 年,第 210 页。

⑧　《魏书》卷八十《贾显度传》,第 1774 页。

⑨　《北齐书》卷二十《步大汗萨》,第 279 页。

⑩　《北史》卷六《齐高祖神武帝纪》,第 213 页。

⑪　《魏书》卷七十四《尔朱荣传》,第 1650 页。

进行了安置,在一定程度上保留了原先部落民的社会结构。除此之外,因其他原因进入并、肆地区的流民可能也不在少数。

至东魏初年,北镇地区沦陷的十州又陆续侨置于并、肆、汾三州境内,其中肆州境内侨置了恒、廓、武三州及所属十四郡:"恒州,天兴中置司州,治代都平城,太和中改。孝昌中陷,天平二年置,寄治肆州秀容郡城。"①"廓州,武定元年置。治肆州敷城界郭城。"②"武州,武定元年置。治雁门川,武定三年始立州城。"③"前自恒州已下十州,永安已后,禁旅所出,户口之数,并不得知。"④至此,北镇移民在保留部分旧有部落关系、行政体制的前提下,实现了地域关系的异地重组。

(二) 肆州在东魏北齐地缘政治中的角色

据《魏书·地形志》,东魏武定末年,位于边地的肆州所隶户数为 40 582,口数为 181 633⑤,在东魏诸州中户数位居第 17,口数位居第 13,排名位置并不算低。这还不包括侨置在肆州的北镇军户。作为北镇势力的第二故乡,肆州与晋阳所在的并州共同构成了东魏北齐政治地理格局中最重要的核心区,"并肆"并称的说法开始频繁见于史籍。刘贵、库狄干等众多东魏北齐的重臣,不仅生前活动于肆州,统领肆州及侨置于肆州的诸州军士,死后其本人及家族也葬于肆州⑥。

相比此前尔朱氏、高氏政权中,肆州刺史的人选也颇为显赫。史料可稽的刺史包括:尔朱肃、尔朱天光、尔朱智虎、平季、叱罗协,以及覆罗去宾、刘贵、彭乐、徐显秀、李神俊、斛律金、斛律平、薛孤延、娄仲远、库狄敬、库狄回洛、王纮等人,他们或为尔朱氏、高氏宗亲与姻亲,或有着重要的北族背景。

---

① 《魏书》卷一〇六上《地形志上》,第 2497 页。
② 同上,第 2502 页。
③ 同上,第 2502 页。
④ 同上,第 2504 页。
⑤ 同上,第 2474 页。
⑥ (清) 乾隆《忻州志》卷四《坟墓》:"太尉录尚书事刘贵珍墓,治西九原冈上。将军赠太保库狄干墓,西门外,人呼宰王墓。……库狄引墓,河子头村东。"(《中国地方志集成·山西府县志辑》第 12 册,凤凰出版社,2005 年,第 141 页。)据刘洪徽墓志盖及妻高阿难墓志,刘贵之子刘洪徽、媳高阿难(高欢之女)亦葬于肆州城附近(毛远明《汉魏六朝碑刻校注》第 9 册,线装书局,2008 年,第 26—28 页。)魏斌认为,"库狄回洛和库狄干分别葬于内迁的朔州和恒州,或许也有以此凝聚朔州、恒州侨民的意图"。(见氏著《从领民酋长到华夏长吏:库狄干石窟的兴造与部落记忆》,《历史研究》2018 年第 3 期。)

除了与并州共同作为核心集团的大本营、北镇武力的栖息地外，从地缘格局来看，肆州地区首先是东魏北齐政权对抗北方游牧民族的前线指挥所，肩负着北线防御与扩张的重任。"明帝之后，中原丧乱，未能外略"，柔然趁势坐大。尔朱兆时期，肆州秀容地区已面临着来自北方的直接威胁，一度发生过"河西人纥豆陵步蕃、破落韩常大败尔朱兆于秀容"①的局面，高欢与尔朱兆合军共击，方才"斩步蕃于秀容之石鼓山，其众退走"②。东魏建立后，高欢在肆州北山即陉岭上修筑长城："齐献武王召夫五万于肆州北山筑城，西自马陵戍，东至土隥。四十日罢。"③相比阴山一线，东魏肆州长城向南收缩了上百公里，这也标志着肆州在东魏北齐防御体系中取代并继承了六镇在北魏所扮演的角色。高欢父子数次出兵北讨，皆在肆州一线集结重兵，调度指挥。北族南侵时，肆州也首当其冲，如元象元年（538）"九月，（柔然）又掠肆州秀容，至于三推"④。天保五年（554）"夏四月，茹茹寇肆州。丁巳，帝自晋阳讨之，至恒州黄瓜堆，虏骑走"⑤。

除了对抗北方的柔然外，肆州西部的秀容山区又与山胡盘踞的吕梁山区相连。尔朱兆兵败自缢的赤𫗧岭，位于南秀容城西南通往离石一带的必经之路；慕容绍宗率领尔朱荣妻子逃至山胡腹地乌突城后，孤立无援，方才投降高欢，这表明尔朱兆在丢失肆州后，曾试图逃往山胡地区以求东山再起。早在北魏初年，秀容就曾作为征伐山胡的军队集结地，"（庾）岳与陈留王虔以五万骑东渡河救之，次于秀容，破山胡部高车门等，徙其部落"⑥。东魏沙苑之战失利后，"秀容人五千户叛应山胡，复以（高）市贵为行台，统诸军讨平之"⑦。天保三年（552），北齐修筑了防御山胡的长城，"帝自并州幸离石。……至黄栌岭，仍起长城，北至社干戍四百余里，立三十六戍"⑧。其走向大体自南向北沿吕梁山主脉而筑，北端与肆州长城相接。

　　①　《魏书》卷十《孝庄纪》，第 268 页。
　　②　《魏书》卷七十五《尔朱兆传》，第 1663 页。
　　③　《魏书》卷十二《孝静纪》，第 306 页。关于肆州长城的调查资料，详参山西省文物局长城调查组《东魏肆州长城》，《文物世界》2001 年第 3 期。
　　④　《北史》卷九十八《蠕蠕传》，第 3264 页。
　　⑤　《北齐书》卷四《文宣纪》，第 58 页。
　　⑥　《魏书》卷二十八《庾业延传》，第 684 页。
　　⑦　《北齐书》卷十九《高市贵传》，第 254 页。
　　⑧　《北齐书》卷四《文宣纪》，第 56 页。

"恒代丘墟"之后,肆州在很长一段时间也是东魏北齐境内唯一稳定控制的牧业区域,是中原与北族交往交融的重要纽带,肆州刺史有时也会成为笼络北族首领的职位。据东魏穆瑜墓志记载:"高车主覆罗去宾举其部落,万里来王。皇上嘉焉,用酬高秩,除为肆州刺史。"[①]肆州境内的天池肩负着皇家猎苑与祭祀场所的政治功能,在北族文化中具有神圣空间的意味[②]。

图 2　肆州地理形势图

①　王银田、李杲《东魏高唐县开国男穆瑜及夫人陆氏墓志考释》,《暨南史学》第 11 辑,第 15 页。
②　详参魏斌《传说与历史:并肆地区的北魏皇帝遗迹》,《文史》2021 年第 2 辑。

三、造像活动与肆州地域社会

(一) 肆州造像记题名所见信息

如果说上述正史文献的记载只能提供自上而下的鸟瞰视角,20 方肆州造像记的题名与表述,则从基层视角展示了北朝后期肆州地域社会的某些侧面(造像记全文见附录部分)。综合来看,题名中的人物展现出以下信息:

一是参与这 20 次造像活动的家族十分庞杂,现存的题名中共有 105 姓。每一次造像活动至少都有 4 个以上的姓氏出现。出现姓氏数量最多的北齐小护村造像记,涉及 48 个姓氏,其中既有频繁组织造像活动的大姓,也有仅出现过一次的小姓,说明肆州造像活动的参与群体颇为广泛,不限于中上层人士。

二是有十余个主要姓氏在造像活动中反复出现,王、杨、刘、马、张、邢、潘、李、赵、智、何、呼延、傅、郭、孙、杜、高、冯、壶等姓皆出现了 5 次以上(参见表1)。虽然对于杨、刘、王这样来源十分庞杂的大姓,我们不能武断地将造像记中的同姓者皆认定为一家人,但从造像者名字的字辈特点与某些姓氏的比例(特别是壶、镡、智、呼延等小姓的反复出现)来看,应有相当一部分同姓者确为同族。值得注意的是,参与 20 次造像的家族与人员在小范围内存在彼此交叉。赵郎奴、慧端、杨买德、潘光、王女郎、法智、法藏、杨道、王洛奴、邢昙尚、邢伯尚、刘显仲、段僧荣、杨道龙、李僧、丁和兴、高拔真、僧哲、僧通、僧广、法苌、杨神虎、杨神海、邢阿买、邢洪贵、邢阿海 26 人出现了不同的造像记中,有些还跨越了县域①。其中定襄令潘光参加了七岩山目前所见全部的造像活动,时间跨度长达 37 年。简言之,表面上以佛教邑义为组织的活动,其实是以若干家族或家族联盟作为组织内核。从造像过程来看,造像活动大多以僧人为劝化者,由少至一两个、多至八九个家族作为当次活动的主导者,其余家族作为邑义成员响应参加。

① 赵郎奴见于附录中的造像记2、16。慧端见于 2、5。杨买德见于 2、16。潘光见于 2、5、16。王女郎见于 5、6。法智见于 5、8。法藏见于 5、19。杨道见于 7、10。王洛奴见于 6、14。邢昙尚见于 8、14。邢伯尚见于 8、14。刘显仲见于 8、14。段僧荣见于 8、14。杨道龙见于 11、12。李僧见于 11、13。丁和兴见于 12、13。高拔真见于 12、13。僧哲见于 12、13。僧通见于 12、13。僧广见于 12、13。法苌见于 12、13。杨神虎、杨神海见于 8、9。邢阿买见于 14、18。邢洪贵见于 6、14。邢阿海见于 8、18。

表 1　肆州造像记所见家族姓氏

出现频次	姓　　氏
15次	王
14次	杨、刘
12次	马、张
10次	邢、李
9次	赵
8次	潘
7次	郭、智
6次	何、孙
5次	呼延、杜、傅、高、冯、壶
4次	镡、董、宋、霍
3次	贾、段、周、歷(曆)、丁、秦、吕、吴
2次	强、解、程、斑、郝、闾(阎)、唐、娄、苏、许、耿、曹、尉、田、薛、胡、牛、蒋(将)、达、卢、酈
1次	转、续、戴、山、陈、范、白、无、贺拔、谬、袍、尹、靳、崔、樊、常、任、保、业、刁、葙、乔、茹、土万、麻、来、卫、齐、公孙、郑、燕、佑、石、鲜于、乐、焦、辅、畅、陶、义、苗、姜、洛、权、尚、侯、巩、严、阳、于、晋、雷、鲁

　　三是造像记中的任官者大多是肆州当地州郡县及相邻地区的守令或属吏。有部分任官于外地者,却有大量家族成员就职于肆州,应当也是本地人。比如邢氏家族成员的任官经历虽有殷州刺史、赢(瀛)州刺史、河间太守,但还有新兴太守、郡功曹州主簿、郡功曹定襄令、新兴郡功曹等本地职务。题名中仅有极少数官员是外来的宦游者。所以这批造像记反映的更多是肆州当地人群的状况。总的来看,各姓任官者的数量基本与该姓在造像活动中的活跃程度呈正相关。也就是说,政治地位较高的家族在造像方面较为积极。

　　题记中提到的大小官员皆不见于正史,除龙葙(骧)将军燕仲、安南将军张元遵、征房将军刘愿以及邢、赵两家的三位州刺史外,其他人的职位最高不过郡太守。按照邢多五十人等造像记中的提法，这批有任官成员的地方家族可以称之为"乡豪"。官阶地位也决定了他们的活动动员能力主要局限在本州内。参与造像的几大家族的政治地位基本相埒，同一活动的组织者的职级往往相差不大，比如高岭以东造像记中，比丘之后的题名为来自8个家族的8位厉武将军和1位勇士都将。之所以由清一色的"厉武将军"代表本家族主持该次活动，似乎存在着申明各家对等地位的意味。

表2　肆州造像记中的官员

姓氏	任　官　人　物	人　数
邢	魏故新兴太守邢阳　魏故郡功曹州主薄邢龙　魏故郡功曹定襄令奉辟从事中□本州平□大中正邢潜　魏故曜武将军河涧太守邢粹　厉武将军邢阿平　制除三合县令邢伱　长史邢阿欢　新兴郡功曹邢伏兴　前赵郡太守嘉(假)殷州刺史河间邢生　瀛州刺史邢延护　州都邢辨通　旨前善无壶关二县令后做瀛州刺史邢安贵　前安定王忠正旨假武定太守邢辅　旨假马头太守邢道文　旨假发干县令邢少贵　旨假蒲子县令邢阿和　旨假沛郡太守邢□贵　旨□□太原郡中都县令邢寄奴　旨假北豫州广武太守邢元颜　仓曹参军邢元□	20人
杨	魏故济南太守弘农人杨道(济南太守杨□)　前州督府户曹参军、东防罢山都督、厉武将军杨神虎　前郡功曹行驴夷杨猛　祭酒杨□　新兴太守杨雋成　阳曲令杨道龙　州主簿杨族　都督杨雅　珍寇将军杨道□　都督杨宗攸　巨鹿太守杨生　河内郡太守杨原　鲁郡太守杨冬　轻车将军杨保　永安太原二郡太守杨元惠　前尉保开府行参军杨显祖　祝阿县令杨转　旨假光州东阳太守杨愿进	18人
王	定襄令王文稷　西盖祭酒中兵参军王丑　令史王诞　司马王妙　太原太守王含兴　主簿王明　祭酒王平　珍寇将军王恩贵　安阳北平二县令王俊	9人
刘	永安守刘回洛　鲁郡王祭酒从事史刘恭　征房将军刘愿　厉武将军刘显仲　诏除平昌曲二县令刘道胤　前祭酒石碑栅长史刘渊　秦州长史刘拔奴　旨除宜阳令、河间阳翟二郡太守刘发仁　旨假南兖州新葵(蔡)太守刘可罗	9人
张	河北郡太守张宜弟　都督张庆和　厉武将军张广兴　厉武将军张□洪　定襄令张世生　安南将军奴□□县开国子恒州贰合县人张元遵	6人
智	厉武将军智道善　前石城平城榆次三县令智延欣　东防都将智天德　旨假平□县令智钟葵　旨假阳邑县令智李宁　旨假原平县令智道像	6人
李	厉武将军李洪宾　原平令(原平北郑二县令)李僧　士曹从事李欣祖　厉武将军李爱祖　新兴太守李俭	5人
赵	并州刺史赵荣周　诏除卢奴广武二县令赵郎奴　诏除俎县令赵曹奴　都督赵显度　天柱王领民统军赵文威	5人

续　表

姓氏	任 官 人 物	人 数
马	定襄令马归生　肆州主簿马道富　扶风太守马徒奴　定襄令马安兴	4人
镡	厉武将军镡元贞　勇士都将镡伏安　肆州州都□县领民别将、殷州司马镡思祖　榆次令镡贵	4人
潘	定襄县令潘光　太原太守潘伏	2人
杜	□□□□二县令杜显　厉武将军杜苌命	2人
乔	都督乔要兴　博陵太守乔苟始	2人
郭	州主簿郭贵　太原守郭胜	2人
郦	永安太守郦益洛　□□郡功曹郦直登	2人
冯	前开国冯回　河北都将冯其宪	2人
霍	厉武将军霍元欣　旨假五泉县令霍龙仁	2人
高	昔洛令高保生	1人
何	厉武将军何法安	1人
贾	制除永安太守贾枹成	1人
田	恒州部郡从事史田贵	1人
葙	恒农太守葙□	1人
崔	郎中崔雀	1人
贺拔	建中令贺拔德	1人
达	州主簿达无达	1人
任	代郡太守任苌	1人
尉	殿中将军善无县令尉清周	1人
燕	燕州燕仲龙葙将军	1人
佑	前别将佑遵义	1人
鲜于	中兵将军鲜于安和	1人
乐	仓曹参军乐宾	1人

续　表

姓氏	任　官　人　物	人　数
曹	河北都督曹兆龙	1人
宋	旨假平阳县令宋宝贞	1人
不详	令史厒　州沙门都僧观梁寺县乔　厉武将军□□□	3人

需要注意的是,除了当次活动所在的乡里外,造像活动有时会聚合周边各地人群。比如邢多造像记中有"遂在合州发弘大愿"之语,说明此次活动的参与者来自肆州各地。我们还可以看到同一家族出现在不同地点的造像记中的情况。比如邢氏家族在忻府区、七岩山、兴道村以及位置不详的武定七年三级浮图等处皆是重要的活动参与者或组织者。在忻府区武定二年造像中,僧恪、杨道等人,是在"石碑山寺禅讼谷"修行,七岩山的赵郎奴造像记中,又有一位"石碑栅长史刘渊"。石碑山、石碑栅虽不详在今何处,但可见该地僧侣与官吏与忻府区、定襄县等地都有宗教性的活动往来。

因此可以认定,在北朝后期肆州南部地区,存在着若干组较为活跃的造像群体,他们以家族为内核,结成临时的佛教邑义,彼此间还存在跨地域的交往。十余个具有任官成员的"乡豪"家族构成了中坚力量,维持着北朝后期肆州南部地区造像活动的持续开展。

(二) 胡汉侨旧之间

前文提及,自曹操设立匈奴五部以来,新兴郡本就是南匈奴北部的聚居之地。北魏时期,这些南匈奴的后裔仍有迹可循。《魏土地记》记载:"秀容胡人徙居之,立秀容护军治,东去汾水六十里。""洛阴水又西南,径阳曲城北。……阳曲胡寄居太原界,置阳曲护军治。"[①]秀容胡、阳曲胡可能都是包括匈奴在内的杂胡。造像记所见之"洛音村",便在洛阴水旁。洛音村造像记中所见的刘、赵、呼延、郝、乔等姓氏,可能就是长期生活在当地的阳曲胡。

北魏以来,肆州又不断有新的血液注入。从造像记中有限的材料来看,参与

---

① (北魏)郦道元注,(清)杨守敬、熊会贞疏《水经注疏》卷六《汾水》转引《魏土地记》,江苏古籍出版社,1989年,第527、529页。

肆州造像的人群中确有相当一部分或是从中原或他处迁来。比如邢多五十人等造像记称：

> ……广□向豪，立为督将，弟相部领，坊兹丑坚。邢多五十人等，昔因封而居，子孙留偶，今在肆土，为人领袖。其人可谓天资桀迈，干饰明□，圆弓连阔，飞刀棱刃。为帝所知，召国于□。武艺之士，实自孤绝一时，寝寒酋勇，亦难量者哉。

这段文字生动地描写出 18 个姓氏中参与造像的 50 多位军人的形象，他们原非肆州土著，是出于朝廷的需要"因封而居"来到肆州的后人。与东魏员光造像记对读可以得知，这 50 多人中的王洛奴是太原太守王含兴与邢神姬夫妇之子，还有一位邢洪贵是瀛州刺史邢延护之弟。东魏时期邢氏已有家族成员出任州官，那么他们定居肆州的时代或许能追溯至北魏前中期。邢氏从何处而来？我们无法确知。东魏千佛寺摩崖题记中有一处署名"河间邢生"。其实，不管肆州邢氏是否出自儒学世家河间邢氏，当他们"因封而居"来到肆州这个民族熔炉后，必然会走上与中原士族完全不同的发展道路，展示出"胡化"尚武的一面。

类似的家族还有参与造像活动达 14 次的杨氏家族，虽然杨氏在造像记中自称"弘农人"，但有 9 人皆担任肆州本地官职，有 6 人担任武职。在肆州担任原平令的李僧、担任新兴太守的李俭家族，号称出自赵郡李氏，"因士此土"。但在李僧造像记中，李氏家族成员的数量非常多，其中有相当一部分为女性，可见李氏已举族迁居肆州。

对"新旧"居民的交融体现最为直接的，是北齐小护村造像记，文中直言是来自河北的"新旧异姓一百余人等"，因"住居鸣□川小护村"这样共同的地缘关系结成邑义，可见小护村在当时接纳了大量河北移民定居。此次造像活动中，河北新人起到了主导作用，愿文中重点提及的 9 位清信士皆来自河北，仅有的两位官员同样具有河北身份，分别是撰文者"都中正河北都将冯其宪"与"像主河北都督曹兆龙"。可见新人的到来使这一地区的社会关系发生了很大的变化。一个山区村落出现 48 种姓氏，即使在人口流动频繁的当代也是极为罕见的。这让人联想到正史所记载的，六镇之乱后北镇流民先被安置到河北"就食"，葛荣战败后又陆续迁入并肆的过程。

魏斌提道：“这一地区‘俗杂华夷’，所谓旧姓，只是相对于后来迁入者而言，二者并不意味着‘胡汉关系’。”“这些旧姓和内迁的北境民众，构成了肆州的侨旧社会。”[①]在肆州造像记中，有相当一部分姓氏明显是胡姓，除了前面提到的阳曲胡，还有呼延、段、贺拔、达、尉、土万、鲜于等姓氏。不过在造像记中我们看不到胡汉之间相区隔的族群意识。由于人口的流动，北朝后期的肆州展现出了五方杂糅的特点。《魏书·地形志》肆州所属郡县中记载了大量的神祠，包括：赵武灵王祠、介君神、五石神、圣人祠、皇天神、鸡头山神祠、索山祠、代王神祠、大颓石神、清天神、亚角神、车轮泉神、龙渊神、亚泽神[②]。这些神祠的具体内涵虽不得而知，但部分神祠之名不似中原传统的地方信仰，似乎反映出肆州居民信仰多元化的一面。

有趣的是，北镇侨州的位置主要在肆州北部及州城一带，现已发现的肆州造像记则集中于肆州南部。除了“燕州燕仲”与“恒州贰合县人张元遵”申明了自己的北镇籍贯外，从其他造像者的姓名很难判断哪些属于内迁的北镇势力，仅知有部分侨州郡县的官吏，比如恒州部郡从事史田贵、善无县令尉清周等。当然，北镇内迁军人作为“禁旅”成员，长期随侍君主，在外征战，缺乏扎根于此的家族势力，可能也是他们较少参与地域社会活动的原因之一。

在北齐天保七年赵郎奴造像记中，邢氏家族有一位成员也担任了侨县官员，即三（参）合县令邢偘。三（参）合县属恒州梁城郡，侨置于肆州秀容郡城中。如果邢偘和邢多等人一样也是早先“因封而居”的旧民，那么以旧民管理原先“户口之数，并不得知”的侨县，似乎预示着到了北齐时期肆州侨旧人群的界限已逐渐模糊。

（三）肆州乡豪的交往与共识

无论造像记展示的造像成员结构还是正史中的线索，都可以看出当时的肆州社会呈现大杂居、小聚居的家族分布特点。一方面存在多个较大的姓氏，他们陆续从中原、六镇、平城等不同地区合家迁来，聚族而居，在尔朱氏与高氏政权中担任高低不等的职位，在地方上存在一定影响力；另一方面又有众多小姓杂居其

①　魏斌《看见高王》，《读书》2020 年第 4 期。
②　《魏书》卷一〇六上《地形志上》，第 2474—2475 页。

间,肆州任何一个郡县内都未见有一家独大的局面。在肆州这样居民构成多元化的区域内,阶层相近的"乡豪"加以联合是他们的最优选择。

造像记反映出肆州乡豪往来的三种方式:一是血缘上的联姻。肆州上层社会是高氏重点笼络的联姻对象,高欢曾将其女嫁给肆州刺史刘贵之子。乡豪之间也存在彼此的联姻现象,在忻府区新出东魏造像记中,有一题名为"邢氏母马法华",说明邢氏与马氏为姻亲家族。马氏同样是当地热衷于造像的乡豪之一,参与造像活动达 12 次。在洛音村僧通等八十人造像记中,有"定襄令马归生",而定襄令一职也曾为邢氏家族的邢潜所担任,可见两家政治地位旗鼓相当。在武定七年三级浮图造像记中,巨鹿太守杨生的妻子为刘肷女,济南太守杨□的妻子为邢幽光,可见杨氏家族和刘氏、邢氏之间也存在着联姻关系。在比丘员光等造像记中,邢氏也与王、智、杨等家有联姻,特别是与王氏世代联姻。比如邢神姬为太原太守王含兴之妻,邢哈姜为司马王妙之妻,邢阿小为王洛川之妻,王女郎为长史邢延欢之妻。

二是宗教上的结社。超越基层乡里的活动范围,是肆州造像活动的特点之一。除刚才提到的邢多等五十人是"在合州发弘大愿"外,还有两方造像记分别动员了"肆州永安定襄县高岭以东诸村邑仪道俗"和"肆州永安郡定襄县樗株岭西道俗之徒",肆州最高僧官"州沙门都僧"也参与了高岭以东的造像活动。这样汇集特定区域内各大家族的公共事业,不仅是宗教活动,也属于强化群体空间认同、凝聚乡里意识的仪式。在宗教之外,活动也便于处理地方事务。比如在高岭以东造像活动中,修治交通道路也是此次结社的目标之一:"先有愿共相要约,建立法仪,造像一区,平治道路,刊石立碑。"

三是政治共识的凝聚,这一点在肆州造像记中表现得尤为特殊。北朝造像记中为帝王国主祈愿本属常见的套话,但肆州的多方造像记写有大量称颂高欢家族的溢美之词,表达了对高氏的强烈崇敬之情以及对东魏北齐政权的认同,有些颂圣文字所占的比例不低于甚至超过了宗教内容本身。比如七宝山碑记在发愿结束后,造像者首先历数古今事例,表达了贤君为天下根本的观点:

> 统御天下者,非贤圣无以承其化。开基定业者,非能哲何能纂其次。羲皇垂代之初,尧舜遵而成轨。夏殷周削礼兴隆,汉魏述而知法。刘石增晖,

符姚重焕。太武、孝文皇帝,可谓中代贤君,是以子孙绍袭,国祚永隆。

紧接着又对高欢本人进行了称颂,将其与历代贤君并列:

> 今高王神圣重光,翼弼大魏,荡定天下,使平世累叶,芬葩无穷。当今八风相和,六律相应,雨泽以时,五谷丰孰,民安足食,兵钤不起,四海晏安,灵夏清密,礼乐日新,政和民悦。

在另一篇邢多造像记中,对佛陀的赞颂不过寥寥数语,对北齐的称颂却占据了全文主要部分,这篇造像记同样是首先强调君主与民众互为根本的观点,然后援引古例,对高氏的敌对势力宇文泰、侯景大加批判,对北齐王朝加以颂扬:

> 是以天生之民,树之以君。非君无以里其民,非民无以显其君。声动向应,今故相承。是以干戈震动,出自非今。堂尧至圣,尚致阪渌之师。周武之化,亦兴不期之旅。是以黑太逋寇,假息開垄。侯景枝扈,苟存江佐。鼠窃之徒,敢窥问鼎。今我大齐,咨天心如承主,廊四海以为居,坐太极如寿禅,暗与契如同符。巍巍乎以白日如并光,堂堂如无能名焉。若用枭禽二虏,必如指掌,未即诛戮,宽侍归顺。

侯旭东曾注意到邢多造像记中展现出的强烈的"政治觉悟",对此分析道:"他们为何能在北齐立国一年有余就表现出无限忠诚? 邢多尝'为帝所知'是一原因。能对敌国形势了解较详,或与居近交通要道,信息来源多有关。盂县位于晋阳(太原)通往定州(石家庄)的井陉道之北。……故家居道北的邢多虽生活在北齐,能对时下外国情况大致了解。"[①]笔者认为要分析这一现象,除了交通的视角,还应深入到整个肆州地域社会中去理解。

---

① 侯旭东《造像记所见民众的国家观念与国家认同》,见氏著《北朝村民的生活世界——朝廷、州县与村里》,商务印书馆,2005 年,第 289 页。另外,侯旭东在该文中也对七宝山碑记进行了分析,因愿文中所说的"兵钤不起,四海晏安"与当时实际军事形势有悖,认为这是七宝山造像者"缺乏广泛有效的信息管道,了解世情有限所致"。笔者认为,七宝山与邢多造像记所在的盂县兴道村在当时同属定襄县,且两次造像活动的参与群体有交叉,应当不存在信息不对等的情况。

在魏齐之际的动荡中,这些原先被洛阳朝廷视作边缘者的"武艺之士",成为尔朱氏、高氏核心区的居民,借此获得了新的历史机遇。他们与北镇南迁的"禁旅",共同构成东魏北齐政权的武力柱石。因此他们有底气说出"非民无以显其君"之言。邢多等50余人聚众造像之时,北齐的四周同时存在西魏、侯景、山胡、库莫奚等大量的敌对势力,不得不"广□向(乡)豪,立为督将,弟(第)相部领,坊(防)兹丑竖"。对地域社会来说,他们是"乡豪",于北齐朝廷而言,他们是"督将"。在邢多等人的发愿内容中,有"愿令军侣(旅)行还"之语,说明他们本人或者家人确实参与了某场战争,唯有北齐军队得胜而还,他们的愿望才能得以实现。

太原出土贺拔昌墓志中,有一段记述可与邢多造像记对读:

> 至武定年中,又除使持节、都督廓州诸军事、征北将军、廓州刺史。所临未几,颂声盈路。值乱贼侯□,□扈江左,君奉敕行师,身先履寇,旌旗所向,无往不□。①

志主贺拔昌正是在担任侨置于肆州的廓州刺史时,率军参与了对侯景的作战。与肆州乡豪不同,贺拔昌则是侨居肆州的北镇南迁势力。但是志文中对侯景的政治表述"乱贼侯□,□扈江左"与造像记中的"侯景枭扈,苟存江佐"十分相似,类似用语或许来自北齐征伐侯景的官方诏书中。而邢多等"督将"与统军的廓州刺史贺拔昌一样,虽然出征的具体时间一在武定、一在天保,迁居肆州的时间或早或晚,但相同的是他们本人、本族的命运,皆与高氏政权的国运休戚与共。

在政治态度上与肆州造像记相似的,笔者所知还有两例。一是山东省博物馆所藏东魏罗煞鬼造像记②,二是位于山西临汾的东魏张保洛等造像记③。两位

①　太原市文物考古研究所《太原北齐贺拔昌墓》,《文物》2003年第3期。

②　"使持节、都督南青州诸军事、骠骑将军、南青州刺史、带方侯罗煞鬼,仰为大丞相勃海高工敬造无量寿佛一躯。借此微善,仰资大王福寿无穷,神惠休朗,逆叛归降,慈化宽广,威肃殊方,四海倾仰,万福日辛,百祸消荡。"参见仓本尚德《北朝仏教造像铭研究》,第420页。

③　"大魏武定七年二月八日,前使持□节、都督夏蔚二州诸军事、卫将军、夏蔚二州刺史、当州大都督、安武县开国伯,又征西大将军、仪同三司、行晋州事、东雍州镇城、安武县开国侯张保洛……等敬造石碑碣,四佛四菩萨。借此微功,仰愿先王、娄太妃、大将军、令公兄弟等亡者升天,托生西方无量寿佛国。现在眷属,四夷康和,辅相魏朝,永隆不绝……又使兵□不兴,关陇自平,普天丰乐,灾害不起。"参见韩理洲《全北魏东魏西魏文补遗》,三秦出版社,2010年,第619—620页。

造像者罗煞鬼（《魏书》作"罗刹鬼"）、张保洛皆见载于正史，分别是高氏在南青州、东雍州的权力代表。其官爵地位虽高于肆州造像群体中的大部分人，但毫无疑问，对高氏持忠诚态度是他们共同的政治立场，因而在造像记中出现了类似的表述。

综上所述，在胡汉侨旧等各色势力汇聚的肆州，旧有的门第观念、族群身份与行政体系，或许仍以郡望认同、部民体制和侨州郡县等形式发挥着一定的作用，但新的地域观念也在慢慢形成。共同的政治态度与家族联姻、宗教仪式相结合，凝聚着肆州乡豪的共识。从血脉到精神，从出世到入世，佛教众生平等的观念与造像的仪式活动拉近了不同人群的关系，甚至为普通人在心理上接近最高统治者提供了跨越的桥梁。

在这样的社会背景下，肆州的造像活动不仅仅是单纯的宗教仪式，也是肆州现实社会的镜像。忻府区新出东魏造像上罕见的"高欢侍佛图"，也应在上述认识下加以思考。在这样一群自身权力依附于尔朱氏与高氏的人群之中，营建可能与尔朱氏有关的"建义寺"，接待高欢礼佛，并在石刻中积极展示本家族与高欢的特殊关系，自然成为理所应当的行为。"契胡尔朱氏、六镇勋贵与肆州旧姓的侨旧关系，似乎都若隐若现地浮出水面，投射在这组礼佛图像之中，使其成为理解东魏历史的一个缩微场域。"[①]

四、结语

上述种种事例为我们展现出这样的历史图景：在"俗杂华夷"的肆州，当地"乡豪"缺乏中原士族那样根深蒂固的乡论名望，他们的权力更多来源于自身的军功与宦迹。特别是在六镇之乱后，他们在很大程度上依附于尔朱氏、高氏政权。在胡汉侨旧多方人群杂糅的局面下，造像活动成为社交的重要桥梁。在同一次造像活动中，可以同时包含祈愿求福、凝聚乡里、处理公共事务、宣示自身政治地位等多种目的。

就造像活动的现实目标而言，一方面，造像活动建立的邑义，是具有共同地缘、教缘与政治共识的相对平等的共同体；另一方面，部分造像成员又会通过一

---

① 魏斌《看见高王》，《读书》2020 年第 4 期。

些特定方式来强调共同体内的等级秩序。高欢侍佛图与肆州造像记的面貌体现出了这种矛盾。肆州的各色人等,并不会因造像活动实现显著的阶层跨越,更不会因此泯灭阶层间的鸿沟。比如尔朱氏、库狄氏等真正位高权重的肆州统治阶层,就从未参与到肆州当地乡豪的造像活动之中,在建义寺接待高欢的邢氏家族,也并未因此跻身于一流贵族,高欢侍佛图的刊刻充其量只能在"乡豪"阶层中彰显其优越感。

北齐中后期,随着军事局势的演变,肆州所扮演的地缘角色也在悄然发生着变化。首先,由于柔然的衰落,北齐在天保六七年间大力经营北疆防线,对恒代地区逐渐恢复了实质性控制,恒、朔、蔚等原先侨置在并肆的北镇各州重返故地,高洋还在肆州长城以北另筑长城,"自西河总秦戍筑长城东至于海,前后所筑东西凡三千余里,率十里一戍,其要害置州镇,凡二十五所"[①]。这一过程伴随着大量军事力量的北移,比如"天保七年置恒安镇,徙豪杰三千家以实之"[②]。这些"豪杰",应当就包含内迁肆州的六镇部民及众多"乡豪"。北齐北境的地缘格局开始重新洗牌,肆州在北部边防中的战略意义被陉北的北朔州所取代。出土于今朔州的水泉梁北齐壁画墓,便是这一时期的产物。

在此之前的天保五年(554),齐军三路出击,对山胡的作战取得了决定性胜利,"掎角夹攻,大破之,斩首数万,获杂畜十余万,遂平石楼。石楼绝险,自魏世所不能至。远近山胡莫不慑服"[③]。此后终北齐一朝,山胡再未发起大规模反抗。肆州对山胡的战略牵制作用也不再凸显。

由此可见,在北齐中后期,肆州作为军事核心区的地位已在逐渐弱化。这种弱化固然是出于北境战略形势的需求,然而在齐周对抗的存亡之际,肆州军力的削弱无疑助推了北齐的覆亡。周军攻入晋阳后,北齐多名宗室与效忠高氏的并肆军人曾自发组织军事反抗。比如,取代肆州地位的北朔州号称"齐之重镇,诸勇士多聚焉",宗室高绍义试图利用这支力量反扑并州:"自肆州以北城戍二百八十余尽从辅相,及(高)绍义至,皆反焉。"但由于北朔州与并肆之间有陉岭阻隔,

---

① 《北齐书》卷四《文宣纪》,第 63 页。

② (唐)李吉甫撰,贺次君点校《元和郡县图志》卷十四《河东道三》,中华书局,1983 年,第 409 页。

③ 《北齐书》卷四《文宣纪》,第 58 页。

陉南的肆州城军力空虚，由周军抢先控制，"至新兴而肆州已为周守"①，齐军的兵变很快失败。

北齐灭亡后，肆州乡豪共同的政治效忠对象不复存在，赖以维系肆州军士政治地位和晋升通道的政治条件也不复存在了，当地社会与政权统治集团之间的密切联系被切断，肆州人群的活动淡出了政治的主舞台。与之相应，北朝后期肆州乡豪持续的邑义造像在齐亡后也逐渐落下帷幕。

到了隋代，在北齐时两度组织造像活动的阳曲洛阴村诞生了一块新的《洛阴修寺碑》。与之前不同，修寺造像活动的主导权已从当地邑义转移到隋府兵制度下的军府官员手上："合府文武诸官等……同奉一人之敕，遵三宝之□□上当县伽蓝一□，在洛阴城内。……洛阴府官并乡义人等，……敬造斯馆于胜田。"如今碑中可辨识的参与者姓氏多达 59 种，其中仅有 19 个姓氏与北朝后期肆州造像家族有交叉，如潘、张、赵、无等，即所谓"乡义人等"。绝大多数"合府文武诸官"的姓氏在此前未见于肆州造像记中，且以胡姓为主，如温孤、是兰、伏六居、慕容、吐憩、乙速、乙干、乙速孤、匹孤、步大兰等等。

相比本文所述 20 方造像记所展示的地域社会，此时的肆州已是"换了人间"。从姓名推测，这些胡姓军人有相当一部分来自关西，比如大都督贺兰威武、洛阴司仓参军事侯莫陈敬、司仓史宇文世隆等。有部分军人则来自肆州本地，如尔朱俟能、尔朱阿那肱、库狄□贵等。然而，尔朱、库（厍）狄等家族在北齐时的地位要高于邢、杨、潘等乡豪，东魏北齐时从未出现在肆州造像记中，如今却现身于基层军府之列。唯有题名中的"乌贺真""直荡正都督""前锋都督""平越将军"等来自北齐禁军系统的官号，仍彰显着旧时代的身份记忆②。

一般来说，从基层文献入手观察国家与地方的关系，往往会凸显出地域社会自身的运转逻辑，"在我们习惯的国家历史叙述话语体系里，了解国家扩张过程实质是一个地方的发展，地方并不完全处于国家影响之下，历史是在本地的社会历史脉络下最终达成的"③。但是在政治至上的中国，地方历史的走向又能在多大程度上逃脱国家权力的塑造？特别是一些身处时代漩涡的特定地域，仍需具

---

① 《北齐书》卷十二《范阳王绍义传》，第 156 页。
② 碑刻录文及部分观点详参刘勇《〈洛阴修寺碑考〉——隋府兵制下汾河中游民族大融合实例》，《北朝研究》第 13 辑，科学出版社，2021 年，第 152—164 页。
③ 刘志伟《在历史中寻找中国："华南研究"三十年》，《人间思想》第四辑，人间出版社，2016 年。

体问题具体对待。

就北朝后期的肆州人群来看,国家权力并非是空中楼阁,如他们自己在造像记中所表达的,"非君无以里(理)其民,非民无以显其君"。经历了十数年的社会动荡,五方杂糅的肆州移民依托在尔朱氏与高氏的大旗下,他们中的大多数虽未跻身于较高的统治阶层,却也凝聚为东魏北齐的权力基础之一,从政权的诞生直至灭亡,休戚与共。高欢侍佛图及肆州造像记浓烈的政治性色彩,正是这一国家·社会互动关系的体现。

附记:本文初稿完成于 2019 年 4 月,修订于 2022 年 7 月。初稿于 2019 年 4 月 13 日"南有嘉鱼:第五回六朝历史与考古青年学者交流会"上首次宣读。承蒙聂溦萌、唐雯、仇鹿鸣等先生及匿名审稿老师赐正,忻州任复兴先生提供七岩山造像拓片图像,谨此略致谢忱。

附录　肆州造像记全文校录

20 方肆州造像记的录文与拓片散见于各处①，因第相传抄、碑文磨泐，各类录文存在不少讹误。部分造像记此前未有完整录文或拓片发表。为方便讨论，现将造像记全文移录于下。造像记正文以繁体录入，原碑上的俗字、别字、简体字尽量遵从原貌。文字辨识不清者以"□"表示；行段以"｜"表示。凡有拓片及原石存世者，皆以拓片或笔者实地调查所拍摄的照片为准，对前人录文中的讹误、遗漏处径改，存疑处出注。

1. 北魏造像残碑题记（出土地：忻州市忻府区②。）

（上闕）造｜　劉郎都造｜　劉明造｜

王（下闕）｜　馮□造｜　孫□造｜

2. 北魏神龟二年（519）慧端八十余人造像记（发现地：定襄县七岩山③。）

（上闕）比丘慧端　（中闕）比丘（中闕）　趙（中闕）　趙洛□　楊買德　（中闕）清（中闕）　何生（中闕）　保（中闕）令倧□　續富　周□仁　潘（中闕）　趙和　楊眾□　趙□□　薛□始　劉道生　趙文和　潘清（中闕）　劉興奴　趙寄生　趙愛郎　劉令扶　潘光　□□　賀（中闕）　趙伯周（中闕）　□保　□太　趙天保　趙郎奴　劉道順　劉道恭（中闕）　趙文麞④（中闕）　潘保興　楊□□　趙思顯　□□扶　趙□□　□奴　劉德□　趙令暢（中闕）　轉曆景　□與成　劉化　劉進　□□□　趙龜□　趙（中闕）

神龜二年歲次己亥七月十五□□象□□□八十餘人等，（中闕）父母，□□眷

---

① 此外，根据"三普"资料与《三晋石刻大全》，北朝晚期肆州地区的石窟造像还有：忻州石佛湾石窟、大沟湾石窟、原平木图石窟、繁峙北龙山摩崖石刻、阳曲部都造像碑、盂县陆师嶂摩崖造像、大围摩崖造像、泉子洼摩崖造像、段家山摩崖造像、姑姑崖摩崖造像等多处，造像者或与本文收集整理的 20 方碑刻有关。但有的题记已不存，有的资料尚未完整公布，另外盂县部分造像所在地当时是否归属肆州难以判定，因此未纳入考察范围。

② 造像照片与录文见山西省考古研究所、忻州市文物管理处、忻府区文物管理所《山西忻州忻府佛教造像窖藏坑发掘简报》，《文物》2018 年第 12 期。

③ 此造像记为七岩山摩崖题刻，目前无拓片公布，分行不详。录文见（清）牛诚修《定襄金石考》卷一，《石刻史料新编》第 2 辑第 13 册，新文丰出版公司，1979 年影印版，第 9949 页；邵正坤《北朝纪年造像记汇编》，吉林人民出版社，2014 年，第 65 页。

④ 原字形无法识别，《七岩山志》录文作"麕"，《北朝纪年造像记汇编》作"麞"。

屬，(中闕)願□生(下闕)

3. 北魏永熙元年(532)与东魏兴和三年(541)千佛寺摩崖造像记(发现地：盂县桥上村①。)

永熙元年四月八日，王□②浚③造像一區，上爲皇帝陛下，後爲師僧父母，行路諸人，邑比衆生，一時成佛。

永熙元年四月八日，清信女□法姜王为亡夫赵厞④造像壹區，後爲皇帝陛下，師僧父母，行路諸人，邑比衆生，苦同一切厄難者，一時成佛。

永熙二年七月十五日，清士佛弟子張好郎造像一區，上爲皇帝陛下，師僧父母，下□邊地衆生，合□抱識，一時成佛。

千像主前」趙郡太守」嘉殷州刺」史河間邢生⑤」

興和三季六月廿五日⑥」

段珎寶造　劉保興造　王造　王祈造　王□元　王小吴　王大女　王阿姐」

徐州長史□景略⑦」

4. 北魏永熙二年(533)、三年(534)石佛湾摩崖造像记(发现地：盂县下庄村⑧。)

(右龕下側：)□□□□□」襄肆州王紹□⑨」□□□□□。」永熙二年五」月十六日」，比丘曇□」願造石像」一區，上爲」皇帝陛下，」又爲師僧」父母，一切衆」生，一時成仏。」兄祭酒王平」　弟王展□□」　弟王施□」

---

①　桥上村紧邻南兴道村，故王埇昌称在兴道村南。造像记为摩崖石刻之题记，未见拓片公布。录文或部分录文见(清)胡聘之辑《山右石刻丛编》卷一，《历代碑志丛书》第15册，江苏古籍出版社，1998年，第363页；王埇昌辑录《盂县金石志略　盂县造像录》，三晋出版社，2018年，第137—138页；李晶明主编《三晋石刻大全·阳泉市盂县卷》，三晋出版社，2010年，第5页。以《盂县造像录》之录文最为详细，分行多不详。

②　《盂县造像录》作"兴"字少一点。

③　《三晋石刻大全》作"凌"。

④　《三晋石刻大全》作"需"。

⑤　《三晋石刻大全》后有"造像"二字。

⑥　《山右石刻丛编》作"廿五日"，《盂县造像录》作"廿日"，《三晋石刻大全》未录月日。

⑦　《三晋石刻大全》后有"造像"二字。

⑧　造像为左右2龕，未见拓片公布，录文据王埇昌《盂县造像录》，第143—144页。另外《三晋石刻大全·阳泉市盂县卷》(第6页)录有少量文字。

⑨　左侧为女字旁。

（右龕左側：）弟子王椿□□□□□」

（左龕上層：）□道人曇□[①]「兄弟二人造」像一區，上爲亡父。」道人曇□□」兄弟三人造像，「上爲亡父生母，現」□一切□生，」□□□□。」

（左龕下層：）弟子王展區爲父母。」邢國靖爲□」門一區，所□□生母」□仏亡□□□。」永熙三年五月十八」日□林寺道闐禰」造像一區，上爲七世」父母，所生父母，合」門大小，所永如願。」亡弟昌貴，亡」弟你貴，亡弟」□□，供養諸□。」

5. 东魏天平三年（536）七宝山灵光寺创建碑刊记（发现地：定襄县七岩山[②]。）

（上层：）

夫至理幽玄，非善教無以宣其範。曉昧理」殊，非形像無以暢其化。是以冥感甫現，」真應并陳。仰尋如來，變應發自玄境。□[③]儀」曜世，十號具足，視曉無常，耶□正路，經終」感盡，隱跡謝暉。於是七寶山靈光寺道人」慧顏、慧端等，自惟殖因浮」志[④]，果逢塵导生，永真顏目」覩，渡西那悼府，慨終心安[⑤]橛。上爲」皇帝陛下，造七佛弥勒下生，當來千佛。」統禦天下者，非賢聖無以承其化[⑥]。開基定」業者，非能哲何能纂其次。義皇垂代」之初，堯舜遵而成軌。夏殷周剒禮」興隆，漢魏述而知法。劉石增暉，符姚」重煥。太武、孝文皇帝，可謂中代賢君，是以」子孫紹襲，國祚永隆。今高王神聖重光，翼」弼大魏，蕩定天下，使平世累葉，芬葩無」窮。當今八風相和，六律相應，雨澤以時，」五穀豐孰，民安足食，兵鉀不起，四海晏」安，靈[⑦]夏清密，禮樂日新，政和民悅。今慧顏、」慧端業果閻浮，如惡可舍，拾善爲先，同子」入法，自非宣揚慈訓，何能暢其正覺。咸願」四海群賢英儁等，迭相率化入邑，遵崇千」佛。又願香火一切合生及善知識、所生父」母、七世父母、因緣眷屬，托生西方妙樂國」土。上至兜率，與弥勒佛會。下生人間，公王」長

①　左侧为单人旁。

②　录文或部分录文见（清）牛诚修《定襄金石考》卷一，《石刻史料新编》第 2 辑第 13 册，第 9949—9951 页；侯旭东《造像记所见民众的国家观念与国家认同》，见氏著《北朝村民的生活世界——朝廷、州县与村里》，第 286 页。拓片照片由定襄县七岩碑社任复兴先生提供。

③　《定襄金石考》作"往"，存疑。

④　原字左为三点水，右为志字。

⑤　《定襄金石考》作"同"，存疑。

⑥　"化"字存疑，侯旭东作"先"。

⑦　"靈"字存疑，侯旭东作"中"。

者,衣食自華,見存安隱。魔事偃塞,攘災」息榍,萬善輔處。當須來世,慶同上願,福」鐘皇家,綿曆延緒,八表欽風,□□歸仁,變」彼戎夷,莫不求往,必臨無邊眾生,速□真」果,普登菩提。」

　　祖師比丘慧糸」　和上比丘慧伏」　王寄　王榮宗　劉寵」

　　大代天平三年歲次甲辰」九月己亥朔九月廿七日之」柒寶山靈光寺剙建碑刊記」

　　（下层：）

　　比丘曇熾」　比丘僧光」　比丘惠洪」　比丘法智」　比丘延和」　比丘令惠」比丘曇慶」　比丘僧苑」　比丘德愍」　比丘惠□」　比丘惠真」　比丘惠文」比丘惠和」　比丘智達」　比丘惠瞿」

　　尼法界」　尼法常」　尼法愍」　尼曇惠」　尼曇葷」　尼惠禮　圓滿」　尼惠願　圓濟」　尼惠圓　智顯光」　尼令藏　容藏」　尼圓光　清朴」　尼法藏　清□」　尼曇藏　光願」　尼法光　曇道①」　尼□□　□安」　尼明□」

　　千像大唯那白駕　永安守劉迴洛」　千像大中正魯郡王祭酒從事吏劉恭王寧」　千像大唯那」　千像大唯那」王清擎　無端　強和　建中令賀拔德　謬慶□　宋貴　王僧□」　州主簿達無達　代郡太守任萇　高回　高騰　山雲中劉願集」　孫殊　潘光　宋明貴　恒州部郡從事史田貴　王阿保　曆富」　馬愼蘊　潘永　邢天授　邢惠濱　王恍②　李回并　周覇　袍戎　張樹」　州主簿郭貴　戴□中　邢□興　□天□　趙貴和　戴□　邢遵　王小欣」　潘祖　智顯柞　智□明　楊興□　楊□□　□文　保洪禮　□禮延　任□□」　王容　任平延　王□安　張□　□□　王□堂　欽堂　業□　子年　仲禮」　邢天富馬永　□天安　王□　何道傳　□容僧　周□」　定襄令王文稷　高文貴　□延仁年」　王長仁　王莊　道買　王□□　呼延萇容　李平□」　壺奴　壺天和霍□□　王起祖　劉元慶　□計相　劉清和　張德仁　王令」　王胡　邢天侍王願　王世洛　王洛軍　盧景思　趙新興　劉登□　王道和」　曆□安　楊佰王年　王郎仁　壺□明　招明　張興洛　呼延□　劉蒚□」　劉小文　劉□壺黑□　壺世眾　張□阤　張□內　□可　趙　高虎□」　王廣平　劉金授

趙高平　趙清節　劉興貴　劉次　馬伏興　李□」邢萇貴　劉漬　趙□化
劉和　劉品　劉慶郎　□□　劉貴興　潘和」西盖祭酒中兵糸軍王醜　劉洪
遵　馬天　馬郎　楊受貴」王女郎」傅有興　清伣　張神貴　馬貴謡　楊阿
容　馬花光　曆法姬　王紫香」霍醜仁　范□好　□相□　馬迎男　王阿容
王阿□　李□妃」王僧姜　郝宜姜　劉仏花　王法□　楊□容　張汝休　張
真容」邢阿眾　秦阿沈　陳光妃　王□妃　劉小彌　張枕安　張春和」馬鳳
姜　邢①伏　邢阿祖　張華容　劉敬漬　劉敬奴　張□陵」李敬漬　□龍漬
邢洛花　張端□　白□慶　張女　白山胡」壺神姜　董阿皖　潘莘□　山妃
□妃　郭□浴　伯仁」刁始姜　邢達摩　董伽仁　馬清　張阿光　妃女王侯
之□」陳回姜　陳阿姬　邢梡漬　李□□　邢清容」邢阿明　王敬妃　趙界
□□　邢明光」張正□　劉□興　杜□珎　王延姬」張光姬　王琭姬」

6. 东魏兴和三年(541)比丘员光等造像记(发现地:盂县兴道村程子岩,
1999 年被盗②。)

大魏興和三年歲次亲酉十一月己巳朔廿三日亲卯,豐樂寺比丘」貟光門徒弟
子造像壹區。上爲皇帝陛下,後爲師僧父母,四背」檀越,无邊眾生,壹時成佛。
幽宗玄秘,非智弗鑒。聖哲杳微,暢由豪起③。默弊」潛功,玄門不遠。詣者之④
重,昏法无難。因涉者之類,剖刊朝篆,零象一千。」功成惻佀,廣車拔⑤苦,化爲
大城,其稱矣。

比丘尼曇財、曇勝侍佛時。比丘尼道行,」祖司馬王妙,祖親邢哈姜,父王洛
川,母邢阿小。張曇詳,妻王南花,息元琭,比丘道悦侍佛時。」太原太守王含興,
妻邢神姬,息洛奴,弟顯貴。長史邢延歡,妻王女郎,比丘智遊侍佛時。」太原守郭

---

① "邢"字存疑。
② 石刻形制为造像碑,正反面分布有佛龛与千佛,佛像旁有题名若干,造像记在碑身左右两
侧,各五行。详见国家文物局主编《中国文物地图集・山西分册(中)》,中国地图出版社,2006 年,第
216—217 页。拓片见北京图书馆金石组编《北京图书馆藏中国历代石刻拓本汇编》第 6 册,中州古籍
出版社,1989 年,第 81 页;"中研院"历史语言研究所傅斯年图书馆藏拓片,登录号:10946。录文见
王瑨昌《盂县造像录》第 147—149 页;《汉魏六朝碑刻校注》第 7 册,第 297 页;邵正坤《北朝纪年造像
记汇编》,第 161—162 页。此外,《盂县造像录》还收有"魏丰乐寺造像残座",上有少量题记(第
153 页)。
③ 《盂县造像录》录文作"超"。
④ "之"字存疑,《汉魏六朝碑刻校注》作"匹",《北朝纪年造像记汇编》作"远"。
⑤ "拔"字存疑,《汉魏六朝碑刻校注》作"状"。

勝,妻王僧花,爲内外眷屬,壹時成佛。王瓮姬,衛文遠,馬零珎侍佛。楊叔仁。」新興郡功曹邢伏興,妻王阿花,息乾和。王零鷠侍佛。智勝肱侍佛。佛弟子邢暢,馬瓚□。」贏州刺史邢延護,妻智阿花,息邢悕,弟洪貴。州都邢辨通,妻楊寄,女息敬智,夫妻侍佛。」

（正面佛像左側題名：）比丘僧豫都　南勘像主邢祖富」　佛并七尊大小共一千尊」

（背面佛像左側題名：）轉輪王主蘇量」　燕州燕仲龍箱」將軍夫妻侍佛」　鄭永侍佛」　曹水侍佛」

（背面佛像下部題名：）北勘佛主邢僧　比丘道□①侍佛時」

（背面佛像右側題名：）齋主并州刺史趙榮周」　千象主肆州主簿馬道富」歷清業侍佛時」

7. 东魏武定二年(544)邢氏人等造像记(出土地：忻州市忻府区②。)

（阴刻图像旁题名：）

邢氏母馬法華」　魏故新興太守邢陽供□」　沙門都比丘□□供養」　勃海大王高歡□□時」　征虜將軍劉願侍佛時」

（阴刻图像下方衍文与题名：）

夫理」　令史届」　令史王誕」

（下层：）

夫理原沖曠,而想範」於形名,自非息闡北首,無以署」德於瞑級。故育王起万塔以徙聖容,二賢」影嚮,以趣辰極,垂軌大千,莫不移罪③。故釋」迦維法,弟子沙門都建義寺比丘僧恪,季」年五十有五,師徒卅,其人志契忘心④,博攬」十二。見或纏羈,藉托邢氏,與魏故濟南太」守弘農人楊道,在石碑山寺禪訟谷,慨法」業嚚微,不遇諸聖。因大王建義,願爲造」靈嵓三級,餝彩將成,仰酬恩德,不促世難」多屯,弗獲速就。今囑⑤值大丞相勃海王匡」輔魏剛,四方有始,迴願仰

① 《盂县造像录》录文为左"元"右"王"。
② 造像照片、拓片与录文见山西省考古研究所、忻州市文物管理处、忻府区文物管理所《山西忻州忻府佛教造像窖藏坑发掘简报》,《文物》2018 年第 12 期。
③ 简报作"秽罪",存疑。罪原字左下为走之,右上为罪。
④ "心"字存疑。
⑤ 此句有数字漫漶。简报释作："永保世□。多屯弗获,速就令嘱。"今从魏斌释文。

爲敬造人中王」像一區,通光趺六尺。上願三寶永延,國康」万代,七世見存,内外眷屬,普及无間非法」,有心眾生,同成妙覺。大魏武定二年歲次」甲子二月丙辰朔十五日庚午刊記」

伯曾祖魏故郡功曹州主薄邢龍供養」　曾祖魏故郡功曹定襄令奉辟從事中□」本州平□①大中正邢潛供養」　祖魏故曜武將軍河澗太守」邢粹供養」

8. 东魏武定七年(549)定襄县高岭以东诸村邑仪造像记(发现地:盂县兴道村兴化寺,民国时期转存至县图书馆,毁于"文革"中②。)

唯大魏武定七年歲在己巳四月丙戌朔八日癸巳,肆州永安定」襄縣高嶺以東諸村邑儀道俗等敬白十方諸佛、一切賢聖,過□□」善。生遭季運,前不值釋加初興,後未遭弥勒三會。二聖中間,日有□」歎。先有願共相要約,建立法儀,造像一區,平治道路,刊石立碑。以□」之功,上爲皇帝陛下、勃海大王,延祚無窮,三寶永隆,累級師僧、□」世父母、現存眷屬。後願生生之處,遭賢遇聖,值佛聞法,常修善業,□」至菩提,誓不退轉。願法界唅生,同獲此願,一時成道。」

州沙門都僧觀」梁寺曇喬供養」　比丘法智　邑子□」　比丘曇遥」　比丘道略」　比丘員紹　比丘僧員」　比丘員黿」　比丘惠果」　比丘智超」　比丘□③文」

屬武將軍智道善」　屬武將軍邢阿平」　屬武將軍李洪賓」　屬武將軍何法安」　屬武將軍霍元欣」　屬武將軍楊神虎」　屬武將軍鐔元貞」　屬武將軍劉顯仲」　勇士都將鐔伏安」　王阿賓　馬延觀」　賈社仁　呼延清郎」

馬瓊瓊」　邢惠慶」　邢洪達」　王阿叱」　邢阿海」　王伊顯」　王孟遷」邢曇尚」　趙汴貴」　段僧榮」　王孫德」

趙叔琮」　趙剛達」　邢□法」　張惡提」　邢伯尚」　何曇貴」　霍僧伽」趙海義」　李侍賓」

(碑陰④:)像主旨除宜陽令、河間陽翟二郡太守劉發仁」　肆州州都□縣領

---

①　疑为"准"。

②　正文拓片见京都大学人文科学研究所所藏石刻拓本数据库,文件号码:NAN0480X;《鲁迅辑校石刻手稿・碑铭上》,长江文艺出版社,2011年,第465页。录文见(清)陆耀遹《金石续编》卷二,《历代石刻史料汇编》第2册,北京图书馆出版社,2000年,第289页;王堉昌《盂县造像录》,第155—157页。简况见民国内政部编《民国京鲁晋豫古器物名录》,北京图书馆出版社,2004年,第627页。

③　疑为"智"。

④　以下部分未见拓片,录文仅见于《盂县造像录》。

□^①別將、殷州司馬鐔思祖」

（碑左：）趙惠義供養　鐔道郎供養　邢洪業供養」　劉顯察供養　楊神海供養」

（碑右：）前州督府户曹参軍、東防曷」山都督、厲武將軍楊神虎」　邢善見智觀義」

9. 东魏武定七年(549)定襄县檋株岭西道俗之徒卅余人造像记（发现地：盂县柴庄灵岳寺，民国时期转存至县图书馆，毁于"文革"中^②。）

（碑阳：）

大魏武定七年歲次己巳十一月壬子朔廿五日甲戌刊記

夫無始以氣，遵崇聖跡，過去現今，未來三世，尊度躬宗，闕聞三寶。然以肆州永安郡定襄縣檋^③株岭西道俗之徒卅餘人，自云住弗殖福，不遇正法，生逢季運，詳心向契，發弘大願，敬造釋迦像前後兩區，左右觀世音各二菩薩，復置二百五十清淨行佛。上爲皇帝陛下，輔相惟貞，紹隆萬代，四境清夷，干戈寧息。累劫師僧，十世父母，眷屬因緣，先亡□^④真，蒫生净土。現存慶穆，永利苦難。降及一切壞識有形，俱登正覺。

比丘曇覲^⑤　比丘道智　比丘静意　邑師智池　比丘超璜（空一列）比丘貪遵　比丘曇紹　比丘智能　比丘僧遷　比丘惠興」　邑主前尉太保開府行参軍楊顯祖　中正李顯遵　中正張別將　維那馬明鮮　維那周廣安　邑子王僧坦　邑子楊顯明　邑子楊思義　邑子王洪仁　邑子楊神海　邑子周令楨」　邑子智愍貴　邑子馬顯仲　邑子馬敬歡　邑子周遵華　邑子張□^⑥鳳　邑子高□仁　邑子馬洪檋　邑子王黃頭　邑子王洪檋」　邑子鐔曇明　邑子秦悳蚝　邑子張榮祖　邑子楊黃奴　邑子王元景」

---

①　此处应为"民"字。

②　石刻形制为造像碑，四面上部皆为大佛龛，内有一佛二菩萨，龛侧多有题名；下部为千佛小龛，小佛旁各有题名。未见有拓片公布。录文仅见王堉昌《盂县造像录》，第161—168页，分行不详，录文位置跟据王堉昌的描述，前后顺序有调整。简况见《民国京鲁晋豫古器物名录》，第627页。

③　《盂县造像录》所录字形疑为"檋"，《民国京鲁晋豫古器物名录》录文为左"木"右"葵"。王堉昌分析，"今有榛株岭，在柴庄东北之宋家庄一带，或即此欤？"第170页。

④　《盂县造像录》录文为左"皀"右"未"。

⑤　疑为"觀"。以下人名顺序为横列。

⑥　《盂县造像录》录文为左"果"右"子"。

清淨主安南將軍奴□□縣開國子恒州貳合縣人張元遵①」

(碑陽上層佛龕左側題名:)南面大像主王僧坦」,上爲七世父」母,所生父母,因緣眷屬侍佛」　菩薩主扶風太守馬徒奴」

(碑陽上層佛龕右側題名:)菩薩主石城平城榆次三縣令智延欣」　大齋主厲武將軍肆州府户曹參軍東防都督楊神虎」　香火主前別將佑遵義」

(碑陰佛像旁題名:)弟子楊興　比丘洪遵」　佛弟子楊令寶邢　男光」　女黃肱　女醜寶　弟子洛嬰　弟子都僧　弟霍温姜　息僧功　息僧歡」　故人趙迪軍　妻劉貴容　弟子楊慰顯　比丘僧景　弟子王法興」　父王衆仁　母郭阿容　息道鑒爲父母　弟子張道義　妻王醜女　弟子楊洪纂　弟子馬令安　妻邢元容　息女阿女　息大醜　息女小醜　妻吕玉　弟子楊僧」　妻□女　息向楷　息四焦　息神僊」　弟子石人凡　息妻馬僧　弟子王永遵　弟子馬洪証　姊醜女　弟子智元資　故人智陵美」　弟子楊汝洛　妻潘阿共　女景涓　弟子馬□　妻趙愛兔姜　永安太守酈益洛」　弟子周保　妻張醜女　息道華　女熙暉　郝暉　孫永貴　弟子孫世安　□□郡功曹酈直登」　弟子王願興　妻闔姜女　弟子霍洪敬　弟子王五如　弟子周震柏　妻闔洛瓶　息永安」

(碑陰上層佛龕左側題名:)大像主歷品和」　菩薩主王道鑒」

(碑陰上層佛龕右側題名:)菩薩主鮮于安和」　東防都將智天德」　珍穄②將軍王恩貴」　中兵將軍鮮于安和」　邑子王道鑒」　邑子南陽人樂季和」

天王主王」　天王主楊顯明」　天王主楊洪纂」

(碑陰中層佛像旁題名:)弟子王山花　弟子馬全仁　妻趙□□　弟子馬要勝」　弟子高永洪　弟子馬永容　弟子闔載貴　女楊妙暉」　祝阿縣令楊轉妻霍法光　息楊思義　息楊令義　前石城平城榆次三縣令智延欣妻王山花　息思伯□善③」　弟子故人王永妻霍洛容　息道奴　弟子霍虎」　弟子故人李伏奴妻杜阿令　息顯遵　妻劉光　孫明祖」　比丘曇會　定襄令張世生息景和　妻唐羅花」　弟子周文　妻焦明信　女容暉　女郡暉」　安陽北平二縣令王俊妻馬定姜　息惠音　女進好」　弟子故人馬他女樹花　弟子歷年　女故人何僧姜」

---

① 以下人名改为竖列。
② 录文为上"宀"下"穄",疑有误,当为珍寇将军。
③ 录文此二字为小字。

（碑左佛像旁題名：）昔洛令高保生妻楊香女　定襄令馬安興　妻王□光女淨暉　息妻王□　弟子楊道覺　妻邢花容　息洪景　弟子張令賓　弟子高神沼」弟子趙三仁　鮮于佰業　弟子馬顯仲　王買女　弟子王道料　妻趙妝資弟子王淨妃」榆次令鐔貴　弟妹王阿醜　弟子鮮于□①　弟子李祖遷　弟子許景遷　弟子王仙戀　弟子王悦　妻馬僧資　弟子王貴　妻張道女　息阿权」故人王顯　妻張□②姜　子王合之　妻邢僧妃　弟子智海略　弟子王安哲　王男軍　妹原暉　妹令暉　弟子王貢妃　弟子王巧妃」

（碑左上層佛龕左側題名：）大像主楊神海　菩薩主馬顯仲」

（碑右佛像旁題名：）弟子馬悦　弟子荣世□　比丘尼靜惠　弟子楊男妃妹容妃　比丘曇族」弟子无仁　弟子李中致　弟子郭法昭　妻輔華容　息元和　息安和　息蓮和　息曇和　倉曹參軍樂賓」西面大像主□州北面□□□女輔□③　女都□□仙　□□遠狗」弟子霍保貴　妻趙荷姐　息雙敬」

（碑右上層佛龕左側題名：）菩薩主馬他妻郭桃花」

（碑右上層佛龕右側題名：）菩薩主清信女王山花」

10.东魏武定七年(549)比丘辨幽兄弟等造浮图记(原址不详,现存于大同北朝艺术博物馆④。)

（正面佛像右側題名：）巨鹿太守楊生」

（正面佛像左側題名：）妻劉肱女供養」

（左面佛像右側題名：）僧暢」

（左面佛像左側題名：）王□供□」

（右面佛像左側題名：）馬法受　斑永獻」

大魏武定七年」歲次己巳七月」甲寅朔廿八」日□辛巳。」真容虚寂,絕」言象之外;虚」宗沖賾,非智」无以履其元。」是以聖奇遠」鑒,栖心玄範,」是故比丘辨」幽兄弟等仰」尋聖意,爲亡」父母、亡妹敬造」石三級浮昌一」區,四面十二堪。」像

---

① 录文左侧不甚清晰,右侧为"罷"。

② 左侧王字旁,右侧上"羊"下"卝"。

③ 录文为左"革"右"犮"。

④ 拓片与录文见大同北朝艺术研究院《北朝艺术研究院藏品图录·石雕》,文物出版社,2016年,第56页。参照笔者实地考察所摄照片核准。石刻形制为四面方形造像塔,每面各有一佛龕。佛龕两侧或有题名,三面之下部为造像记。

已得成就，然」大像量世，以濟」斯難，物有憑杖。」願思福右，慶種」国家，恒居帝位。」願亡父母亡妹，」寺舍内外眷屬，」便有生淨土，進」階法雲，果就妙」覺，法界含生，普」蒙兹澤。

檀越主濟」南太守楊□，」妻邢幽光，」息比丘辨幽，」息僧貴幽，」息蒲薩，国猛，」息碩遠，孫子」比丘怊征，」比丘怊獻，」怊業，貴□，」定国，司①遷，」子華，黑郎，」小緊，子顔，羅雲。」

11. 东魏武定八年（550）李僧等造四面像记（发现地：阳曲县大汉村。民国时期转存至太原傅公祠，现存于太原纯阳宫②。）

（正面上层佛像右侧题名：）□淨潘小姬　堪主齐阿白」

（正面上层佛像左侧题名：）齋主陽曲令楊道龍」

（正面中层佛像右侧题名：）堪主河内郡太守楊原」

（正面中层佛像左侧题名：）香火主輕車將軍楊保」

（正面下层佛像右侧题名：）堪主魯郡太守楊冬」

（正面下层佛像左侧题名：）佛主永安太原二郡太守楊元惠」

（正面佛像座下题名：）張存忠」③

（正面最下部造像记：）

大魏武定八年五月十日，」清信大士原平北郏」二縣令李僧，元藉趙」郡，因士此圡。自云生」在閻浮，長在三末，身」非是常，財非久珎。十」善可崇，諸悪④可棄。撫」恤善誘，七世所生，眷」屬男女，齊心唱合，即」發菩提洪願，造石四」面像一區。像身五尺，」釋加大像十二堪，師」

（左面上层佛像右侧题名：）堪主李定生」

（左面中层佛像右侧题名：）堪主主簿王明」

---

①　"司"字存疑，原录文作"国"。

②　拓片见《北京图书馆藏中国历代石刻拓本汇编》第 6 册，第 172—175 页。（汇编共收入拓片 6 张，从尺寸及内容判断，其中高 30 厘米、宽 57 厘米的两张拓片并非李僧造像石的内容，当为某北周造像的拓片，混入其中。）录文见《汉魏六朝碑刻校注》第 8 册，第 147—148 页；胡春涛《山西五至八世纪造像碑的图像志研究》，广西美术出版社，2017 年，第 64—65 页。拓片摹本见《鲁迅辑校石刻手稿·造像上》，第 407—410 页。部分录文见水野清一、日比野丈夫著，孙安邦等译《山西古迹志》，山西古籍出版社，1993 年，第 32—33 页。碑石原址等信息见王鸿宾《傅公祠所藏石刻述略》，《文物季刊》1989 年第 1 期。

③　据鲁迅摹本所记，拓片未见该题名。

④　此处"悪"字应为"恶"之北朝俗体字的讹写。

（左面下层佛像右侧题名：）堪主劉吴」

（左面最下部造像记与题名，内容接正面造像记：）

子夫坐，暫餝誠訖。僧」不爲己身，前願皇帝」國王人民，後願所生」父母，養育懷抱，因緣」眷屬，内外男女，春非」蟄動，邊地衆生，有邢」之例，普同斯願從心。」

清信士李儉，新興太守」

清信女但女」

（背面上层佛像右侧题名：）堪主壺神顯」

（背面中层佛像右侧题名：）堪主公孫延欣」

（背面下层佛像右侧题名：）堪主王伏香」

（背面最下部题名：）

清□丘惠誕　清信女貳好」　清信士女王男　清信女男姬」　清信女男好清信女男生」　清信女敬姬」　清信女富□」　清信士李僧原平北郏二縣令」　清信女醜姬」　清信士欣祖，士曹從事」　清信士雙祖，厲武將軍」　清信士李伯祖」　清信士李茛祖」　清信女勝姜」

（右面上层佛像右侧题名：）堪主潘阿驎」

（右面中层佛像右侧题名：）堪主李男姬」

（右面下层佛像右侧题名：）堪主劉寶男」

（右面最下部题名：）

清信女阿醜」　清信女苛女」　清信女容勝」　清信女温姜」　清信女清女」清信女阿妃」　清信女妙姜」　清信士阿思」　清信女外暈」

清信士定思」　清信士思貴」　清信士思顯」　清信女妙暈」　清信女竫暈」清信女男暈」　清信女阿妃」　清信女潢女」

12.北齐天保元年(550)洛音村僧哲等四十人造像记（发现地：阳曲县洛阴村，现存于太原文庙[①]。）

（正面中层佛像左侧题名：）恒農太守萪□」

---

①　录文见胡春涛《山西五至八世纪造像碑的图像志研究》，第86—88页。部分录文见胡振祺《洛音村造像》，《山西文物》1986年第1期，参照笔者实地考察所摄照片补充核准。简况见倉本尚德《北朝仏教造像銘研究》，第584—585页。石刻形制为四面方形造像塔，每面自上而下有三佛龛，佛龛两侧或有题名，最下部为造像记。

（正面下层佛像左側題名：）□堪主傅羅①仁」

（正面下层佛像右側題名：）都象主祭酒楊□」

（正面最下部造像記：）

　　大魏天保元年五月卅日，洛音村清」信邑義長幼僧哲等卅人，自云生在」閻浮，長在三界，身非是常，娑羅難覩。」暫餝聖容，則生不動之國。弟相導引，」令生悟解。即知十善可登，眾惡可舍。」群心齊唱，興發菩提洪願，造石四面」像一區，像身五尺，師子夫坐，暫餝成」訖。不獨爲己身，前願皇帝國主延祚，」人民莨壽，後願邑内大小香火因緣，」七世、所生父母，師僧、朋友、知識，春非」騷動，邊地眾生，有刑之類，皆同斯願。」

（右面上层佛像左側題名：）堪主張阿荣②」

（右面下层佛像左側題名：）堪主杨阿光」

（右面最下部題名：）

　　比丘僧廣」　比丘法萇」　比丘僧元」　比丘僧通」　比丘零慶」　清信士楊阿願③」　清信士楊洪恩」　清信士丁僧毋」

　　清信士傅恭伯」　清信士潘成貴」　清信士傅□慶」　清信士楊長保」　清信士傅小慶」　清信士□□顯」　清信士楊婆仁」　清信士劉臣生」

（背面上层佛像左側題名：）……西……富」

（背面中层佛像右側題名：）堪主霍苟汝」

（背面下层佛像右側題名：）堪主圡萬□□□」

（背面最下部題名：）

　　清信士傅迴義」　清信士高拔真」　清信士□黃頭」　清信士□法遵」　清信士□□□」　清信士王□□」　清信士□□□」　清信□□□□」　清信士□□□」　清信士劉顯□」

　　清信士丁童年」　清信士傅遵和」　清信士馬洪安」　清信士馬伏和」　清信士丁童礼」　清信士李愛僊」　□信士潘□伯」　□□士□□□」　□□士宋□□」　□□士□□□」　□□□」王□□」

---

①　"羅"字存疑。

②　"荣"字存疑。

③　"愿"字存疑。

（左面上层佛像右侧题名：）西堪主呼延貴娘」

（左面中层佛像右侧题名：）□堪主□□□二縣令杜顯」

（左面中层佛像左侧题名：）清淨主□□□」

（左面下层佛像右侧题名：）西堪主王世洛」

（左面最下部题名：）

邑主比丘僧哲」 比丘僧初」 比丘曇表」 比丘法勝」 中正王阿興」 維那傅顯義」 清信士王世洛」 清信士楊小泠」

清信士丁和興」 清信士李景和」 清信士張明興」 清信士郝安和」 清信士丁曇暈」 清信士郝元照」 清信士楊曇慶」 清信士潘阿興」 清信士強大觀」

13. 北齐天保元年（550）洛音村僧通等八十人造像记（发现地：阳曲县洛阴村，现存于太原文庙①。）

（正面上层佛像左侧题名：）齋主太原太守潘伏」

（正面中层佛像右侧题名：）□□堪主新興太守楊雋成」

（正面中层佛像左侧题名：）都像主陽曲令楊道龍　比丘僧哲侍佛」

（正面下层佛像右侧题名：）堪主河北郡太守張宜弟」

（正面下层佛像左侧题名：）香火主張廣興」

（正面最下部造像记：）

大魏天保元年六月十五日，洛音村清」信諸邑義長幼僧通等八十人。俗云生」在閻浮，長在□境。寶非是常，財非久珍。」壞劫像漸，娑羅難視。建起刑像，顯照萬」基。惠請工匠，早獲妙果。是以撫恤教導」眾心，令淂開解，即知十善可遵，諸惡莫」近。詳心唱興，發菩提洪願，造四面石像」一區。像身七尺，釋迦大像十二堪，師子」夫坐，暫餝成妙。不獨爲洉身，前願皇帝」國主延祚，人民長壽，後願邑内大小香」火因緣，七世、所生父母，師僧、朋友、知識，」春非騷動，邊地眾生，有刑之類，普同斯」願。」

（右面上层佛像右侧题名：）堪主□□□」

---

① 录文见胡春涛《山西五至八世纪造像碑的图像志研究》，第88—90页。部分录文见胡振祺《洛音村造像》，《山西文物》1986年第1期，参照笔者实地考察所摄照片补充核准。简况见倉本尚德《北朝仏教造像銘研究》，第584—585页。石刻形制为四面方形造像塔，每面自上而下有三佛龕，佛龕两侧时有题名，最下部为造像记。

（右面上层佛像左侧题名：）檀越主郝①□中」

（右面中层佛像右侧题名：）比丘法苌」

（右面下层佛像右侧题名：）堪主博陵太守乔苟始」

（右面最下部题名：）

都督杨宗攸」　邑子丁要顯」　邑子鐔悳仁」　邑子劉富曹」　邑子茹黑殿」邑子馬令和」　邑子丁仲顯」　邑子劉阿觀」　邑子喬社生」　邑子高拔真」　邑子劉□慶」

邑子喬景和」　邑子杜曹仁」　邑子劉細興」　邑子喬阿肱」　邑子楊阿天」邑子牛京和」　邑子傅国琛」　邑子楊阿觀」　都督張慶和」　邑子傅阿和」　邑子張阿暈」

邑子王賓林」　邑子姚顯淂」　邑子張僧□」　邑子劉寄昌」　邑子高賀富」邑子喬阿之」　邑子劉猛□」　邑子劉武②和」　邑子呼延鸝延」　四天主馬令和」　四天主楊小欣」

（背面上层佛像右侧题名：）……」

（背面上层佛像左侧题名：）殄宼将军杨道□」

（背面中层佛像右侧题名：）厲武將軍杜苌命」

（背面中层佛像左侧题名：）維那厲武將軍張廣興」

（背面下层佛像右侧题名：）上堪主傅小□」

（背面下层佛像左侧题名：）堪主都督楊雅」

（背面最下部题名：）

都督喬要興」　邑子張冬貴」　邑子王戩温」　邑子劉蘭苟」　邑子楊貴顯」邑子楊白曜」　邑子楊外顯」　邑子楊阿紹」　邑子李買興」　邑子丁明顯」　邑子楊門興」　邑子喬歡」　邑子喬貴興」

州主簿楊族」　邑子胡阿買」　邑子王思和」　邑子程思義」　邑子張阿明」邑子張阿觀」　邑子喬祖慶」　邑子楊小顯」　邑子楊天温」　邑子楊阿業」　邑子楊苌欣」　邑子張阿宗」　邑子王文和」

（左面上层佛像右侧题名：）堪主秦州長史劉拔奴」

---

① “郝”字存疑，又似“邢”字。

② “武”字存疑。

（左面上层佛像左侧题名：）清淨主楊豊姬」

（左面中层佛像右侧题名：）堪主比丘僧廣」

（左面中层佛像左侧题名：）大忠正定襄令馬歸生」

（左面下层佛像右侧题名：）堪主屬武將軍張□洪」

（左面下层佛像左侧题名：）維那楊保明①」

（左面最下部题名：）

原平令李僧」　邑子劉阿春」　邑子楊貴和」　邑子傅清奴」　邑子何景元」
邑子王惠潛」　邑子茹延興」　邑子劉顯光」　邑子牛貴顯」　邑子楊光叔」　□
子杜遥成」　邑子□念祖」

邑子丁和興」　邑子楊明顯」　邑子劉阿祖」　邑子孫阿和」　邑子楊糞興」
邑子潘元顯」　邑子楊阿清」　邑子壺阿貴」　邑子楊小欣」　邑子潘法顯」　邑
子李苛奴」　邑子杜道興」

14. 北齐天保二年（551）邢多五十人等造像记（发现地：盂县兴道村兴化寺，
民国时期转存至县图书馆，毁于"文革"中②。）

（上层：）□□吴安貴」　唯那趙顯琮」　唯那邢阿多」　中正王惠琮」　中正
馬顯和」　邑主邢惠貴」　邢伯觀」　王洛奴」　李令智」　賈寶遷」　邢僧覆」
邢回貴」　賈伏忠」　段僧榮」　唐文廣」　趙惠儀」　李令智」　邢普貴」　智
貴顯」

趙門邑③」　劉仲賢」　王景欣」　馬景祚」　邢洪貴」　張匠」　趙道儀」
斑曇廣」　邢洪遷」　賈阿海」　劉永琮」

（下层：）夫乾坤振極，遂通三裁。靈像告征，廓有開闢。覆載潤流，蠢」兹犁
庶。是以天生之民，樹之以君。非君無以里其民，非民」無以顯其君。聲動嚮應，
今故相承。是以干戈震動，出自非」今。堂堯至聖，尚致阪淲之師。周武之化，亦
興不期之旅。是」以黑太通寇，假息閑壃。侯景枝扈，苟存江佐。鼠竊之徒，敢」

①　"明"字存疑。

②　录文或部分录文见（清）陆耀遹《金石续编》卷二，第289页；王堉昌《盂县造像录》，第173—
177页；颜娟英《北朝佛教石刻拓片百品》，"中研院"历史语言研究所，2008年，第143页；侯旭东《造
像记所见民众的国家观念与国家认同》，见氏著《北朝村民的生活世界——朝廷、州县与村里》，第
287—289页。拓片见颜娟英书及《北京图书馆藏中国历代石刻拓本汇编》第7册，第10页。简况见
民国内政部编《民国京鲁晋豫古器物名录》，第627页。

③　《盂县造像录》作"趙□忠"。

窺問鼎。今我大齊,諮天心如承主,廓四海以爲居,坐太極」如壽禪,闇與契如同
苻。巍巍乎以白日如並光,堂堂如無」能名焉。若用梟禽二虜,必如指掌,未即誅
戮,寬侍歸順。是」以廣□嚮豪,立爲督將,弟相部領,坊茲醜竪。邢多五十人」
等,昔因封而居,子孫留偶,今在肆土,爲人領袖。其人可謂」天資桀邁,幹飾明
□,圓弓連闊,飛刀棱刃。爲帝所知,召國」於□。武藝之士,實自孤絕一時,寢寒
酋勇,亦難量者哉。遂」在合州發弘大願,願令軍侶行還,建□像一區,經營尋
就,」藉因斯福,咸□發上願:令皇祚遐□,業化清熙,澤恰九」區,恩過八極;後令
先亡現在,含情能蠢。同歸妙境。」

維大齊天保二年歲次亲未七月壬申朔十五日丙戌,定」襄縣佛弟子邑儀等
邢顯珎　邢阿買　劉顯業　王廣季　張鐘葵」　郭敬恩　趙乂　趙僧達　李元
遷　邢清仁　馬洪賓　王超仁　邢伯尚」　尹顯達　王天和　鐔伏□　□□□
邢思昶　邢曇尚　邢子□」　靳令鳳　李洪朗　王阿距　李阿悦　劉顯仲　邢
阿桃」　解顯□　□□宜　劉道儀　耿□□　趙秀珎　□法琭」

（碑阴:）北面像主邢伯尚①」

15. 北齐天保六年(555)小护村新旧异姓一百余人等造像记(发现地:盂县
小湖村泰山庙,现状不详②。)

（碑阳下层及左右棱③:）

都中正河北都將馮其憲撰願文并□」

□□□□□證感以茂照法性□□□□□□□□□理故敷□□□開亡□發募老
□□湯火□□□□□功不□香□潤生之澤□□,諸□無常,盛衰□□,□凇化
既遷神□影,而□波石□成,而□想諸難,覩自□□。後形像流世,罕知□那,不
□念念相權,日月移行,知惡是敗,善是滅罪之源。是以河北□信仕蘇□④胡、李
迴洛、許觧愁、杜智成、秦桑營、傅金照、暢伯妙、郭女敬、陶要賜,住居鳴□川小護
村,新舊異姓一百餘人等,以敦孔懷,遂合邑義,發弘大願,敬造□佛像一區,並諸
侍□□。採岩前山水,工外□畫,彫⑤鏤之奇,能窮□摹之異。□卅二想,超然獨

<hr>

① 此行无拓片,录文仅见于《盂县造像录》,第177页。
② 未见有拓片公布。录文仅见于王埔昌《盂县造像录》,第181—189页。
③ 原文作"左棱""右棱",不详为何处。
④ 录文为左"石"右"炎"。
⑤ 录文为左"□"右"彡",根据当时常用语习惯及文意,应该就是彫(雕)。

輝，八千種好，騰珠藍而□□。又因斯善果，彩餝已就。上爲皇帝陛下國祚寧泰，千屯揭歇。有願累世□會，經管三□，早令成□。有願七世父母，託生弥陀，□生兜率。現存眷屬，四大常□，永□諸趣。□爲邊地衆生，□①形之頌②，含靈抱識，咸成正□。□□以奇功未勒，妙跡不傳，敬獎碗琰，垂申言竭。其言曰：

夫以至道，幽深澄絶，言慮發動，應機而作，□③軌之□而然。邑義等□，是悟練玄宗，承綱曠速，託泺世樹，入門並□，□□□音，建崇靈塔，畾像異端，妙宮天室，刊石炳章，□□秀□，條□人名，銘之千載。欲使後賢有仰羡之風，□□□無窮之美。令□□情，略記云爾。唯大齊天保六年」歲次乙亥三月辛巳朔廿日庚子記。」

（碑陽上層左部佛像旁題名④：）像主張德興　像主義□□　像主耿天□　像主秦□仁　像主□□長　像主馮僧成」　像主張天文　像主許由汪　像主許□□　像主楊延繩　像主許□□　像主曹玉仙」　像主張文□　像主曹信妃　像主尉生和　像主馮永□　像主苗思路　像主□□□」　像主□□□　像主馮懷礼　像主王女之　像主馮高憲　像主許士琚　像主曹□文」

（碑陽佛像中間題名：）□齋主馮安仁　堂主姜□□　堂主馮□奴　堂主曹安仁」　齋主妻洛全生（女銘⑤）　像主田曹泰　田氏　馮□人」

（碑陽上層右部佛像旁題名：）像主馬大　像主張娥妃　像主权先花　像主許□仁　像主馬□洛　像主□□□　像主曹天□」　像主李迎洛　像主傅金照　像主□□□　像主像主耿□□　像主□□女　像主馮□□」　堂主□□　像主馬洛花　像主許奴女　像主□□□　像主□朝□　像主將雨花」　像主秦琈妃　像主□□□　像主□□□　像主張夢娥　像主張昭□　像主王先洛」

（碑陰下層題名：）□□□□□　中正李迴洛　中正許鮮愁　維那杜智成　維那秦營業　邑子馮延慶　邑子張□仙　邑子馮顯□　邑子□舍慶　邑子許羅雲　邑子□興和　施地主李寄□」　邑子馮僧慶　邑子曹慶龍　邑子馮元禮　邑子曹保琚　邑子張神興　邑子李玉□　邑子許領俄　邑子馮懷禮　邑子秦方

---

① 右側部首為"寸"。
② 疑為"類"。
③ 右側部首為"奚"。
④ 以下人名順序為橫列。
⑤ 录文此处有"女铭"二小字。

俶　邑子秦阿如　邑子耿□□　邑子□□□」　邑子郭允顯　邑子馮保買　邑
子趙保和　邑子李買保　邑子李子琜　邑子蘇伯周　邑子馬□^①智　邑子杜
□^②檽　邑子張元捈　邑子尚□良(空一列)邑子薛□貴」　邑子□□□　邑子
□□　邑子苗□　邑子□□□　邑子薛阿花　邑子□余□　邑子薊^③五□　邑
子□奴女　邑子吕□□　邑子智□□　邑子侯□□　邑子侯惠□」　中正傅金
昭　中正暢伯妙　維那郭女敬　維那陶要賜　邑子馬要洛　邑子郭伏敬　邑子
鞏扶容　邑子胡阿典　邑子□先容　邑子侯卯女　邑子婁阿毛　邑子□□□」
邑子嚴永□　邑子李敬好　邑子楊惠花　邑子田女勝　邑子牛先光　邑子王先
洛　邑子孫銀勝　邑子張娥妃　邑子王思仁　邑子馮義姿　邑子秦□姿　邑子
傅法容」　邑子曹□香　邑子曹玉妃　邑子嚴洛容　邑子□□姬　邑子王□女
邑子馮阿照　邑子董銀好　邑子高□□　邑子□□□　邑子□□□　邑子
□□□　邑子苗□□」　邑子王□□　邑子馮業韶　邑子□□□　邑子郭□□
邑子王□陽　邑子嚴□□」

(碑陰上層左部佛像旁題名:)像主□□□　像主馮始　像主郭□□　像主
張□□　像主□□□」　像主□□□　像主陽蠻玉　像主馮明國　像主馮讓國
像主秦保□」　像主□□□　像主□□□　像主□□□　像主□□□　像主
□□仁」　像主□□□　像主□□□　像主杜玉生　像主□□□　像主王□洛」

(碑陰佛像中間題名:)□□像主李洛妃□」　□□□□□　佛□□僧戒
□□主□□□」

(碑陰上層右部佛像旁題名:)像主馮敬人　像主□□□　像主□□□　像
主□□□　□□□□□」　像主于敬　像主□□□　像主□□□　像主□□□
像主□□□」　像主晉□勝　像主□女□　像主□□□　像主□□□　像主
□□□」　像主吳毛林　像主雷□姜　像主□□□　□□□□□　像主□□□」

(碑左佛像左側題名:)□世像主張思顯　□世像主曹令□」

(碑左佛像右側題名:)像主清信女楊□□　像主清信女鞏扶容」

(碑左下層:)北面右阿難主許洛俶　□□主李思真」　都管主□前周」　都□

---

① 部首从"辶"。
② 部首从"辶"。
③ 疑为"蘇"。

主曹敬龍」　香火主楊春行」　清淨主□□□」　南面左像菩薩主馮□□」

（碑右佛像左側題名：）□□□主□□□」

（碑右佛像右側題名：）□□□□主郭□敬」

（碑右下層：）南面右相菩薩主李和用」　東□像主魯阿妹」　北面左相菩薩主張全洛」

（后棱①：）像主河北都督曹兆龍

16.北齐天保七年（556）广武令赵郎奴造像记（发现地：定襄县七岩山②。）

（上層：）

大齊天保七年九月壬寅朔一日壬寅，」清信佛弟子廣武令趙郎奴，爲望息曇」景敬造釋迦像一堰、二菩薩。上願三」寶永輝，國康萬代，七世先望及」今現存，普及法戒，同成正覺，」所願如是。」

（中層：）趙長伯　子昂」

（下層：）

邑主趙顯」　中正詔除平昌」陽曲二縣令劉道胤」　中正前郡正制除」定襄縣令潘光」　中正詔除盧奴廣」武二縣令趙郎奴」　中正剗除永安太」守賈枹成」中正詔除俎縣」令趙曹奴」　中正殿中將軍善」無縣令尉清周」

唯那前祭酒石碑」柵長史劉淵」　唯那剗除三合」縣令邢侷」　唯那郎中崔雀」　唯那馮蘭僙」　唯那樊顯」

都唯那」張文和」　都唯那」解元」　香火主」張買得」　清請主」呂黑」

功曹劉向」　馮郏」　楊永安」　宋廣興」　常阿德」　馮道樹」　楊買德」劉世琮」　宋外」　壺延興」

盟主趙」景貴　都督趙」顯度　天柱王」領民統軍」趙文威」　趙令遵」　趙海元」　趙虎龍」

前郡功曹」行驢夷楊猛」　楊明令」　李回生」

馮顯櫥」　張世仁」　張虎仁」　前開國馮」迴　息阿醜」　趙令遵」　馮景勝」

---

①　原文作"后棱"，不详为何处。

②　录文见（清）牛诚修《定襄金石考》卷一，《石刻史料新编》第 2 辑第 13 册，第 9951—9952 页。拓片由定襄县七岩碑社任复兴先生提供。

17. 北齐皇建二年(561)董小湖等造像记(发现地：盂县中社村府君庙，民国时期转存至县图书馆，毁于"文革"中①。)

(底座：)

□大齊皇建」二年歲次□」巳九月甲□」朔廿一日，□」□弟子董□」□，爲邕」□敬」□浮啚三堮」，上爲皇帝陛下，」□七世父母，」□□父母，内」外因緣眷屬，」□長者」天」□□受□哈」□□□世，淂」蒙□□□從」□丁未□□」□□□□□」光□□□□，」董萬□，子□，」董□□□□□」□□□□□□，弟子」董□□，弟子」董□□，弟子」□②□□，□惠」洛，□□□□」□□敬造□③名」□□□□□。」

(正面上层佛像左侧题名：)像主董若男　僧□□祀□」

(背面上层佛像右侧题名：)像主□□□」

(背面中层佛像右侧题名：)□□□□」

(东面下层佛像左侧题名：)浮啚主董小湖」

(东面下层佛像右侧题名：)像主郭妃容」

(背面下层佛像左侧题名：)像主孫阿定」

18. 北齐河清四年(565)晋城村邑义等造像记(发现地：盂县宋庄村龙王庙，现状不详④。)

(碑额佛像下部：)□鄉□邑□寺

(碑阳上层：)

夫真聖天心，而常」照耀，照而无□，應」感在緣，緣无應□。」是以大齊河清二」年歲次癸未七月」癸亥朔十二日之」□，晉城村邑義等」敬造石交龍碑像」一區，仰爲皇家祚」隆万民，後爲曠劫，」師僧父母，已身眷」屬，六趣四生，合性」之口，當顯□或身」之□。晦悟寺林□⑤」□，□登先首，千聖」同福，一時成佛儀。」

帝釋主」　前郡功曹旨假新興太守邢琢供養」

(碑阳下层⑥：)

---

①　三级四面造像塔，造像记位于底座，塔身佛龛旁有若干题名。录文仅见于《盂县造像录》第193页。

②　右侧部首从"欠"。

③　右侧部首从"女"。

④　未见拓片公布，录文见王埇昌《盂县造像录》，第197—201页。

⑤　左侧部首从"禾"。

⑥　以下人名顺序为横列。

　　比丘惠朗　齋主宋法貴　香火主　清淨主　四帝主　中輪主　都維主達惠
高生主邢男姬　大輪主邢季有　維那邢阿買　惠□盧盡惠　□□邢天悦　維
那邢勝得　維那邢元洪　維那邢□悦　佛弟子邢曇達」旨前善無壺開二縣令
後做嬴州刺史邢安貴　旨假光州東陽太守楊願進供養時　前安定王忠正旨假武
定太守邢輔供養　旨假馬頭太守邢道文　旨假平□^①縣令智钟葵　旨假發干縣
令邢少貴　旨假平陽縣令宋寶貞　旨假陽邑縣令智李寧　旨假原平縣令智道豫
旨假五泉縣令霍龍仁　旨假蒲子縣令邢阿和　旨假南兗州新葵太守劉可羅　旨
假沛郡太守邢□貴」

　　（碑陰：）

　　□□□　王益□　智□均　邢醜奴　邢阿女　邢阿海　邢阿醜　邢永遷
智元海　邢阿買　邢羅買　邢遥遷　趙世文　邢鮮宗　邢思悦　壺寧秋　□洪
仁　邢政仁　智景陽　邢平□　邢□都」邢長□　邢靜業　邢子歡　邢格奴
邢子昇　邢子泰　邢子酋　邢鮮光　智子顔　智元軌　酈阿泰　智子賢　邢枚
遷　宋思和　宋同虎　宋叟虎　宋醜頭　馬子華　霍奴子　趙都□　智□洪」
邢長遷　智士遷　壺量福　邢羊頭　邢子末　邢七頭（空一列）蔣進達」（空十一
列）智曇謨　智□□」□王□^②　□□□　□□□　邢□□　王如哲　邢思和
□智□　□□□　□□□」旨□□太原郡中都縣令邢寄奴」旨假北豫州廣武
太守邢元顔供養佛時」倉曹參軍邢元□供養佛時」□□馮道□供養佛時」

　　19. 北齐河清四年（565）法藏等造像记（发现地：盂县元吉村^③。）

　　河清四年三月□」日，比丘尼法藏、比丘尼」法銀合寺等敬造□」王像一區。
上爲皇」帝陛下，又爲□□」父母，見在眷□，□」登正覺。

　　20. 北齐天统五年（569）潘百年等造像记（出土地：盂县兴道村，现存于太原
文庙^④。）

　　（正面上层佛像右侧题名：）堪主吴國興」

---

① 上"厂"下"利"。

② 以下人名改为竖列。

③ 照片及录文见李晶明主编《三晋石刻大全·阳泉市盂县卷》，第 7 页。

④ 录文见胡春涛《山西五至八世纪造像碑的图像志研究》，第 111—113 页。此次主要根据笔
者实地考察录文。简况见倉本尚德《北朝仏教造像銘研究》，第 604—605 页。石刻形制为四面方形
造像塔，每面自上而下有三佛龛，佛龛下为二狮相对，中为宝珠，佛龛及狮子两侧或有题名，最下部为
造像记。

（正面中层佛像右侧题名：）堪主王□奴」

（正面中层佛像左侧题名：）堪主楊伯業」

（正面下层佛像右侧题名：）菩薩主潘百生」

（正面狮子右侧题名：）大象主張大思」

（正面狮子左侧题名：）齋主馬洪貴」

（正面最下部造像记：）

□□□□□□□□□□丑□□」

辛卯□□□□□佛弟子等」

夫法身凝湛，□□□境。故能苦難」世中，内發善心，化導有緣，人人例」已。感割財物，遠請功匠，敬造十六」王子像。願天下□□，国主延祚，身」若浮洸，輪迴□□。妙匠刊錺形像」，師僧父母，因□□屬，法界眾生，俱」時成佛。」

邑主潘百年」　都綰楊元平」　清淨主郭阿顯」

□正王貴業」　中正張子婉」　維那王難當」　□那□□日」

（右面上层佛像右侧题名：）堪主潘□姬」

（右面中层佛像左侧题名：）堪主王向銀」

（右面下层佛像右侧题名：）菩薩主王太妙」

（右面下层佛像左侧题名：）堪主張元略」

（右面狮子右侧题名：）比丘法誕」

（右面狮子左侧题名：）比丘僧度」

（右面最下部题名：）

（關）」　邑□（下關）」　邑□（下關）」　邑□（下關）」　邑□（下關）」　邑□（下關）」　邑□（下關）」　邑□（下關）」　邑子（下關）」　邑子董閏□」　邑子傅小平」　邑子傅買取」　邑子傅貴千」　邑子□□□」　邑子□□□」　邑子□□□」　邑□□□□」

（上關）洪（下關）」……（上關）興」　（上關）興」　……

……（上關）道」……

（背面中层佛像左侧题名：）堪主□蒲子」

（背面下层佛像右侧题名：）堪主楊厈仁」

（背面下部无题记）

（左面上层佛像右侧题名：）堪主張好□」

(左面上层佛像左侧题名:)四天王主□思」

(左面下层佛像右侧题名:)堪主李景和」

(左面最下部题名:)

邑子楊娑仁」 邑子程明道」 邑子呼延進慶」 邑子張阿黑」 邑子潘小璪」 邑子郭永仁」 邑子劉阿万」 邑子王社德」 邑子傅安慶」 邑子来伏故」 邑子楊噉鬼」 邑子李定歡」 邑子張康奴」 邑子程伯仁」

邑子丁目礼」 邑子田道興」 邑子婁阿明」 邑子□伏保」 □□□□□」 □□□□□」 邑□□□□」 邑子□□□」 邑子□□□」 邑子□□□」 邑子□□□」 邑子潘□□」 邑子潘敬百」 邑子馬道百」 邑子楊進邕」 邑子何貴伯」

□□楊(下闕)」 邑……」(下闕)

"清流"之外

——中晚唐长安的"非士职"官僚及其家族网络

周　鼎

一、引言：清与浊的光谱

中晚唐社会是一个急遽转型的时代，发端于政治、经济领域的诸项变革，重塑了资源分配与社会流动的基本规则，进而对人群身份秩序产生了一系列深刻影响。在此期间，都城长安作为四方辐辏、新旧交替的历史舞台，堪称观察时代变局的理想地域样本。

唐代长安研究是一个学术积淀异常深厚的领域。自清人徐松以降，学者对其间宫殿、坊市、街衢、寺观等都市景观开展了巨细靡遗的考证、复原，近年来在都城社会史研究中，学者利用新出碑志也做过诸多别开生面的探讨①。随着研究持续推进，新史料不断刊布，唐代长安的空间构造与社会运作的诸多细节已变得清晰起来，考察其间人群互动关系与深层社会结构逐渐成为可能。

以"安史之乱"为界，长安社会究竟经历了怎样的变化？前人研究为我们提示出一些重要线索。陆扬近年揭橥"清流文化"的概念，认为以中晚唐长安为中心，出现了一批以"文"的理念为共享价值，以进士出身、词臣履历为身份标识的政治文化精英——清流群体，他们塑造的政治文化深刻影响了晚唐五代至宋初

---

① 　详参荣新江、王静《隋唐长安研究文献目录稿》，《中国唐史学会会刊》第 22 期，2003 年；近年研究进展，参徐畅《对近年来唐代区域史研究的概览与思考》，《中国社会历史评论》第 17 卷（上），天津古籍出版社，2016 年。

的历史进程①。这项研究为理解中晚唐社会提供了一个崭新的视角,成为近年颇受瞩目的学术议题。研究中晚唐长安社会,清流士人及其家族确是个不容忽视的群体。在实证研究中,学者已注意到中晚唐部分士人家族依托科举体制,在政治、经济资源分配机制中居于优势地位,进而在京师营置宅第,世代定居。这批科举精英的确呈现出某些新的风貌,如他们往往在郡望、房支之外冠以所居京城里坊,作为新型门第标识,诸如靖恭杨家、新昌杨家、修行杨家、靖安李氏、新昌裴氏等②,均堪称晚唐清流文化的典型家族。

按照陆扬的界定,清流是一种"依托社会想象与政治成功双重力量"而生成的精英群体,这显然是基于政治文化视角的人群分类方式。在处理本文相关问题时,笔者更愿意将"清流"理解为光谱的一极,即人群社会面貌的一种"理想型"(ideal type)。立足社会史视角,可以进一步追问的是,清流所从属的社会阶层是怎样的构成? 他们与同阶层中其他人群的边界何在? 边界的外缘是哪些人? 处于对立面的又是哪些人? 循着这些问题思考,或可窥见唐后期身份秩序更为复杂、多元的光谱状形态。

研究表明,清流文化的代表——唐后期进士及第的高级文官,大多出身久沾宦绪的官僚家族,甚至汉魏以降蝉联冠冕的旧族③。他们门第虽有高低、新旧之别,但都可以归入广义士族的行列,唐代文献中例以"衣冠""士流""仕家"等指称之,甚至过去被认为代表新型社会身份的晚唐"衣冠户",据近年最新研究,主体其实仍是这一社会阶层④。因此,在思考唐后期清流文化的兴起这一现象时,首先应明确历史主体所属阶层的整体属性。

---

①　陆扬《唐代的清流文化——一个现象的概述》《论唐五代社会与政治中的词臣与词臣家族——以新出石刻资料为例》,均收入《清流文化与唐帝国》,北京大学出版社,2016年。

②　参梁太济《中晚唐称坊望的风习》,收入《梁太济文集·史事探研卷》,上海古籍出版社,2018年。靖恭杨家,参见王静《靖恭杨家——唐中后期长安官僚家族之个案研究》,《唐研究》第11卷,北京大学出版社,2006年;新昌杨家,参见徐畅《白居易与新昌杨家——兼论唐中后期都城官僚交往中的同坊之谊》,《中华文史论丛》2021年第4期。靖安李氏,见《旧五代史》卷一〇八《李鏻传》,中华书局,1976年,第1426页;新昌裴氏,见《唐故银青光禄大夫明州刺史河东裴公墓志铭并序》,《全唐文补遗》第8辑,三秦出版社,2005年,第158页。对晚唐清流家族的个案研究,还可参考张葳《唐中后期的官僚家族与科举——对孙逖家族的一种考察》,《江西社会科学》2015年第6期。

③　参毛汉光《唐代大士族的进士第》,《中国中古社会史论》,上海书店出版社,2002年;吴宗国《唐代科举制度研究》,北京大学出版社,2010年,第238—241页。

④　参顾成瑞《唐代"衣冠户"再议》,《史学月刊》2018年第4期。

在唐前期的"中央化"浪潮中,为仕宦便利计,士族大多自乡里迁居两京一带,长安城中的里坊成为其萃居之所①,这也是理解唐代社会结构变迁的一个起点。不过这一情形在"安史之乱"后发生了变化,士人阶层内部出现了显著的社会流动与分化。在仕途竞逐与经济生活的双重压力下,除上述蝉联科第的少数精英,更多士人家族已无力维系在两京(尤其是长安)的生计,不得不放弃京中产业,转而迁徙、侨居地方州县。这种分化甚至会发生在同一家族内部,以中唐宰相杜佑的孙辈为例,及至晚唐,他们中有尚主、拜相、赐第崇仁坊的杜悰一家,有因"京中无业"而客居淮南的杜牧弟、妹,也有因"贫困尤甚"而寄居荆、郢等州的其他子孙②。侨寓士人分布广泛,在散居外州的同时,与京城亲故、族属维系着密切的互动与人际网络,并且彼此间的身份流动也时有发生③。因此,侨寓士人是与长安清流家族连结紧密的外缘人群,甚至可以认为,前者是维系后者再生产的"蓄水池"。

唐后期士人阶层之所以出现向下流动、向外溢出的趋势,除了激烈的圈内竞争,更重要的动因还在于外部冲击与挑战。时人有言:"衣冠者,民之主也。自艰难已来,军士得以气加之,商贾得以财侮之,不能自奋者多栖于吴土。"④"安史之乱"后,随着藩镇武人、内廷宦官等其他精英人群在政治上的崛起,他们的生存空间遭到挤压、侵蚀。这种人群间的紧张关系,是清流文化形成的时代语境之一。就此而言,武人、宦官等或可归入身份光谱的另一极,姑且称之为"浊流"。

这其中,宦官群体主要活跃于长安政治舞台,更受瞩目,诸如南衙北司之争、禁军与内诸司使的权力构造等,都是中晚唐政治史研究中的传统课题。不过,宦

---

① 毛汉光《从士族籍贯迁移看唐代士族之中央化》,《中国中古社会史论》;韩昇《南北朝隋唐士族向城市的迁徙与社会变迁》,《历史研究》2003 年第 4 期。

② (宋)孙光宪撰,贾二强点校《北梦琐言》卷三"杜邠公不恤亲戚"条,中华书局,2002 年,第 44 页;(唐)杜牧撰,吴在庆校注《杜牧集系年校注·樊川文集》卷一六《上宰相求湖州第二启》《上宰相求湖州第三启》《为堂兄慥求澧州启》,中华书局,2008 年,第 1008—1016 页。

③ 对这一现象的初步探讨,参拙稿《"邑客"论——侨寓士人与中晚唐地方社会》,《中国史研究》2020 年第 4 期。另参张葳《唐中晚期北方士人主动移居江南现象探析——以唐代墓志材料为中心》,《史学月刊》2010 年第 9 期;郑雅如《"中央化"之后——唐代范阳卢氏大房宝素系的居住形态与迁移》,《早期中国史研究》第 2 卷第 2 期,2010 年;Nicolas Tackett, *The Destruction of the Medieval Chinese Aristocracy*, pp. 70 - 105。

④ 《杜牧集系年校注·樊川文集》卷一四《唐故银青光禄大夫检校礼部尚书御史大夫充浙江西道都团练观察处置等使……崔公行状》,第 917 页。

官并非一个处在社会真空中的纯粹政治集团，他们也呈现出鲜明的社会性格。近年来，学者利用出土碑志对此做过不少令人耳目一新的研究，如杜文玉考察了宦官的社会来源与家族形态，发现唐后期宦官的籍贯大多分布在长安周边的京畿地区；陈弱水的研究则揭示出宦官社群的内部形态，尤其是宦官与军人家庭盘根错节的收养、联姻关系①。这也进一步提示我们，宦官集团之所以能长期屹立长安政治舞台，除了政治、制度因素，更与其根植长安的社会网络与再生产机制密不可分。

随着对清、浊两端人群各自形态的认知深入，在唐后期的身份光谱中，一些面貌更为复杂、暧昧的中间人群逐渐进入我们视野。笔者此前曾着眼藩镇体制下的地方州县，对几类地方人群的社会形态做过探讨。本文将视线转向都城长安，聚焦几类与内廷宦官、武人关系紧密，可归入"浊流"行列，同时与清流士人也不乏交集、互动的群体。具体而言，他们包括：1. 任职于中书门下、财政三司等中央机构的胥吏；2. 服务皇家的翰林伎术待诏；3. 禁军与内诸司使系统的文职僚佐、吏员。

在制度史、艺术史与医疗社会史等领域，学者对以上三类人群不乏专门研究，本文之所以将其并置讨论，主要基于以下理由。首先，出土三类人群的墓志大多镌刻于"安史之乱"以后，且集中分布在长安周边，这是一个引人注目的现象，表明他们属于中唐以降活跃于都城的新兴人群，或许呈现出某些相似的社会性格。其次，他们通过相似的晋升机制步入仕途，且职衔类型高度趋同，这表明他们拥有相似的制度身份。最后，他们虽能步入仕途，但与宦官、武人相似，都为清途所阻，在制度与观念上与士人群体存在明显区隔。这也是本文以"非士职"概称之的原因②。

以中唐以降的制度变革为线索，将以上三类人群作为一个整体纳入都城社会史的视野，或许可以看到一幅别样的历史图景。

---

① 杜文玉《唐代长安的宦官住宅与坟茔分布》，《中国历史地理论丛》1997年第4期；《唐代宦官婚姻及其内部结构》，《学术月刊》2000年第6期。陈弱水《唐代长安的宦官社群——特论其与军人的关系》，《唐研究》第15卷，北京大学出版社，2009年。

② 关于"非士职"的范畴及其在官员分类中的运用，参赖瑞和《唐代中层文官》，中华书局，2011年，第4—14、449—457页；《唐"望秩"类官员与唐文官类型》，《唐研究》第16卷，北京大学出版社，2010年。需要说明的是，在唐后期使职差遣盛行的背景下，本文所谓"'非士职'官僚"，强调的是其供职部门与实际职任，而非用以寄禄、迁转的职衔。

二、勒留授官："非士职"官僚的类型与仕宦路径

中古以降的官僚制社会中,官员的入仕门径与迁转路径,承载的并非纯粹的政治属性,也是一种身份区隔与社会分层的意义符号,这方面的典型例证是南北朝时期的清浊官制。及至唐代,类似现象依然长期存续,本文讨论的三类人群,也有其独特的入仕渠道与迁转机制。本节主要从制度层面对其基本面貌做一番勾勒。

(一) 中央机构中的胥吏

唐代后期,伴随着中央权力格局与政务处理模式的变迁,在原有台省文书胥吏系统之外,衍生出大批新型胥吏。其中代表,如宰相衙署中书门下有孔目等五房,设堂头、堂后官、驱使官等吏员,财政三司系统有孔目官、表奏官、勾覆官、勾押官、驱使官等,他们与都事、主书、录事、主事、令史等台省原有吏员并存,共同构成了唐后期的中央胥吏系统①。

关于新型台省胥吏的政治面貌,最引人注目的是"勒留官"这一身份。所谓"勒留",又作"勾留",原意是指官员在职位迁转后,经原部门申请获批继续留任,同时以新的官职作为迁转与寄禄的位阶,是一种官、职分离的履职方式。在唐后期中央官僚机构中,勒留官的主体是供职于中书门下、财政三司等中央机构的吏员。围绕勒留官的机构分布、履职方式、俸禄待遇等问题,李锦绣等先生已做过非常精湛的研究②,下面结合本文视角做几点补充。

勒留官虽是唐后期新出现的名称,但类似机制可以追溯至唐前期的直官制度。由于事务繁杂,更兼对文书处理的专业性要求,为保证胥吏履职的稳定性,唐前期三省等中央机构会以直官的身份,将本应迁转他处的入流胥吏留任。《朝

---

① 参黄正建主编《中晚唐社会与政治研究》第一章《唐后期的官制：行政模式与行政手段的变革》(李锦绣撰),中国社会科学出版社,2006 年,第 82—91 页;李锦绣《唐代财政史稿》第 4 册,社会科学文献出版社,2007 年,第 230—242 页。

② 参李锦绣《唐代的勒留官》,收入《唐代制度史略论稿》,中国政法大学出版社,1998 年,第183—197 页;陈志坚《唐代州郡制度研究》,上海古籍出版社,2005 年,第 76—83 页;叶炜《南北朝隋唐官吏分途研究》,北京大学出版社,2009 年,第 242—246 页。

野佥载》记武周时期台省胥吏入流之弊，称："流外行署，钱多即留，或帖司助曹，或员外行案。"①又同期诏书中提道："都省诸司既有主事，更不须著人帖直。"②所谓"帖司助曹""帖直"，据叶炜研究，即入流胥吏以直官身份兼职本司③。举例而言，如开元年间的胥吏韩履霜，入流后选授刑部司门主事、直吏部，继而兼直兵部，丁忧服阕后，"天官小宰征公帖吏部，遂正授吏部主事"④。天宝年间的胥吏任楚璇，入流后授将作监右校署丞，"仍直吏部主事"⑤。上述情形构成了唐后期胥吏勒留制度的源头，《册府元龟》卷六三〇《铨选部·条制》：

> （贞元）八年二月，户部侍郎卢徵奏："内外官应直京百司及禁军并因亲勒留官等，若敕出便带职事及勒留京官，即合以敕出为上日，外官以敕到为上日。……伏请起今以后，并须挟名勒留敕到任，方为上日，支给科（料）钱。其附甲官有给脚，依前勒留直诸司者，待附甲后，签符到州为上日，支给课料。"⑥

这封上奏是针对勒留官俸料支给时限的规定，文中还涉及藩镇、禁军系统勒留官，这里姑置不论。值得注意的是，其中"内外官应直京百司"者，即后文所言"依前勒留直诸司者"。直官与勒留官，在此指向的都是带外官职衔而留任京中的胥吏，两者混称，表明在勒留官制度形成之初，应系借鉴甚至直接继承了唐前期直官的运作方式。

关于这一点，在唐中期部分胥吏的职衔中还能看到若干痕迹。如肃宗时期的中书门下胥吏孙进，"迁拜中书掌事堂要"，入流后授官京兆府录事，又"敕除授尚书职方主事，仍直中书"⑦。虽然孙进先后获得两任流内官，但实际一直以直

①　（唐）张鷟撰，赵守俨点校《朝野佥载》卷一，中华书局，1979年，第6页。
②　（宋）王溥《唐会要》卷五七《尚书省》，中华书局，1960年，第985页。
③　叶炜《南北朝隋唐官吏分途研究》，第182—183页。
④　《唐故尚书吏部主事南阳韩府君墓志铭并序》，赵君平、赵文成编《河洛墓刻拾零》，北京图书馆出版社，2007年，第359页。
⑤　《大唐故朝议郎行司农寺导官署令上柱国任府君墓志铭并序》，吴钢《全唐文补遗·千唐志斋新藏专辑》，三秦出版社，2006年，第233页。
⑥　（宋）王钦若《册府元龟》卷六三〇，中华书局影印本，1960年，第7559页。
⑦　《大唐中书省主事乐安孙府君墓志铭并序》，赵力光《西安碑林博物馆新藏墓志汇编》，线装书局，2007年，第521页。

官身份在中书门下履职。又如杨士真,"贞元中,司计以公通明钱谷,籍其端详,署职领荣,……承优选授登仕郎、连州连山县丞、直度支"①。杨士真是一名勒留度支的新型胥吏,墓志记载中沿用了直官的结衔方式,正可见两种制度间的递承关系。

在律令制下,京中诸司直官都有严格的员额限制,因此台省胥吏帖直本司的人数有限,只是一种辅助性机制。"安史之乱"后,伴随着中央权力机构使职化,中书门下、财政三司等机构权力日益集中,相应的,其日常事务更形繁剧,吏员人数也随之激增。为保证其履职稳定性,同时给予他们一定的职务激励,原有的直官制度便不再适应新的形势,而勒留官制度便应运而生。勒留官与直官有何区别呢? 简言之,它在常规渠道外为胥吏提供了更多的入流与晋升机会。

学者研究表明,胥吏的入流与迁转,在唐前期制度实践中形成了一套稳定的机制,其路径依次为:州县佐史等杂任,经流外铨进入中央机构流外行署;在流外行署内部从府、史晋升为令史;流外行署的令史入流后,担任主事等流内小吏,最终升迁至都事、主书、录事等三省大吏②。在这套相对独立、封闭的系统中,胥吏们循资历、依年考逐级递迁,其过程是漫长的,即便入流,仕途也受到诸多限制,很多流内官职并不对他们开放。

唐后期,诏书中虽然也屡次申禁,对胥吏入流的员额、授官类别做出限制,不过对中书门下、三司等机构中的新型胥吏而言,则推行了一套更具激励性的选拔、晋升机制。《大中改元南郊赦文》:

> 度支、户部、盐铁三司吏人,皆主钱谷,去留之际,切在类能。若一概节以年劳,众职从何条举,必资奖诱,明示劝惩。其中如有才用智识,昭然独见,自期展效,建立事功,或剔抉疵瑕,或纠正案牍,发明已往之咎,条理将来之规,宜委本司,便与奏论,特有迁授,仍与勾当,依前本司驱使。③

---

① 《大唐故奉义郎行洪州南昌县丞杨府君墓志铭并序》,周绍良、赵超《唐代墓志汇编续集》,上海古籍出版社,2001 年,第 889—890 页。
② 叶炜《南北朝隋唐官吏分途研究》,第 31—32 页。
③ (宋)李昉《文苑英华》卷四三〇《大中改元正月十七日赦文》,中华书局影印本,1966 年,第2180—2181 页。

诏书对胥吏仕途迁转中"节以年劳"的传统提出批评，转而强调功绩导向，要求对才能卓著者"特有选授，仍与勾当，依前本司驱使"，即授予勒留官。这里触及胥吏勒留授官的一个关键环节——本司长官"奏论"，即以奏荐的方式录名中书门下，而非经由常规的叙阶、待阙、铨选等流程。对此，其他史料中也有反映，如开成三年（838）诏书："应京有司有专知、别当及诸色职掌等，近日诸司奏请州县官及六品已下官，充本司职掌。"①所谓"奏论""奏请"，其实与藩镇辟召制下的僚佐授官并无二致，在此，与长官的私人关系发挥了至关重要的作用。

这种"府主—僚佐"式的依附关系，在唐后期胥吏勒留官墓志中有不少反映。举例而言，如中书门下胥吏氾惛墓志称，"相国颍川公（元载）闻而悦之，特表起家试恒王府参军"，后多次升迁，官至均州别驾②。又如度支胥吏傅元直，"见遇于相国裴公度，初荐授虔州赣县尉，后为户部侍郎宇文公鼎所重，特奏寿州司兵参军"③。度支胥吏史仲莒墓志称，"时相国窦公（易直）领度支务，以银台引进，□在得人。……以公掌其职焉"④。盐铁胥吏郭克勤，"遇相国清河路公（岩）见重，特加职焉。复后台辅河南于公（琮）玄识知人，赞其誉美，因奏授饶州余干县尉"⑤。张卓墓志称，"度支使、户部尚书裴公延龄器之，奏释褐衡州常宁丞，留职本司"⑥。正因长官的奖拔、提携在其间发挥了决定作用，志文中才会竭力凸显这层关系，甚至强调对府主的个人忠诚，以奴仆、家人自居⑦。

得益于上述机制，唐后期部分台省胥吏入流年限大幅缩短，如前述史仲莒，弱冠即授颍州下蔡县尉；前述傅元直，弱冠授虔州赣县尉；赵恭，"年始弱冠，贤相

①　《册府元龟》卷六三一《铨选部·条制》，第 7573 页。

②　《唐故游骑将军守左卫率府率兼蜀州别驾氾府君墓志铭并序》《唐故蜀州别驾氾府君夫人清河郡君张氏□志铭并序》，《西安碑林博物馆新藏墓志汇编》，第 551、568 页。

③　《唐故通直郎行寿州都督府司兵参军上轻车都尉傅府君墓志铭并序》，李明、刘呆运、李举纲《长安高阳原新出土隋唐墓志》，文物出版社，2016 年，第 257 页。

④　《大唐故朝散大夫夔王友上柱国杜陵史府君墓志铭并序》，胡戟《珍稀墓志百品》，陕西师范大学出版社，2016 年，第 205 页。

⑤　《唐故饶州余干县尉郭公墓志铭并序》，《唐代墓志汇编续集》，第 1104 页。

⑥　《唐故朝请郎行门下录事上骑都尉张公墓志铭并序》，胡戟、荣新江《大唐西市博物馆藏墓志》，北京大学出版社，2012 年，第 799 页。

⑦　相关事例参见《唐故银青光禄大夫检校太子宾客前杭州长史兼监察御史上柱国唐公墓志铭》，《唐代墓志汇编续集》，第 1094 页；《故邵公墓志文》，《西南大学新藏石刻拓本汇释·释文卷》，中华书局，2019 年，第 376 页。

深知,署职集贤,奏官江外"①。以上三人都在二十岁左右获得流内正员官,这种仕途际遇是唐前期胥吏无法企及的,较一般士人也不遑多让。

(二)翰林伎术待诏

翰林待诏是唐后期长安"非士职"官僚的另一重要类型。作为一种制度身份的翰林待诏,至少可以追溯至开元年间。史称,唐玄宗置翰林院,以"文学、经术之士"与医卜、天文、书画等"伎术杂流"同待诏其间,以备顾问。及至中唐,前者演变为翰林学士,"选用益重,而礼遇益亲,至号为内相"②,成为清流之选,于是待诏便成为后者的专称。两者在仕宦路径、政治地位与社会身份,甚至办公地点上都被严格区分开③。

中晚唐这类服务皇家的待诏门类众多,人数庞杂,唐文宗时期曾一次停废"教坊乐官、翰林待诏伎术官并总监诸色职掌内冗员者,共一千二百七十人"④,虽不尽是待诏,但人数之巨足见一斑。西安周边历年出土了不少翰林待诏书丹、篆额的碑志,其自身墓志近年也间有发现,由此这一群体的面貌逐渐清晰起来。

从履职特征来看,待诏同样近似于直官。《新唐书·百官志》:"翰林院者,待诏之所也。……皆直于别院,以备宴见。"⑤可见待诏在源头上便带有直官的色彩。唐后期,翰林伎术待诏仍可见直官的印迹,《册府元龟》卷九二二载,"宪宗末年,锐于服饵,诏天下搜访奇士,宰相皇甫镈与鄂节度李道古荐(柳)泌及僧大通等,皆待诏翰林",后炼丹无成,惧怕获罪,"镈与道古保明其能,又诏直翰林院"⑥。在此"待诏翰林"与"直翰林"互见,可知两者内涵一致。此外,唐后期诏书中屡次提及"翰林待诏、供奉并诸色直"云云,所谓"诸色直",可能系翰林院中资历、技艺较浅者,用以与资历较深的待诏相区分。这也可见晚唐翰林院仍保留

---

①　《唐故度支勾押官朝议郎守饶州长史上柱国天水赵府君墓志铭并序》,赵力光《西安碑林博物馆新藏墓志续编》,陕西师范大学出版社,2014年,第644页。

②　《新唐书》卷四六《百官志》,中华书局,1975年,第1183—1184页。

③　参毛蕾《唐代翰林学士》,社会科学文献出版社,2000年,第159—162页;赖瑞和《唐代待诏考释》,《中国文化研究所学报》第43期,2003年;《唐代的翰林待诏与司天台——关于〈李素墓志〉与〈卑失氏墓志〉的再考察》,《唐研究》第9卷,北京大学出版社,2003年;王溪《唐五代翰林待诏与翰林学士职任关系探讨》,《南都学坛》2015年第5期。

④　《旧唐书》卷一七《文宗纪》宝历二年十二月条,中华书局,1975年,第524页。

⑤　《新唐书》卷四六《百官志》,第1183页。

⑥　《册府元龟》卷九二二《总录部·妖妄》,第10890—10891页。

了直官的建制。

待诏并非律令官职,本身并无相应品级。为激励其更好地履职,一如胥吏勒留制度,针对翰林待诏也形成了一套类似的授官、迁转机制,即在翰林院供职的同时,以其他职衔作为"挂职领俸"的寄禄官,并依次迁转。因此,从本质上看,"翰林待诏+散官+正员职事官"的职衔形式也可归入勒留官行列。关于翰林待诏入仕与迁转制度,前人已有较为充分的讨论①,这里主要围绕与胥吏勒留官的异同做几点考察。

从出土碑志结衔来看,在入仕之初,翰林待诏所授官职多为州判司、县丞·尉等州县僚佐,供职一定年限后,一般能迁转至州上佐。就此而言,翰林待诏的仕宦路径与勒留胥吏有相当程度的重合。不过胥吏勒留授官大多止步于此,能进入五品以上官或登朝官序列者并不常见。而翰林待诏授官类别、品级,以及迁转频次都要远超前者,唐人李肇《翰林志》称"待诏之职,……率三岁一转官,有至四品登朝者"②,这并非虚言。据新出《唐故银青光禄大夫司天监翰林待诏……徐公墓志铭并序》:

> 时在贞元岁,公年廿一。德宗皇帝召入紫微,……遂拜翰林待诏,授池州司仓,转舒州司功,又转庐州司户,迁洪府法曹,转岳州长史。未三考,遇宪宗皇帝登宝位,……进授司天台春官正,赐绯鱼袋兼知监事。③

贞元至元和初,十余年间,志主先后历官六任,其间三考一迁,并未经历唐代官员常见的待阙守选流程,这无疑是一种仕途优遇。另外,据《宝历元年正月南郊赦》:"翰林待诏供奉并诸色直见任及前资并员外试官,三品已上赐爵一级,四品已下各加一阶。"④可知翰林待诏所带官职中不乏三品以上高品职事官,所谓"有至四品登朝者"也是实情。这类官职广泛分布于九寺卿监、十六卫、东宫与亲王府等台省以外的中央机构,举例而言,如医待诏马及,官至检校太仆卿兼左武卫

---

① 参前揭赖瑞和《唐代待诏考释》(《中国文化研究所学报》第43期,2003年);《唐代的翰林待诏与司天台——关于〈李素墓志〉与〈卑失氏墓志〉的再考察》(《唐研究》第9卷)。
② 傅璇琮、施纯德编《翰学三书》,辽宁教育出版社,2003年,第6页。
③ 张履正《〈唐司天监翰林待诏徐昇墓志〉考述》,《考古与文物》2021年第12期。
④ 《唐大诏令集》卷七〇《宝历元年正月南郊赦》,中华书局,2008年,第395页。

上将军;医待诏符虔休,官至右骁卫上将军;医待诏段琼,官至右千牛卫将军,都是三品以上武职事官;医待诏马从思,官至左赞善大夫,医待诏段璲、书待诏朱玘均官至鸿胪少卿①,加上为数更多的亲王府官(傅、友、长史、司马、谘议参军等),都是五品以上文职事官;此外如东宫官、九寺卿监丞·主簿以及诸卫文职僚属等,则属于登朝官序列②。

以上官职在唐后期仕途结构中虽都称不上清要,但与士人群体的所任中央官已有相当一部分重合,这是勒留胥吏不能望其项背的。由此可见,翰林待诏虽属伎术杂流,但其任官品级与类别都已明显突破了唐前期对伎术官的授官限制。这种仕途优势的取得,自然是因为他们凭自身技艺与皇帝建立了亲密的私人关系。

(三) 禁军与内诸司使僚佐

禁军与内诸司使系统是中晚唐宦官政治的制度依托,也是学者研究的重点,不过对其中的文职僚佐、吏员,一般关注不多。据《唐会要》记载,晚唐左右神策军有"定额官各十员,判官三员,勾覆官、支计官、表奏官各一员,孔目官二员,驱使官二员"③,另外神策军京西北诸镇系统也有大批文职僚佐。如果再加上统领羽林、神武、龙武等军的左右三军辟仗使,以及内诸司使系统的僚佐、吏员④,应该是个人数不容小觑的群体。这类官员出身背景颇为驳杂,并不尽是阉宦⑤,投身其间者不乏底层文士、胥吏,甚至市廛商贾等。

从上述神策军文职僚佐、吏员的组织架构来看,判官以下勾覆官、支计官、表

---

① 马及、符虔休、马从思,见贺华《唐〈马及墓志〉略考》,《陕西历史博物馆馆刊》第11辑,2004年;段琼、段璲,见《唐故翰林供奉朝散大夫前守右千牛卫将军上柱国赐紫金鱼袋段府君墓志铭并序》,《新中国出土墓志·陕西[贰]》上册,文物出版社,2003年,第321页;朱玘,见周绍良《唐代墓志汇编》,上海古籍出版社,1992年,第2266页。

② 相关例证为数甚夥,难以备列,王海滨《唐代翰林书待诏制度综考》(吉林大学硕士学位论文,2008年,第82—88页)一文曾对碑志中书待诏群体的结衔做过辑录,请参看。另参见毛蕾《唐代翰林学士》,第159—162页;赖瑞和《唐代待诏考释》,《中国文化研究所学报》第43期,2003年,第80—87页;陈昊《晚唐翰林医官家族的社会生活与知识传递——兼谈墓志对翰林世医的书写》,《中华文史论丛》2008年第3期,第368—369页。

③ 《唐会要》卷七二《京城诸军》,第1297页。

④ 关于内诸司使僚佐、吏员设置情况,参李锦绣《唐代财政史稿》第4册,第380—439页。

⑤ 参王颜《唐代中后期宦官机构士宦并用现象辨析——兼与严耀中先生商榷》,《唐史论丛》第25辑,陕西师范大学出版社,2017年。

奏官、孔目官、驱使官等,名目与三司等机构的吏员设置基本一致,他们都属于使职差遣体系下的新型胥吏。在授官制度上,他们也与胥吏勒留官相似,例由本使录名奏闻,甚至直接"行牒"中书门下,授予正员官职①。可以认为,这类僚佐、吏员也是一种勒留官。

从所授官职来看,禁军僚佐也与其他"非士职"官僚者相似,如元和年间王劒结衔为"神策军判官、朝议郎、行苏州司功参军"②,大和年间赵玄卿结衔为"右神策军判官、朝散大夫、行洪州都督府功曹参军"③。不过,因与宦官集团关系紧密,他们的晋升空间相比胥吏勒留官更宽广,以下试举两例。《(前阙)左神策军判官郦王府长史兼殿中□□□□□□□墓志铭并序》:

> 府君讳宗武,……阅礼敦诗,寸阴是竞,……而家贫屡空,投寄无所。附太学而就业,援寡无成;托禁苑以栖身,俄从黄绶。护军中尉扶风马公首辟为掾,自试太子通事舍人,授和州司户参军。……天子嘉之,赐绯鱼袋。银章朱绶,赫焕神军。常调吏曹,授洪〔州〕都督府兵曹参军,……考秩成优,又任少府监丞,……敬宗升退,武备咸叙,承优送名中书门下,授婺州司马。……再沾甄录,品正加阶,授朝散大夫。圣主龙飞,攀鳞云际,仗随紫禁,官出青宫,授太子左赞善大夫。元戎渥恩,大阐宾署,遂膺宪秩,以显清资。奏兼监察御史,结课岁积优秩。又迁授通议大夫,……俄逾五考敕限,改官授郦王府长史,兼殿中侍御史。……以大和六年龙集壬子孟秋越十四日,终于神策军之官署,享年□十有四。④

陈宗武自幼习文,曾"附太学而就业",后苦于仕进无门,遂"托禁苑以栖身",结交左神策军中尉马存亮,被辟为判官。他首先获试太子通事舍人衔,不过这只是象征性职衔,属于散试官。不久他又获得正员官阙,先后授和州司户参军、洪州都督府兵曹参军、少府监丞。敬、文之际的帝位更迭风波中,神策军平叛有功,陈宗

---

① 参《唐会要》卷七二《京城诸军》,第1297页。
② 《唐故开府仪同三司……杨府君墓志铭并序》,《唐代墓志汇编续集》,第800页。
③ 《唐故湖南监军使正议大夫行内侍省内仆局丞上柱国赐绯鱼袋王府君墓志铭并序》,《唐代墓志汇编续集》,第899页。
④ 《大唐西市博物馆藏墓志》,第845页。

武获本使奏荐,"承优送名中书门下",授婺州司马,续授太子左赞善大夫兼监察御史,由此跻身五品登朝官的行列,最后他官至从四品上的郮王府长史。作为早年"投寄无所""援寡无成"的底层文士,这番仕途际遇实属不易。

《唐故左神策军勾覆官朝议郎守昭王府咨议参军太原王公志铭并序》:

> 公讳佐文,字辅儒。……祖扈随驾而来,职于禁苑,自兹厥后,出处大宁,子孙系矣。……曾祖道业。祖惟识。考阶,左神策军判官、奉天定难功臣、游击将军、守左清道率府率员外置同正员、上柱国、赐紫金鱼袋。……公即率之少子也,公幼专坟典,长慕弓裘。……顷因大和六年春三月,友人知其谠直,遂举公于骠骑韦公。……乃署公于南曹,……荣名屡迁,朱紫可拾。后以文宗下世,武帝登朝。旋属山陵,骠骑深垂委用。寻获劳效,升在勾司。后点军库有功,奏以茂州都督府司马。时东渭桥城门隳坏,虚费极多。欲究其源,无能知者。公以设法修造,不日而成。冀免伤财,都非徇禄。中尉知其清谨。特为上闻,……乃迁袁州长史。未逾星纪,又转昭王府咨议参军。……大中十四年七月二十二日终于大宁之私第,享年四十有九。[1]

王佐文家族自祖父辈起供职于禁军系统,其父曾任左神策军判官。他本人似乎原本想走以文进用的道路,后在友人引荐下投入左神策军中尉韦元素门下[2],被署任为左神策军勾覆官。这是一种负责勾检簿书的文书胥吏,在财政三司中普遍设置[3],神策军勾覆官职能应与之相似。志文提及王佐文负责过点检军库、筹措修造东渭桥城门经费等事务,这也符合职掌琐细、冗杂的吏职特征。在任职神策军期间,他"荣名屡迁,朱紫可拾",先后授茂州都督府司马、袁州长史,最终官至正五品上阶的昭王府咨议参军。在王佐文的仕途迁转中,宦官首领无疑扮演了主导性角色,志文称"骠骑深垂委用,寻获劳效","中尉知其清谨,特为上闻"云云,正可见其与宦官集团的紧密依附关系。

内诸司使系统的情况与禁军类似,同样以职事官作为寄禄、迁转的位阶。如

---

① 刘文、杜镇《陕西新见唐朝墓志》,三秦出版社,2022年,第427页。

② 韦元素于大和七年(833)前后任左神策军中尉,见《资治通鉴》卷二四四,大和七年七月条,中华书局,1956年,第7892页。

③ 李锦绣《唐代财政史稿》第4册,第235—239页。

赵文信,"授试右内率府长史、充军器使推官"①,此后弃职归家,如果依资历迁转,他应该有晋升正员职事官的机会。田章的事例更具代表性,据墓志记载,他"解褐授宣州宁国县尉,充教坊使判官",属于内诸司使系统僚佐。此后他又"迁朝散郎、行左内率府长史、兼左神策军推官"②。由此可见,内诸司使与禁军同属宦官统领,两者构成了一套内部流转的任职系统。

值得一提的是,禁军与内诸司使中还有一类中下级军将,如押衙、正将、散将等,他们虽拥有军将职级,但未必统兵,实际职掌更近于吏职,有学者称之为"吏化军职"③。举例而言,如贾温,任右神策军"衙前正将、专知两市回易",为右神策军从事商业经营活动,他"默纪群货,心计百利,俾之总双鄽贾贸,未几禅军实十五万贯"④。与之类似的还有毛孟安,他自幼供职于神策军,咸通年间授神策军押衙、主回易。在此前后,他官职屡有迁转,历任申州司户参军、昭王府谘议参军、怀王府长史、右威卫将军、右骁卫将军等,军职也升迁为散兵马使、先锋兵马使,然而"职未离于繁务,纳货贿而不怼",实际负责的还是回易务⑤。他们与文职僚佐其实遵循着相似的入仕、迁转途径,在社会关系上也多有交集(详后),下文将把他们一并纳入讨论⑥。

三、籍贯与谱系:"非士职"官僚的社会来源

以上研究表明,在三类"非士职"官僚政治晋升中,勒留授官制度扮演了重要角色。这项机制一方面赋予他们官人身份,更重要的是,利用官、职分离的履职

① 《唐故试右内率府长史军器使推官天水郡赵府君墓志铭并序》,《唐代墓志汇编续集》,第962—963页。

② 《大唐故朝议大夫检校国子祭酒侍御史兼王府傅琼果二州刺史赐紫金鱼袋雁门郡田府君墓志铭并叙》,《唐代墓志汇编续集》,第1016页。

③ 陈志坚《唐代州郡制度研究》,第115—124页。

④ 《大唐故银青光禄大夫检校太子宾客上柱国阳武县开国子充右神策军衙前正将专知两市回易武威贾公墓志铭》,《唐代墓志汇编续集》,第920页。

⑤ 《唐故盩厔镇遏兵马使银青光禄大夫检校国子祭酒兼右骁卫将军御史大夫上柱国荥阳县开国子食邑五百户毛公墓志铭并序》,陕西省考古研究院《陕西省考古研究院新入藏墓志》,上海古籍出版社,2019年。

⑥ 需要说明的是,禁军系统吏化军职的迁转途径与文职僚佐、吏员虽有重合,但并非完全一致,其中不乏任统兵军职如兵马使者,他们的身份属性或许更偏向于职业军将。因此,下文讨论中将尽量剔除武职色彩明显的样本。以上意见承仇鹿鸣先生提示,特此致谢。

方式,可以避免同期士人家族随职迁转、居处不定的处境。唐后期史料提及,"在京诸司典史,考满合赴选者,官成后皆作计勾留,不肯赴任"①。在一方胥吏墓志中也提到,志主"以亲知在阙,不乐外官"②,勒留京中任职,显然更便于经营京中产业、维系官场人脉。其实不唯胥吏,其他两类官僚也表现出相同倾向。这些迹象透露出,"非士职"官僚是一类根植于长安的在地人群,其社群形态是理解中晚唐都城社会的重要一环。以下两节将利用西安周边历年出土的五十余方墓志,探讨"非士职"官僚群体的家族源流,并尝试复原其社会关系与家族网络。

活跃于中晚唐长安的"非士职"官僚究竟何而来?出土墓志所记籍贯与家世信息,为解答这个问题提示了直接线索。为便讨论,首先将相关信息列为一表。

表1　三类"非士职"官僚的籍贯与居住地情况

姓　名	籍贯/祖籍	宅第所在	资　料　出　处
中央机构胥吏			
孙进	京兆	布政坊	《孙进墓志》,《碑林》,页521
氾慆	华州华阴→京兆	胜业坊	《氾慆墓志》,《碑林》,页557
卓英倩	金州		《册府元龟》卷490
邵才志	京兆万年		《邵才志墓志》,《汇编》,页2045
王叔宁	京兆	布政坊	《王叔宁墓志》,《碑林》,页649
杨峄、杨士真父子	京兆万年	永兴坊、平康坊	《杨峄墓志》,《汇编续集》,页859;《杨士真墓志》,《汇编集》,页890
傅元直	京兆长安	布政坊	《傅元直墓志》,《高阳原》,页257
雷讽		永兴坊	《雷讽墓志》,《汇编续集》,页958
王琐		安邑坊	《王十六娘墓志》,《汇编续集》,页985
史仲莒	京兆富平	永兴坊、胜业坊	《史仲莒墓志》,《百品》,页205;《史仲莒妻杜氏墓志》,《陕西新见》,页435

① 《文苑英华》卷四二九《会昌五年正月三日南郊赦文》,第2173页。
② 《大唐故朝散大夫夔王友上柱国杜陵史府君墓志铭并序》,《珍稀墓志百品》,第205页。

续　表

姓　名	籍贯/祖籍	宅第所在	资　料　出　处
边诚	京兆	道政坊	《边诚妻杨氏墓志》，《汇编续集》，页 1087；《新唐书》卷 184《路岩传》
郭克勤	京兆	善和坊	《郭克勤墓志》，《汇编续集》，页 1104
郭克全	京兆	兴道坊	《郭克全墓志》，《汇编续集》，页 1105
张元洌	虢州		《张元洌墓志》，《汇编续集》，页 1107—1108
李楷兄弟	郑州原武→河南/孟州河阴→京兆	兴道坊	《李审规重迁祔墓记》，《汇编续集》，页 1115—1116
张卓	京兆长安		《张卓墓志》，《西市》，页 799
刘鉴	京兆	怀德坊	《刘鉴墓志》，《汇编》，页 2156
王简	京兆兴平		《王简墓志》，《碑林续》，页 554
张惟锋	商州商洛→京兆万年	永兴坊	《张惟锋墓志》，《陕西考古》，页 299—300
张翯	京兆	太平坊	《张憎憎墓志》，《碑林续》，页 626
孙师从	京兆	兴道坊	《孙师从墓志》，《西市》，页 995
赵恭	京兆	永兴坊	《赵恭墓志》，《碑林续》，页 644
张师儒	同州冯翊→京兆万年	崇仁坊	《张师儒墓志》，《汇编》，页 2502—2503
唐思礼	京兆	修行坊	《唐思礼墓志》，《汇编续集》，页 1094
郭彦琼	京兆昭应→京兆万年		《郭彦琼墓志》，《汇考》，页 312—315
李素	波斯国→京兆	靖恭坊	《李素墓志》，《汇编》，页 2039—2040
徐昇、徐绶父子	京兆	永宁坊	《徐昇墓志》，《考古与文物》2021(12)；《徐昇妻刘氏墓志》，《文艺生活》2013(12)
刘秦	京兆长安		《刘斌墓志》，《西市》，页 711
段文绚	京兆	开化坊、永乐坊	《段文绚墓志》《段琮墓志》，《汇编续集》，页 983、1056

注：表格左侧分类为"中央机构胥吏"（边诚至郭彦琼）与"翰林待诏"（李素至段文绚）。

续　表

姓　名	籍贯/祖籍	宅第所在	资　料　出　处
段璔、段琼兄弟	京兆	昭国坊	《段璔妻严氏墓志》《段琼墓志》,《汇编续集》,页1053、1135
马及	京兆	崇仁坊	《唐〈马及墓志〉略考》,《陕西历史博物馆馆刊》第11辑
刘珂		颁政坊	《刘公妻马氏墓志》,《汇编续集》,页970
杨某	岐州→京兆	胜业坊	《杨公妻曹氏墓志》,《补遗》(8),页223—224
穆从琛、穆从璋兄弟	京兆	胜业坊	《穆府君妻孙氏墓志》,《考古与文物》2021(1)
萧弘愈	京兆	延政坊	《萧弘愈墓志》,《汇编续集》,页1067
何份	京兆	延政坊	《何遂墓志》,《汇编续集》,页1068
陈克敬	京兆	永兴坊	《陈克敬妻杨氏墓志》,《汇编续集》,页1085
杨士端	京兆长安	光宅坊	《毛伯良妻杨氏墓志》,《补遗》(6),页476;《唐会要》卷二一、卷三八
张恭胤	京兆		《张涤妻高氏墓志》,《汇考》,页277—279
李通进	河州→京兆	辅兴坊	《李通进墓志》,《汇编续集》,页763—764
程士南	华州华阴→京兆	永兴坊	《程士南墓志》,《陕西肆》下册,页193
赵晋	河中府河西→京兆	永兴坊、昌化坊	《赵晋墓志》,《百品》,页187;《赵晋妻杜氏墓志》,《碑林续》,页515
陈宗武	京兆		《陈宗武墓志》,《西市》,页845
王阶、王佐文父子	华州华阴→京兆	大宁坊	《王佐文墓志》,《陕西新见》,页427
田铣、田章兄弟	京兆	永兴坊	《田铣墓志》《田章墓志》,《汇编续集》,页885、1016
李元佐	新罗国	永昌坊	《入唐求法巡礼行记》卷4
贾温	京兆	永兴坊	《贾温墓志》,《汇编续集》,页920
徐某	京兆		《徐公妻王慕光墓志》,《西南大学》,页389—390
毛孟安	京兆咸阳→长安	安定坊	《毛孟安墓志》,《陕西考古》

行标题第一组为"翰林待诏",第二组为"禁军与内诸司使僚佐、吏员"

续　表

姓　名	籍贯/祖籍	宅第所在	资　料　出　处
赵文信	京兆长安	永兴坊	《赵文信墓志》，《汇编续集》，页 962—963
何楚章	京兆鄠社	永昌坊	《何楚章墓志》，《补遗》(3)，页 261
郭琼	孟州河阳→京兆		《郭琼墓志》，《洛阳 2015》，页 338
高宗古、高宗瑶、高宗晦兄弟	京兆	醴泉坊	《高公妻陈氏墓志》，《汇编续集》，页 1137—1138
何少直	汴州→京兆	常乐坊	《何少直墓志》，《汇编续集》，页 1005
李遂晏	京兆泾阳	辅兴坊	《李遂晏墓志》，《碑林续》，页 565
王季初	京兆	兴宁坊	《王季初墓志》，《补遗》(3)，页 284—285 页

（左侧纵向跨行表头：禁军与内诸司使僚佐、吏员）

表中缩略语：《碑林》=《西安碑林博物馆新藏墓志汇编》；《汇编》=《唐代墓志汇编》；《汇编续集》=《唐代墓志汇编续集》；《高阳原》=《长安高阳原新出土隋唐墓志》；《百品》=《珍稀墓志百品》；《陕西新见》=《陕西新见唐朝墓志》；《西市》=《大唐西市博物馆藏墓志》；《碑林续》=《西安碑林博物馆新藏墓志续编》；《陕西考古》=《陕西省考古研究院新入藏墓志》；《汇考》=《五代墓志汇考》；《陕西肆》=《新中国出土墓志·陕西［肆］》；《补遗》=《全唐文补遗》，后缀数字为辑数；《西南大学》=《西南大学新藏石刻拓本汇释》；《洛阳 2015》=《洛阳新获墓志 二〇一五》

关于表中籍贯/祖籍的判定，需要做几点说明：1. 唐代社会各阶层受崇尚阀阅的风尚影响，形诸碑铭者，往往首称郡望，不过这类记述多属"虚引他邦，冒为己邑"，并非实际籍贯或祖籍①。因此，在统计籍贯时，表中首先将郡望剔除②。2. 在郡望之外，凡出现"今为某地人"一类表述，尤其明确到县一级政区者，直接判定为志主实际籍贯。3. 对缺乏明确记载的情况，以志主归葬地，尤其是祖茔、先茔所在作为判定籍贯/祖籍的依据，这主要是考虑唐人对归葬祖茔观念的重视。

从上表统计来看，三类人群的籍贯分布趋势高度一致，即京兆府本地出身者占绝对多数。这其中又可以细分为两种类型：其一，墓志明确记为京兆某县人，计有 13 例，分布长安、万年、咸阳、富平、昭应、兴平、鄠社、泾阳等县，其中长安、

① 参唐长孺《魏晋南北朝隋唐史三论》，武汉大学出版社，1992 年，第 386—393 页。
② 对常见郡望的判定，主要参考了池田温《唐代の郡望表—九・十世纪の敦煌写本を中心として—》(《唐史论考—氏族制と均田制—》，汲古书店，2014 年)一文整理的郡望表，详考不赘。

万年两县又占多数。这类家族可以视为世代定居长安或附近畿县的土著居民。其二,也是为数更多的情况,即墓志并未明言籍贯所在,但其祖茔在长安城郊,本人也归葬于此。这一类型的家族也应以长安土著居民居多,或至少已在此定居两代以上,久已完成土著化。

表中诸人籍贯在京兆府以外者也有不少,又以同、华、岐、商、金等关辅诸州居多。在唐人观念中,这类地区往往也被视为广义京畿的范畴,与长安间人员、物资流动频繁,社会风貌也高度相似①。从墓志所记卒、葬地来看,他们大多已在长安定居不止一代。如中书门下胥吏氾愔,原籍华州华阴,在长安胜业坊置有宅第,与其妻张氏均葬于万年县白鹿原旧茔②。度支胥吏张惟锋,原籍商州商洛,"因官为京兆万年人",卒于永兴坊私第,葬于京兆府蓝田县骊山乡,"祔先茔之侧"③。翰林待诏杨某,在胜业坊置有私第,"高祖六代松槚在岐山",本人及其父、祖两代则葬于长安县龙首乡④,知其家族自岐州迁徙长安已历三代。左神策军勾覆官王佐文,原籍华州华阴,祖父"职于禁苑",定居京师,在大宁坊置有宅第,卒后葬于万年县灞城乡先茔⑤。当然,其中也可见定居长安的第一代,如御史台胥吏张师儒,原籍同州冯翊,志文称"近载缘诸子从职多在诸方,……离乡日久,遂逐便移家于上都崇仁里",卒后"归葬于万年县宁安乡新茔"⑥。从以上事例来看,原籍关辅诸州的"非士职"官僚家族大多已在长安营置宅第、墓茔,随着代际推移,家族成员逐渐土著化。

除了上述京畿周边的居民,也有少数"非士职"官僚的籍贯/祖籍在关中以外州县。如曾任神策军僚佐的郭琼,卒后"归葬孟州河阳县太平乡北冶城村,与前

---

① 参徐畅《长安未远——唐代京畿的乡村社会》,生活·读书·新知三联书店,2021 年,第 16—19 页。

② 《唐故游骑将军守左卫率府率兼蜀州别驾氾府君墓志铭并序》《唐故蜀州别驾氾府君夫人清河郡君张氏□志铭并序》,《西安碑林博物馆新藏墓志汇编》,第 551、568 页。

③ 《唐故朝议郎行潭州都督府法曹参军充度支勾官上柱国清河张府君墓志铭》,《陕西省考古研究院新入藏墓志》,第 299—300 页。

④ 《大唐朝议大夫守衢王博兼翰林待诏上柱国赐紫金鱼袋杨公故夫人谯县君曹氏墓志铭并序》,吴钢《全唐文补遗》第 8 辑,三秦出版社,2005 年,第 416—417 页。

⑤ 《唐故左神策军勾覆官朝议郎守昭王府谘议参军太原王公志铭并序》,《陕西新见唐朝墓志》,第 427 页。

⑥ 《唐故朝议郎前行宣州南陵县尉柱国张府君墓志铭并序》,《唐代墓志汇编》,第 2502—2503 页。

夫人清河张氏同归祔先茔"①，这表明他仍以孟州为本籍。不过以上情形应属特例，更为普遍的是李楷家族的做法。李楷原籍河中府河阴县，供职于中书门下，任堂头通引官，由此举家定居长安。在站稳脚跟后，李楷兄弟以"涕泣所恨，祭奠无期"，将其父迁葬至"上都万年县王寨村"②，作为家族新茔。可以想见，他们应该不会再回归原籍地。

作为新兴人群，照常理推测，"非士职"官僚的家世背景应以庶民阶层为主。这在墓志中可以得到印证，如前述御史台胥吏张师儒，曾祖以下三代"并不仕"，是典型的庶民家庭。度支胥吏张元洌，曾祖、祖父均无官职，其父官至卫尉寺主簿，始跻身宦途③。中书门下胥吏唐思礼，"王父已上四三世，以爵禄为钓饵，遂放情韬重于林泉吟啸之中"，其父"入仕至和州长史"，始沾宦绪④。翰林待诏杨士端，曾祖、祖父"既不及于事主，故不言其官秩"，其父以才艺待诏翰林，官至寿州别驾⑤。翰林都知贾公轸，高祖、曾祖、祖父三代"并赉于丘园，晦迹高尚"，至其父始以军职入仕⑥。

这类群体转型为官僚家族的时间节点大体都在"安史之乱"后，墓志中对此也有一些或明或暗的反映。如德宗、宪宗时期的中书门下堂头邵才志，墓志载其曾祖、祖父皆不仕，其父以军功入仕，任昭武校尉、守恭王府左帐内副典军⑦。按，邵才志本人卒于元和十四年（819），时年五十五，以年辈计，其父正应活跃于"安史之乱"前后。另有一类墓志，在记述家族谱系时采取了更为隐晦的叙事策略，以掩盖其寒微的出身。如前举李楷家族，墓志称其出自宗室小郑王房，"宗枝相继，代袭官荣"，曾祖子筠，"天宝十四年中，守秩河内，遇幽蓟毒乱，惊动中

① 《唐故正议大夫使持节渠州诸军事守渠州刺史兼侍御史上柱国太原郡郭府君墓志铭并序》，齐运通、杨建锋《洛阳新获墓志　二〇一五》，中华书局，2017 年，第 338 页。

② 《唐故振武节度押衙陇西郡李府君重迁祔墓记》，《唐代墓志汇编续集》，第 1115—1116 页。

③ 《唐故中大夫前洪州都督府司马上柱国清河张府君墓志铭并序》，《唐代墓志汇编续集》，第 1107—1108 页。

④ 《唐故银青光禄大夫检校太子宾客前杭州长史兼监察御史上柱国唐公墓志铭》，《唐代墓志汇编续集》，第 1094 页。

⑤ 《大唐将仕郎守洪州都督府仓曹参军翰林待诏荥阳毛公故夫人弘农杨氏墓志铭并序》，吴钢《全唐文补遗》第 6 辑，三秦出版社，1999 年，第 476 页。

⑥ 《唐故昭武校尉守朔州尚德府折冲都尉上柱国贾府君墓志铭并序》，《唐代墓志汇编续集》，第 927 页。

⑦ 《唐故元从奉天定难功臣游击将军守冀王府右亲事典军上柱国勒留堂头高平郡邵公墓志铭并序》，《唐代墓志汇编》，第 2045 页。

原,……窜于河阴,落守吏途,于今三世矣",将父、祖两代不仕的原因归咎于"安史之乱"。但是李楷家族居住的河阴县,中唐以降一直是中央直接控制的区域,其家若果真是"代袭官荣"的宗室子孙,恐怕不至于"落守吏途"。类似的表述也见于赵恭墓志,称"皇朝天宝末,逆贼猖狂,中原丧乱,而图谍不甚存焉"①;刘鉴墓志称"属干戈乱动,告牒失遗,略而不言"②。谱牒、父祖官告是衣冠身份的重要凭证,在应举、铨选授官等环节都扮演着重要角色,这种欲盖弥彰的书写,恰暴露其先世寒微,起自草泽。另外,墓志中不约而同将官告遗失归咎"安史之乱"中的兵燹,这也透露其官僚化的时间应该正在此后不久。

需要补充说明的是,三类人群的墓志中,完整载录曾祖以下三代官爵者也占相当比例,他们初看似乎属于累世仕宦的士人家族。这可能存在以下几种原因。其一,目前所见三类人群的墓志以晚唐至唐末者居多,因此其中所记曾祖以下三代官爵,所反映的大多是中唐以降的家族历史,能明确为唐前期官爵者非常罕见。其二,墓志所记父祖辈官爵有很大一部分可能并非实授,而是子孙显达后所获赠官。研究表明,唐后期"对官员父祖先世的封赠……远远超过了以往任何朝代的范围和规模",凡五品以上官、常参官皆有追赠父、祖的资格,即便品级不够,也可以自身所授官职回赠父、祖③。如翰林待诏金忠义,官至少府监,其父赠工部尚书④;左神策军判官陈宗武,累官从四品上阶,其父"赠邓州刺史,……以功绩殊尤,重赠洪州都督"⑤;军器使推官赵文信,"曾父凤,赠右监门卫率府率,王父元泰,赠原州别驾,烈考景阳,赠右金吾卫长史"⑥,不过更多墓志对此恐怕并未明言。其三,官职中应该混杂了大量的试、兼、检校官,这类荣誉性职衔大多授予军将、胥吏等人群,他们大多没有正式的官人身份。如果排除以上三种情形,仕宦历史能追溯至中唐以前的"非士职"官僚家族可谓微乎其微,就此而言,他们

① 《唐故度支勾押官朝议郎守饶州长史上柱国天水赵府君墓志铭并序》,《西安碑林博物馆新藏墓志续编》,第644页。

② 《唐故楚州兵曹参军刘府君墓志铭并序》,《唐代墓志汇编》,第2156页。

③ 参吴丽娱《光宗耀祖:试论唐代官员的父祖封赠》,《文史》2009年第1辑。

④ 《前知桂阳监将仕郎侍御史内供奉李璆夫人京兆金氏墓志铭并序》,《唐代墓志汇编续集》,第1051页。

⑤ 《(前阙)左神策军判官郿王府长史兼殿中□□□□□□□墓志铭并序》,《大唐西市博物馆藏墓志》,第845页。

⑥ 《唐故试右内率府长史军器使推官天水郡赵府君墓志铭并序》,《唐代墓志汇编续集》,第962—963页。

属于典型的新兴阶层。

基于籍贯与家世这两方面的考察，可以认为，长安及周边京畿地区的土著居民构成了唐后期"非士职"官僚的主流。在唐前期严整的律令体制下，普通京畿居民跻身仕途的制度性渠道有限①，"安史之乱"后，随着都城权力秩序的重组，京畿居民对这一变局应有敏锐感知。史称："京城坊市及畿甸百姓等，多属诸军、诸使、诸司，占补之时，都无旨敕，差科之际，顿异编氓。"②他们通过"影庇"的方式，寄名禁军、内诸司使以及财政三司等权势机构，以规避徭役③。这类"影庇"人口中，大多当然只是挂名纳课而已，不过可以想见，以此为契机进入相关机构，并实际履职、服役者也应占一定比例。以京兆府辖下栎阳县为例，据时人所见：

> 豪户、寒农之居，三分以计，而豪有二焉。其父子昆弟，皆卒名南北东西军，圉卫、杂幸之恃，或籍书从事星台、乐局、织馆、雕坊、禽儿膳者之附。④

所谓"卒名南北东西军"者，自然是指寄名禁军的当地部分豪民，而后一句"籍书从事"云云，则应指凭借书算技能，供职于相关机构，负责文书、账簿等事务。由此观之，唐后期京城诸司、诸使系统人数庞大的吏员，主体应是从京畿居民中招募而来。他们世代定居长安城中，或至少处在都城圈辐射所及的京畿州县，耳濡目染，对政治运作的环节与规则应该并不陌生，甚至颇为熟稔，这是他们能够胜任这类职务的有利条件。

四、"非士职"官僚的社会关系与家族网络

前文研究表明，三类"非士职"官僚大体遵循着相似的入仕、晋升途辙，在籍贯、家世背景等方面也高度趋同。这种同一性并非偶然，透露出三类人群具有相

---

① 这当然只是相对而言，唐前期京畿居民通过巧妙的政治运作，由庶民而获得官人身份者也不乏其人，参徐畅《唐前期一位京畿农人的人生史——以大唐西市博物馆藏〈辅恒墓志〉为中心》，《社会科学战线》2018年第12期；同作者《长安未远——唐代京畿的乡村社会》，第1—16页。

② 《文苑英华》卷四二八《大和三年十一月十八日赦文》，第2169页。

③ 参唐长孺《唐代色役管见》，收入《山居存稿》，中华书局，2011年；大泽正昭《唐五代の「影庇」问题とその周边》，《唐宋变革研究通讯》第1辑，2010年。

④ 《全唐文》卷七三六《栎阳兵法尉厅记》，中华书局，1983年，第7599页。

似的社会性格,彼此家族间可能存在着错综复杂的关系网络。考虑到三类人群大多在长安城中置有宅第(参表1),考察其生活空间的构造,不失为解析其社会关系的重要线索。为便观览,首先将上表统计所得宅第分布信息绘入长安里坊示意图中。

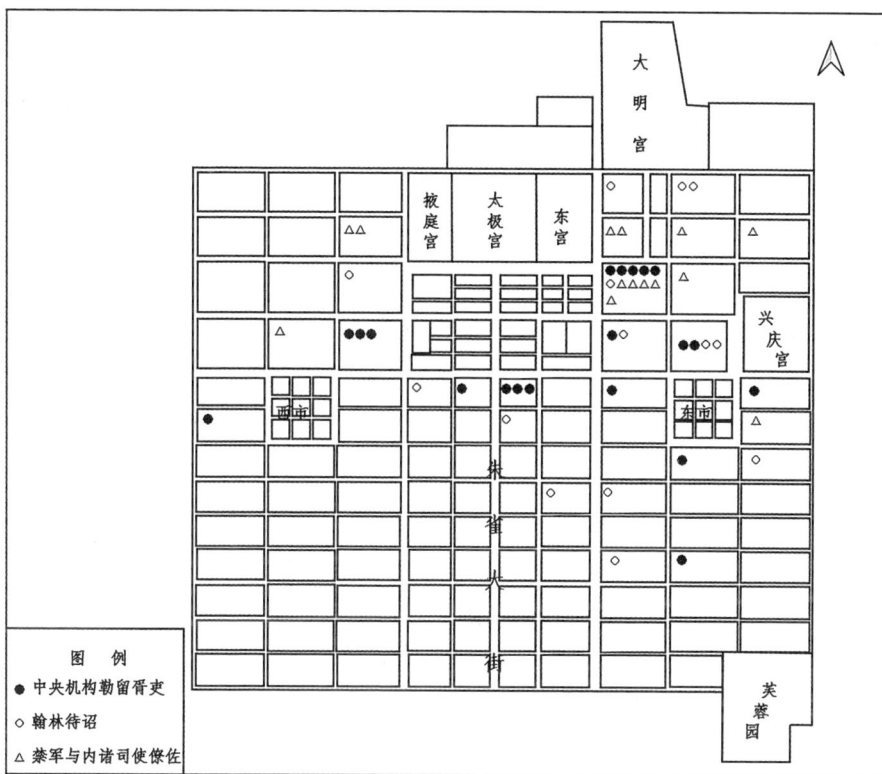

图1　三类"非士职"官僚宅第分布情况(沈国光 绘图)

(一)"非士职"官僚的宅第分布与社群形态

对照上图,三类"非士职"官僚的宅第集中分布于街东毗邻宫殿区的崇仁、永兴、胜业、大宁诸坊,在皇城南侧的兴道、西侧的布政等坊也有集中分布,上述地区可以视为三类人群的主要生活空间。对官僚群体而言,以上区域因毗邻权力中心大明宫、皇城,通勤往来最为便利,不过房价也因此更为昂贵。与之形成对照的是,不少进士及第的高级文官,若无祖上产业或皇帝恩赐,即便宦海沉浮半生，大多也无力在此置宅安家。如宪宗朝翰林学士王涯，"帝以其孤进自树立，数访逮，以私居远，或召不时至，诏假光宅里官第，诸学士莫敢望。俄拜中书侍郎、同中书门下平章事"①。即便已官至翰林学士，即将拜相秉政，王涯也无力购置毗邻大明宫的近坊甲第，以至宪宗不得不特意为其在光宅坊临时安排住所。白居易在长安的居住经历也颇能说明这一点，他进士及第后辗转于长安诸坊，僦舍而居。直至长庆元年（821），年届半百的白居易已官至中书舍人，终于在新昌坊购置了一处私宅。据其赋诗自述，这一居所"阶庭宽窄才容足，墙壁高低粗及肩"，并自嘲"省吏嫌坊远，豪家笑地偏"②。所谓"省吏"，具体指涉哪类人，又何以与"豪家"并举？历来注白诗者对此似乎都未曾措意，其实此句指向的正是台省勒留胥吏群体，他们的宅第多在大明宫、皇城侧近，区位优势明显，自然瞧不上新昌这类偏远里坊，白诗所咏恰可与上图所示相印证。从环境、区位等要素看，"非士职"官僚的居住地要比孤宦京师的士人普遍更为优越。

三类人群居住地相对集中，甚至不乏里巷相接、宅第相连的情形，这种"附近性"无疑会拉进彼此关系，为社会交往与社群建构创造条件。在现有史料中，我们也确实看到了能印证以上推测的诸多迹象。

首先，作为世代定居长安的土著人群，"非士职"官僚家族间存在错综复杂的联姻关系。对此，翰林医待诏马及家族颇具代表性。据墓志记载，马及门下有弟子三人传其医术，俱待诏翰林。其中郭彦召是其亲外甥，杨鲁权、杨楚权兄弟是其表甥。另有一女，是同为宫廷医官的符虔休之妻。在马及去世后，这些亲故、弟子"每思恩遇，皆不胜情，追感吾师，泫然流涕"③。以马及为中心，可以看到晚唐翰林医待诏群体中存续着一个以婚姻、师承为纽带而形成的家族网络④。

类似情形也见于其他翰林待诏家族，如司天监、翰林待诏徐昇，娶同为待诏的刘渐之女、刘公素之妹，两家子弟长期供职司天台与翰林院，是同僚兼姻亲⑤。书

① 《新唐书》卷一七九《王涯传》，第 5317 页。

② （唐）白居易撰，谢思炜校注《白居易集校注》卷一九《题新居寄元八》《新昌新居书事四十韵因寄元郎中张博士》，中华书局，2006 年，第 1519、1543 页。

③ 前揭贺华《唐〈马及墓志〉略考》，《陕西历史博物馆馆刊》第 11 辑，2004 年。

④ 参看前揭陈昊《晚唐翰林医官家族的社会生活与知识传递——兼谈墓志对翰林世医的书写》，《中华文史论丛》2008 年第 3 期。

⑤ 张晟《徐灝撰彭城郡君刘氏墓志考略》，《文艺生活》2013 年第 12 期；张履正《唐司天监翰林待诏徐昇墓志考述》，《考古与文物》2021 年第 12 期。

待诏毛伯良,娶数术待诏杨士端之姊,墓志称毛伯贞"绮岁耽学,德行无违,昼必寻书,夜无停笔",杨氏之父对此钦赏有加,"是以妻之"①,毛、杨两家皆为长安土著,又同供职内廷,此前可能便有相当程度的交往。勒留胥吏家族间也常相婚媾,如曾任职中书门下的胥吏唐思礼,娶三司胥吏王澧之女②。在跨职业背景的家族间也可见其例,如翰林待诏董景仁,娶神策军勾覆官王佐文之女,并为其撰写墓志③。

除了通婚,三类人群的社会交往更多体现在日常交游,这在出土墓志的撰书题名中可以找到例证。如翰林待诏毛伯贞,先后为神策军僚佐郭琼、翰林都知贾公铢之父撰书墓志。翰林待诏姚汾,为任职禁军的赵晋墓志书丹,而赵晋诸子任职内诸司使与吏部④。部分墓志会直接透露作者与志主的关系,如翰林待诏郗从周,在为中书胥吏杨峄所撰墓志中自述"从周以谬承爱奖,述乎斯文"云云⑤;翰林待诏何赏,为左辟仗使押衙李遂晏及其叔母田氏撰写墓志,题名称"契朝议郎试右卫兵曹参军何赏"⑥,可见二人生前当为契友。

部分墓志透露了彼此交游的更多细节,如大中、咸通年间同住延政坊的萧弘愈、何遂、牛季璩与杜逢等知友。萧弘愈出身军人家庭,"素蕴才艺,常工隶篆,往年进献,请试翰林。圣旨允从,许俟负阙",以工书而待诏翰林,并获试太常寺协律郎衔。何遂则出身翰林待诏家庭,本人"有辞藻,广知识,讽咏鼓琴,……札得妙于钟、张",很可能也是一名待诏。咸通八年(867)二月,萧弘愈因病去世于延政里私第,何遂撰文慨叹:"呜戏! 年尽二十八,官止试协律,天命难知,得不痛

---

① 《大唐将仕郎守洪州都督府仓曹参军翰林待诏荥阳毛公故夫人弘农杨氏墓志铭》,《全唐文补遗》第 6 辑,第 476 页。关于杨士端家族的数术背景,参《唐会要》卷二一、卷三八所录两件奏议(第 411、696 页)。

② 《亡妻太原王夫人墓志铭》,《唐代墓志汇编续集》,第 1041 页。

③ 《唐故左神策军勾覆官朝议郎守昭王府谘议参军太原王公志铭并序》,《陕西新见唐朝墓志》,第 427 页。

④ 《唐故正议大夫使持节渠州诸军事守渠州刺史兼侍御史上柱国太原郡郭府君墓志铭并序》,《洛阳新获墓志 二〇一五》,第 338 页;《唐故昭武校尉守朔州尚德府折冲都尉上柱国贾府君墓志铭并序》《唐代墓志汇编续集》,第 927 页;《唐故右龙武军散将天水赵府君墓志铭并序》,《珍稀墓志百品》,第 187 页。

⑤ 《唐故朝议郎卫尉寺丞上柱国弘农杨府君夫人梁氏合祔墓志铭并序》,《唐代墓志汇编续集》,第 859 页。

⑥ 《唐故左辟仗押衙□光禄大夫检校太子宾客兼侍御史李府君墓志铭并序》,《西安碑林博物馆新藏墓志续编》,第 565 页;《大唐故正议大夫行夔州长史兼侍御史夫人雁门郡田夫人墓志铭并序》,《大唐西市博物馆藏墓志》,第 893 页。

恸？……乡党咸若耿涕，……（何）遂暨（牛季）瓘、（杜）逢，与公为结友，痛惜如昆弟焉。"①悲恸溢于言表。此方墓志由牛季瓘书丹、杜逢篆盖，堪称四人友谊的最后见证。萧弘愈去世次月，何遂也因病"殁于长安延政里之第"②，牛、杜再度撰书墓志。不过旬月间，知友相继凋零，二人不胜唏嘘慨叹。以上诸人同里而居，年辈相近，更兼志趣相投，不难想见，在大中至咸通年间，延政坊内必定存在着一个以邻里乡党、朋辈交游为纽带而形成的翰林待诏社群。

这种"同坊之谊"应非个例，又如居住永兴坊的姚汝能，曾为同坊军器使推官赵文信撰写墓志，称："汝能芜浅，不足以揄扬德风，事贵熟闻，不敢牢让。"二人平日当有过从。此后，他又为度支胥吏史仲莒撰写墓志，称："汝能依公门馆余十五年，群（志主之子——引者）等相于，未常间阻，熟公行业，识公贤能。"③可知姚汝能与史氏父子是邻里兼通家之旧，过从甚密。另外，考虑到史、赵二家同住永兴坊，又都与姚汝能熟识，墓志虽未明言，但日常生活中想必也有交往。在此，同坊之内的人际网络依稀可见。

（二）与宦官、军将的关系

除了社群内部形态，住宅分布特征也为观察"非士职"官僚与其他人群的关系面向提示了线索。

妹尾达彦等学者曾对唐代长安居民生活空间做过深入研究，据此首先可以明确以下几点认识。首先，以城市中轴线朱雀大街为界，唐代长安的居民生活区大致分为东西两大区块：以西市为中心的街西诸坊，属于商业区与一般庶民聚居区；街东诸坊，居民则大多为官僚人口，见于史传的达官显宦、诗人墨客，其宅第大多分布此间。其次，中唐以降，在原有格局基础上，官僚家族萃居的街东诸坊发生分化，呈现出明显的社群特征：宦官、禁军军将家族宅第集中分布在东市以北，尤其是宫城以东、大明宫以南的永兴、安兴、永昌、来庭、翊善、大宁、兴宁诸坊，在宫城西侧的修德、辅兴等坊也有分布；与之相对，以清流为代表的科举官僚、士人家族，其宅第大多分布在东市以南的长兴、亲仁、安邑、靖恭、永宁、宣平、

---

① 《唐故朝请郎试太常寺协律郎萧公墓志铭并序》，《唐代墓志汇编续集》，第 1067 页。
② 《唐故朝议郎守括州司马何公墓志铭并序》，《唐代墓志汇编续集》，第 1068 页。
③ 《唐故试右内率府长史军器使推官天水郡赵君墓志铭并序》，《唐代墓志汇编续集》，第 962—963 页；《大唐故朝散大夫夔王友上柱国杜陵史府君墓志铭并序》，《珍稀墓志百品》，第 205 页。

新昌等坊①。可以说,以上分布格局呈现的既是某种空间结构,更是长安城中人群结构与身份秩序的一种外在表征。

对照上图可知,三类“非士职”官僚的居住地分布与宦官、军将家族有明显的重合,尤其是永兴坊周边,堪称几类人群的萃居之所。上述迹象透露出,“非士职”官僚与宦官、军将在日常生活中应该多有交集,这是其社群关系的一个重要面向。考虑到禁军与内诸司使僚佐是受宦官势力直接庇护的群体,彼此关系不言而喻,下面的考察主要围绕翰林待诏与胥吏群体。

翰林待诏与宦官皆供职内廷、服务皇家,履职时理应有交集。从管理体制来看,翰林院相关事务例由宦官充任的翰林院使直接负责,这也为两类人群的接触提供了正式渠道。不过仔细爬梳史料会发现,两者间的关系并不限于职务往来。

首先,有迹象表明,部分翰林待诏与宦官家族是同族亲属。对此,我们可以举出玄、肃之际的翰林书待诏刘秦,在为宦官刘奉芝书丹的墓志中,他自称从侄②。不过这层关系是否系唐人常见的同姓间攀附行辈呢? 有必要对此做一点验证。按,刘奉芝家族原籍京兆泾阳,后定居长安,父、祖皆为禁军军将,属于典型的长安军人家庭出身。他本人及其兄刘奉进,都是“以良胄入侍”的第一代宦官③,在长安周边应有不少同族亲属。关于刘秦,据其家族成员墓志,籍贯为京兆长安④,与刘奉芝家族不尽相同。但是联系前节对“非士职”官僚籍贯分布、迁徙趋势的讨论,泾阳与长安不妨视为原籍与现籍的关系,并非不可调和。刘秦与刘奉芝虽未必是嫡系亲属,但很可能是同族疏支⑤。实际上,无论宦官抑或翰林

---

① 详细统计与整体性讨论,参妹尾达彦《唐长安城の官人居住地》,《东洋史研究》55(2),1996年;张永帅《空间及其过程:唐长安住宅的分布特征及其形成机制》,《史林》2012年第1期。针对宦官、军将等群体的研究,参杜文玉《唐代长安的宦官住宅与坟茔分布》,《中国历史地理论丛》1997年第4期;陈弱水《唐代长安的宦官社群——特论其与军人的关系》,《唐研究》第15卷。此外,也有学者对部分里坊做过个案考察,参王静《唐代长安新昌坊的变迁——长安社会史研究之一》,《唐研究》第7卷,北京大学出版社,2001年。

② 《唐故朝议郎行内侍省内寺伯上柱国刘府君墓志铭并序》,《唐代墓志汇编》,第1747页。

③ 关于刘奉芝家世、籍贯,据其弟《刘奉智墓志》:“今为京兆府泾阳县人也。曾祖宝,皇右领军尉折冲都尉;祖敬,左卫果毅都尉;父柱,右武卫长上折冲左羽林军宿卫。”(《唐代墓志汇编》,第1723页)参前揭陈弱水《唐代长安的宦官社群——特论其与军人的关系》,《唐研究》第15卷。

④ 《唐故湖州乌程县尉彭城刘公(斌)墓志铭并序》,《大唐西市博物馆藏墓志》,第711页。按,志主为刘秦侄孙。

⑤ 据前揭《刘斌墓志》,志主葬于长安县积德乡先茔,而据《刘奉智墓志》所记,其先茔在“长安县国城门西七里龙首原龙门乡怀道里”,因此两家血缘关系应较为疏远。

待诏，从家族源流来看，长安周边的土著居民都占很大比例。不难想见，固有的宗族、乡里关系交织其间，使得两类人群天然呈现出社群关系上的亲近感。

除了同族亲属关系，更为常见的关系样态是彼此间的交游。学者已经注意到翰林待诏为宦官家族撰、书的大批碑志，并据此推测两类人群间应存在日常交往①。对此，翰林待诏毛氏一族堪称典型。根据历年出土碑志撰书人题名，从宪宗元和至僖宗乾符年间，毛氏一族中至少有六人担任过翰林书待诏，分别为毛伯良、毛伯贞、毛伯通兄弟，以及时代稍晚的毛知微、毛知仪、毛知俦兄弟。由于缺乏明确的谱系资料，他们彼此间的行辈关系尚不清楚。作为活跃于晚唐长安的书学世家，毛氏诸人先后为宦官及其亲属撰、书过不少碑志，如毛伯良书《杨志廉妻刘氏墓志》（贞元二十年）、《杨志廉墓志》（元和元年）②，毛文广篆额《李从证墓志》（大中五年）③，毛伯贞篆额《第五从直碑》（开成元年）、《仇士良碑》（大中五年），篆盖《阎知诚墓志》（大中十二年）④，毛伯通书《彭君墓志》⑤，毛璧撰、毛知仪书《杨公妻曹氏墓志》（乾符三年）⑥。

仅据碑志题名，还无法完全复原其中的社会关系，不过部分碑志还是透露出翰林待诏与宦官家族的交谊。据《杨公妻曹氏墓志》撰者自述："（毛）璧非修辞者，直以仲兄于□西院常侍有忘形之契，为莫逆之交。"所谓"西院常侍"，指志主第三子杨遵谟，时任内常侍、枢密院承旨。由此可窥见毛氏与宦官权贵家族交情匪浅，这很可能是一种有意的结托。在另一方由朱知之撰、朱玘书丹的宦官墓志中，也提到"余从侄翰林待诏玘，与公分深，转托斯志"⑦，可见并非个例。另外，有迹象表明，翰林待诏与宦官家族还存在姻亲关系。毛伯良在为其族兄毛钊妻吕氏所撰墓志中，提到志主有二女，长女"适事于内养魏公"，次女"娉于东川监军

---

① 闫章虎《政治制度视角下的唐代书法史研究》，吉林大学博士学位论文，2019 年，第 189—193 页。

② 以上分见吴钢《全唐文补遗》第 2 辑，三秦出版社，1996 年，第 34—35、35—37 页。

③ 《唐代墓志汇编》，第 2288 页。

④ （宋）陈思《宝刻丛编》卷八，《石刻史料新编》第 24 册，新文丰出版社，1984 年，第 18232、18233 页；《唐代墓志汇编续集》，第 1015 页。

⑤ 《全唐文补遗》第 8 辑，第 148 页。

⑥ 《全唐文补遗》第 8 辑，第 223—224 页。

⑦ 《唐故中大夫内侍省掖庭局丞员外置同正员上柱国摄奚官局令彭城刘公墓志铭并序》，《碑林博物馆新藏墓志续编》，第 558 页。

都判官王公"①，魏、王二人都是宦官无疑。

胥吏勒留官大多供职于中书门下、财政三司等南衙机构。在他们的官职晋升中，发挥关键作用的是本司长官，其中大多为士大夫出身的名公巨卿。不过从社会面来看，南衙勒留胥吏与北司宦官之间的界线则并非那么泾渭分明，其关系样态可能比我们想象的更为复杂。

在唐后期中枢政务运作中，中书门下胥吏与宦官的关系非常引人注目，传世文献中提供了不少耐人寻味的细节。据史书记载，代宗朝权臣元载执政时期，委用中书胥吏卓英倩、李待荣等人，"势倾朝列，天下官爵，大者出元载，小者自倩、荣"②。为专宠固权，他又结交内侍董秀，"多与之金帛，委主书卓英倩潜通密旨。以是上有所属，载必先知之"③。在元载交结、行贿内廷宦官的过程中，中书胥吏卓英倩扮演了重要角色。在此后中晚唐的历史上，类似现象时有发生。如贞元、元和之际，"堂后主书滑涣久在中书，与知枢密刘光琦相结，宰相议事有与光琦异者，令涣达意，常得所欲，杜佑、郑细等皆低意善视之"④。滑涣是中书门下堂后勒留官，在宰相群体与宦官枢密使的关系中，他其实扮演了类似卓英倩的角色，即往来传递信息，弥缝于内廷与外朝之间，这也是唐后期中枢政务运作的一个重要环节⑤。由此也可见，中书胥吏与内廷宦官间的结托，虽屡遭士大夫批判，实则是维系中书门下体制下政务顺利运转的某种"润滑剂"。

这里值得进一步追问的是，何以这类胥吏能胜任沟通南衙与北司的角色呢？问题的答案似当于制度逻辑外求之，《中朝故事》卷上：

> 中书政事堂后有五房，堂后官共十五人，每岁都酿醨钱十五万贯，秋间于坊曲税四区大宅，鳞次相列，取便修装，遍栽花药。至牡丹开日，请四相到其中，并家人亲戚，日迎达官，至暮娱乐。教坊声妓，无不来者。恩赐酒食，亦无虚日。中官驱高车大马而至，以取金帛优赏，花落而罢。⑥

---

① 《唐故夫人吕氏墓志铭并序》，《唐代墓志汇编续集》，第991页。

② 《旧唐书》卷一一九《崔祐甫传》，第3440页。

③ 《旧唐书》卷一一八《元载传》，第3410页。

④ 《资治通鉴》卷二三七，元和元年八月条，第7635页。

⑤ 参刘后滨《唐代中书门下体制研究》，齐鲁书社，2001年，第188—197页；徐成《内外防禁与内朝体制：唐枢密使沿革探赜》，未刊稿。

⑥ （南唐）尉迟偓撰，夏婧点校《中朝故事》卷上，中华书局，2014年，第223页。

在中书门下胥吏定期主办的盛大宴集中,宰相与宦官都是受邀而至的重要宾客。这也可见其社会关系的两个重要面向,前者是其仕途晋升的主宰者,自应竭力维系关系,而后者同样是家族发展中不容忽视的势力,因此也需倾力结交。就社会面交往而言,相比士大夫,胥吏与宦官的关系恐怕更为亲近,毕竟在主流社会观念中,他们都为清流所摈斥。另外,他们多是京畿土著居民,出身背景相似,更兼日常居处相近,甚至可能同住一坊之内,这些因素无疑都能拉进彼此距离。

不难想见,中书门下胥吏与宦官群体在职务交集之外,社会面必定还存在着或直接或间接的关系网络,这在出土墓志中也能寻得印证。我们发现不少胥吏与宦官集团的神策军将、僚佐存在亲缘关系。如会昌年间去世的三司胥吏雷讽,其堂兄雷景中时任右神策军奉天镇判官①,是一名禁军系统的文职僚佐。除了这一层身份,雷景中还是宦官领袖梁守谦的心腹幕僚,在为后者所撰墓志中自称"久践门阑"云云,可见关系匪浅②。晚唐诏书屡次申禁,胥吏勒留授官"止于中下州长、马,但不能登朝"。在此背景下,雷讽却能在开成三年(838)"进阶朝散大夫,任鸿胪寺丞",又"特敕重拜寺丞,锡银章朱绂之宠",其中缘由想必与"甘露之变"后宦官势力的膨胀不无干系。

在雷讽兄弟的事例中,亲族分别委身南衙与北司,这在晚唐长安并非特例。如三司勒留胥吏王澧,娶神策右军兵马使刘明之女③;大中年间的门下省主事王顼,其弟王玟时任右神策军兵马使④,他们都拥有与宦官相结托的社会渠道。对此,唐末张师儒家族的经历更具代表性。张师儒及其次子张汾都是御史台勒留胥吏,先后授坊州升平县主簿、宣州南陵县尉。与此同时,其长子张沫则获义武节度使王处存赏识,任节度都押衙,是一名藩镇军将;第四子张湜,"与义武军节度王公弟左神策军粮料使弘绍同勾当供军之务"⑤,任职禁军系统。我们知道,王处存、王处直兄弟主政的义武军是唐末藩镇中一支重要力量。据史书记载,王

————————

　　① 《唐故朝散大夫行鸿胪寺丞上柱国赐鱼袋雷府君墓志铭并序》,《唐代墓志汇编续集》,第958页。

　　② 《唐故右神策军护军中尉……梁公墓志铭并序》,《唐代墓志汇编》,第2104页。参陆扬《9世纪唐朝政治中的宦官领袖——以梁守谦和刘弘规为例》,收入《清流文化与唐帝国》,第89页。

　　③ 《亡妻太原王夫人墓志铭》,《唐代墓志汇编续集》,第1041页。

　　④ 《唐太原郡王氏故笄女十六娘墓志铭》,《唐代墓志汇编续集》,第985页。

　　⑤ 《唐故朝议郎前行宣州南陵县尉柱国张府君墓志铭并序》,《唐代墓志汇编》,第2502—2503页。

氏兄弟为京兆万年人,以经商致富,"世籍神策军,家胜业里,为天下高赀"①,其家族根基在长安,政治上的发迹,更与宦官集团的扶持密不可分②。从张沫、张湜的仕途进路来看,他们通过结托王处存家族,进而间接攀附上宦官势力。

以上分别考察了三类"非士职"官僚内部的社群形态,及其与宦官、军将等群体的社会交往。无可否认,我们目前掌握的资料都是碎片化的,难以呈现人际交往完整的网络状形态。不过将碎片拼缀、勾勒,还是可以清晰看到这样一幅图景:以共同的生活空间——长安里坊为舞台,透过宗族、婚媾、师承、交游、邻里等交织其间的人际纽带,包括宦官、军将在内的各类"非士职"官僚家族共同构筑了一个复杂的家族网络。这种人际关系为他们家族存续、发展提供了有力支撑,有迹象表明,"非士职"官僚的任职机构中,呈现出高度世袭化、家族化的倾向③。他们之所以能世代占据这类职务,除了知识、技能的传承,应与人际网络的作用密不可分。就此而言,"非士职"官僚群体已经凝结成一个盘根错节而相对闭锁的利益共同体。

(三) 家族网络的扩展与社会面貌的交融

关于"非士职"官僚的家族网络,前文研究中还透露出两个值得注意的动向,即跨职业背景的家族间联姻,以及同家族内部的职业分化,这其实是互为表里、一体两面的社会进程。下文以两方墓志为例,对此做进一步揭示。

其一为镌刻于咸通十二年(871)的《唐故前集州衙推狄府君夫人内黄郡骆氏墓志铭并序》,为便讨论,现节录如下:

> 夫人本家内黄郡,生□□邑,始为长安人也。曾晟,祖朝,皇并不仕。父季亮,任职度支。伏以三代相承,乃武乃文,愿处深幽,用畅平生之志。其夫人即骆府君弟长女也。……才已笄年,适妍狄氏。有子二人:长曰任右神武军引驾仗押衙、银青光禄大夫、检校太子宾客、兼监察御史乾裕,次子任门下省驱使官、宣节校尉、守陈州崇乐府折冲乾佑,……夫人有女三人:长女

---

① 《新唐书》卷一八六《王处存传》,第 5418 页。

② 参王静《王处存家族崛起与神策禁军》,收入夏炎主编《中古中国的都市与社会:南开中古社会史工作坊系列文集之一》,中西书局,2019 年。

③ 这在翰林待诏群体中表现得最为显著,参王溪《"家传"与"师承":唐五代翰林待诏的选任》,《唐史论丛》第 19 辑,三秦出版社,2014 年。

适陈师庆,任度支。次女适骆景权,任右神策军衙前虞候。小女适陈公信,任职右军。……春秋五十有六,咸通十二年五月十五日遇疾,奄逝于京兆府万年县崇义里私第也。……用其年六月七日葬于本县长乐乡故城村,连先夫茔,通便附焉。①

志主骆氏为长安本地人,曾祖、祖父两代皆不仕,其父任职度支,应该是一名勒留胥吏,这一家世背景与前文勾勒的胥吏勒留官整体面貌高度吻合。其夫狄某,曾任集州衙推。这是中晚唐州级政府的一种低级僚佐,带有吏职色彩②,可见狄、骆两家背景相似,二人婚媾属于胥吏家族间的联姻。值得注意的是他们的下一辈,长子狄乾裕并未走上父、祖辈的进身之阶,转而投身禁军,任右神武军引驾仗押衙,次子乾佑则进入门下省,担任驱使官,这也是唐后期中书门下的一种新型胥吏。相比父辈,狄氏兄弟显然选择了更为有利的职业晋升道路,即供职台省、禁军等权势部门。狄氏三女的婚姻也值得留意,她们分别嫁给度支胥吏陈师庆、右神策军衙前虞候骆景权(可能是母家戚属),以及另一名右神策军将陈公信。从狄、骆两家的代际发展不难发现,通过联姻的方式,其家族网络经历了一个不断扩展的进程,以三司系统为根基,逐步延伸至中书门下、禁军等权力核心部门,在此期间,他们的家族面貌也逐渐发生融合。

及至唐末,长安"非士职"官僚家族的融合态势更趋显著。这在一方五代墓志中有集中体现,后唐清泰三年(936)《唐故渤海县太君高氏墓志铭并序》:

> 夫人姓高氏,渤海人也。曾祖讳璟,皇任飞龙副使。祖讳枚,皇任贺州刺史。父讳仁裕,仕于左神策军,为打球行首,少以恭恪称,洎职左广,时承平且久,上之游宴,侍从之列,莫不慎择。至于辟广场、羁骏足、奉清尘于驰骤之际,对天颜于咫尺之间,莫许其趫干敏速,动由礼意。僖宗朝广明中,使于淮南,征上供征赋,戎帅高骈以公之材足以为牧,奏授楚州刺史,政术有闻,以疾即世。太君姊清河崔氏。父讳怿,皇任河东节度判官。太君适清河

① 《唐代墓志汇编续集》,第1093页。

② 参渡辺孝《唐代藩鎮における下級幕職官について》,《中国史学》11,2001年;陈志坚《唐代州郡制度研究》,第105—115页。

张涤,累官州县,退居外地,后至雍京,时相见知,擢委职秩,历官至苏州别驾。昭宗自岐阳回,将议东迁,乞假先往华州,至泸水为群盗所伤,因至殒逝。时兵寇相接,道路甚艰,诸子奔赴其所,遂权厝于蓝田县。后还长安,归葬先茔。及乘舆幸洛邑,诸孤无所寄托。长子恭胤,顷年十二,除授朝议郎、蜀州司仓参军,柱国。诸弟皆幼,太君励之以孝悌,勉之以勤修。恭胤习小学,师楷隶之法,旋入翰林院,累膺恩渥,历职三纪,始自蓝绶,至于金章,凡一十三命。晨夕之下,就养无违,资序已崇,荣禄偕及,乞回天泽,以慰慈亲,于是特恩封渤海县太君。恭胤清泰元年迁大司农,列于通籍,光宠既乎,诚为辉映。……太君以清泰二年七月十九日终于洛京彰善坊之私第,享年六十有九,恩锡赙赠布帛粟麦。太君亲妹适故司空阎湘,有子曰光远,职居翰林,官鸿胪少卿。恭胤弟曰恭美,经任密州辅唐、金州西城二县主簿。次弟曰廷砺,守职彭门。女一人,适左领军卫上将军王陟,封清河郡君。……以清泰三年岁次丙申九月丁亥朔四日庚寅,葬于河南府河南县平乐乡朱阳村,礼也。①

　　志主高氏,卒于后唐清泰二年,平生历经唐、后梁、后唐三朝,而其家族历史也堪称长安"非士职"官僚在唐末五代的命运缩影②。首先来看高氏的家世背景。据墓志记载,高氏之父高仁裕"仕于左神策军,为打球行首",以打毬技艺获唐僖宗垂青,是一名典型的神策军将。不过如果再往前追溯的话,从其曾祖父高珣任飞龙副使一职来看,他应该是一名宦官,由此也可以推测,高氏祖父高枚系宦官养子。陈弱水的研究已揭示宦官与禁军军将两类人群间广泛存在的收养、联姻关系③,高氏曾、祖两代显然正属于这一情形。高枚官至贺州刺史,这恐怕离不开宦官势力的扶持。我们知道,晚唐神策军将领、僚佐等官至地方牧守、藩帅者不乏其人,如前文提到的王处存,"世籍神策军",官至义武军节度使,又如曾任左神策军推官的田章,官至琼、渠二州刺史④。高枚可能也属于这一情形,他

---

① 周阿根《五代墓志汇考》,黄山书社,2012年,第277—279页。
② 邱敬《合三家之力五姓之好》(收入山口智哉、李宗翰、刘祥光、柳立言编著《世变下的五代女性》,广西师范大学出版社,2022年,第240—248页)一文对这方墓志也做过讨论,不过部分解读与本文意见不尽相同,请一并参看。
③ 陈弱水《唐代长安的宦官社群——特论其与军人的关系》,《唐研究》第15卷。
④ 《大唐故朝议大夫检校国子祭酒侍御史兼王府傅琼果二州刺史赐紫金鱼袋雁门郡田府君墓志铭并叙》,《唐代墓志汇编续集》,第1016页。

早年应供职于禁军系统。

关于志主之父高仁裕，墓志还记载："僖宗朝广明中，使于淮南，征上供征赋，戎帅高骈以公之材足以为牧，奏授楚州刺史。"获淮南节度使高骈奏荐，官至楚州刺史。这里值得注意的是，作为唐末藩镇势力的代表，高骈同样出自神策军，史称其"家世仕禁军"，本人曾任神策军都虞候①。因此，高骈对高元裕的奖拔，显然不仅因其"材足以为牧"，更关键的原因恐怕在于二人同宗之谊且同出神策军的背景。要之，志主高氏出身于一个宦官—禁军系统的家族，这是晚唐长安"非士职"官僚家族的一种典型。

关于高氏之夫张涤，墓志称其"累官州县，退居外地，后至雍京，时相见知，擢委职秩，历官至苏州别驾"，似乎是一名中书门下勒留胥史。他在唐末关中动乱中"为群盗所伤，因至殒逝"，先权葬蓝田县，"后还长安，归葬先茔"，可知也是长安土著。张涤去世后，高氏独自抚训诸子，对长子张恭胤寄望尤深。光化三年（900）前后②，张恭胤十二岁时，除授朝议郎、蜀州司仓参军、柱国，正式步入仕途。这当然只是用以寄禄的勒留官，墓志称其"习小学，师楷隶之法，旋入翰林院，累膺恩渥"，因此其本职为翰林待诏。此后他"历职三纪，始自蓝绶，至于金章，凡一十三命"，历唐、后梁、后唐三代，官至司农卿，"列于通籍"。

张恭胤并无家学传承，何以在十二岁时便能以书艺供职翰林，并获得正员官职？墓志后文透露了一个信息："太君亲妹适故司空阎湘，有子曰光远，职居翰林，官鸿胪少卿。"高氏妹夫阎湘，是唐末翰林书待诏，先后于乾宁二年（895）为内枢密使吴承泌墓志书丹，结衔为"翰林待诏、朝散大夫、检校右散骑常侍、守蜀王傅、□御史大夫、柱国、赐紫金鱼袋"③，光化二年（899）书《重修内侍省碑》，结衔"翰林待诏、朝散大夫、检校刑部尚书、守太子左詹事、兼御史大夫、上柱国、赐紫金鱼袋"④。可知阎湘是唐末翰林书待诏中的头面人物，与宦官集团关系密切。不难想见，张恭胤能以一介少年待诏翰林院，很可能是姨夫阎湘一手安排的结果。

① 《旧唐书》卷一八二《高骈传》，第4703页。
② 按，志文称其"历职三纪"云云，以墓志镌刻的时间点后唐清泰三年（936）逆推，则张恭胤入职翰林时间当在唐光化三年（900）前后。
③ 《唐代墓志汇编》，第2532页。
④ 吴钢《全唐文补遗》第1辑，三秦出版社，1994年，第38页。

简言之,高氏出身宦官/禁军军将家族,曾祖为宦官,父、祖两代仕于神策军,她本人与中书门下胥吏张涤结合,其子为翰林待诏,其妹为翰林待诏阎湘之妻。在此我们看到,中晚唐活跃于长安的诸类"非士职"官僚,其家族网络在长期交往、互动中不断延展,彼此交织,及至唐末,几类人群的社会面貌已发生深度交融,难分彼此。

代结语：唐后期身份秩序中的"非士职"官僚

以上主要从仕宦路径与社会关系两个面向,对唐后期长安的几类"非士职"官僚群体做了若干实证研究。最后想对其在政治社会秩序中所处位置,尤其是他们与士人阶层的关系做几点讨论。

从实际职守来看,本文讨论的三类"非士职"官僚,大体脱胎于唐前期的台省文书胥吏、伎术官等群体。唐后期,他们依附皇权、宦官或其他权势部门,通过使职差遣体系下的勒留授官机制,纷纷步入仕途,获得流内官职,甚至如翰林待诏群体,不乏跻身官僚体制上层序列者。在亲友为其撰写的墓志中,如翰林待诏马及,墓志称其"清职得象贤之盛,崇班归二品之荣"[1];胥吏邵才志,墓志称其"官任清资,职司枢密"[2];胥吏史仲莒,"自居右职,至列清朝"[3];内诸司使僚佐赵文信,墓志称其子"早登仕籍,累践清资"[4]。其中反复出现的"清朝""清职""清资"等表述,虽有夸饰成分,却不尽是谀墓之辞。对照唐前期的职官分类体系,他们所获部分正员官阙,如诸卫将军、中郎将、九寺监丞、东宫官、亲王府官等,都属广义"清资官",例由士人担任[5]。从志文不厌其烦的记叙来看,他们对官职所赋予的"缙绅之荣"显然满怀企慕、向往。就此而言,部分"非士职"官僚已经突破了律令制的束缚,至少以职衔、章服、封荫等官僚制尺度来衡量,他们与士人阶层的界线正在逐渐模糊。

---

① 贺华《唐〈马及墓志〉略考》,《陕西历史博物馆馆刊》第 11 辑,2004 年。

② 《唐故元从奉天定难功臣游击将军守冀王府右亲事典军上柱国勒留堂头高平郡邵公墓志铭并序》,《唐代墓志汇编》,第 2045 页。

③ 《大唐故朝散大夫夔王友上柱国杜陵史府君墓志铭并序》,《珍稀墓志百品》,第 205 页。

④ 《唐故试右率府长史军器使推官天水郡赵府君墓志铭并序》,《唐代墓志汇编续集》,第 963 页。

⑤ 参赖瑞和《唐"望秩"类官员与唐文官类型》,《唐研究》第 16 卷。

伴随官职而来的是不菲的俸禄。"非士职"官僚所授官职多为正员官,有别于唐后期盛行的试、兼、检校官,占阙正员官皆能获得相应俸禄、待遇。在此有一点值得特别指出,即他们所获官阙,整体而言以州县官居多。这固然是因制度所限(详后),但原因可能还在于,唐后期官员俸禄"外重内轻"的分配格局下,州县官俸料相比同品级京官往往更为优渥①,仅就寄禄功能而言,外官要优于京官。唐后期外官俸料钱例由两税中留州、留使的份额支付,而江淮诸州大多地方财政相对富余,因此各类勒留官所占官阙集中分布在这类地区②。具体而言,勒留官普遍能获得州县官俸料钱的八成,以及足额的职田、禄米收入③,如果再加上从实际供职机构所获收益,总数应相当可观。对国家财政而言,这无疑是笔不小的开支,晚唐政府曾一度明令禁止"在京诸司典史"勒留授官。不过从诸方博弈的结果来看,天平还是倾向了勒留官一边,他们依然"作计勾留,不肯赴任","勤劳责累,移在他人,俸禄资考,则为已有"④。

官俸还远非"非士职"官僚经济来源的全部,更大份额还在于各类非正式收益。对此,任职财政三司的胥吏堪称典型。他们利用职务便利,广纳财贿,据胥吏张卓墓志记载:

> 大总职是二司(度支、盐铁——引者),人叠锱饶,珍衣鲜马,服行道路,光色惊动人者什八九,卒以黩货致祸者什六七。⑤

这段文字虽是为了彰显志主守职清廉,但恰透露上述情形在当时是司空见惯。至于中书门下胥吏,因供职权力核心部门,类似情形有过之无不及。前文曾提

---

①　参陈寅恪《元白诗中俸料钱问题》,收入《金明馆丛稿二编》,生活·读书·新知三联书店,2001年。

②　《册府元龟》卷五一六《宪官部·振举》:"今国计所须,江淮是赖,江淮州县官俸料稍厚处,勾留倍多。"(第6170页)

③　《唐会要》卷九二《内外官料钱》:"(开成五年)三月,中书门下奏:'准今年二月八日赦节文,应京诸司勒留官,令本处克留手力、杂给钱与摄官者。……臣等商量,其料钱、杂给等钱,望每贯割留二百文与摄官,其职田、禄米,全还正官。'从之。"(第1668页)

④　《文苑英华》卷四二九《会昌五年正月三日南郊赦文》,第2173页;《册府元龟》卷五一六《宪官部·振举》,第6170页。

⑤　《唐故朝请郎行门下录事上骑都尉张公墓志铭并序》,《大唐西市博物馆藏墓志》,第799页。引文中文字、标点有所调整。

及，贞元年间，中书门下堂后主书滑涣弄权，"四方赂遗无虚日"，事发后"籍没家财凡数千万"①；文宗大和年间，中书门下勒留堂头汤铢"以机权自张，广纳财贿"②。至于翰林待诏等，虽缺乏收纳贿赂的稳定渠道，不过因直接服务于最高统治者，他们在常规俸禄外所获赏赐颇为优厚。如翰林医待诏马及，供奉五朝，"前后恩赐黄金、鞯马、犀带、玉带、锦绘、银器、钱、绢等，不知纪极，难以胜数"。总之，通过官僚体系内或明或暗的各色收入，"非士职"官僚大多积累了丰厚的财富。正因此，在物价腾贵、居大不易的中晚唐长安，他们普遍有能力在毗邻皇城与大明宫的近坊营置宅第。

　　唐代前期的律令体制下，对胥吏、伎术官等"非士职"官僚有着严格的入流与迁转限制，整体而言，他们官职晋升与社会流动的空间并不大。唐后期，伴随着中央权力结构与政治秩序的重组，他们依托使职差遣下的勒留授官机制，顺势而起，成为政治、经济资源分配中的有力人群。学者指出，唐后期以藩镇僚佐辟召为代表的人事制度变革，为地方新兴阶层提供了跻身仕途、实现向上流动的阶梯③。从三类"非士职"群体的家族发展路径来看，这一论断显然也适用于京畿社会，显露出一种时代面相。

　　不过，制度身份与经济实力并非决定现实身份秩序的唯一力量。在晚唐社会中存在着一个乍看颇令人费解的现象：一方面，如前所述，"非士职"官僚与衣冠士流的制度身份界限趋于模糊；与此同时，在主流社会观念中，两者的身份区隔反而日趋严格起来。对此，"甘露之变"的主角之一——郑注的经历便颇具代表性。郑注出身寒微，伪冒荥阳郑氏，倚宦官王守澄，因医术而进用。当文宗与宰相商议授予其官职时，"或欲置于翰林伎术院，或欲令为左神策判官"，而他"皆不愿此职"。原因在于，郑注深知接受此类职位无异公开承认自己是伪冒衣冠④。文宗本人也有非常浓厚的流品观念，据《因话录》载：

　　① 《资治通鉴》卷二三七，元和元年八月条，第7635页。

　　② 《册府元龟》卷三一七《宰辅部·正直》，第3751页。

　　③ 砺波护《中世贵族制の崩壊と辟召制—牛李の党争を手掛かりに—》，收入《唐代社会政治史研究》，同朋舍，1986年；渡辺孝《唐代藩鎮における下級幕職官について》，《中国史学》第11卷，2001年。

　　④ 《资治通鉴》卷二四四，大和七年七月条《考异》引李德裕《文武两朝献替记》，第7893—7894页。

> 文宗赐翰林学士章服,续有待诏欲先赐本司者,以名上。上曰:"赐君子
> 小人不同日,且待别日。"①

虽皆供职翰林,都获赐章服,但在文宗眼中,学士是"君子",待诏是"小人",社会
身份悬隔。这种身份歧视对胥吏群体尤为强烈。在唐后期诏书、奏议中,常见从
区隔流品的立场斥其为"杂类""僭越"的论调,而所谓"胥吏性恶说",也是在此时
进入公共舆论,并迅速固化为一种主流社会观念②。此外,学者在研究唐代文、
武分途问题时发现,唐后期武臣带文散阶、文职事者频见于记载,文、武职衔上的
差异日渐缩小,但在社会观念中,两类人群出身、资质的差异却被凸显出来,即
"外在差别有所模糊的同时,其内在差别被愈发强调"③。这些现象其实应置于
同一历史脉络下理解,即诸类"非士职"官僚的崛起,直接冲击、侵蚀了士人阶层
的立身之本与生存空间,由此双方矛盾、冲突不断。

这种紧张关系直观地反映对正员官阙的争夺。开成三年(838)诏书称:
"近日诸色入流人多,官途隘窄。……近日诸司奏请州县官及六品已下官充本司
职掌,……色目渐多,致使勾留溢于旧额。"④《归仁晦墓志》载,志主于宣宗朝"征
为给事中,制命不臧,皆章还之。先是,禁军外藩大校、宿吏,多兼正员官,遂使宦
路壅陋,公与同列,抗疏极言"⑤。各类"非士职"官僚通过勒留授官制度,挤占了
大量正员官阙,由此造成"官途隘窄""宦路壅陋"的局面。迫于朝野舆论,朝廷也
出台过限制措施,如会昌五年(845)诏书针对勒留胥吏,规定"自今已后,如有改
转官,宜止于中下州长、马,但不能登朝"⑥,同期对神策军系统的僚佐、吏员也做
出过同样的限制⑦。从前举诸多例证来看,胥吏勒留官授官的确以州上佐、州判
司、县丞、尉等占绝对多数,罕有授登朝官者,但对禁军系统僚佐、军将以及翰林

---

① (唐)赵璘《因话录》卷一,上海古籍出版社,1979 年,第 72 页。

② 叶炜《南北朝隋唐官吏分途研究》,第 199—120 页。

③ 叶炜《武职与武阶:唐代官僚政治中文武分途问题的一个观察点》,《中国中古史研究》第 6
卷,中西书局,2018 年,第 216 页。

④ 《册府元龟》卷六三一《铨选部·条制》,第 7573 页。

⑤ 《唐故光禄大夫吏部尚书长洲郡开国公食邑二千户赠左仆射归公墓志铭并序》,《珍稀墓志
百品》,第 213 页。

⑥ 《册府元龟》卷六三二《铨选部·条制》,第 7575 页。

⑦ 《唐会要》卷七二《京城诸军》,第 1297 页。

待诏群体而言,这类限制其实并未奏效。

　　总之,围绕着有限的官阙及相应的各项政治、经济资源,勒留授官的"非士职"官僚,与"以官为业"的士人阶层长期处在结构性对立的位置。为应对挑战,后者不得不在仕途中凸显进士及第、词臣资历等新型标识,进而在政治生活中强调"甄别流品",彰显清、浊之别,以维护自身身份特权。这正是清流文化兴起的时代背景。

《旧唐书》沙陀纪事探源

——兼谈所谓的"沙陀系史料"

邢　云

　　由于晚唐时期史料的匮乏,有关此间崛起的沙陀族的事迹往往存在诸多疑窦。例如,沙陀起兵反唐的年份在北宋时即已成为悬案,在《资治通鉴考异》中,司马光利用当时尚能见到的诸多史料,排比"咸通十三年""乾符元年""乾符三年"等种种系年,最终将其系于乾符五年(878)①。随着近年来《支谟墓志》和《段文楚墓志》的相继出土,乾符五年说已成定谳②。与此同时,不少学者也对晚唐五代成书的诸多史籍进行分析,力图寻找记载产生偏差的原因。

　　记载沙陀早期历史的官修史乘中,成书最早的一批当属后唐明宗时所修纂的庄宗以前诸帝《纪年录》及《功臣传》③,以及后晋时所修《旧唐书》。由于皆系沙陀政权所修,日本学者西村陽子遂将其纳入"沙陀系史料"的范畴,暗示其内容会受到沙陀立场的影响④。张凯悦则在其基础上进一步讨论了《旧唐书》的本纪部分所谓"云州叛乱"前史的生成⑤。然而,历朝历代的史书皆有为尊者讳的曲笔,究竟沙陀人的立场如何影响了修史,如何造成了沙陀起兵反叛相关事迹系年的混乱,西村氏并未明言。而张凯悦所言"前史",亦有区分误记、曲笔或"造伪"的需要。

---

① 《资治通鉴》卷二五三乾符五年二月《考异》,中华书局,2011年重排标点本,第8318—8320页。

② 胡耀飞《斗鸡台事件再探讨——从〈段文楚墓志〉论唐末河东政局》,《中国中古史集刊》第3辑,商务印书馆,2017年。

③ 又名《庄宗功臣列传》《唐功臣列传》等,见郭武雄《五代史料探源》,台湾商务印书馆,1996年,第40—41页。

④ 西村陽子《唐代沙陀突厥史の研究》,汲古书院,2018年,第97、112页。

⑤ 张凯悦《"云州叛乱前史"考——兼论晚唐沙陀史的编纂》,《唐研究》第24卷,北京大学出版社,2019年,第137页。

对于官修史书的内容，统治者寻求法统的需要自然是一方面，但材料的来源、修史环境等同样是重要的影响因素。张昭远、贾纬等五代史官修史，并不会像宋敏求、欧阳修和司马光那样多方寻找一手材料而后融会辨正，其修撰在更大程度上是抄掇现有材料而成书。笔者赞同以后唐诸帝《纪年录》及《功臣传》作为"沙陀系史料"，但对于《旧唐书》而言，更重要的影响因素其实是长安或洛阳所留存的史料。因此，笔者首先对后唐和后晋时所修史书中有关沙陀的内容加以探讨，探明诸书修撰时所依据的原始材料及环境，兼叙《旧五代史》中的相关记载。由于这些著作也是宋代所修《新唐书》《新五代史》《资治通鉴》中早期沙陀历史记述的主要来源，笔者还将辨析其中有关沙陀起兵反叛的记述，就上文中各材料互相抵牾之处进行分析，力争为晚唐时期沙陀历史的记述提供新的辨正思路。

一、对于"沙陀系史料"的再审视

（一）张昭远与《后唐太祖纪年录》《庄宗功臣列传》

纂修后唐早期实录的动议始于天成二年（927）九月，从当时史馆的上奏可知，实录起初仅计划修撰太祖与庄宗两朝[①]。天成三年，张昭远在西川节度副使何瓒的举荐下进入史馆，何瓒上言称：

> 昭有史材，尝私撰同光实录十二卷，又闻其欲撰三祖志，并藏昭宗朝赐武皇制诏九十余篇，请以昭所撰送史馆。[②]

据《宋史·张昭传》（避刘知远讳，张昭远后汉起止称昭），张昭远开宝五年（972）卒时年七十九，幼年随父避乱河朔，在同光三年（925）随张宪至晋阳赴任之前，一直生活于河北地区，知其早年与所谓代北集团实无任何关联。不过，由引文知张昭远在进入史馆前即已有为后唐撰私史的计划，《张昭远墓志》称其家富藏书，"周文汉史，道书释典，天文地里，律历医牒，总三万九千三百一十二卷聚于私家"[③]，

---

① 周勋初等点校《册府元龟》卷五五七《国史部·采撰第三》，凤凰出版社，2006年，第6385页。
② 《宋史》卷二六三《张昭传》，中华书局，1977年，第9086页。
③ 《大宋特进吏部尚书致仕上柱国陈国公食邑三千五百户食实封五百户清河张公（昭远）墓志铭并序》，郭茂育、刘继宝编著《宋代墓志辑释》，中州古籍出版社，2016年，第34页。

包括引文提及的制诏在内，其为撰史而准备的材料当有不少。天成三年十二月张昭远曾上状称自己"亲睹中兴，备闻旧事。太祖勤王之睿躅，先皇开国之神功，目所见闻，心常记录"①，由于庄宗在灭梁之前即将政治中心迁移至邺都一带，故张昭远"亲睹中兴"并非虚言，但对于"太祖勤王之睿躅"只能"备闻旧事"。尽管有意搜集了昭宗朝的相关制诏等史料，但张昭远与它们之间的关系是疏离的，并没有相较于其他史官更高的鉴别和选取能力。因此，张昭远纵然有保留原始材料的功绩，《纪年录》《实录》的修撰也是其"与同职官员等共议纂修，获成纪录"②，但不必因此过于强调其在修撰沙陀早期历史的过程中对文本内容的影响。

张昭远上状半年后，天成四年（929）七月监修官赵凤上奏称《实录》《纪年录》已于六月一日起手，并交代了两者分别用于命名庄宗及此前诸祖的缘由③。看来在天成四年上半年，"欲撰三祖志"的张昭远已将太祖李克用之前的懿祖、献祖皆纳入修史的范围，并将其定名为《纪年录》。天成四年十一月，"史馆上新修懿祖、献祖、太祖纪年录共二十卷，庄宗实录三十卷"④，修撰仅耗时五个月。监修官赵凤在上书的奏状中称二十卷系"《懿祖书》一卷、《献祖书》二卷、《太祖书》一十七卷，并题目纪年录"，如果从沙陀起兵反叛（878）开始算起，至李克用身故（908），三十年的事迹皆在十七卷之中，而庄宗却"自龙飞晋阳，君临天下，以日系月一十九年，谨修成实录三十卷"⑤。可知李克用时期沙陀的记载已十分匮乏，此前更是寥寥无几。在同光末年的变乱之中，史馆曾遭焚毁，藏书"煨烬无几"⑥，关于沙陀早期历史的记载当有不少泯灭于此时，如赵凤奏状所言，"其间天地惨舒，君臣善恶，旋自宫闱变动，简牍散亡，遂遍访于见闻，庶备详于本末"。

除《纪年录》《实录》之外，张昭远在天成三年进入史馆后与其他史官开始着

---

①　《册府元龟》卷五五七《国史部·采撰第三》，第6391页，在此状中，张昭远仍主要讨论有关人祖、庄宗的修史，可知起初修二帝实录的计划此时仍未更改。

②　见天成四年十一月史馆所上奏状，《册府元龟》卷五五七《国史部·采撰第三》，第6386页。按明本《册府》此卷内容错乱，将奏文误系于长兴三年之后的"明年"，而宋本正系于天成三年十二月张昭远所上奏状之后，且作"四年十一月"，从内容可知该奏文的确应是天成四年书成时所上。

③　《册府元龟》卷五五七《国史部·采撰第三》，第6385页。

④　《五代会要》卷一八《修国史》，上海古籍出版社，2006年，第299页。

⑤　《册府元龟》卷五五七《国史部·采撰第三》，第6386页。

⑥　同上，第6385页。

手《功臣列传》的修撰。郭武雄称"该书编撰与《三祖纪年录》《庄宗实录》之修本为一事,两者之间本有相辅相成之用"①。然而,列传的修撰却更为困难,直至应顺元年(934)方才书成上奏②。据长兴四年(933)正月十一日史馆奏:

> 　　当馆先奉敕修撰功臣列传,元奏数九十二人,馆司分配见在馆官员修撰。其间亦有不是中兴以来功臣,但据姓名,便且分配修撰。将求允当,须在品量。其间若实是功臣,中兴社稷者,须校其功勋大小,德业轻重,次第纂修,排列先后。今请应不是中兴以来功臣,泛将行状送馆者,若其间事有与正史实录列传内事相连络者,则请令附在纪传内,简略书出。其无功于国,无德于人,但述履行身名,或录小才末伎,倘无可以垂训者,并请不在编修之限……其功臣未纳到行状者,馆司见更催促,候到即便分配修撰。大凡行状,皆是门人故吏叙述,多有虚饰文华,今请此后所纳行状,并须直书功业,不得虚文饰词。其已纳到行状合著撰者,仍请委修撰官略其浮词,采其实事。③

在"元奏数九十二人"中,有的经过筛选后并非中兴以来功臣,对于这些人,史馆的做法是将"事有与正史实录列传内事相连络者,则请令附在纪传内,简略书出",可知《功臣列传》中也夹杂了不少非功臣的小传,这些人的事迹因与实录中的列传相关,故予以保留。此时距《纪年录》《实录》的修成已有四年,却仍有"功臣未纳到行状者,馆司见更催促"。据此郭武雄指出,"由于部分功臣行状迟迟未送史馆,而送交之行状又多虚美浮词,需由史官删改考证,工作相当繁琐,故费时五六年方告完成"④。不过笔者认为费时的并非行状之删改,巧妇难为无米之

---

① 　郭武雄《五代史料探源》,第41页。
② 　该书闰一月修成后进呈史馆,但"未下所司",随后潞王起兵,当年七月重新缮写上呈,见《册府元龟》卷五五七《国史部·采撰第三》,第6386页。郭武雄猜测"可能配合政治环境之改变,删改忌讳,并称颂废帝"(《五代史料探源》,第42页)。此年五月监修国史由李愚改为刘昫,二人政见不合,未知重新上呈是否与此有关,见《旧五代史》卷四六《末帝纪上》,中华书局,2015年修订本,第730—732页。无论如何,后唐末年的帝位争夺应当不至于影响沙陀早期历史的修撰。关于李愚修成《庄宗朝功臣列传》并上呈之事,新出《李愚墓志》亦有所涉及,见柳金福《后唐宰相〈李愚墓志〉考释》,《乾陵文化研究》第13辑,三秦出版社,2019年。
③ 　《五代会要》卷一八《史馆杂录》,第303—304页。
④ 　郭武雄《五代史料探源》,第43页。

炊,修《纪年录》《实录》耗时五个月,而修《功臣列传》至少耗时五年,主要是因为缺乏现成的行状。

既然不少功臣之行状其实是为了完成官方的修史任务才进行撰写,那么对于沙陀早期历史的记述,其可靠性自然会因为回忆时年代久远而大大增加致误的可能。例如康君立,通过对比《旧五代史》可知《资治通鉴考异》(下简称《考异》)乾符五年(878)二月条所引《庄宗功臣列传》即其中的《康君立传》①。该传记载沙陀起兵反唐系年虽误,但将事件本末系于咸通十三年十二月末至次月初,与《唐末三朝见闻录》记载的乾符五年一月末至次月初在节气上实有所呼应,且系于次月"六日""七日"的事迹亦与《唐末三朝见闻录》反应的真实情况相合②,据《旧五代史》,康君立在乾宁元年(894)为李克用赐酖而殂,"明宗即位,以念旧之故,诏赠太傅"③,此时距其去世已有三十余年,盖行状亦修撰于此后不久,事迹系年自然难保准确。实际上,从《考异》所引《懿祖纪年录》《献祖纪年录》来看④,其内容仍是传记形式,可能主要来源亦是行状、家传一类的文献。需要说明的是,尽管有天成二年庚传美赴蜀所得"九朝实录"可供参考⑤,但似乎张昭远在修撰《纪年录》时并未利用。如《懿祖纪年录》将沙陀自河西投奔唐朝之事系于贞元十七年,司马光核实《德宗实录》后称"贞元十七年无沙陀归国事"。修撰诸祖《纪年录》《实录》仅耗时五个月,无疑得益于张昭远此前"私撰同光实录十二卷"以及"欲撰三祖志"时所搜集的材料,但成书时间之短亦表明其很可能仅是抄掇现成材料而成,鲜有辨正考异。这些记录虽然利用了晚唐时期的诏书、奏议、露布等材料,但由于甚少参考长安修撰的史乘,确实称得上是最为原始和"真实"的沙陀系史料。

---

① 张凯悦《"云州叛乱前史"考——兼论晚唐沙陀史的编纂》,《唐研究》第 24 卷,第 137 页。

② 《考异》所见《唐末三朝见闻录》记述事件皆精确到月日。据(宋)陈振孙撰,徐小蛮、顾美华点校,《直斋书录解题》卷五《杂史类》(上海古籍出版社,1987 年,第 148 页):"《三朝见闻录》八卷,不知作者。起乾符戊戌(878),至天祐末年,及庄宗中兴(923),后唐、河东事迹。三朝者,僖、昭、庄也。其文直述多鄙俚。"此书前后四十余年,未必成于一人之手,但仍应是河东之当时人记当时事,故其系日往往为司马光所取。

③ 《旧五代史》卷五五《康君立传》,第 855 页。

④ 如《资治通鉴》卷二三七元和三年六月《考异》所引《后唐懿祖纪年录》,第 7774 页;卷二四六开成四年末《考异》所引《后唐献祖纪年录》,第 8064 页。前者记述沙陀投奔唐朝,后者记述沙陀出兵回鹘,其记载舛误甚多,司马光皆有辨正。

⑤ 《册府元龟》卷五五七《国史部·采撰第三》,第 6385 页。

（二）贾纬与《唐年补录》《旧唐书》

天福六年（941）二月己亥（九日），晋高祖下诏命史馆修撰唐史①，二月己酉（十九日），贾纬奏言：

> 武宗至济阴废帝凡六代，唯有《武宗实录》一卷，余皆阙落。臣今采访遗文及耆旧传说，编成六十五卷，目为《唐年补遗录》，以备将来史官修述。②

从《旧五代史》中贾纬的传记来看，其在天福五年已通过史馆监修赵莹向晋高祖提出修撰唐史，并曾针对李崧"唐朝近百年来无实录，既无根本，安能编纪"的质疑，"与宰臣论说不已"③。晋高祖下诏修唐史十天后贾纬即上呈《唐年补录》（本文统一采用《考异》所引书名），可知其准备唐史的修撰由来已久。虽然贾纬随后即丁忧去职，开运初（944）服阕后"复起居郎，修撰如故"，但这应当不会影响《旧唐书》在修撰过程中对《唐年补录》的利用。由于《唐年补录》系"采掇近代传闻之事，及诸家小说，第其年月"④而成，因此《旧唐书》本纪部分（下简称《旧纪》）的编纂虽然会采用其中不少的内容，但内容框架应不会以其为蓝本展开。当然，《唐年补录》"虽论次多缺误，而事迹麤存，亦有补于史氏"⑤，可信之传闻亦应有不少为《旧纪》所取。

《唐年补录》的佚文除见于《考异》外，《太平广记》、晏殊《类要》和乐史《广卓异记》皆有征引。笔者将这些记载分为两类，一是纯粹的史实，如某年某月发生某事、下发诏书、某人任官、封爵变动等；二是所谓小说家言。《考异》所引多是第一类，而晏殊《类要》引《唐年补录》五条佚文中也有三条为册文⑥，可知《唐年补录》所保留的制书诏敕亦不在少数。第二类中，除《太平广记》所引神怪之事外⑦，诸

---

① 《册府元龟》卷五五七《国史部·采撰第三》，第6388页。
② 同上，第6387页。
③ 《旧五代史》卷一三一《周书·贾纬传》，第2009页。
④ 同上，第2008页。
⑤ 《直斋书录解题》卷四《编年类》，第112页。按该评论原出《新唐书·贾纬传》，由于《直斋书录解题》系实见书目，陈振孙采用欧阳修之说，并非单纯的照录。
⑥ 唐雯《晏殊〈类要〉研究》，上海古籍出版社，2012年，第144—145页。
⑦ 关于《太平广记》所引《唐年补录》的佚文，见卢锦堂《〈太平广记〉引书考》，花木兰文化出版社，2006年，第43—45页。

书所载佚文仍不乏"有补于史氏"者，可能也会为《旧纪》所采。如晏殊《类要》所引另外两条，及《广卓异记》所引三条，皆"传闻之事，及诸家小说"。有的传闻之事如《考异》所引开成五年八月刘弘逸、薛季稜谋反伏诛，便被《旧纪》继承，当然受制于《本纪》的体裁，也有不少传闻被《旧纪》摒弃，如《考异》所引龙纪元年五月孟方立败亡，以及《类要》所引大中九年博士论礼，《广卓异记》所引光化三年三使相平刘季述之乱等①。

从《考异》所引内容来看，对于第一类纯粹的史实记述，《旧纪》如未直接采用，大多会采取其他记载而另有取舍。第二类内容如未采用则多数直接摒弃。笔者选取了十五处《考异》有明确引文的《唐年补录》②，将《旧纪》对这些引文的采用情况分为四种，列表如下：

表 1　《唐年补录》与《旧唐书》本纪部分对照表

《考异》引《唐年补录》出处	《唐年补录》系年	《旧纪》对《唐年补录》利用情况
会昌元年三月（第 8072 页）	开成五年八月 840	采用（第 585 页）
大中八年九月（第 8176 页）	大中五年正月 851	采用（第 628 页）
咸通九年十一月（第 8253 页）	咸通九年十一月 868	以之为误，采用其他记载（第 665 页）
中和二年正月（第 8383 页）	中和元年十二月 882	部分符合，采用其他记载（第 712 页）
中和三年四月（第 8416 页）	中和三年四月 883	以之为误，采用其他记载（第 714 页）
中和三年七月（第 8419 页）	中和三年五月 883	部分符合，采用其他记载（第 716 页）
光启二年三月（第 8454 页）	光启二年三月 886	采用（第 723 页）
光启三年闰十一月（第 8490 页）	光启三年十二月 887	部分符合，采用其他记载（第 729 页）
文德元年三月（第 8496 页）	文德元年二月 888	以之为误，采用其他记载（第 735 页）
龙纪元年正月（第 8504 页）	龙纪元年正月 889	部分符合，采用其他记载（第 737 页）
龙纪元年五月（第 8507 页）	龙纪元年 889	未采用，无相关记载

① （宋）乐史著，张剑光整理《广卓异记》卷一八《三使相》，《全宋笔记》第一编（三），大象出版社，2003 年，第 130 页。

② 据郭桂坤统计，《通鉴考异》征引《唐年补录》共计 25 处，笔者此处仅选取了其中有引文的 15 处。见郭桂坤《贾纬及其〈唐年补录〉》，《史学史研究》2014 年第 1 期，第 28 页。

续　表

《考异》引《唐年补录》出处	《唐年补录》系年	《旧纪》对《唐年补录》利用情况
天复元年二月（第8670页）	天复元年五月 901	未采用，无相关记载
天复三年正月（第8712、8715页）	天复三年正月 903	以之为误，采用其他记载（第775页）
天祐元年二月（第8747页）	天祐元年正月 904	以之为误，采用其他记载（第778页）
开平元年三月（第8790页）	天祐四年三月 907	部分符合，采用其他记载（第809页）

需要指出的是，如果《旧纪》全取《唐年补录》的记载，《考异》自然不会重复征引①，因此《旧纪》全取《唐年补录》的实际比例应比表1中所体现的20%再高一些。下文笔者将分别选取《唐年补录》的记载，对《旧纪》的四种采用情况展开分析：

1.《旧纪》采用《唐年补录》叙事

如开成五年八月刘弘逸、薛季稜谋反伏诛一事，《唐年补录》记载：

> 五年八月，云是月诛枢密使刘弘逸、薛季稜。帝即位，尤忌宦官，季稜、弘逸深惧之。及将葬文宗于章陵，聚禁兵，欲议废立。赖山陵使崔郸、卤簿使王起等拒而获济，遂擒弘逸、季稜杀之。

《旧唐书·武宗本纪》记载：

> 开成五年八月十七日，葬文宗【皇帝】于章陵。知枢密刘弘逸、薛季稜率禁军护灵驾【至陵所】，二人素为文宗奖遇，仇士良恶之，心不自安，因是【掌兵，】欲倒戈诛士良、弘志。卤簿使【兵部尚书】王起、山陵使崔~~稜~~〔郸〕觉其谋，先谕卤簿诸军。是日弘逸、季稜伏诛。②

此事因与《旧唐书·杨嗣复传》抵牾，故司马光未取。司马光引述虽有省略，但显

---

① 　例如关于乾符五年沙陀起兵反唐之事，《考异》所引诸书中并不见《唐年补录》，或许即是因为其记载为《旧唐书·懿宗本纪》所继承的缘故

② 　此处将《旧唐书》文本与《考异》所引进行对比，"【】"内为司马光引文中省略的文字，横线划去的则是司马光为内容衔接所补，下同。

然《旧纪》与《唐年补录》中的记载采用了同源史料。简短事项也有直接照搬者，如大中五年正月，《唐年补录》载"五年，正月，甲戌朔，封三王"，《考异》此处引文应是避免重复正文而有省文。参考《旧纪》"五年春正月甲戌，制皇第七子洽封怀王，第八子泚为昭王，第九子汶为康王"，可知《唐年补录》完全为《旧唐书》所采用。

2.《旧纪》以《唐年补录》为误而采用其他记载

如咸通九年《唐年补录》记载：

> 十一月庚申，以太原节度使康承训为都统，讨徐州。

司马光在《考异》辨正称"按庚申乃十二月一日，承训旧官亦非太原节度使。《补录》误也"，因系年任官皆误，故《旧纪》亦未取《补录》，而是在次年咸通十年正月记载：

> 以右神策大将军【知军使、兼御史大夫、上柱国、龙阳县开国伯、食邑一千户】康承训【可金紫光禄大夫、检校刑部尚书、兼右神策大将军、御史大夫、上柱国、扶风郡开国公、食邑一千五百户，】充徐泗行营都招讨使。

可知《旧唐书》应是从其他诏敕类的史源中，重新采录了一系列的任官。不过从《考异》称"《彭门纪乱》《新纪》，承训等除招讨使皆在十一月"来看，《唐年补录》诚可谓是"论次多缺误，而事迹巇存"。

3.《唐年补录》不为《旧纪》所取的传闻之事

如《资治通鉴》龙纪元年五月条《考异》所引《唐年补录》：

> 方立有谋将石元佐为安金俊所获，金俊问之，元佐请攻磁州，破裴忠信，金俊乃杀之。方立果与忠信引兵入磁，金俊与之战，大败，忠信死，方立单骑入邢州，愧见父老，遂自裁。

《考异》又称"按《唐年补录》载王镕《奏得邢洺大将等状》，以'孟方立奄辞昭代，三军、百姓同以亲弟摄洺州刺史迁权知兵马留后事'"。想必孟方立败亡之事，《唐

年补录》中有着大量记载,《旧纪》宣宗后部分尽管叙事芜杂,但对此事却仅记载:
"六月【辛酉朔】,邢洺节度使孟方立卒,三军推其弟洺州刺史迁为留后,【太原】李
克用出军攻之",将众多征战细节悉数略去。

4.《旧纪》采用其他记载,与《唐年补录》略有重合

笔者拟用中和三年李克用入长安黄巢败走一事详加说明。此事《旧纪》作:

> 四月【丁酉朔】。庚子,沙陀【忠武、义成、义武】等军趋长安,贼【悉众】拒
> 之于渭桥,大败而还。李克用乘胜追之。己卯,黄巢收【其】残众,由蓝田关而
> 遁。庚辰,收【复】京城,【天下行营兵马都监】杨复光【上章】告捷【行在】。

《考异》称"按是月丁酉朔,无己卯、庚辰",庚子为四月四日,但己卯和庚辰已是五
月十四日和十五日。《考异》又称:

> 《唐年补录》:"八日,克用等战渭南,三败贼军。九日,巢走。"按杨复光
> 露布云:"今月八日,杨守宗等随克用自光泰门先入京师。"又云:"贼尚为坚
> 阵,来抗官军,自卯至申,**群凶大溃**,即时奔遁,**南入商山**。"然则官军以八日
> 入城,贼战不胜而走,此最可据,今从之。

中和三年四月《唐年补录》的记载亦为晏殊《类要》所引:

> [僖]_(穆)宗中和[三]_(二)年四月,雁门与忠武军败巢,贼自光泰门由蓝田
> 关[七]_(上)盘路遁。诸军虏掠士女玉帛,大发大内,自含元殿以□,一无存
> 者,惟西内、南内及光启宫在焉。①

可见《类要》引文已去掉系日,专记事实,而《唐年补录》的原文亦比司马光所引更
为丰富。实际上,《考异》断定《唐年补录》"最可据"时所引杨复光露布,《旧纪》亦
有记载。司马光所引露布的第二句,《旧纪》作:

---

① (宋)晏殊撰《晏元献公类要》卷一三《总叙皇居》,《四库全书存目丛书》子部第166册影印西安
文物管理委员会藏清钞本,齐鲁书社,1995年,第580页,句读参考唐雯《晏殊〈类要〉研究》,第145页。

　　　　贼尚为坚阵，来抗官军。李克用率励骁雄，整齐金革，叫噪而声将动瓦，喑鸣而气欲吞沙。宽列戈矛，麾军夹击，自卯至申，**凶徒大败**。自望春宫蹙杀，至升阳殿合围，戈不滥挥，矢无虚发。其贼即时奔遁，**散入商山**。

上文中的《旧纪》引文，笔者特意保留了司马光《考异》征引时所做修改的痕迹。从中可以看出，司马光在引《旧纪》时虽有省并，但从不改动原文。由此可知《考异》的露布文本应采自他书而非《旧纪》，由于司马光阐述露布内容紧接《唐年补录》叙事，颇疑该书即其来源。幸运的是，该"版本"的露布，保留在了《册府元龟》中：

　　　　贼尚为坚阵，来抗官军。雁门**李讳**率励骁雄，整齐金革，叫噪而声将动瓦；喑鸣而气欲吞沙。宽列戈矛，密张罗网，于是麾军背击，八骑横冲。日明而剑曜飞轮；风急而旗开走电。使贼如浪，便可塞流；使贼如山，亦须折角。蹂践则横尸入地，奔腾则积血成川。杨守宗等齐驱直入，合势夹攻，从卯至申，**群凶大溃**，自望春宫前蹙杀，至升阳殿下攻围，戈不滥挥，矢无虚发。其贼一时奔遁，**南入商山**。[①]

该露布应即《唐年补录》中所载露布的原貌[②]，可知《旧纪》在修撰时，未取《唐年补录》中的录文而参阅了其他版本，或是在抄录过程中对文字有所改动。而贾纬避克用讳，也清楚地反映在中和三年五月条所附《考异》之中：

　　　　贾纬《唐年补录》："五月，制：'李讳可同平章事，充河东节度使。'"……《唐年补录》五月制，止褒赏克用、朱玫、东方逵三人，制词鄙俚，疑其非实。

关于制书中的避讳，《胡注》称贾纬"历事唐、晋、汉、周，故不敢称克用名"，而郭桂坤认为该制书实为后唐史臣所加工，"贾纬只不过径取了这一制书的内容而没有

---

　　① 《册府元龟》卷四三四《将帅部·献捷》，第4913页。该露布亦见《旧唐书》卷二〇〇下《黄巢传》（中华书局，1975年，第5396、5397页），文字略有差异，且"李讳"作"李克用"，但标着重号的语句仍同《册府元龟》。

　　② 《册府元龟》涉晚唐史事不少取自《唐年补录》，参见岑仲勉《册府元龟多采唐实录及唐年补录》，氏著《唐史余沈》，上海古籍出版社，1979年，第235页。

进行甄别订正"①。笔者认为，该露布原文应在后晋时仍存，因此《旧唐书·黄巢传》所引较《册府元龟》的文本仍有增补。贾纬此书系私撰，著述应始于其在后唐任石邑县令时②，避克用讳理所当然。此外，既然诏书仍存，贾纬并不需要特意查阅后唐史臣抄录的避克用讳的版本，更何况入后晋史馆之前他也无法参阅其中所藏文书。因此笔者同意胡三省之说，为李克用避讳者正是贾纬本人。

从《考异》所引十五处引文来看，即使是《旧纪》中未取《唐年补录》的一些记事，也能找到与后者对应的记载，或排比整合之时将其摒弃的痕迹。可见《唐年补录》对于《旧纪》的编纂确实有不小的影响。但如上所述，《旧纪》引诸书记载，只是选取后融合而已，并不会像司马光一样仔细辨正，因而就出现了四月记事中出现五月干支纪日的现象。同样地，关于《旧纪》记载沙陀起兵后咸通十四年唐廷"诏太原节度使崔彦昭、幽州节度使张公素帅师讨之"③，胡耀飞认为二人"虽然确实是咸通后期在任，但也可以是史家为了契合时间点而故意配对了这两位当时在任的节度使"，张凯悦亦称二人"被置于'云州叛乱前史'的叙事中，可能与河东、幽州节度使在云州叛乱实际发生的乾符五年的动向有关"④。关于《旧纪》的记载，《新纪》作"十四年正月，沙陀寇代北"⑤，而《新纪》却以云州叛乱发生于乾符五年，知咸通十四年正月确曾出现沙陀的叛扰。因此，《旧纪》该记载并非史官查阅其咸通十四年任官后再大费周折作伪，当时并无整理好的晚唐人物列传或职官志、方镇表一类文献可供参考，诸多记载之间的矛盾，只是后晋史官疏忽大意所致⑥。

二、为尊者讳：习惯使然还是有意为之

（一）行状与诏敕：不同政治诉求下不同文献来源的影响

据《考异》所引《后唐太祖纪年录》："乾符三年（876），河南水灾，盗寇蜂起，朝

①　郭桂坤《贾纬及其〈唐年补录〉》，《史学史研究》2014 年第 1 期，第 29 页。

②　参考《旧五代史》卷一三一《周书·贾纬传》，第 2008 页。

③　《旧唐书》卷十九上《懿宗本纪》，第 682 页。

④　胡耀飞《斗鸡台事件再探讨——从〈段文楚墓志〉论唐末河东政局》，《中国中古史集刊》第 3 辑，第 270 页注释 3；张凯悦《"云州叛乱前史"考——兼论晚唐沙陀史的编纂》，《唐研究》第 24 卷，第 139 页。

⑤　《新唐书》卷九《懿宗本纪》，中华书局，1975 年，第 263 页。

⑥　参见拙作《再论沙陀李氏的崛起》，《史林》2022 年第 5 期，第 4—5 页。

廷以段文楚为代北水陆发运、云州防御使,以代支谟。"①西村陽子通过论证支谟不可能于乾符三年赴任大同,进一步认为后唐明宗朝编纂的史料存在改换事件发生时间而导致史料抵牾的问题,并引森部豊和石见清裕通过考察《李克用墓志》证明《后唐太祖纪年录》的世系存在改窜作为辅助证据②。世系假托虽是作伪无疑,但记事舛误却应首先证明是否因年代久远而误记,其次才能证明其是否作伪③。《旧五代史·武皇纪》记载李克用"及壮,为云中守捉使,事防御使支谟,与同列晨集廨舍,因戏升郡阁,踞谟之座,谟亦不敢诘"④。该记载史源应即《后唐太祖纪年录》,知以段文楚之前任为支谟在该书中并非个案。据笔者考证,段文楚乾符二年十月移镇大同,所代之人实为李琢⑤。从《武皇纪》记载的内容来看,史官无需捏造一个既可以视为英武也可以视为跋扈的事迹,更不可能在短短五个月的修纂过程中,为了符合这一创造而将书中出现的"李琢"皆改为"支谟"。更为合理的解释应是以段文楚前任为支谟的错误记忆至晚在《后唐太祖纪年录》修撰时便已产生。

　　类似地,张凯悦也认为《庄宗功臣列传》和《旧唐书》混淆卢简方的两次任命,将乾符五年的沙陀起兵反唐系于咸通十三年是有意为之,这样"不仅构建出了李国昌跋扈与唐廷对'云州叛乱'的应对措施间本不存在的联系,还淡化了原本发生在乾符五年二月,对沙陀、唐朝双方而言都意义重大的李克用杀段文楚之事,使之变成了李国昌和唐廷争执互动中的一段插曲"⑥,即认为这样的年代改换,可以尽量帮助掩盖李克用杀害段文楚之事。上文笔者已经证明,《庄宗功臣列传》迟迟未能成书,主要是因为缺少行状资料。由于不少行状都是明宗朝才着手修撰,因追忆致误的可能性自然大大增加。对于当时所修的三祖《纪年录》而言,发迹代北的沙陀族能依靠其节度使府中掌书记一类的文职官员留下多少记载,也要打上问号。因此,行状中系年有误实属正常。《后唐太祖纪年录》将沙陀起

　　①　《资治通鉴》卷二五二乾符五年二月《考异》,第 8318 页。

　　②　西村陽子《唐代沙陀突厥史の研究》,第 98—99 页。

　　③　实际上《李克用墓志》所记载的世系仅在李克用祖父朱邪执宜之前与传世文献有所差异,参见森部豊、石见清裕《唐末沙陀「李克用墓誌」訳注·考察》,《内陸アジア言語の研究》2003 年第 18 卷,第 40—46 页。

　　④　《旧五代史》卷二五《唐书·武皇纪上》,第 383 页。

　　⑤　拙作《再论沙陀李氏的崛起》,《史林》2022 年第 5 期,第 5—6 页。

　　⑥　张凯悦《"云州叛乱前史"考——兼论晚唐沙陀史的编纂》,《唐研究》第 24 卷,第 138 页。

兵反唐系于乾符三年,同样也是事后追忆之误。尽管其叙事确实将段文楚塑造为"刚上任便不顾时岁不丰,大力刻剥代北军队的形象"①,但曲笔仅限于对原始材料润色加工,而非在此基础上进一步改换系年。

笔者并不否认"为尊者讳"情况的存在,问题是"为尊者讳"在撰修的不同环境中或史料的不同背景下是如何应用的。例如《唐年补录》所引诏书中,将李克用改为"李讳"的确实是贾纬本人,但个人著述中避帝王祖讳是惯例,并无深意。如果再进一步,因贾纬为李克用避讳而认为其在个人意识中力图维护沙陀正统,进而影响了《唐年补录》和《旧纪》的内容,那就未免过度阐释了。张昭远等人在明宗朝撰述《纪年录》《实录》和《功臣列传》,涉及沙陀起兵反唐的历史,"为尊者讳"的痕迹确实已经很明显。如张凯悦所言,《后唐太祖纪年录》的记载系通过歪曲段文楚的形象来为李克用等人的行为提供正当性。《考异》所引《后唐太祖纪年录》虽不见李克用等人戕害段文楚的细节,但还是有"城中械文楚出以应太祖"②一句,表明李克用也参与其中。然而,在《庄宗功臣列传》中,记载就变为:

> 咸通十三年十二月,尽忠夜帅牙兵攻牙城,执文楚及判官柳汉璋、陈韬等,系之于狱,遂自知军州事,遣君立召太祖于蔚州……七日,尽忠械文楚、汉璋等五人送斗鸡台,军人乱食其肉。③

《庄宗功臣列传》交代得非常明白,执文楚及判官,械文楚等人送斗鸡台使军人乱食其肉的主谋皆是李尽忠,并非李克用。然而《资治通鉴》却根据《唐末三朝见闻录》明确记载"癸酉(七日),尽忠械文楚等五人送斗鸡台下,克用令军士凸而食之,以骑践其骸"④,张昭远等人掩盖李克用残暴之企图一目了然。不过,后唐史官"为尊者讳"而作伪应仅局限于这类对文本"润色",参考上文所述史官修史的态度与当时史馆资料留存的情况,很难相信会出现改换系年并重新弥合史

①　张凯悦《"云州叛乱前史"考——兼论晚唐沙陀史的编纂》,《唐研究》第24卷,第137页。
②　《资治通鉴》卷二五三乾符五年二月《考异》,第8319页。
③　《资治通鉴》卷二五三乾符五年二月《考异》所引,第8319页。
④　《资治通鉴》卷二五三乾符五年二月,第8318页。

料之事①。

　　至于《旧唐书》中有关沙陀的记载,如刘浦江所言,后晋以后唐为"李唐皇室的继承者",乃至选取二王三恪之时,以明宗幼子李从益"奉唐之祀",史馆拟修之《唐书》,最初的计划也是"远自高祖,下暨明宗"②。据此,张凯悦认为张昭远仍预修《旧唐书》"当在很大程度上保证了三种史书贯彻'继唐之祚'这一编纂意图的连贯性"③。但同是"继唐之祚",所继之"唐"却不尽相同。明宗保留唐作为国号实是为了回避自身的养子身份,借助沙陀李氏的政治影响力保持政权的稳定,而后晋以沙陀李氏作为唐祚之延续,旨在强调石敬瑭政权得自后唐明宗的法统。所以,李嗣源修后唐诸祖《纪年录》和庄宗《实录》,来体现自己接续沙陀李氏的合法性;而石敬瑭则将唐与后唐视为整体,修撰《唐书》来表明"晋"的合法性。借助王溥在《五代会要》中的分类,两者一为"国史",一为"前代史"④。诉求不同,对待李克用自然也不会是同样的态度。

　　对于后唐明宗,李克用系当朝太祖,因此不仅要为尊者讳,还要像模像样地仿照各朝开国之君假托诞生神话⑤。但对于后晋而言,李克用只是晚唐时的一方诸侯,如实对其记述丝毫不会影响本朝承接唐朝之法统。因此,《旧纪》不避李国昌名讳,对李克用之登场亦径称"李国昌小男克用"⑥。这样一来,包括张昭远在内的后晋史官出于"为尊者讳"的需要而有意改窜《旧唐书》中沙陀早期历史的主观动机便不复存在。从而《旧唐书》中与他书抵牾乃至自相抵牾的记载,即使是涉及沙陀早期历史相关的部分,同样也只能归因于史料缺略或史官剪裁不当。

　　对于《旧唐书》而言,由于宣宗朝后并不存在任何实录或日历一类的官修史籍,后晋史官修撰晚唐时期的历史只能依靠残存的诏敕、官员行状、家传乃至故老追述,从而时间和地点的准确性也大幅下降。而关于当时代北地区的沙陀,在

---

　　① 黄英士曾对《纪年录》中沙陀投唐的历史进行详细分析,揭示了张昭远等史官避免对朱邪氏进行不利叙述的润色过程,其中有曲笔和忽略,但同样不见有改换系年之类的痕迹。见黄英士《沙陀的族属及其族史》,《德明学报》2010年第34卷第2期,第67—69页。

　　② 刘浦江《正统论下的五代史观》,见氏著《正统与华夷:中国传统政治文化研究》,中华书局,2017年,第36—37页,原载《唐研究》第11卷,北京大学出版社,2005年。

　　③ 张凯悦《"云州叛乱前史"考——兼论晚唐沙陀史的编纂》,《唐研究》第24卷,第143页。

　　④ 《五代会要》卷十八将二者事迹分别归入《修国史》和《前代史》两个不同的条目之下。

　　⑤ 《旧五代史·武皇纪》中叙述的李克用在诞生之初和年少时的种种异象,盖即抄掇自《后唐太祖纪年录》,见《旧五代史》卷二五《武皇纪》,第382—383页。

　　⑥ 《旧唐书》卷十九上《懿宗本纪》,第681页。

其起兵之际连李克用的生死都能一时成为迷局①,可想而知不会有多少信息留存于唐廷的官方档案中。正如张昭远修《懿祖纪年录》不会参考《德宗实录》,后晋史官在修《旧纪》时,更不会去翻阅《太祖纪年录》乃至《唐功臣列传》来核定或改窜史实,后晋史官没有为后唐太祖如此尽心尽力的必要。撰修《旧纪》,首先应是利用诏敕、奏议、露布等官方档案和《唐年补录》一类的系年著作,其次是根据显赫官僚的行状家传寻找任官记录和重要大事系年②。本文所考辩《旧纪》的内容,其史源皆在此范围之中③。

因而笔者不赞同将《旧唐书》归入所谓"沙陀系史料"之中,最大的原因就在于与《太祖纪年录》《庄宗功臣列传》这类真正的"沙陀系史料"相比,《旧唐书》有着不同的史源。例如关于沙陀起兵反唐之事,《旧唐书·懿宗本纪》与《庄宗功臣列传》皆系于咸通十三年。前者基于诏敕,致误原因是史臣误将该年卢简方二度受命大同与沙陀起兵反唐后乾符五年二月的第三次受命相混④;而后者则基于康君立的行状或家传,盖因咸通十三年沙陀确曾被唐廷讨伐,家传遂将其与同样发生在年关前后的乾符五年"反叛"相混。两者虽系年相同,但文献来源不同,亦无任何传承关系。相较于抄缀材料成书的史官的态度,文献来源差异所带来的影响或许更大。

(二) 去伪存真: 对史料记载的存疑与采用

由于文献来源不同,记叙事件也会出现视角差异。如乾符五年末六年初唐廷与沙陀的战斗,《旧纪》即取唐军师出之时展开叙述,将其系于乾符五年十二月:

> (乾符五年)十二月,(崔)季康与北面行营招讨使李钧,与沙陀李克用战

①　据《支谟墓志》,唐廷曾在沙陀起兵后的一次战斗中误以为李克用身亡,并由此导致朝中的争论,参见拙作《再论沙陀李氏的崛起》,《史林》2022 年第 5 期,第 10—11 页。

②　胡三省曾注意到,唐代浙东曾出现的两次叛乱中,"裘甫之祸不烈于袁晁",但通鉴所书却远为详细,进而认为"唐中世之后,家有私史"。参见《资治通鉴》卷二五〇咸通元年七月胡注,第 8212 页。

③　长兴二年明宗依史馆所奏,于两浙、福建、湖广等道"采访宣宗、懿宗、僖宗、昭宗以上四朝野史,及逐朝日历"(《五代会要》卷一八《史馆杂录》,第 303 页)。武宗后实录虽不存,但晚唐时期日历一类史料亦有为《旧唐书》所利用的可能。

④　参见拙作《再论沙陀李氏的崛起》,《史林》2022 年第 5 期,第 3—4 页。

于岢岚军之洪谷,王师大败,钧中流矢而卒。戊戌,至代州,昭义军乱,为代州百姓所杀殆尽。①

据《考异》所引《唐末见闻录》,"十九日,崔尚书发往岢岚军"②,则战斗必在其后。《旧纪》虽然记载崔李二人出师在五年十二月,但"戊戌,至代州,昭义军乱"中的"戊戌"已是乾符六年一月八日。《旧纪》所依据的是系有年月日的资料,故取师出之时展开叙述,而取材于《后唐太祖纪年录》的《旧五代史·武皇纪》,则取两军交汇之后的结果展开叙述,将之系年于乾符六年春:

> 乾符六年春,朝廷以昭义节度使李钧充北面招讨使,将上党、太原之师过石岭关,屯于代州,与幽州李可举会赫连铎同攻蔚州。献祖以一军御之,武皇以一军南抵遮虏城以拒李钧。是冬大雪,弓弩弦折,南军苦寒,临战大败,奔归代州,李钧中流矢而卒。③

《后唐太祖纪年录》中李克用早期的记载应当与懿祖、献祖一样,皆系事后追忆,并非当时的记录,因而取沙陀军获胜李钧败亡的战斗结果来展开过程叙述也在情理之中。上述记载恐怕只有崔季康出师于十二月十九日与李钧之死在乾符六年一月初两件事情可以明确,其他的都是此间发生的事件。因此,《武皇纪》与《旧纪》之间只是因为史料来源不同而存在视角差异,其记载仍可相合。

除了回忆性质之外,《后唐太祖纪年录》另外一个特点就是独立于唐代官方档案或公卿士大夫行状、家传中的记载。如乾符五年末李国昌讨伐党项之事,不见于《旧唐书》而见于《旧五代史·武皇纪》:

> (乾符五年)冬,献祖出师讨党项,吐浑赫连铎乘虚陷振武,举族为吐浑所掳。武皇至定边军迎献祖归云州,云州守将拒关不纳。武皇略蔚、朔之地,得三千人,屯神武川之新城。赫连铎昼夜攻围,武皇昆弟三人四面应贼,

---

① 《旧唐书》卷一九下《僖宗本纪》,第702页。
② 《资治通鉴》卷二五三乾符五年十二月《考异》,第8331页。
③ 《旧五代史》卷二五《唐书·武皇纪上》,第384页。

> 俄而献祖自蔚州引军至,吐浑退走,自是军势复振。天子以赫连铎为大同军
> 节度使,仍命进军以讨武皇。①

　　此事亦见于《册府元龟》《新唐书》《新五代史》②,《武皇纪》中的记载无疑源于《后唐太祖纪年录》。当然,《纪年录》的事后追忆在细节上很容易出现问题——"赫连铎为大同军节度使"即属明显错误。大同军会昌三年始置都团练使,四年升为都防御使,乾符五年沙陀反唐之初,唐廷一度出于劝降李国昌之需要而"升大同都防御使为节度使"③,但通常情况下仍应授予防御使,两年后的广明元年(880),赫连铎即领大同军防御使而非"节度使"④。可能此时唐廷确实褒赏赫连铎任"大同军防御使"而被误记为"大同军节度使",也可能唐廷实未授予赫连铎任何官职,《纪年录》误将广明元年的任命与此处相混。此时担任防御使的应为支谟,故后者的可能性更大。然而由于笔者未见可以解答赫连铎此时到底是否被授予官职的史料,《纪年录》的致误原因只能存疑。

　　有时,石刻史料中的一句简短的记载,往往就能解开"回忆录"式的"沙陀系史料"中诸多疑窦。乾符六年赫连铎是否受命大同虽不可知,但李克用所受之节钺,却在传世文献中皆有所呼应。《支谟墓志》记载"(乾符)六年夏,任遵晋入奏,固称克用身在,大言于朝。遂除蔚朔云三州节度使"⑤,即在沙陀起兵反唐的第二年,李克用被授予"蔚朔云三州节度使"。三州以蔚州在前,云州在后,应是考虑到此时李国昌所领沙陀部落皆在蔚州,而支谟犹在云州任大同军防御使的缘故⑥。实际上,此事在《旧五代史》《新五代史》皆有所体现,尽管其记载皆有失实之处。

---

①　《旧五代史》卷二五《唐书·武皇纪上》,第384页。

②　《册府元龟》卷七《帝王部·创业第三》,第73页;《新唐书》卷二一八《沙陀传》,第6157页;《新五代史》卷四《庄宗本纪》,中华书局,1974年,第36页。按《册府元龟》所引基本与《武皇纪》相同,唯首句作"是岁,献祖以振武军节度使出师讨党项",但从其记载"文楚稍削军食"而非"文楚削军人衣米"(《考异》引《后唐太祖纪年录》)来看,《册府元龟》的记载仍应源于《旧五代史》而非《后唐太祖纪年录》。

③　参见《新唐书》卷六五《方镇表二》北都栏,第1819、1824页。

④　《资治通鉴》卷二五三广明元年七月,第8352页。

⑤　录文据西村阳子《唐代沙陀突厥史の研究》,第293—294页,句读略有改动。《支谟墓志》拓片图版可参见赵君平、赵文成编《河洛墓刻拾零》,北京图书馆出版社,2007年,编号四八四,第661页。

⑥　参见拙作《再论沙陀李氏的崛起》,《史林》2022年第5期,第13—14页。

《旧五代史·武皇纪》以沙陀起兵反唐在乾符三年,将其反叛后情况描述为:

> 诸将列状以闻,请授武皇旌钺,朝廷不允,征诸道兵以讨之。
>
> 乾符五年,黄巢渡江,其势滋蔓,**天子乃悟其事,以武皇为大同军节度使**、检校工部尚书。[①]

《旧五代史·李克让传》记载李克用起兵后李克让逃离长安:

> 初,懿祖归朝,宪宗赐宅于亲仁坊,自长庆以来,相次一人典卫兵。武皇之起云中⋯⋯天子诏巡使王处存夜围亲仁坊捕克让⋯⋯克让自夏阳掠船而济,归于雁门。**明年,武皇昭雪**,克让复入宿卫。[②]

《新五代史·庄宗本纪》:

> 明年(咸通十四年),僖宗即位,以谓前太原节度使李业遇沙陀有恩,而业已死,乃以其子钧为灵武节度使、宣慰沙陀六州三部落使,以招缉之。**拜克用大同军防御使**。[③]

《新五代史》无疑是受到将沙陀起兵反唐系于咸通十三年相关记载的影响而致误,但在起兵反唐后的第二年授予李克用节钺,其实与《支谟墓志》记载的情况高度呼应。仅凭传世史料,我们很难相信李克用会在起兵反唐期间被授予大同节钺,而只能将该记载视为《资治通鉴》中"李国昌为大同节度使"的误记。同样地,我们也会将《李克让传》中的"明年,武皇昭雪"作为广明元年黄巢入长安后方赦免李克用的误记[④]。对于《武皇纪》所谓"天子乃悟其事",亦只能视为回护沙陀之言。然而,乾符六年初河东、昭义两镇败北,河东又出现持续不断的兵乱,在日

---

①　《旧五代史》卷二五《唐书·武皇纪上》,第383—384页。

②　《旧五代史》卷五〇《唐书·李克让传》,第785页。

③　《新五代史》卷四《庄宗本纪》,第36页。

④　如司马光在《考异》中即反问"六年,克用未尝昭雪,克让何从得入宿卫",见《资治通鉴》卷五五中和二年十二月《考异》,第8406页。

益严峻的黄巢之乱局势下，遂出现"任遵誊入奏，固称克用身在，大言于朝"这样主和一派势力抬头的迹象①。由此我们知道"天子乃悟其事"实则反映的是唐廷在和战之间不断调整策略，最终与沙陀媾和，授予李克用官职。"明年（乾符六年），武皇昭雪"确有其事。至于新旧《五代史》皆误以为"昭雪"时所授予的官职为大同节度使或防御使，乃是后世追述李克用兼领三州时产生的记忆偏差。

《支谟墓志》的出土证明了三处记载皆非空穴来风。可以想见，后唐时史官所搜集的行状或采访的故老见闻，真实地反映了唐廷在李克用起兵后曾一度赦免其罪并授予官职。但毕竟提出修撰后唐早期实录的天成二年（927）距离沙陀起兵反唐的乾符五年（878）已有五十年之久，回忆落实到细节，自然漏洞百出——究竟唐廷是如何在和战之中最终妥协而授予李克用官职已无人知晓，只得约略称为"天子悟其事"；授予何官职亦无从知晓，只知其授官在代北，便记为"大同军节度使"。这些自然都是史官所做的"弥合"，但其背后依然有可供挖掘的合理成分。

结　语

与党项等其他边疆部落不同的是，由于沙陀诸政权在五代时期直接主导了史书的编撰，现存关于其早期史的记载，遂保留了晚唐官方与五代时沙陀族自身两个脉络的影响，史料和修史环境的局限使得所谓"沙陀系史料"在曲笔之外也有着诸多其他的影响因素。就后唐和后晋时期所修史书而言，对其内容制约最大的首先是原始材料的性质和留存情况，如后唐诸祖《纪年录》和《庄宗功臣列传》所依据的大部分是事后多年所修的行状或故老耳目相接的见闻，因而记述事件的年代往往有误。其次是修史的背景、修史者的经历和态度。五代时诸史大多成书时间短暂，又出于众手抄缀成书，即使是贾纬个人修撰的《唐年补录》，也是"论次多缺误，而事迹麤存"。

在这些史书中，虽同样存在为尊者讳的情况——如《庄宗功臣列传》有意将沙陀起兵之际的残暴行迹与李克用剥离，但并无内容杜撰和改换系年一类的系统性作伪。此外，所讳之"尊者"为谁也制约着文本的书写——如作为"国史"的

---

①　参见拙作《再论沙陀李氏的崛起》，《史林》2022 年第 5 期，第 13 页。

后唐诸祖《纪年录》《庄宗实录》与作为"前代史"的《旧唐书》对于李克用的态度便不尽相同,这些都不能以"沙陀系史料"概而言之。《旧唐书》虽由沙陀政权修撰,但继承的实为长安的官方视角,并不能归入"沙陀系史料"之中。而即使是诸如《后唐太祖纪年录》这样最为原始和"真实"的沙陀系史料,"为尊者讳"亦有结合具体语境和创作环境进行讨论的必要。即使是曲笔,往往也并非凭空捏造,而是有加工的原型——如李克用"踞谟之座,谟亦不敢诘",笔者已证明该记载误"李玙"为"支谟",那么李玙是否真的"不敢诘"? 即使"不敢诘"确有其事,原因是否又如《旧五代史》所描绘的那样是由于畏惧李克用之英武? 虽然目前的史料尚不足以回答这些问题,但倘若日后发现了有关材料,唯有在剔除文献不足征的客观影响之后,对曲笔的主观影响展开分析,方能最大程度还原当时的真相。

　　总之,对于沙陀早期历史的相关记载,笔者认为辨正之时,首先应排除传抄致误,其次考虑因史料残缺而做出的弥合,最后再考虑修史者曲笔的主观影响。与其一概视为"捏造"而予以摒弃,倒不如在"捏造"与"疏漏"之中找到合理的平衡点,尽可能"逆推"出当时的实情。

印、印制与用印：秦汉玺印研究述评

陈韵青

  论及秦汉王朝的统治与运作，成熟的官僚制①与发达的文书行政②常被认为具有枢要之功。而无论是官吏拜除罢免还是文书收发行达，都离不开印。印章表明官吏身份，彰显文书权威③。欲号令天下者觊觎国玺④，妄舞弊谋逆者伪写官印⑤，冀半通青纶者刻印随葬。玺印在秦汉时期蕴含着无可替代的象征意义⑥。

---

  ① 关于这一点，最为周知的是马克斯·韦伯(Max Weber)的论断：秦代以来的中国是以"家产官僚制"为核心形成的。马克斯·韦伯《中国的宗教：儒教与道教》(1915 年德文初版)，康乐、简惠美译，广西师范大学出版社，2010 年，第 91 页。白乐日(Etienne Balazs)认为中国历史一个持久不变的特点就是官僚主义，其显著标志是士大夫统治阶级不间断的连续性。白乐日《中国文明与官僚主义》(1964 年英译初版)，黄沫译，久大文化股份有限公司，1992 年，第 19、30 页；白乐日《天朝的封建官僚机制：中国古代经济和社会研究》第三章《中国官僚社会的长期稳定性》(1959 年法文初刊)，余振华译，广西师范大学出版社，2021 年，第 25—42 页。对秦汉以来官僚制发展程度的认识也包含于有关中国政治早熟的论述中，以及停滞论、分期论等讨论中。

  ② 《论衡》卷一三《别通篇》："汉所以能制御九州者，文书之力也。"(汉) 王充撰，黄晖校释《论衡校释》，中华书局，1990 年，第 591 页。关于汉代文书行政的发达及其之于汉帝国统治的意义，可参冨谷至《文书行政的汉帝国》(2010 日文初版)"绪言""结语"，刘恒武、孔李波译，江苏人民山版社，2013 年，第 5 页，第 341—342、346—354 页。

  ③ 冨谷至《文书行政的汉帝国》，第 68—70 页。

  ④ 可参刘少刚《汉律伪写玺印罪与西汉的政治斗争》，《出土文献研究》第六辑，上海古籍出版社，2004 年，第 229—237 页。

  ⑤ 《二年律令·贼律》第 9、10 号简："伪写皇帝信玺、皇帝行玺，要(腰)斩，以匀(徇)。伪写彻侯印，弃市；小官印，完为城旦舂☐"。彭浩、陈伟、工藤元男主编《二年律令与奏谳书：张家山二四七号汉墓出土法律文献释读》，上海古籍出版社，2007 年，第 93—94 页。《史记·淮南衡山列传》载淮南王刘安欲谋反，"乃令官奴入宫，作皇帝玺，丞相、御史、大将军、军吏、中二千石、都官令、丞印，及旁近郡太守、都尉印，汉使节法冠，欲如伍被计"。《史记》卷一一八，中华书局，2014 年，第 3755 页。

  ⑥ 玺、印、章三种称名的区别大致为：玺，战国古玺常见以"玺"自名，印文中又作"鉨"等不同写法，秦汉以"玺"作帝、后、诸侯王印的专名，官印和私印不再自名为"玺"；印，秦汉帝王以下的百官印章多自名为"印"，私印亦如此，但在更严格的官印之制中"印"又为等级标志之一，是低于"玺""章"的一级；章，西汉武帝时另立五字官印，形成新的自名曰"章"，是秩级为比二千石以上官印的新标志；印与印章则为当下的习称。基于此，本文在强调秦汉皇帝玺与官印时称"玺印"，若泛泛而论(转下页)

　　印宗秦汉，秦汉时期的印章之制上承战国、下启后世。地不爱宝，封泥大量出土，秦至东汉间不同时期、不同地域的文书中也不断出现检类简牍，传送文书、禁闭物品等事务中填泥、施印的封缄之制愈发明晰。比之符、节、斧钺等其他信物，印章衔接着国家、官吏与事务，在国家统治与官府行政中更为常用，是官吏日常工作中的重要用具。

　　印章本为世界大多古文明通用之物①，若论其由来，在古代中国，用印的历史远早于秦汉印制确立②。而观其走向，印的使用场合迈出官府，进入了丧葬、佛道仪式、书画收藏等新场域。汉唐间官印主体由官职印向官署印转化，及至今日，机构公印在政务处理与大众心理中的效力仍然存续③。无论是印制的转变还是公印权威的绵延，其缘由并不仅是自上而下的改革与规范，而更多地来自秦汉时期起官吏日复一日的用印行为中所形成的机制。这一机制不仅运作于秦汉间，其中的工作原理与逻辑，至今仍可寻见踪迹。

　　印章实物、印制与用印既是印在秦汉时期的不同面向，也是秦汉印章研究中的主要课题。而在秦汉各类印章中，官印行用广泛，更具象征性，关于其研究亦最丰厚；私印、里单印、图形印、吉语印、宗教印等或属性存疑或存世不多，讨论也较疏阔。因此，本文综述范围侧重秦汉官印研究，兼及帝玺，首先对相关学术史

（接上页）秦汉各类印则称"印"或"印章"。孙慰祖《古玺印断代方法概论》（2010 年初刊），《孙慰祖玺印封泥与篆刻研究文选》，上海古籍出版社，2019 年，第 24—25 页；魏德胜《居延简牍中的"印"、"章"》，《汉语史研究集刊》第十辑，巴蜀书社，2007 年，第 142—152 页。

　　①　林文彦《东西方印章封泥之比较初探》，《西泠印社·战国秦汉封泥文字研究专辑（总第 31 辑）》，西泠印社出版社，2011 年，第 33—50 页；林乾良《印文化概说》，浙江古籍出版社，2018 年。另可参 Dominique Collon, ed., *7000 Years of Seals*, British Museum Press, 1997。

　　②　关于中国玺印的起源问题，受限于出土实物的匮缺，历来莫衷一是。于省吾在《双剑誃古器物图录》中公布了三枚据传出土于河南安阳殷墟的青铜"商玺"，近年来得到了一定程度的确认。在河南安阳殷墟以及江西清江吴城的商代遗址中，也出土了一些单枚抑印陶片。因此，部分学者目前认为殷商时代已有用印的事实。详参周晓陆、石易珩《考古学对玺印文化的贡献——〈二十世纪出土玺印集成〉引言》，周晓陆主编《二十世纪出土玺印集成》，中华书局，2010 年，第 89—93 页。不过，需要注意的是，抑于陶器等器物的戳记或戳印与秦汉随身佩携的信物之印在功能与行用意涵上都存有较大差异，未必同源。

　　③　后晓荣《印章如何成为中国人权力的象征》，杨炎之访问，澎湃新闻，2017 年 8 月 10 日；Mark Lewis, "Reports, Tallies, and Seals", *Writing and Authority in Early China*, State University of New York Press, 1999, pp. 28-35。在日本，私印的使用至今仍非常广泛；而在美国，相反，并无印章尤其公印文化，个人签署更为重要。可参林乾良、孙喆编著《世界印文化概说》，浙江古籍出版社，2006 年，第 105—113 页。

进行归纳与梳理,继而分析不同研究思路的得失,借助前人探查之光束,交互观知彼此的见与不见,以期能在秦汉玺印研究的密林中觅得通幽之新径。

一、学术史回顾

秦汉玺印研究由来已久,可溯及金石之学;此后分支颇广,在历史、考古、文字、艺术等诸多学科中都有积累。大体观之,相关研究的发展呈现出由传统金石学转向历史学为主、考古学与文字学为辅的脉络,并出现了各学科研究方法与问题意识交叉的趋势。晚清金石学中玺印研究的主要方式是谱录编撰,议题集中于器型、文字与考据。这也奠定了玺印研究的范式与印学的主体。历史学中涉及秦汉玺印的研究在初期多循以印补史的思路展开,玺印更多地发挥着史料的作用[①]。20世纪90年代后半期,秦汉国家制度中的玺印制度才逐渐成为一个较为独立的研究问题。日本历史学者对这一问题更为重视,在60年代前后即已提出玺印制度中包含了秦汉国家结构,但对于其中具体的政治意涵一直存在争论。考古发现极大地推动了玺印研究的发展。一方面,出土印章实物与封泥扩充了玺印资料体量。另一方面,自20世纪初西北地区发现汉晋文书简牍,与玺印行用关联紧密的封检类简牍与简牍检署之制随之进入研究者的视野;更多秦汉律令与行政文书出土与整理公布后,在封检之外,律令中关于玺印的规定以及文书中与用印情况相关的记录也引起了关注,近十年成果尤丰,玺印在文书行政中的使用实态愈发清晰起来。

尽管秦汉玺印研究历程较长,不同时期焦点有别,各类讨论分散于多学科中,参差错落,但却有一些根深蒂固的思路与通贯集中的主题。以下将大致按照这些研究理路产生的先后顺序,依次从秦汉玺印与封泥实物研究、秦汉印制及其意涵、秦汉简牍中的用印实态三个方面进行述评[②]。

---

① 散见于陈直《汉书新证》(1959年初版,1979年增订),中华书局,2008年;陈直《史记新证》(1979年初版),中华书局,2006年;另如吴荣曾《新莽郡县官印考略》(1989年初刊)《西汉王国官制考实》(1990年初刊),收入《先秦两汉史研究》,中华书局,1995年,第310—327、285—309页。

② 关于秦玺印封泥研究的详细综述,可参王伟《20世纪以来的秦玺印封泥研究述评》,《陕西历史博物馆馆刊》第十七辑,三秦出版社,2010年,第39—49页。

（一）秦汉玺印、封泥实物研究

自宋代，金石学中已有玺印收藏与辑录的传统①。但直至晚清，方于藏录之外渐兴对玺印之钻研。这与当时金石学整体发展相关联，也受到了乾嘉考据等学风影响。其中，陈介祺（字寿卿，号簠斋，1813—1884 年）与吴大澂（字清卿，号愙斋，1835—1902 年）金石收藏既广且丰，金石之学多富创见，于玺印研究也最具代表性。由于玺印与封泥著录及考据成果极繁，但基本框架自晚清已大体确立，此后变更不大，兹仅以陈、吴二人为线索简述晚清玺印研究成就，以窥其所奠定的印学思路；继而举陈后贤推进之处，亦可观玺印、封泥研究现状②。

1. 晚清玺印研究成就：以陈介祺、吴大澂为代表

（1）玺印收藏规模扩大、交流增多，封泥的价值被发现。

晚清玺印收藏体量扩充，陈介祺所藏尤富，有"万印"之称③。此得益于其时金石收藏网络的形成。这一网络既是通讯运输之网，更是人际之联系，且前者以后者为基础。以陈介祺、吴大澂为代表的晚清金石学家大多位至高官，彼此联系紧密，在收藏信息上互通有无，藏品交易与运输亦彼此委托④。这种网络的形成同时使得金石学家之间藏品、研究上的交流不断增加。其中有关玺印的讨论主要以互寄拓片与谱录的方式展开。吴大澂即常与陈介祺书札往复，研学论印⑤。

---

① 可参小鹿（周晓陆）《古代玺印》，中国书店，1998 年，第 103—104 页；赵海明《印谱刍议》，《北京图书馆馆刊》1998 年第 1 期；林乾良《印文化概说》，第 300—302 页。亦有学者据《旧唐书》中韦述藏"玺谱"的记述及《新唐书·艺文志》中"纪僧真《玉玺谱》一卷"，提出宋代前已有作玺谱之举。详参萧高洪《也谈"印谱"的起始》（1986 年初刊），《印章历史与文化：萧高洪印论文选》，江西教育出版社，2000 年，第 342—344 页。

② 对于所引各印谱的版本流传状况，参看横田实《中国印谱解题》，二玄社，1976 年；王敦化《印谱知见传本书目（外二种）》（1940 年），杜志强整理，浙江人民美术出版社，2020 年。

③ 关于"万印"是实指还是虚指，可参孙慰祖《万印楼藏印与〈十钟山房印举〉的编纂》，庸堂主编《十钟山房印举》（191 册"癸未本"重排、释文本）"序"，山东人民出版社，2020 年，第 4—8 页。

④ 详参白谦慎《晚清官员收藏活动研究：以吴大澂及其友人为中心》，广西师范大学出版社，2019 年。关于晚清金石藏家的高官身份，见该书第 104—105 页；邮政资源，第 122—139 页；人脉网络，第 147—163 页。此外，吴大澂等金石学者在各地任官时亦因职务之便开展访古活动，多有收获。如吴大澂任职西北时访获古印良多，为日后编订《十六金符斋印存》作了充分的准备。李军《访古与传古：吴大澂的金石生活考论》，山东画报出版社，2014 年，第 27 页；又可参李军《结古欢：吴大澂的访古与传古》，浙江人民美术出版社，2022 年，第 28 页。

⑤ 详参李军《吴大澂交游新证》，复旦大学中国古代文学研究中心博士学位论文，2011 年，第 185—206 页。如光绪元年（1875），吴大澂收到陈介祺寄赠陈佩纲摹刻的《古玺印文传》，回信中即撰《鈢说》一文释"鈢"字。陆德富、张小川整理《吴大澂书信四种·吴愙斋（大澂）尺牍》，凤凰出版社，2016 年，第 20—23 页。

陈介祺《十钟山房印举》亦首集几家藏印于一谱①；《封泥考略》在全面性、系统性上的成就亦得益于吴式芬(字子苾，号诵孙，1796—1856 年)、陈介祺藏品相合②。

封泥价值的发现同样可谓玺印收藏扩大的体现。封泥的采集与收藏始于道光年间，最早的藏录者将这些泥块的性质定为印范，刘喜海始定名为"封泥"，后刘鹗纠正印范说，明确"泥封者，古人封苴茝之泥而加印者也"③。陈介祺、吴大澂均重视对封泥的收藏④；封泥研究则发端于陈介祺、吴式芬的《封泥考略》⑤。

(2) 玺印拓录技法提升。

传古的质量是陈介祺、吴大澂等晚清金石藏家最关心的问题之一，对玺印的摹刻、钤拓同样不容粗疏⑥。以原印蘸朱钤盖拓谱的开端为明《集古印谱》，但直至陈介祺时，对于拓印成谱仍有争议⑦。陈介祺本人持赞成态度，认为拓印十分必要，他曾慨叹瞿中溶《集古官印考证》"原印都未钤入，尤为憾事"，于《十钟山房印举事记》中详述制作此书的注意事项，亦屡及拓印⑧。除了具体技巧，对拓印之人的选择同样十分关键⑨。

---

① 请参陈介祺著、陈继揆整理《秦前文字之语》，齐鲁书社，1991 年，第 230 页。

② 关于《封泥考略》所收封泥的来源，详参孙慰祖《封泥：发现与研究》，上海书店出版社，2002 年，第 33—36 页。郑宇清则对吴式芬、陈介祺两人所辑藏品进行了详细的比较，参郑宇清《〈封泥考略〉研究》，花木兰文化出版社，2015 年，第 80—89 页。

③ 详参孙慰祖《封泥：发现与研究》，第 1—11 页。需要注意的是，关于"封泥"的定名仍有商榷空间。周晓陆近来提出，加盖印章后的泥块或当称为"泥封"，"封泥"则是未加盖印章的待用的胶泥。周晓陆《"泥封""封泥"称谓辨》，《西泠艺丛》2019 年第 12 期。

④ 白谦慎《吴大澂和封泥研究》，《中国书画》2020 年第 2 期。

⑤ 关于陈介祺与刘喜海及吴式芬在交往、学问上的关系，可参邓华《陈介祺传》，齐鲁书社，2015 年，第 56—64 页。

⑥ 此外，此时全形拓技法趋于成熟，照相技术亦开始流行，只是暂未用于玺印辑录。关于全形拓，可参熊长云《卷器咸陈——漫谈金石全形拓》，《收藏》2015 年第 1 期。关于面对照相技术时金石藏家的不同反应，如吴大澂的理性、陈介祺的敏锐与吴云的保守，李军有详细分析。李军《访古与传古：吴大澂的金石生活考论》，第 102—117 页；李军《结古欢：吴大澂的访古与传古》，第 178—230 页。

⑦ 请参《十钟山房印举事记》，陈继揆整理《簠斋鉴古与传古》，文物出版社，2004 年，第 21 页。

⑧ 同上，第 23—25 页。

⑨ 陈介祺族弟陈佩纲擅长拓铜器并有很深的篆刻造诣。陈介祺曾请陈佩纲摹刻古玺，编成《古玺印文传》，寄给友人，推扬陈佩纲的篆刻技艺。吴大澂回信称赞"古钵文得未曾见，摹印尤精"。此后陈佩纲被吴大澂聘为幕友。(详参白谦慎《吴大澂和他的拓工》，海豚出版社，2013 年，第 55—59、82 页)吴大澂的《十六金符斋印存》则由黄士陵、尹元鼐一起钤印成谱，谱成后吴大澂赋诗慨叹二人之功。此前，陈介祺去世次年(1885 年)，吴大澂致信陈介祺长孙商讨钤编陈介祺所藏古玺印，亦曾推荐尹元鼐协理。(详参李军《吴大澂交游新证》，第 204—205 页)足见两人对拓印精良之（转下页）

晚清印谱的出现与流行也与陈介祺等金石学者对完整呈现印章的追求相关。陈介祺即曾针对桂馥《缪篆分韵》（1796 年）及袁日省《汉印分韵》（1797 年），提出一印自有一印章法、印文不可割裂等意见①。

（3）玺印、封泥谱录编撰体例逐渐确立。

目前存世的最早的印谱为明顾从德《集古印谱》，篇首已有明确凡例。其中关于辑印的排序，大致安排为：每项玉先，次玛瑙，次宝石，次银，次铜，次磁；以秦汉玺冠之首；王玺、君印置官印之前；官印各从其类；蛮夷亦附官印之末；姓氏私印从沈韵四声之次第，盖便检阅②。印下附记格式一致：印文、印材、印钮、简单的职官地理考述。相较之，晚清玺印、封泥谱录在编撰体例上有继承亦有修缮③，最终逐渐确立的编撰模式如下。

一、按时代顺序排列。陈介祺《十钟山房印举》与吴大澂《千鉢斋古鉢选》《十六金符斋印存》均将战国古玺作为单独的类别列出且置于首，与秦汉之印相区别，并开始注意到秦、汉、新莽之印的差别。二、先官印后私印。官印遵循自中央至地方之序；私印依音序排列。《集古印谱》中官印内部依照的还仅是一个大概的职位由高到低，再及异民族的顺序；到《封泥考略》时，则已严格按照《汉书·百官公卿表》《汉书·地理志》与《汉书·王莽传》排列中央官印、地方官印及新莽印④。三、吉语印与象形印最末。四、注重对印钮与材质的说明。五、符等信物多被一并收入玺印谱录。

编撰结构实际上反映并影响着研究者对秦汉玺印的理解。最典型的是以官印为中心，忽略了私印的复杂性；以印文为中心，对印作为器物的一面发掘不足。

（接上页）人的珍荐与对拓印质量的重视。另外，陈介祺与吴大澂本人也会拓印，参见其信札中谈及"手拓"处。

①　参见《秦前文字之语》，第 213、220 页。亦可参曲彬《从〈秦前文字之语〉探陈介祺的印学成就与思想》，收入《陈介祺学术思想与成就研讨会论文集》，西泠印社出版社，2005 年，第 246—279 页。

②　（明）王常编，（明）顾从德修校《集古印谱》，哈佛大学图书馆藏明万历三年（1575）武陵顾氏芸阁刊朱墨印刻本。关于其版本流传，参罗福颐《古玺印概论》，文物出版社，1981 年，第 130 页。

③　在撰于光绪八年（1882）的《十钟山房印举事记》中，陈介祺交代了对《印举》结构的计划：印文并附分类考释；考释包括考人、考姓、考篆、考官、考地、考奇字。分类即性质、形式、质地、文字、时代等三十举。其中包含符节、封泥之类。《簠斋鉴古与传古》，第 22—23 页）《十六金符斋印存》的分类也颇具代表性，罗振玉认为其编排条理清晰，时代、性质判断准确，推崇备至。尽管未见目录，但吴大澂在谱成后赋诗总结为："古鉢得至宝，文字秦燔先。汉魏官私印，金玉皆精坚。同钮各从类，年代不须编。"（吴大澂撰、印晓峰点校《愙斋诗存》，华东师范大学出版社，2009 年，第 27 页）

④　详参郑宇清《〈封泥考略〉研究》，第 61—80 页。

对于以上潜在的问题，以今日之眼光考量，各谱之中陈介祺《十钟山房印举》的体例实际上算是突破。《十钟山房印举》强调印式的多样性，对私印做了精细的分类①，可惜或许由于繁杂，此体例并未得到继承②。但陈介祺所详分的私印格式及其中暗示的使用场合差异，至今仍值得继续探究。

（4）以印证史的研究思路渐兴。

尽管《十钟山房印举》与《十六金符斋印存》未及对所收印章详加考证，但陈、吴二人均非常推崇瞿中溶的《集古官印考证》。瞿氏此书遗稿即由吴大澂促成刊刻问世③，在序文中吴大澂直言："鉴别之精，考据之确，与历代职官、舆地志书相印证，足为读史者考镜之资。元明以来，著录家所不逮。"④陈介祺编撰《十钟山房印举》时原计划"释考附各印下"，考释包括"考人、考姓、考篆、考官、考地、考奇字"，亦曾多方求观瞿氏之书，以资参考⑤，晚年得未刊竣本略施批校⑥。从批校文字中可知，陈介祺主要的意见在于辨伪与区别秦印，以及补充印钮等形制信息，这也是他治印的特色与贡献所在，不过由于《十钟山房印举》考释部分惜而未成⑦，此方面的成就主要保留于其与吴式芬合著的《封泥考略》之中⑧。

---

①　如按文式分为姓名、姓名印、姓名回文印、姓二名、姓二名印、姓二名回文印、姓名私印、姓名之印、姓名印信等，言事、白事、启事、言疏、白疏、白笺、白记、姓名表字、姓名吉语、复姓、臣名等。

②　孙慰祖《簠斋印事七题——关于〈十钟山房印举〉和〈封泥考略〉》，《孙慰祖玺印封泥与篆刻研究文选》，第352—353页。

③　"以印证史"的思想也贯穿了吴大澂日后编印的《十二金符斋印存》（附《汉人名印考》《藏符》）《十六金符斋印存》《周秦两汉名人印考》及《续百家姓印谱》。详参李军《访古与传古：吴大澂的金石生活考论》，第28—29页；李军《结古欢：吴大澂的访古与传古》，第28—30页。

④　瞿中溶著，陈介祺批校，陈进整理《集古官印考证（批校本）》，天津美术出版社，2018年，第11页。

⑤　孙慰祖《簠斋印事七题——关于〈十钟山房印举〉和〈封泥考略〉》，《孙慰祖玺印封泥与篆刻研究文选》，第349页。

⑥　批校本现藏山东博物馆。

⑦　据《簠斋尺牍》可知，陈介祺曾对《印举》作考据。陈介祺后人陈继揆亦曾以涵芬楼版《十钟山房印举》为底本，集成《十钟山房印举释考》一稿，惜未付梓；后由陈继揆之子陈进整理出版。陈介祺、陈继揆撰，陈进整理《十钟山房印举释考》，天津人民美术出版社，2018年。孙慰祖曾于东京国立博物馆访得谱题《十钟山房印举稿本》之本，其上留有各印详略不一的考释内容，考释的体例与《封泥考略》一脉相承。详参孙慰祖《万印楼藏印与〈十钟山房印举〉的编纂》，《十钟山房印举》"序"，第15—18页。此外，吴大澂也曾对陈介祺所藏部分封泥进行过考释。陈介祺、吴大澂《陈介祺藏吴大澂考释古封泥》，上海书画出版社，2022年。

⑧　关于《封泥考略》成书过程，可参郑宇清《〈封泥考略〉研究》，第17—52页。

《封泥考略》奠定了此后百年秦汉封泥、玺印研究的整体框架及方向，主要体现在两个方面。一、以传世文献职官、地理记载为著录之纲；以隶定印文，与史籍官制、地理记述互证为研究主体。二、注重断代与辨伪。秦封泥的判别标准主要为印文读序、印的大小、字体风格、印面界格、官名是否合于秦制①；汉封泥为五字印及"章"字的使用、职官名称改易、地名改易与王侯废置；新莽时期则主要据《汉书·王莽传》②。

（5）玺印文字研究发端。

此时玺印文字研究暂未及秦汉印章封泥文字，主要推进在于对战国古玺与古玺文字的性质认识更明朗③。

2. 玺印研究的进展

晚清印学具有开创性与奠基性，印谱、泥谱的编撰体例及考据思路承续至今；但自然也存局限之处与发展空间，不少新进路方兴未艾，也有一些尚在酝酿。

（1）考古学发展促使秦汉玺印封泥类目增多，信息更丰富且明确。

随着考古学的发展与全国范围内考古工作的广泛展开，更多的玺印与封泥从古遗址、古墓葬中出土，各类集成成果丰硕④。且封泥屡有大规模发现，体量逐渐超过玺印，成为了相关研究的主要资料。对于历年来考古出土的封泥信息，

---

① 李学勤《秦封泥与秦印》，《西北大学学报》1997 年第 1 期；郑宇清《〈封泥考略〉研究》，第 180—181 页。

② 郑宇清《〈封泥考略〉研究》，第 137—172 页。

③ 详参罗福颐《近百年来对古玺文字之认识和发展》，《古文字研究》第五辑，中华书局，1981 年，第 243—254 页；裘锡圭《浅谈玺印文字的研究》(1989 年)，收入《裘锡圭学术文集》第三卷，复旦大学出版社，2012 年，第 286—290 页；陈光田《战国玺印分域研究》"绪论"，岳麓书社，2009 年，第 1—11 页。其中，吴大澂《说文古籀补》(光绪九年，1883 年)正编收 1 400 余字，其中古玺文字 570 多个，是古玺文字著录之始。吴大澂在这方面的贡献可参裘锡圭《吴大澂》(1992 年初刊)，收入《裘锡圭学术文集》第三卷，第 475—481 页；萧毅编著《古玺读本》，凤凰出版社，2017 年，第 4 页。

④ 最主要的出土玺印集录为：王人聪《新出历代玺印集录》《新出历代玺印集释》，香港中文大学文物馆专刊之二、三，1982、1987 年；罗福颐主编《秦汉南北朝官印征存》，文物出版社，1987 年；周晓陆主编《二十世纪出土玺印集成》，中华书局，2010 年。封泥集成主要有：孙慰祖主编《古封泥集成》，上海书店，1994 年；周晓陆、路东之主编《秦封泥集》，三秦出版社，2000 年；孙慰祖主编《中国古代封泥》，上海人民出版社，2002 年；杨广泰编著《新出封泥汇编》，西泠印社，2010 年；姚明辉《汉代封泥整理与研究》，复旦大学出土文献与古文字研究中心博士学位论文，2017 年；任红雨编著《中国封泥大系》，西泠印社，2018 年；刘瑞《秦封泥集存》，中国社会科学出版社，2020 年；刘瑞《秦封泥集释》，上海古籍出版社，2021 年；孙慰祖主编《中国古代封泥全集·图版编》，吉林美术出版社，2022 年。

2000 年以前的主要可见孙慰祖的统计；黄文杰统计至 2015 年[①]；2015 年以后虽暂无大批封泥出土，但遗址发掘中也偶有重要发现[②]。

除了数量的增多，更重要的是，考古发现的封泥有明确的出土地点、层位关系以及共存器物，有助于深入研究的展开。对于封泥出处与封泥性质的关系，王献唐曾有超前的眼光[③]。王献唐撰《〈临淄封泥文字〉叙》(1936 年)时即已亲至临淄勘视封泥出处，指出临淄秦、西汉封泥所出地有别，并根据封泥等级推断原出官署，又据窖中焚余检片及黑土猜测文书与封泥焚瘗之制等，极具创见。近年，吕健《汉代封泥的考古学研究》从考古学角度对出土封泥进行了综合性分析[④]。该研究重视封泥的出土位置属性、出土环境与伴生物，对考古所得封泥进行类型学分析，归纳出了等级、分布与时代特征。周晓陆《考古印史》亦专以考古学收获论印，有别于一般印史[⑤]。此外，受益于考古收获，秦封泥尤其得到了系统整理与多角度研究[⑥]。

(2) 玺印与封泥作为器物的整体形态得到重视。

晚清已出现器物学萌芽。吴大澂首倡应以实物本身的物质属性来研究古代名物制度，而非仅仅依赖铭文和传世文献。《古玉图考》与《权衡度量实验考》均为先声，但未及应用于玺印、封泥[⑦]。陈介祺关注印纽，并曾注意到封泥的颜色及背部形态[⑧]，但在编撰泥谱时限于条件，尚难呈现。照相技术更成熟后，1934 年马衡主持编成《封泥存真》，第一次将封泥的正、背照片和拓片一起录入[⑨]。陈

---

① 孙慰祖《封泥：发现与研究》，第 37—47 页；黄文杰《秦汉文字的整理与研究》，社会科学文献出版社，2015 年，第 142—151 页；杨广泰《封泥研究资料及相关文献目录(1842—2010)》，收入西泠印社、中国印学博物馆编《青泥遗珍：战国秦汉封泥文字国际学术研讨会论文集》，西泠印社出版社，2010 年，第 178—189 页；杨广泰《新出封泥汇编》，第 379—404 页。

② 如《云南晋宁古滇国重大考古发现："滇国相印"封泥出土》，记者胡远航，中国新闻网，2020 年 2 月 17 日。

③ 王献唐《〈临淄封泥文字〉叙》(1936 年)，收入孙慰祖主编《中国古代封泥全集·研究编》，吉林美术出版社，2022 年，第 16—40 页。

④ 吕健《汉代封泥考古学研究》，南京师范大学社会发展学院博士学位论文，2017 年。

⑤ 周晓陆《考古印史》，中华书局，2020 年。

⑥ 刘瑞《秦封泥集存》；刘瑞《秦封泥集释》；朱晨《秦封泥文字研究》，安徽大学文学院博士学位论文，2011 年；庞任隆《秦封泥概论》，陕西师范大学出版社，2021 年；徐卫民《秦封泥与宫室苑囿研究》，陕西师范大学出版社，2021 年；李超《秦封泥与官制研究》，陕西师范大学出版社，2021 年。

⑦ 白谦慎《余论：吴大澂的古器物研究与近代学术转型》，《晚清官员收藏活动研究：以吴大澂及其友人为中心》，第 293—310 页。

⑧ 如对"皇帝信玺""河间王玺"的描述。

⑨ 国立北京大学研究院文史部辑《封泥存真》，商务印书馆，1934 年。

介祺本人所藏封泥后藏于日本东京国立博物馆,1998 年二玄社出版《中国の封泥》对这批封泥及东京国立博物馆所藏其他封泥进行著录,同样附有拓片及封泥正背面照片①。此后续有集录以此方式多角度呈现封泥原貌②。周晓陆、路东之《秦封泥集》则对封泥进行了更细致的观察,注意到封泥表面文字因挤压而变形、表面加划痕、表面条形抑印痕、手指捏捏痕、无字等特殊情况,并将泥背痕迹归纳为封简痕、封囊痕、封笥痕,下又分各式,遗憾的是图录仅录正面③。此外,该书还总结了封泥缀合的原则④。孙慰祖、张传官亦对出土残封泥复原及封泥拼缀方法进行过探索⑤。孙慰祖对印纽演变也有专论⑥。

(3) 玺印、封泥释读与辨伪方法有所突破。

文字释读与辨伪是印章研究的前提和基础⑦。两者在研究方法上均得到了深化。玺印文字考释可与同时期简牍文字互补互证⑧。辨伪方面,以孙慰祖为代表的研究者摸索、总结出了更为严谨的分辨步骤⑨。

---

① 东京国立博物馆编《中国の封泥》,二玄社,1998 年。自 1912 年起,日本的博物馆即已开始购藏来自中国的封泥,关于日本机构收藏中国封泥的现状与日本封泥研究简史,可参陈波《日本における中国古印の研究について》,《史泉》87,1998 年;松丸道雄、高久由美《中国古封泥在日本——介绍二十世纪上半叶传到日本的几批中国古封泥》,《青泥遗珍:战国秦汉封泥文字国际学术研讨会论文集》,第 158—166 页;李中华《东瀛所藏中国封泥述略——记日本公共机关藏品》,《青泥遗珍:战国秦汉封泥文字国际学术研讨会论文集》,第 167—177 页。

② 如孙慰祖《中国古代封泥》,上海人民出版社,2002 年;王玉清、傅春喜编《新出汝南郡秦汉封泥集》,上海书店出版社,2009 年;西泠印社、中国印学博物馆《青泥遗珍:新出战国秦汉封泥特展图录》,西泠印社出版社,2010 年;王令波、乔中石《临淄新见战国两汉封泥展图录》,西泠印社出版社,2018 年;孙慰祖主编《中国古代封泥全集·图版编》。

③ 周晓陆、路东之《秦封泥集》,第 20—22 页。

④ 同上,第 389 页。

⑤ 孙慰祖《马王堆三号墓墓主之争与利豨封泥的复原》,《上海文博论丛》第二辑,上海辞书出版社,2002 年,第 40—43 页;张传官《河南平舆出土两汉封泥拼缀十四则——兼论封泥拼缀的标准》,《出土文献与古文字研究》第六辑,上海古籍出版社,2015 年,第 595—620 页。

⑥ 孙慰祖《战国秦汉玺印钮制的演变》,《孙慰祖论印文稿》,上海书店出版社,1999 年,第 94—106 页。

⑦ 关于玺印、封泥文字释读与辨伪在相关研究中牵一发而动全身的关键性,可参马孟龙、何慕《再论"秦郡不用灭国名"——以秦代封泥文字的释读、辨伪为中心》,《中国历史地理论丛》2017 年第 2 期。

⑧ 如施谢捷《江陵凤凰山西汉简牍与秦汉印所见人名(双名)互证(之一)》,《古文字研究》第三十辑,中华书局,2014 年,第 457—463 页;施谢捷《江陵凤凰山西汉墓简牍与秦汉印所见人名(双名)互证(之二)》,《出土文献与古文字研究》第六辑,上海古籍出版社,2015 年,第 519—536 页。

⑨ 孙慰祖《中国古代封泥》,第 253—278 页。

（4）玺印、封泥研究更精细、全面。

其一，秦汉印章、封泥分期标准更细致①。

印章断代方面，罗福颐主编的《秦汉南北朝官印征存》对所收之印进行了秦、汉初期、前汉、新莽、后汉、三国等更精细的分期，勾勒出演变的基本轮廓②；孙慰祖依据文字特征及印文所含内容、印章的形制（印纽、印台、印面大小等）、质料与工艺三方面要素建立了对印章尤其官印分期的标准序列③；田炜则将秦印断代与"书同文字"、字词关系的研究结合而论④。但目前印章断代上仍存难点，主要原因在于印式变化与政权更替间存在出入，秦与汉初⑤、西汉后期与东汉前期、东汉晚期与魏晋等过渡期前后区别模糊。

封泥的断代在晚清时大致限于"古玺""汉""新莽"，个别可依文献确定为"秦""西汉""武帝以后"；1980 年代中期，封泥断代重新得到重视⑥，此后诸家逐渐考定出一批标准品以供推定。孙慰祖在此基础上将封泥断代手段总结为：将文献记载（官称、王侯年世等）与科学考古出土品相互结合，将封泥文字与印章文字相互结合，参考封泥形态所反映的封检方式之时代特点；并以此将战国秦汉封泥细分为战国、秦、西汉早期、西汉中期、西汉晚期、新莽、东汉前期、东汉后期⑦。

---

① 晚清玺印藏家，尤其陈介祺，已关注到秦汉间印章、封泥的断代问题，但由于材料不足，难以建立更系统的标准，在编录时亦未能细分。

② 罗福颐主编《秦汉南北朝官印征存》。

③ 孙慰祖《西汉官印、封泥分期考述》（1992 年初刊）、《古玺印断代方法概论》（2010 年初刊），《孙慰祖玺印封泥与篆刻研究文选》，第 71—103、16—46 页。

④ 田炜《从秦"书同文字"的角度看秦印时代的划分和秦楚之际古文官印的判定》，收入《第五届"孤山证印"西泠印社国际印学峰会论文集》，西泠印社出版社，2017 年。

⑤ 如孙慰祖发现，一般认定施加"田"字、"日"字界格为秦印标志，但在相家巷封泥中也有不符合者；此外，赵平安提出，田字格官印的年代下限似乎可以推到汉成帝永始四年（前 13）。这使得判断秦汉之际的印章年代具有一定难度。孙慰祖《封泥的断代与辨伪》（2000 年初刊），《孙慰祖玺印封泥与篆刻研究文选》，第 417 页；赵平安：《田字格官印的卜限》（2001 年初刊），收入《秦西汉印章研究》，上海古籍出版社，2012 年，第 9—11 页。张颔曾分析出土于秦汉之际墓葬的"安国君"印，认为文字带有六国遗风，或许是对秦国典章制度的违抗，这一特征当为秦汉之际楚汉相争时期三字君印等印章遗物所共享。张颔《"安国君"印跋》，《中国历史博物馆馆刊》1980 年第 2 期。

⑥ 罗福颐《古玺印概论》"封泥之伪造"，第 127—128 页；叶其峰对七件汉初封泥进行了断代，《西汉官印丛考》，《故宫博物院院刊》1986 年第 1 期。

⑦ 孙慰祖《古封泥述略》（1994 年初刊）、《封泥的断代与辨伪》（2000 年初刊），《孙慰祖玺印封泥与篆刻研究文选》，第 401—403、412—442 页。

其二,以印证史由点及面。

晚清金石学对玺印与封泥的考证方式相当于为印与封泥作注,此后的集成式谱录与论著也依然循此路径编纂,逐一考据①。随着细节考证的积累,研究者对玺印本身的历史有了较全面的把握,贡献了不少概论性论著②;个别研究也开始尝试利用印章、封泥材料对某时期或地方行政某层级整体的职官情况③与地理沿革④进行考察,这尤其得益于封泥的集中出土,即"封泥群"现象⑤。

其三,秦汉印章、封泥文字渐受重视。

玺印文字研究在早期主要以字编的方式展开,起步颇早,其后逐渐成为独立的课题,并在古玺文字之外开始关注秦汉印章封泥文字。玺印文字研究重点有三:首先是字编的编纂,较早的基础之作是罗福颐的《古玺文编》⑥与《汉印文

---

① 如孙慰祖主编《两汉官印汇考》,上海书画出版社、香港大业公司,1993 年;傅嘉仪《秦封泥汇考》,上海书店出版社,2007 年。

② 罗福颐、王人聪《印章概述》,中华书局,1973 年;罗福颐《古玺印概论》,文物出版社,1981年;赵平安《秦西汉印章研究》(以 1995 年博士后出站报告为基础),上海古籍出版社,2012 年;张锡瑛《中国古代玺印》,地质出版社,1995 年;叶其峰《古玺印与古玺印鉴定》,文物出版社,1997 年;沙孟海《印学史》,西泠印社出版社,1999 年;曹锦炎《古玺通论(修订本)》(2002 年初版),浙江大学出版社,2017 年;叶其峰《古玺印通论》,紫禁城出版社,2003 年;王廷洽《中国古代印章史》,上海人民出版社,2006 年;片冈一忠《中国官印制度研究》,东方书店,2008 年;孙慰祖《中国玺印篆刻通史》,东方出版中心,2016 年。

③ 职官方面的研究主要有:赵平安《从西汉印窥王国官制与朝官的差异》,《秦西汉印章研究》,第 18—22 页;孙慰祖《封泥所见秦汉官制与郡县县邑沿革》(2002 年初刊),《可斋论印新稿》,上海辞书出版社,2003 年,第 78—91 页;王伟《秦玺印封泥职官地理研究》(以 2008 年博士学位论文为基础),中国社会科学出版社,2014 年;韦正《从出土印章封泥谈汉初楚国属县》,《考古》2000 年第 3期;藤田胜久《〈史记〉与汉代诸侯王——〈张家山汉简·秩律〉与徐州楚王陵印章封泥》,北京市大葆台西汉墓博物馆编《汉代文明国际学术研讨会论文集》,北京燕山出版社,2009 年,第 475—484 页;游逸飞《制造"地方政府":战国至汉初郡制新考》(以 2014 年博士学位论文为基础),尤其第六章《辩证的历史——汉初楚无郡论》,台大出版中心,2021 年,第 239—349 页。

④ 地域历史方面主要有周晓陆系列研究:《秦封泥所见江苏史料考》,《江苏社会科学》2003 年第 2 期;《秦封泥所见安徽史料考》,《安徽大学学报》2003 年第 3 期;《秦封泥与中原古史》,《中州学刊》2003 年第 6 期;《秦封泥与河北古史研究》(与孙闻博合撰),《文物春秋》2005 年第 5 期;《秦封泥与甘肃古史研究》(与孙闻博合撰),《甘肃社会科学》2005 年第 6 期;《新出封泥与西汉齐国史研究》(与孙闻博合撰),《南都学刊》2005 年第 5 期。另有孙慰祖《新出汝南郡秦汉封泥群研究》,《孙慰祖玺印封泥与篆刻研究文选》,第 478—494 页。

⑤ 孙慰祖《新出封泥所见秦汉官制与郡县史料——兼论封泥分型的意义》(2009 年初刊),《孙慰祖玺印封泥与篆刻研究文选》,第 443—444 页。

⑥ 罗福颐《古玺文编》,文物出版社,1981 年。针对罗福颐《古玺文编》的修订研究有:吴振武《〈古玺文编〉校订》(以 1984 年博士学位论文为基础),人民美术出版社,2011 年。

字征》①，秦汉方面的最新字编为赵平安、李婧、石小力《秦汉印章封泥文字编》②；其次是对具体印文的隶定与考释，成果繁密；最后是借助玺印文字勾勒古文字整体的发展脉络，具体议题有古玺各域系文字③、秦汉玺印文字特征④、篆书与隶书的演变等⑤。

（二）秦汉印制及其意涵

对于秦汉时期朝廷授印、专官掌印、官吏佩印等方方面面的印章制度，王献唐均曾一探⑥；汪桂海、米田健志对文献中所载印章的刻、授、持管、返还之制进行了更全面的考述⑦。秦汉时期的律令中亦可见关于印制的规定。赵平安总结过《睡虎地秦简》与《张家山汉简》中有关印章使用的律令⑧，汪桂海、刘绍刚专门分析了伪写印、亡印和弃印之罪罚⑨，李莹波则对《岳麓秦简》中与印章相关的内容进行了汇总⑩。

---

① 罗福颐《增订汉印文字征》(1978 年初出，1982 年补遗)，紫禁城出版社，2010 年。

② 赵平安、李婧、石小力编纂《秦汉印章封泥文字编》，中西书局，2019 年。亦有不少学位论文以秦汉印章封泥文字的整理为主题，如李鹏辉《汉印文字资料整理与相关问题研究》，安徽大学文学院博士学位论文，2017 年；李倩冉《新出秦汉封泥印章文字整理研究》，华东师范大学中国语言文学系硕士学位论文，2018 年；叶蕾《汉代封泥研究概况及〈秦汉印章封泥文字编〉补遗》，吉林大学文学院硕士学位论文，2021 年。

③ 从理论和文字考释方面最早对古玺印分域进行论述的是李学勤《战国题铭概述》。李学勤《战国题铭概述》(1959 年初刊)，《李学勤早期文集》，河北教育出版社，2008 年，第 301—330 页。详细的学术史可参萧毅《古玺读本》"前言"，第 1—14 页。

④ 较具代表性的研究有罗福颐、王人聪《印章概述》，第 26—30 页；汪怡君《汉代玺印文字研究》，花木兰文化出版社，2011 年。简要综述可参胡司琪《秦汉玺印文字形变研究》，南京大学文学院硕士学位论文，2019 年。最新研究有石继承《汉印文字研究》，上海古籍出版社，2021 年。

⑤ 如马国权《缪篆研究》，《古文字研究》第五辑，中华书局，1981 年，第 261—290 页；赵平安《隶变研究(修订版)》(1993 年初版)，上海古籍出版社，2020 年；许可《汉篆研究》，清华大学历史系博士学位论文，2017 年。

⑥ 王献唐《佩印》《印绶》《掌印之官》《佩带之印》《汉官授印仪式》，收入《五镫精舍印话》(书稿作于 1935—1937 年)，青岛出版社，2009 年，第 51、217—221、222—223、227—229、332—333 页。

⑦ 汪桂海《汉印制度杂考》，《历史研究》1997 年第 3 期；米田健志《漢代印章考》，收入冨谷至编《邊境出土木簡の研究》，朋友书店，2003 年，第 297—325 页。

⑧ 赵平安《秦西汉印章研究》，第 197—200 页。

⑨ 汪桂海《汉印制度杂考》，《历史研究》1997 年第 3 期，第 84—86 页；刘少刚《汉律伪写玺印罪与西汉的政治斗争》，《出土文献研究》第六辑，第 229—237 页。

⑩ 李莹波《〈岳麓书院藏秦简〉中有关秦代印章制度问题略考》，《中国书法》2020 年第 5 期。但此文未及收录《岳麓秦简》(陆、柒)中的相关内容。

与金石学脉络下的玺印研究不同，关于秦汉时期印制的讨论不仅关注印与封泥的历史，也更关心历史中的印。在这一视角下的研究多认为玺印是国家权力的象征，朝廷授印标志着君臣关系的确立，玺印之制体现了国家结构。具体课题有二：一为公印之制的意义，二为汉唐间印制的变化。

首先来看关于公印之制意义的讨论。所谓公印之制，主要指的是朝廷所授之印与皇帝之玺。对朝廷所授印章的研究在思路上分为信物说与用具说，前者注重印的象征性，后者强调实用性；在研究对象上分为授予官吏之印与授予外臣之印。

以印为信物而强调象征性的研究中[1]，部分研究者着眼于授印之制的起源，认为其与春秋战国时期中央集权的国家机构及官僚制度的兴起有关，印是君主分予臣下政治、军事等方面威权的凭证[2]。不少官僚制度通论中也将玺与符、节纳入信物之制并论，但一方面对于玺印内部的情况认识较粗泛，另一方面多强调三者的区别，忽略了行用中的关联[3]。乐游（刘钊）、谭若丽分析了近年出土于敦煌一棵树汉晋烽燧遗址的一件元康三年（293）西晋实用符信，联系汉简中已发现的"符"类简牍实物，指出早期的竹木符主要以剖分方式作为凭信，此后逐渐发展出较简便的以印为信的"封符"方式。这种汉晋时期符信制度的演进其实透露了符与印的联系，值得注意[4]。

日本学者则提出并关注玺印与国家结构间的象征关系。对此，栗原朋信关于秦汉玺印的著述有发凡之功。他全面考察了文献中关于秦汉玺印的记载，系

---

[1] 印与信的关系亦可见于汉代时人表述。东汉许慎《说文解字·印部》："印，执政所持信也。"蔡邕《独断》："玺者印也，印者信也。"西北汉简与五一广场东汉简中均可见书有"以（宷）印为信"之简，且目前所见各例的情况都属于无官印者以私印为本人作证或为他人担保，其中纪年最早的（居延汉简282.9）在汉元帝初元四年（前45），则西汉中后期已有"以印为信"的表述。

[2] 罗福颐、王人聪《印章概述》，第4—8页；罗福颐《古玺印概论》，第28页、40页；曹锦炎《古代玺印》，文物出版社，2002年，第13页。不过，国家授印制度的起源问题不等同于印的起源问题。关于印的起源，可参叶其峰《古玺印通论》"导言"，第1—2页；片冈一忠《中国官印制度研究》，第17—20页。针对中国古代文明中印的起源，歧见较多，就所追溯的时间区分，主要有殷商说、春秋说、战国说。可参曹锦炎《古代玺印》，第1—10页；王廷洽《中国古代印章史》，第1—4页；周晓陆、石易珩《考古学对玺印文化的贡献——〈二十世纪出土玺印集成〉引言》，《二十世纪出土玺印集成》，第90—92页。

[3] 如王献唐《玺节》，《五镫精舍印话》，第200—203页；陶希圣《中国政治制度史》第二册《中国秦汉政治制度史》（1943年初版），启业书局，1979年，第276—281页；杨树藩《中国文官制度史（上）》，黎明文化事业股份有限公司，1982年，第6—10页。

[4] 乐游（刘钊）、谭若丽《敦煌一棵树烽燧西晋符信补释——兼说汉简中"符"的形态演变》，《中国国家博物馆馆刊》2016年第5期。

统讨论了帝室、内臣、外臣之玺与印，将公印视为地位与身份的象征，尤其重视其中所体现的中国古代"基于德化、包摄不同成分"的国家秩序①。其后小林庸浩围绕汉印进行了类似的全景式分析②。此后最重要的突破是阿部幸信的研究。阿部幸信继承了栗原朋信对玺印的讨论，但不同于前人将颁印笼统论为授官、封爵的标识，他重新注意到陶希圣关于无公印之官的疑问，提出受赐公印所代表的并不是任官、获爵，而是统管属吏的资格或权力，象征各官府内部的君臣关系是自立的③。阿部幸信同时受小林聪对六朝印绶官服的讨论影响④，将印与绶综合而观，尤其注重区分颁印与颁绶之间的不统一，指出绶的持有表示的是参加朝会的资格，代表的是朝廷的秩序即周制身份，象征各官府内部秩序中他律的一面。此外，他还重视揭示印绶制度的变迁，认为印绶的变化意味着国家结构的调整。他论证指出，凭借赐印、绶，汉代官僚机构在象征意义上被建构为一种自立而他律的官府复合体，这种结构出现于成帝时期⑤。这些讨论细化了对公印与国家结构关系的认识，将玺印研究推上了新的高度⑥。

---

①　栗原朋信《文献にあらわれたる秦漢璽印の研究》，收入《秦漢史の研究》，吉川弘文館，1960年，第 123—286 页。

②　小林庸浩(斗盦)《漢代官印私見》，《東洋学報》50‐3，1967 年。

③　陶希圣《中国政治制度史》第二册《中国秦汉政治制度史》，第 281 页；阿部幸信《漢代官僚機構の構造—中国古代帝国の政治的上部構造に関する試論—》，《九州大学東洋史論集》31，2003 年。

④　小林聡《六朝時代の印綬冠服規定に関する基礎的考察—《宋書》礼志にみえる規定を中心にして—》，《史淵》130，1993 年；阿部幸信《漢代における朝位と綬制について》，《東洋学報》82‐3，2000 年；阿部幸信《漢代における綬制と正統観—綬の規格の理念的背景を中心に—》，《福岡教育大学紀要》52(第 2 分册)，2003 年。

⑤　阿部幸信《漢代の印制・綬制に関する基礎的考察》，《史料批判研究》3，1999 年；《綬制よりみた前漢末の中央・地方官制—成帝綏和元年における長相への黒綬賜与を中心に—》，《集刊東洋学》84，2000 年；《漢代官僚機構の構造—中国古代帝国の政治的上部構造に関する試論—》；《论汉朝的"统治阶级"——以西汉时期的变迁为中心》(2009 年日文初刊)，王安泰译，《台大东亚文化研究》第 1 期，2013 年。

⑥　阿部幸信提出公印表示的是统率属吏的资格，象征各官府内部的君臣关系是自立的，但难以解释为何各官府的丞也有公印。阎步克即曾就此提出疑虑，认为："公印的有无与治事与否紧密相关。西汉时存在大量丞印，但丞并非长官，其可以拥有公印完全是因为承担众多行政职事。亭长及司马这样的军吏也有公印和属官，但公印是否代表他们与下属形成了第二次君臣关系，还可存疑。"引自《阿部幸信〈汉代官僚机构的构成〉演讲纪要》，"北京大学中国古代史研究中心"公众号，2016 年 10 月 8 日。对于丞有公印的问题，阿部幸信本人曾推论，县丞等职务具有两面性，一方面它与令长并为属吏之"君"，另一方面它又与属吏一起作为令长之"臣"。对外发送文书时，县丞无疑是以前者，即以令长之代理者的形象出现，令长与丞从而建立了一种拟于皇帝与丞相的关系，这也正是县的自立性即"拟制性封建"的证明。阿部幸信《西汉时期内外观的变迁：印制的视角》(2008 年日文初刊)，黄桢译，《浙江学刊》2014 年第 3 期。

　　针对外臣印的意涵，以往栗原朋信与受其说影响的西嶋定生均将周边国家的王与汉皇帝建立的君臣关系等同于国家间的关系，将以异民族为主的国家等同于外臣；然而阿部幸信注意到，除了匈奴单于，其属下的匈奴诸王也能得到授印等外臣待遇，因而由授印情况可知，被汉皇帝视为外臣的是与之建立君臣关系的个人，而不是外臣统率的国家。渡边惠理归纳提出，西汉异民族印有三个特征，即印文带有"汉"字，钮为专门形式（蛇、骆驼）、印面至少由三行五字组成。阿部幸信指出蛇、驼印纽重在表明外臣为"它"者，并推论这一套异民族印式大约确立于西汉末①。孙慰祖对汉晋间颁给周边民族之印进行了细致分类，提出不同的官号、印质类型显示着尊卑等级，实际上是部族的势力与领地大小及其对汉廷作用的体现②。

　　小林庸浩和大庭脩则更重视印章作为用具的特性，指出印章之用途存在从封印到勋章的变化趋势。但关于此趋势出现的时间，小林庸浩依刻法变化定于东汉，大庭脩据书写材料变化定于六朝③。西嶋定生将印章在象征地位与密封器具两方面的特性联系起来，认为虽然印章与地位关系尤其密切，但东亚国家之所以能够接受汉字，是因为与中国天子交流时需要用汉字写信，密封时也需使用天子分予的印章④。纪安诺（Enno Giele）、邢义田在讨论签署问题时提出，相较于署名，简帛时代印章才是实用层面保证公私文书真实性和权威性的主要方式⑤。

　　① 阿部幸信《西汉时期内外观的变迁：印制的视角》（2008年日文初刊），黄桢译，《浙江学刊》2014年第3期；阿部幸信《周汉间君臣秩序再论》，郭佩君译，收入杜常顺、杨振红主编《汉晋时期国家与社会论集》，广西师范大学出版社，2016年，第1—10页。渡边惠理《前漢における蛮夷印制の形成—「有漢言章」の印文に関する一考察—》，《古代文化》46-2，1994年。对渡边惠理的归纳，阿部幸信有简要的补论。阿部幸信《从官印格式来看汉代"内臣"、"外臣"概念——〈西汉时期内外观的变迁〉补论》，收入童岭主编《皇帝·单于·士人：中古中国与周边世界》，中西书局，2014年，第62—66页。

　　② 孙慰祖《汉唐玺印的流播与东亚印系》（2010年初刊），《孙慰祖玺印封泥与篆刻研究文选》，第150—177页。

　　③ 大庭脩《漢代官吏の辞令について》，《関西大学文学論集》10-1，1960年；小林庸浩（斗盦）《両漢·新莽印について—2—》，《书品》29，1952年；小林斗盦（庸浩）《隋唐印について—日本古印の原流—》，《MUSEUM》149，1963年。

　　④ 西嶋定生《漢字の伝来とその変容》，《倭国の出現 東アジア世界のなかの日本》，东京大学出版会，1999年。

　　⑤ Enno Giele, "Signatures of 'Scribes' in Early Imperial China", *Asiatische Studien/Études Asiatiques* 59.1, 2005, pp. 353-387. 冨谷至《文书行政的汉帝国》，第68—70页；邢义田《汉至三国公文书中的签署》（2012年初刊），《今尘集：秦汉时代的简牍、画像与文化流播》，中西书局，2019年，第294—296页。

　　对于皇帝之玺，有关皇帝制度与皇权的论述中时有涉①，所依据的主要是卫宏《汉旧仪》对皇帝六玺(皇帝行玺、皇帝之玺、皇帝信玺、天子行玺、天子之玺、天子信玺)的记述。栗原朋信、西嶋定生均据此指出汉代皇权有二重性，皇帝面向国内，天子面向国外②。阿部幸信则意识到，实际直到宣帝时期六玺中只存在皇帝行玺与皇帝信玺，"行玺""信玺"的用语背后潜伏着楚系、秦—齐系两大文化系统的差异，分别面向郡县统治与封建诸侯，这亦为皇权的两重面貌；皇帝六玺自成帝绥和元年(前 8)至平帝元始五年(5)间才出现③。马怡认为皇帝六玺用法有别，相应的"玺书"也有多种，其功能与对象不同，所用印玺也不同。以皇帝本人名义而作，用皇帝印玺直接颁下且有专达对象的文书或皆为"玺书"，是第一品诏书④。孙闻博仔细考订文献记述，提出汉唐皇帝玺宝与天子玺宝中除存有对内、对外之别，玺宝制度所建构的"行玺""之玺""信玺"的排序同样不宜忽略，它对应着封授、赐慰、征召三种不同的功能。目前所见秦汉法律文献与史书记载中，皇帝玺均作"信玺、行玺"的次序记录，与汉唐所建构的序列存在微妙差异，反映了关涉军事、祭祀功能的"信玺"在历史早期地位更重要。孙闻博的研究除了对皇帝玺宝之制提出了新见，亦提示了玺印与兵符有相通之处，同样存在军事权威特性，而不仅是文官与文书制度下的信物；另外，他认为兵符、帝玺是秦汉君主行使权力，实现君—臣、中央—地方有效联结的重要依凭，在君臣关系外又引入了朝廷通过玺印连接中央与地方这一新思路⑤。

　　秦汉印制研究的第二个重要议题是汉唐间印制演变。对于此，王献唐关注较早，发现自汉至唐官印由官职印为主转变为官署印为主⑥。近来，代国玺提出

----

　　①　如周良霄《皇帝与皇权》，上海古籍出版社，1999 年，第 113—116 页。

　　②　栗原朋信《文献にあらわれたる秦漢璽印の研究》，《秦漢史の研究》，第 144—154 页；西嶋定生《皇帝支配の成立》(1970 年初刊)，收入《西嶋定生東アジア史論集：第一卷・中国古代帝国の秩序構造と農業》，岩波书店，2002 年。

　　③　斎藤実郎《秦漢における皇帝六璽—天子璽と皇帝璽を中心に—》，《史叢》51，1993 年；阿部幸信《皇帝六璽の成立》，《中國出土資料研究》8，2004 年。关于皇帝玺由汉到唐的历程，则可参阿部幸信《魏晋南北朝皇帝玺管窥：玉玺、金玺与"传统"的虚像》(2017 年日文初刊)，孙正军译，楼劲、陈伟主编《秦汉魏晋南北朝史国际学术研讨会论文集》，中国社会科学出版社 2018 年，第 228—262 页。

　　④　马怡《汉代诏书之三品》，《田余庆先生九十华诞颂寿论文集》，中华书局，2014 年，第 65—83 页，尤其第 70—71 页。

　　⑤　孙闻博《兵符与帝玺：秦汉政治信物的制度史考察》，《史学月刊》2020 年第 9 期；后增补收入《初并天下：秦君主集权研究》，西北大学出版社，2021 年，第 151—172、213—214 页。

　　⑥　王献唐《半通印》《官名官署印制之变迁》，《五镫精舍印话》，第 159、312—331 页。

汉唐印制变迁能够反映官僚系统组织原则的变化,意味着中国古代政府组织形态由"设官分职"演化为"分司统职"。孙正军则指出官制叙述模式从《百官志》到《职官志》的转变亦可与印制的变化互观,都体现了新型官署结构的形成①。阿部幸信则结合绶制变化提出,印绶意涵中人到官署的变化在魏晋时已经发生②。

实际上,秦汉印制向官府与官场以外的场合延展亦为其意涵所在,其中印制与印文化的关系尤其值得关注。研究者在讨论随葬官印③、里单之印④以及宗教印章⑤时常认为其他场合的印章形制与用法多有模仿官印之处。但正如前所述及,印的出现与应用早于公印制确立,因此印制与印文化间的影响很可能是相互的,甚至印制的某些用意需要从印文化的源头思考⑥。

(三)秦汉简牍中的用印实态

无论是对印章、封泥实物的考证,还是对秦汉时期印制意义的发微,都难以深入观照到印的实际行用情况。赵平安曾指出,汉简中有不少关于印章的资料,

① 代国玺《汉唐官印制度的变迁及其历史意义》,《社会科学》2015 年第 8 期;孙正军《从〈百官志〉到〈职官志〉——中国古代官制叙述模式转变之一瞥》,《"中国魏晋南北朝史学会第十二届年会暨国际学术研讨会"会议论文集》,2017 年 8 月;孙正军《官者何也:汉唐间官制认识变迁试析——以官制叙述模式从"官职为纲"到"官署为纲"为线索》,发表于"中古中国制度·礼仪与精神生活"国际学术研讨会,2021 年 8 月。

② 阿部幸信《汉晋间绶制的变迁》,徐冲译,收入余欣主编《中古时代的礼仪、宗教与制度》,上海古籍出版社,2012 年,第 224—249 页。

③ 如李如森《汉墓玺印及其制度试探》,《社会科学战线》1996 年第 5 期;萧亢达《汉代印绶制度与随葬官印问题》,收入萧亢达主编、广州市文物考古研究所编《广州文物考古集》,文物出版社,1998 年,第 29—65 页;阿部幸信《漢代における印綬の追贈》,《東方学》101,2001 年。

④ 俞伟超《中国古代公社组织的考察:论先秦两汉的单—僤—弹》,文物出版社,1988 年,第 71—130 页;邢义田《汉代的父老、僤与聚族里居——汉侍廷里父老僤买田约束石券读记》(1983 年初刊)、《汉侍廷里父老僤买田约束石券再议》(1990 年初刊),收入《天下一家:皇帝、官僚与社会》,中华书局,2011 年,第 436—466、467—488 页。

⑤ 如任宗权《道教章表符印文化研究》,宗教文化出版社,2006 年;刘昭瑞《早期道教用印研究》,《考古发现与早期道教研究》,文物出版社,2007 年,第 131—174 页;付威《汉唐佛教与玺印》,收入周俊玲、后晓荣主编《窗纸集》,三秦出版社,2016 年,第 181—195 页;曹锦炎《湖州出土道教封泥考》,《新美术》2021 年第 1 期。Shih-shan Susan Huang, "Daoist Seals, Part 1: Activation and Fashioning", *Journal of Daoist Studies*, vol.10, 2017, pp. 70 - 103. Shih-shan Susan Huang, "Daoist Seals, Part 2: Classifying Different Types", *Journal of Daoist Studies*, vol.11, 2018, pp. 46 - 81.

⑥ 孙慰祖《关于玺印起源研究的思考》(2010 年初刊),《孙慰祖玺印封泥与篆刻研究文选》,第 3—15 页。

内容涉及印文、印制和印的使用等方面，尚未引起印章研究者的足够重视①。简牍上的用印痕迹以及文书中对用印情况的记录与说明的确能为我们了解印章行用的实际状况提供宝贵的信息②。

　　简牍文书中用印记录的整理目前主要集中于居延汉简，劳榦即已留意到居延旧简中的印玺记录，但仅重点考释了"小官印"③；其后市川任三对居延旧简中关涉印章的内容进行了详尽的搜集与分析④；赵平安补充了居延新简与部分敦煌汉简中的资料，他还以封泥匣纵长推断所用印章尺寸，并提示了"印"与"封"的区别等不少尚待注意的研究点⑤。林素清、王廷恰、黄艳萍亦均曾进行过简单梳理⑥。而对于居延简以外的西北汉简、里耶秦简、五一广场东汉简等各批简牍文书，目前暂无聚焦于用印情况的集成与研究。

　　上述整理类似于简牍中的印章资料汇编，文书学视角下的研究则注重将用印记录还原为工作程序。米田健志将文书开头的"官署＋职位"说明、封检、发文记录、收文记录对应于文书作成、封印、发信、受领、开封的不同环节，以此考察印章使用的具体情态⑦。此前，李均明曾提出"行书"的概念，认为行书即传递文书。不同于早期研究将题署文字与邮书记录等分论，李均明认为发文记录、传行记录、函封与收文、启封记录等都产生于行书过程中，应连贯而观⑧。汪桂海同样以工作制度为视角，把官文书工作分为制作与运行两部分，将封缄、用印归入官文书制作的最后一步，发文、收文、启封与传递则纳入官文书运行⑨。以下将

　　①　赵平安《汉简中有关印章的资料》（1998 年初刊），收入《秦西汉印章研究》，第 111 页。

　　②　综述另可参乐游（刘钊）《两汉简帛所见印章、封泥相关资料研究综述》，《印学研究》第十七辑，文物出版社，2021 年，第 143—155 页。

　　③　劳榦《居延汉简考释之部》（1944 年初版）三《居延汉简考证》"印玺""小官印"，《"中央研究院"历史语言研究所专刊之四十》，"中央研究院"历史语言研究所，1960 年，第 9—10 页。

　　④　市川任三《居延簡印章考》，《無窮會東洋文化研究所紀要》5，1964 年。

　　⑤　赵平安《汉简中有关印章的资料》，《秦西汉印章研究》，第 111—132 页。

　　⑥　林素清《居延汉简所见用印制度杂考》，《中国文字》新 24 期，1998 年；土廷洽《居延汉简印章资料研究》，《青海师范大学学报》1999 年第 3 期；黄艳萍《居延汉简中的官印初探》，《宁夏大学学报》2014 年第 6 期。

　　⑦　米田健志《漢代印章考》，《邊境出土木簡の研究》，第 325—339 页。

　　⑧　李均明《汉简所见"行书"文书述略》（1989 年初刊），收入《简牍法制论稿》，广西师范大学出版社，2011 年，第 200—219 页。

　　⑨　汪桂海《汉代官文书制度》第四章《官文书的制作与运行》"官文书的封印""发文、收文与启封""官文书的传递"，广西教育出版社，1999 年，第 128—143、144—152、183—197 页。

综合上述文书工作流程分类,大致围绕成文、封装、行书三大环节梳理前人研究关于文书不同处理步骤中涉印情况的讨论。

1. 成文环节:文书中的用印说明"以某印行事"

居延汉简出土后,"以小官印/私印行事"的文书用语即已进入研究者视野,因为其揭示出了官吏在实际工作中除了使用朝廷所授官印,还可以行用小官印,甚至私印①。随着更多西北边地文书简牍出土与公布,"以某印行事"这一文式的说明文字性质也愈发明确。"以某印行事"是特殊情况下的用印说明,一般见于官吏以本人之印兼行或守他官事,以及有官印者因故暂无官印时临时使用私印。侯旭东关注兼行候事时的用印情况,并曾述析兼行候事之类的兼行行为如何造成以下居上的反常状况,助长了个人因素,不知不觉中形成对制度的侵蚀乃至瓦解②。鹰取祐司将"行某事"与"守"的用印情况并观,指出行事者封印文书时使用本职官印,守官则有使用守者本职官印与使用主官官印两种用印形态,分别对应着主官因故不在署与主官不存在两类情况③。但鹰取祐司未述及"行某事"与"守"中的私印行用现象,结论亦尚存商榷空间。

针对"以私印行事",部分研究者侧重分析这一现象在时期与地域上的特殊性④。如汪桂海认为,此为临时之举,表明官印制度尚在完善中。其中"候以私印行事"可能是因为边郡情况特殊,新除任官员之后,刻铸颁授官印不能及时,只能以私印替代。宋艳萍与侯旭东均认为此说或不妥。宋艳萍在对西北简中以私印行事的情况进行系统分析后,指出这是一种经常性行为,但可能只通行于西北地区,目前可见以私印封的书信也基本都在西北各郡内传送。侯旭东进一步注

① 马衡《居延汉简考释两种(马衡先生遗著)》"汉永光二年文书考释"(作于 1931 年 8 月),《考古通讯》1957 年第 1 期;市川任三《居延简印章考》;栗原朋信《文献にあらわれたる秦汉玺印の研究》,《秦汉史の研究》,第 126—127 页。

② 侯旭东《西汉张掖郡肩水候系年初编——兼论候行塞时的人事安排与用印》,《简牍学研究》第五辑,甘肃人民出版社,2014 年,第 180—198 页;侯旭东《汉代西北边塞它官兼行候事如何工作?》,张德芳主编《甘肃省第三届简牍学国际学术研讨会论文集》,上海辞书出版社,2017 年,第 158—179 页。

③ 鹰取祐司《汉代的"守"和"行某事"》(2016 年日文初刊),魏永康译,《法律史译评》第六卷,中西书局,2018 年,第 94—124 页。

④ 汪桂海《汉印制度杂考》,《历史研究》1997 年第 3 期;王廷洽《居延汉简印章资料研究》,《青海师范大学学报》1999 年第 3 期;宋艳萍《汉简所见"以私印行事"研究》,收入《金塔居延遗址与丝绸之路历史文化研究》,甘肃教育出版社,2014 年,第 132—142 页;侯旭东《西汉张掖郡肩水候系年初编——兼论候行塞时的人事安排与用印》,《简牍学研究》第五辑,第 191—193 页。

意到，甲渠候与肩水候行用私印的时间多有重合，也许意味着候用私印与某一时期某种用印制度的变动相关。另有研究者从工作原理讨论以私印行事的普遍性，提出私印的广泛行用并非一时一地的权宜之举。大庭脩曾集成私印记录，注意到印主身份乃无官印的候长、士吏、候史、隧长等，且多为候长与士吏；以私印封的封检上收文方大多写作"甲渠官"，发自候官外部的文书封检则题署"甲渠候官"全称，他因此提出，私印或用于签发候官内部文书①。米田健志进一步指出上述官吏不仅"以私印（兼）行他官事"，在行本职事时也行用私印，只是无需特别说明②。鹰取祐司又补入新出简牍，进行了更详尽的集成③。阿部幸信甚至推论，皇帝六玺亦可分为皇帝的私印与公印：对国内使用的皇帝三玺相当于私印，对国外使用的天子三玺则相当于公印④。

里耶秦简中同样有"以某印行事"的说明文字，但见于文书末，类似附记，与西北汉简中位于文书起首不同。研究者曾将其视为洞庭郡郡治迁移的标志，对于印的性质则说得较模糊，如郑威认为是郡守府用印⑤。黄浩波、张润锴、熊永与李探探都已注意到这是假官用印现象，"以某印行事"中的印为假官者的本职官印，不代表文书发出地，因而也不足以佐证郡治变化⑥。五一广场东汉简文书中虽无"以某印行事"，但多见名印私印的行用记录，杜晓利用这些记录与西安卢家口村新出新莽封泥中的"职官＋姓名"封泥，提出汉代官府文书运作中广泛存在属吏与散官等行用私印的现象⑦。

2. 封装环节：以印封缄

以印封缄简牍、囊笥、门户有定式，对封缄之制的研究长期以来笼罩甚至掩

① 大庭脩《再论"检"》（1991年初刊），《汉简研究》（1992年日文初版），徐世虹译，广西师范大学出版社，2001年，第192—197页。

② 米田健志《漢代印章考》，《邊境出土木簡の研究》，第329—334页。

③ 鹰取祐司《文書の宛名簡》（2012年初刊），《秦漢官文書の基礎的研究》，汲古书院，2015年，第398—405页。

④ 阿部幸信《皇帝六璽の成立》，《中國出土資料研究》8，2004年。

⑤ 游逸飞《制造"地方政府"：战国至汉初郡制新考》，第141—142页；郑威《出土文献所见秦洞庭郡新识》，《考古》2016年第11期。

⑥ 黄浩波《秦代文书传递相关问题研究》，武汉大学历史学院博士学位论文，2020年，第84—87页；张润锴《秦代官印制度考述》，《绵阳师范学院学报》2021年第9期；熊永、李探探《假守异地文书行政与洞庭郡治》，《考古》2022年第2期。

⑦ 杜晓《汉代官用私印小议——以职官姓名印和"名印"私印为中心》，《出土文献》第十四辑，中西书局，2019年，第391—406页。

盖了对用印的讨论，但也提示了用印的载体。封缄研究主要有两条路径，一条始于王国维《简牍检署考》，以检与署为重点，考察出土简牍中检的形态与检上之署文①；另一条循王献唐《〈临淄封泥文字〉叙》，以封泥为线索，观察封泥泥背痕迹与整体样态，推测封缄方式②。

对于封缄之法，王国维所归纳的大概方式为：书函之上，既施以检，复以绳约之，以泥填之，以印按之，而后题所予之人；先检后署。关于检的形态，他以斗型检为汉制，认为汉检有穹窿，其背作正方形如覆斗，刻深其中以通绳且容封泥。封检的用法主要有二，或直接于书牍上施检，或以囊盛书而后施检。此后劳榦参照敦煌汉简、居延汉简、楼兰晋简，根据题署指出还有一类囊橐检，将封检分为三类。封函之封检施于简札之上，扁平，长宽多与常简同；书囊封检亦扁平，宽博而短；囊橐封检则与前两类书牍之封检相异，侧面上宽下狭，正面中部施封泥③。侯灿仔细核查劳榦所举之例，指出其所归纳的规律其实多不成立，继而根据题署格式将封检进一步细分为七类④。

对于封检的用途，李均明根据题署将居延旧简中的封检分为文书封检与实物封检（衣粮、器具、钱、书写材料等）两大类，且认为门户、车辆、牲畜上亦可施封检⑤。大庭脩同样据题署区分了物品检与书信检，提出物品检题署的特色是书写物品说明而非去向，具有封印的意味而不表示移动；书信检则写明收件方。对于无封泥槽的检，他推测有可能需配合印齿检使用；而根据露布文书有封泥无检的特质，他还将印分为封印与信印，指出有时两者是合一的，但也有分开的情况，露布之印即为单纯的信印⑥。

诸家分类虽均已注意到检的形态问题，但实际上仍然更依赖题署文字，真正

　　① 王国维著，胡平生、马月华校注《简牍检署考校注》（原著初稿日文译稿及中文定稿分别发表于1912、1914年），上海古籍出版社，2004年。

　　② 王国维、罗振玉还曾提示简牍与封泥当并观。罗振玉《齐鲁封泥集存》"序（王国维）""自序"，民国二年（1913）上虞罗氏影印本，收入《罗雪堂先生全集·七编（一）》，大通书局，1976年，第29、34页。

　　③ 劳榦《居延汉简考证》"封检形式""检署与露布""露布"，《居延汉简考释之部》，第2—3页。

　　④ 侯灿《劳榦〈居延汉简考释·简牍之制〉平议》，收入甘肃省文物考古研究所编《秦汉简牍论文集》，甘肃人民出版社，1989年，第257—275页。

　　⑤ 李均明《封检题署考略》（1990年初刊），收入《初学录》，兰台出版社，1999年，第90—104页；李均明、刘军《简牍文书学》，广西教育出版社，1999年，第429—437页。

　　⑥ 大庭脩《再论"检"》，《汉简研究》，第176—204页。

将形态与题署结合起来的是籾山明对九件魏晋楼兰简的分析①。他综合尺寸大小、形态样式、收发信息与出土地，最后提出：中央为齿部和封泥匣的锥状火山型小型封检用于封缄纸质书信，汉代的箧盖或为其原型；检端为齿部和封泥匣，书写面呈斜坡状的小型封检，可能用于书写物品说明；检端为凸出的齿部和封泥匣，剖面呈柄杓状的大型封检，用于封缄公文书简牍，汉简中有其原型；板部被削薄的大型封检，同样用于封缄公文书简牍，但汉简中未见其例。而将题署信息研究推进到几乎极致的是鹰取祐司②。鹰取祐司将有无封泥匣、是否记录传送方式、是否有印文与送达记录、官印与私印几项信息作为变量，进行了逐类比较与统计，而后归纳并提出封检的封泥匣形制与发信人的官位高低及对保密程度的要求有关，有无传送方式记录与有无印文及送达记录对应关系较强，都与发信方是否位于候官管辖范围内相关。

以上对封检与封缄方式的讨论所依据的主要是西北边地所出汉简。里耶秦简出土并陆续公布后，整理者注意到"检"与"封检"的区别。《里耶秦简（壹）》"前言"中将两者的区分定为：检，大多数下端削尖；封检，在长方体木块的一面挖去一部分形成泥槽，形如小板凳③。青木俊介认为平板的检应与小封泥匣捆绑搭配使用，实际上与前述大庭脩早年对无封泥槽之检用法的推论相似。他还推测，从"平板检＋小封泥匣＋文书"到"有匣检＋文书"再到"合檄"是一条封检的进化线索，愈发便利官吏处理④。姚磊则根据检下端的刮削样式与上部的题文内容进行了分类，提出里耶之检整体上大多为文书检，又以邮书简为主，符合里耶简公文档案的整体性质⑤。东牌楼东汉简与五一广场东汉简为"合檄"这一封缄方式提供了实物之证，邬文玲、何佳、黄朴华对此均有考证⑥。谢雅妍集成了目前

①　籾山明《魏晉樓蘭簡の形態—封検を中心として—》（2001 年初刊），《秦漢出土文字史料の研究—形態・制度・社會—》，创文社，2015 年，第 62—100 页。

②　鹰取祐司《文書の宛名簡》，《秦漢官文書の基礎的研究》，第 371—440 页，尤其第 394—406 页。

③　湖南省文物考古研究所编著《里耶秦简（壹）》"前言"，义物出版社，2012 年，第 2 页。

④　青木俊介《封検の形態発展—「平板検」の使用方法の考察から—》，籾山明、佐藤信编《文献と遺物の境界—中国出土簡牘史料の生態的研究 II—》，东京外国语大学アジア・アフリカ言语文化研究所，2014 年，第 229—246 页。

⑤　姚磊《〈里耶秦［壹］〉所见"检"初探》，简帛网，2015 年 12 月 28 日。

⑥　邬文玲《汉简中所见"合檄"试探》（2008 年初刊），收入吴荣曾、汪桂海主编《简牍与古代史研究》，北京大学出版社，2012 年，第 103—127 页；何佳、黄朴华《东汉简"合檄"封缄方式试探》，《齐鲁学刊》2013 年第 4 期。

长沙出土并已公布的所有东汉简牍中的封检类文书①。黄浩波解明了蒲封的具体方式②。简牍中所见封缄方式的丰富性还在不断呈现。

封缄研究的另一脉承自王献唐对封泥的观察,江村治树、周晓陆、孙慰祖、杨武站、吕健等均主要由封泥论封缄③。张琦结合秦封泥泥背痕迹,指出 V 形平检实际上是里耶秦简中占比最大的一类检,这一类检最重要的特征是直接施泥使用④。

但无论是立足于检署还是辟径于封泥,目前关于封缄的讨论仍然存在一些预设,多关注常态而忽视变态。其一,并非有检才能用印,露布即可于文书上直接设槽填泥抑印⑤;其二,亦非有封泥匣或封泥槽才能施印,角谷常子注意到居延简 282.9 中央有空白,空白部分左侧被切去小口,背面残存印泥痕迹,简文有"以印为信"的说明文字,因而认为存在直接在简上加盖印泥的情况⑥;其三,随着更多形制封检的出土,封缄之制中的一些基本概念也出现了更复杂的含义。马怡、陈伟、吴方基、黄浩波进一步区分了"检"与"署"⑦,而检、署、封、印四者的关系还需要综合考察以继续厘清。

---

① 谢雅妍《从长沙出土东汉简牍看"封检"类文书的形制与转变》,收入黎明钊、马增荣、唐俊峰编《东汉的法律、行政与社会:长沙五一广场东汉简牍探索》,三联书店(香港)有限公司,2019 年,第 221—256 页。

② 黄浩波《蒲封:秦汉时期简牍文书的一种封缄方式》,《考古》2019 年第 10 期。

③ 江村治树《陳介祺舊藏の封泥の形式と使用法》(1981 年初刊),收入《春秋戰國秦漢時代出土文字資料の研究》,汲古書院,2000 年,第 706—729 页;孙慰祖《封泥和古代封缄方式的研究》,《可斋论印新稿》,第 119—126 页;孙慰祖《新出封泥所见秦汉官制与郡县史料——兼论封泥分型的意义》(2009 年初刊),《孙慰祖玺印封泥与篆刻研究文选》,第 443—463 页;杨武站《汉阳陵出土封泥研究》,《西部考古》第八辑,科学出版社,2015 年,第 133—143 页;吕健《汉代封泥封缄形制的考古学研究》,《出土文献的世界:第六届出土文献青年学者论坛论文集》,中西书局,2018 年,第 156—189 页。

④ 张琦《秦汉官文书启封记录研究》,清华大学历史系硕士学位论文,2019 年,第 5—32 页。

⑤ 劳榦《居延汉简考证》"检署与露布""露布",《居延汉简考释之部》,第 2—3 页;大庭脩《再论"检"》,《汉简研究》,第 201—202 页;冨谷至《檄书考——视觉简牍的发展》,《文书行政的汉帝国》,第 43—88 页,尤其第 73—77 页。

⑥ 角谷常子《木简背书考略》,收入中国社会科学院简帛研究中心编《简帛研究译丛》第一辑,湖南出版社,1996 年,第 217—230 页。

⑦ 马怡提出,"署"指有题署的木检;陈伟据里耶秦简指出,带有封泥槽的为"检",无封泥槽的平板状检称为"署"。马怡《皂囊与简牍所见皂纬书》,《简牍与古代史研究》,第 133 页;陈伟《"检"与"署"》,《秦简牍校读及所见制度考察》,武汉大学出版社,2013 年,第 48—58 页;吴方基《里耶秦简"检"与"署"》,《考古学集刊》第 23 集,2019 年;黄浩波《秦代文书传递相关问题研究》第二章《检与署》,第 41—77 页。

３.行书环节：文书用印登记（发文记录、邮书记录、收文记录）

在各类用印登记中，对邮书记录的研究较早①。最具典范性的是陈梦家的邮路复原与地望推断②。此外还有对各种传递方式的考述，近年来，藤田胜久与鹰取祐司分别致力于秦代与汉代的文书传递过程，各有进展③。

关于发文记录与收文记录的研究相对较少④。针对西北汉简，米田健志与汪桂海均将收文与发文两类记录并论，指出官署中收、发环节的负责人身份存在重合。李均明则将发出、收入环节区别开来讨论，认为其间尚存传递过程⑤。对于里耶秦简中文式为"（某曹）书几封 某印 发文去向 ·（某年）某月某日某刻 某以来"的简，相关研究多将其定为发文记录，并借以论证曹的性质，认为这类记录表明曹无印而不能独立发文，其文书需经由县长吏封印、发出⑥。而在秦简收文记录方面，汪桂海提出收文与启封"合二为一"⑦。张琦围绕秦汉官文书收文时的启封记录做了全面而彻底的讨论，析明了秦与汉不同官署中负责接收、开启、处理文书的官吏，提出秦代迁陵县内令史乃实际上的文书负责人，县廷为形式上的文书"收发窗口"，列曹只具有依附性质，汉代西北边地军防系统中则不存在由列曹分流、处理文书的现象；同时揭示了启封文书之吏与长吏间的紧密联系⑧。

不过，目前对于各类用印登记书写者与书写情境的认识仍然较为模糊。以

---

①　李均明将其细分为邮书刺与邮书课。李均明《秦汉简牍文书分类辑解》，文物出版社，2002年，第421—428页。

②　陈梦家《汉简考述》（1963年初刊）第二篇"邮程表与候官所在"，《汉简缀述》，中华书局，1980年，第12—36页。此后的研究情况简述可参张琦《秦汉官文书启封记录研究》，第57页。

③　鹰取祐司《秦漢官文書の基礎的研究》第二部《文書の傳送》，尤其第三至五章，第271—370页；藤田胜久《里耶秦简所见秦代郡县的文书传递》，《简帛》第八辑，上海古籍出版社，2013年，第179—194页；藤田胜久《中国古代国家と情報伝達—秦漢簡牘の研究—》，汲古书院，2016年。

④　鲁惟一（Michael Loewe）《汉代行政记录（下）》（1965年英文初版）"MD2"，于振波、车金花译，广西师范大学出版社，2005年，第170—173页；李均明《秦汉简牍文书分类辑解》，第429—431页。

⑤　李均明《汉简所见"行书"文书述略》，《简牍法制论稿》，第200—219页。

⑥　仲山茂《秦漢時代の「官」と「曹」—県の部局組織—》，《東洋学報》82-4，2001年；藤田胜久《里耶秦简所见秦代郡县的文书传递》，《简帛》第八辑，第191页；孙闻博《秦县的列曹与诸官——从〈洪范五行传〉一则佚文说起》，《简帛》第十一辑，上海古籍出版社，2015年，第78—79页。

⑦　汪桂海《从湘西里耶秦简看秦官文书制度》，收入《里耶古城·秦简与秦文化研究：中国里耶古城·秦简与秦文化国际学术研讨会论文集》，科学出版社，2009年，第145页。

⑧　张琦《秦汉官文书启封记录研究》；张琦《里耶秦简题署考略》，《中國出土資料研究》24，2020年。

往研究多认为西北汉简中将居延县令所用之印记录为"居令延印"是书写印文记录的小吏对"居延令印"的误抄。周艳涛、张显成则指出这种非正常读序的官印抄记实际上是文书人员有意为之,因为原封泥印文为右上起横读形式,记录者为示区分,仍按照右上起竖读的顺序来抄记①。若然,这种抄录方式实际上反而体现了文书人员对官吏印章格式与印文的熟悉,也会间接影响对小吏文书制作与读写能力的认识②。而"文书人员""小吏"本身仍然是宽泛的指代,邮书记录等更多用印登记书写者的具体身份尚待真正明确。

二、反思与展望

对古玺印以及玺印痕迹之封泥进行集藏、著录与考证,传统悠久。在"印宗秦汉"观念的影响下,关于秦汉之印的研究起步特早,成果丰厚,大体可分为谱录类、考释类与通论类。这些研究呈现出了印章与封泥精巧的个体、细致的门类、系统化的发展过程。除了对印章与封泥本身考辨文字、判别时代,研究者也多通过印文中的职官名与地名订补传世文献中有关职官设置、行政区划等方面的记载。秦汉职官、地理研究中的不少疏漏、未尽之处因此获得新证。但同时,印也与用印者及用印的具体情境相隔,印的历史脉络清晰却孤立。

关于秦汉印制的研究,尤其是对颁印、授印制度意涵的讨论深入玺印背后,揭示出这一日用而不知的用具中所隐含的制度理念。其核心的关注点在于公印的有无问题,所探讨的是印制象征的国家结构,却忽略了官吏在用印过程中往往会赋予印更复杂的用法与用意。

尽管玺印、封泥、封检屡有新出,印章类目、朝廷授印、封缄方式的细节也逐渐丰富,但就关于印章的已有认识框架而言,巩固多于更新。这绝无可非议,只是在此视域中,印章的使用者往往隐而不现,用印的场景常常影影绰绰。秦汉时期印章的使用情况具体如何呢? 相关的探索主要得益于封泥的发现与简牍的出

---

① 周艳涛、张显成《西北屯戍汉简中的"居令延印"现象及其相关问题研究》,《江汉考古》2021年第3期。

② 对这一问题的最新思考可参邢义田《汉代边塞隧长的文书能力与教育——对中国古代基层社会读写能力的反思》,《今尘集：秦汉时代的简牍、画像与文化流播》,第43—97页。

土。王国维揭示书牍之封缄法；王献唐则从封泥泥背痕迹推论封缄方式。关于封缄之法的研究循两人的不同思路展开，按照分析对象侧重不同，可分为封检类与封泥类。封检类研究的要点在于如何对封检上的题署记录以及封检形态进行整理与分类。前人研究在对文字、样式等信息的分类分型、排列组合间，新见迭出。由于出土的封检大多呈现的是启封后拆去封泥的形态，封泥类研究恰能补充线索，丰富对封检形制与封缄方法的认识。

但封缄研究本质上是将封检与封泥视为器物，文书学视角下的简牍研究则力图将这些器物与其上的文字还原为文书运作中的程序。封印、登记印文、拆去印封是文书制作、发出、传递、签收过程中的重要环节。可惜目前的讨论大多建立在对西北汉简的考察基础上，暂未充分顾及其他各批简牍。更关键的是，封缄与封检不等于用印，各类用印登记虽然记录了文书用印情况，却也均不产生于用印环节，而是形成于文书收发传达过程中。目前的讨论实际上往往是通过用印痕迹窥测封缄形制，或借助各项包含印文登记的记录考察文书收发传递制度，用印痕迹与印文记录无法与印主、用印者、用印行为本身联系起来，用印问题长期附属于其他研究主题中，未能得到正面讨论。

也有一些研究者关注到出土律令中的印章使用规定，对文书中的用印记录与说明进行了集成，尝试将简牍中有关印的情况作为独立的问题提出。然而，这些研究虽然将印从封缄与收发问题中解放出来，却又反而局限于就印论印，讨论的是印的用处与用法，而非官吏如何在工作中用印。

针对以上遗憾，在前人研究的基础上，有一些新的课题与思路值得推进。首先，在史料利用方面，简牍文书为深入用印情境提供了绝佳的田野。但前已述及，以往研究多立足于西北汉简，因为其成果积累相对丰富，公布情况较为完整。随着秦汉时期更多地区、机构、层级的简牍文书相继出土，秦汉玺印研究可以进一步顺时而观，揭示出历时性变化。此外，传统的谱录式分类遮蔽了官印—私印或方寸印—半通印之下同类印章持印者的身份差异，印制研究则多基于传世文献展开且聚焦于官印，简牍文书中的情况却又更侧重地方基层行政，各有偏倚。因而将传世文献、玺印封泥实物与简牍文书结合起来考察，能更充分地显现出不同性质的机构、不同类型的事务中用印情况的多样性。

其次，在研究课题上，用印应当成为一个独立的问题。这也回应了世界范围内印章研究的新风气①。但世界印章研究中所理解的"用"印其实侧重展现不同地区与文明中印章用途、用处与功能的多样性,主体是印章。用印问题可以尝试将研究主体转换为人,以及用印行为中人与印的关系②,围绕不同身份的人与印的互动展开,回答诸如什么场合用印,如何用,用来做什么,及用印和事务处理、王朝统治之间产生了什么关系,等等问题。

印与用印,一字之差,景象却别有洞天。以印为线索,秦汉律令对印的行用不乏明文规定;但当以用印为视角,人成为了主体,用印者的能动性就为印的使用带来了不为制度所涵盖的丰富性与复杂性。比如,以官吏用印为例,关于官吏在工作中所用印章,除朝廷所授官印外,小官印与私印也是常用之印。就用印方式而言,官吏不仅于发出文书时抑印,封存囊箧、封闭门户时也会用印,这几类情形需配合封泥、封检,封缄研究已多有揭示;但管理财货、牛马时直接烙印于物、畜③,巡行时随身佩印,通行时核验印信④,同样是在用印并和印产生关联,却因未长存痕迹而易被忽略。用印者方面,律令中说明了不同事务需封特定官吏之印,但实际工作中屡有代行职务之需,代行者多以本职或本人之印行事。

更重要的是,在每一官吏的工作中,用印只是参与事务的一种方式,除了用印,尚有署名、画诺、起草、誊录、身临、口头传达等诸多工作方式⑤。在官吏整体的工作中,每位官吏的每一次用印只是事务中的一个环节,并非勾连着下一次用印,而是在整个事务过程中与其他官吏的工作环环相扣⑥。当以印为主体时,纳

---

①　*Seals and Sealing in the Ancient Near East*,edited by McGuire Gibson and Robert D. Biggs,Undena Publications,1977,pp. 3 – 4. *Seals: Making and Marking Connections Across the Medieval World*,edited by Brigitte M. Bedos-Rezak,Arc Humanities Press,2018,p.11. *Seals and Status: Power of Objects*,edited by John Cherry,Jessica Berenbeim and Lloyd de Beer,British Museum Press,2018,pp. 1 – 3. *Seals and Sealing in the Ancient World: Case Studies from the Near East*,*Egypt*,*the Aegean*,*and South Asia*,edited by Marta Ameri,Sarah Kielt Costello,Gregg Jamison and Sarah Jarmer Scott,Cambridge University Press,2018.

②　"以人为中心的关系思维",详参侯旭东《什么是日常统治史》,生活・读书・新知三联书店,2020 年,第 216—254 页。

③　刘钊《说秦简"右剽"一语并论历史上的官马标识制度》,《书馨集——出土文献与古文字论稿》,上海古籍出版社,2013 年,第 173—184 页。

④　对通关文书最细致的分析可参鹰取祐司《肩水金関遺址出土的通行证》,收入鹰取祐司主编《古代中世東アジアの関所と交通制度》,汲古书院,2017 年,第 175—335 页。

⑤　尤其值得注意的是口头传达在政务沟通中的存在。刘欣宁《汉代政务沟通中的文书与口头传达:以居延甲渠候官为例》,《"中央研究院"历史语言研究所集刊》第八十九本第三分,2018 年。

⑥　最典型的是里耶秦简 9 - 50 之例,乡啬夫以私印封仓,其离岗期间,代理职务的乡(转下页)

入视野的自然都是有印的景象；而当以人为主体时，用印只是官吏工作的一种方式或一道程序，用印之外皆为不用印。但正是在与不用印的比照中，才更能凸显行用每种印的缘由与用印这一行为整体上的丰富意义。换言之，用印需与各种工作综合考察。结合文书学中渐兴的工作取向①，把用印放回工作情境，将更多不用印的场景纳入视野，或许才能真正了解官吏用印在国家统治中的作用与意义。有关丧葬、宗教等其他场合中的用印研究同样可以循此思路展开。

概言之，综观以往秦汉玺印研究，最主要的课题有四类，各自存在相应的研究困境。集录玺印、封泥与考据印文的研究中，印章是单独的分析对象，因而脱离了当时的使用者与使用情景。以印为信物的研究探求授印背后的国家结构，却忽视了官吏在反反复复的用印实践中通过行动赋予印的意义。简牍研究中，关于封缄方式的讨论归纳出封检形态与功能的多样性，但印附属于封与检的问题中，未得到正面处理。而针对不同用印记录展开的具体分析则难免只见用印之树木，不见不用印之森林。

因此，秦汉玺印研究于史料方面或可更充分地利用各批简牍文书，在具体研究中进一步考索历时性的演变与同一时期不同机构、地区的分异；研究课题上则可以将用印作为独立的问题提出并展开分析，深入官吏工作与时人生活，重视不同身份的持印者在用印时的能动性，寻绎用印复杂的面向。而就研究视角而论，随着史料类型、数量的增益，以及课题的丰富化，秦汉玺印研究或许不必再追求解答玺印特定的功能或唯一的意义，也可不再满足于勾勒单一的发展脉络，而是尝试以复数与流动的视角观察印这一日常用具与用印这一貌似步骤简单的行为，以此或能更深入地揭示出印如何在与人、与事日复一日的互动中逐渐孕育着、改变着特定的国家运作机制，也滋生着、巩固着某些潜规则，进而解明印、印制与用印在秦汉国家乃至古代国家统治中的意义，及其对社会更深远的影响。

（接上页）守提出这一用印行为对防备盗贼等事务构成了隐患，也为自身工作带来了不便。图版参看湖南省文物考古研究所《里耶秦简·贰》，文物出版社，2017 年，第 23 页；释文可参陈伟主编《里耶秦简校释（第 2 卷）》，武汉大学出版社，2018 年，第 54 页。

　　① 关于文书研究的工作取向，详参籾山明《日本居延汉简研究的回顾与展望——以古文书学研究为中心》（2014 年日文初刊），顾其莎译，《中国古代法律文献研究》第九辑，社会科学文献出版社，2015 年，第 154—175 页。

附记：本文在写作过程中先后得到侯旭东、马楠、凌文超、孙闻博、孙正军、郭伟涛诸位师长指教；任攀先生及孙梓辛、郑伊凡、胡霖、张琦、陈琪丰诸君亦曾惠示相关研究。匿名审稿专家提示了宝贵的修改意见。谨此一并致谢！

秦汉时代官府计校研究述评[*]

曹天江

　　日本学者藤枝晃曾指出："汉朝之所以在几百年间能够对幅员辽阔、人民众多的中国进行如此有效的统治，其关键就得力于'上计'这一重要的制度。"[①]其实不惟汉朝，也不惟"上计"，应该说在下到县、乡、里，上至郡国、朝廷的各级官府中，定期与不定期的"计校"事务，从其渊源的先秦时期起，经历秦、汉，转入魏、晋，及至明清，都始终是广土众民的中国王朝进行全国性管理的重要环节。

　　何为"计校"？

　　"计""校"二字在先秦已有使用，且很早就与官府事务联系起来。"计"，会意字，从言、从十，即汇总、合计。战国楚系古玺印中见有多种"计官之鈢(玺)""军计之鈢(玺)""□计之鈢(玺)"[②]，就是当时负责统计工作的官吏玺印。战国中后期的云梦秦简亦见有"计"表官府事务的用法[③]。"校"字出现更早，见于甲骨、金文[④]，本

　　* 本研究为古文字与中华文明传承发展工程规划项目"中国文书简的理论研究与体系构建"（G1424）的阶段性成果。

　　① 藤枝晃《序文》，永田英正著、张学锋译《居延汉简研究》，1989 年初出，广西师范大学出版社，2007 年，第 8 页。

　　② 分见罗福颐《古玺汇编》编号 0137/0138/0139/0140、0210 与 3736(5604 为同一印)，文物出版社，1981 年，第 23—24、36、345、510 页。考证可参曹锦炎《古玺通论》(修订本)，1996 年初出，浙江大学出版社，2017 年，第 116—117 页；肖毅《古玺所见楚系官府官名考略》，《江汉考古》2001 年第 2 期，第 41 页。感谢赵平安先生赐教。

　　③ 亦参后文。又郭道扬认为，"会计"一语应起源于西周，其依据一是因为制作时间接近西周的春秋青铜器铭文中有明确的"会"字，故"会"字之造形当在西周；二是"计"的形体构成部分"言"和"十"在金文中已有专字，且"计""会"义同；三是《周礼》已有对"会计"事务与职名的记载；参见郭道扬《中国会计史稿》，中国财政经济出版社，1981 年，第 56—62 页。从出土文献来看，"计"字出现在战国时期，"会"字则较早；不排除以后还会出现更早史料，丰富我们对二字字源的认识。

　　④ 高明、涂白奎《古文字类编》(增订本)，上海古籍出版社，2008 年，第 595 页，"校"字下，收有甲骨文字例；董莲池《新金文编》，作家出版社，2011 年，第 736 页，收有吴振武释西周晚期倏戒鼎"校"字。感谢陈伟先生赐教。

义或指桎梏一类刑具,《说文·木部》:"校,木囚也。"①因校以正囚,故又有对比、核对、订正之意②。云梦秦简中,"校""效"皆见③,并有《效律》《秦律十八种·效》等专门规定物资统计与校验应如何执行的律令。"计校"二字连读的用法亦已在云梦秦简出现,并屡见于汉晋史籍④。后来这个词演变为"计较",则是我们都很熟悉的词语了⑤。

"官府计校"一词,可以囊括官府内部及官府之间的统计、校验、汇报、审查等一系列工作:每级官府开展本单位"计"的工作时,也需与同级官府进行"校"对,然后向上级呈交计校后形成的报告(即"上计");上级对报告展开"校"核,再汇总制作出本单位的"计",经过平行的"校"之后再"上计",呈递更上一级审阅……"计""校"两者相互联系,不可分割,在史料中也经常相伴出现,官府内横向的集计工作必然包含一定程度的检验确认,官府上下级之间纵向的汇报与审核本身也是集计的步骤之一,在从基层到朝廷的行政结构中,计校事务成为一条贯穿全局、上下相维的重要线索。

---

① 段玉裁《说文解字注》,浙江古籍出版社,2007年,第267页下。

② 参李学勤主编《字源》,天津古籍出版社,辽宁人民出版社,2012年,第535页;谷衍奎编《汉字源流字典》,华夏出版社,2003年,第534页。又陕西咸阳塔儿坡所出安邑下官钟及香港中文大学文物馆藏荥阳上官皿铭文出现了"敁"字,李学勤将其破读为"角",训为"平""校",并考证铭文书写于韩桓惠王十年(前263),是储藏机构对器物进行校量的记录;见李学勤《荥阳上官皿与安邑下官钟》,2003年初出,收入所著《文物中的古文明》,商务印书馆,2008年,第321—327页。由此观之,则"校"作"校量"的义项不一定是从刑具衍生而来。感谢赵平安先生、田硕学友赐教。

③ 陶安あんど推测"校"与"效"的应用场合不同,"效"用于免职等情况下实施的现场调查,"校"则作为"考核""对比"之类的普通动词使用。见陶安あんど《秦汉刑罚体系の研究》,创文社,2009年,第426页注69。

④ 睡虎地秦简《效律》简56—57:"计校相缪殿(也),自二百廿钱以下,谇官啬夫;过二百廿钱以到二千二百钱,赀一盾;过二千二百钱以上,赀一甲。人户、马牛一,赀一盾;自二以上,赀一甲。"睡虎地秦墓竹简整理小组《睡虎地秦墓竹简》,文物出版社,1990年,图版第39页、释文第76页。典籍中"计校"及"校计"的用法,如《汉书》卷四八《贾谊传》应劭注:"稽,计也。相与计校也";中华书局,1962年,第2245页。《后汉书》卷三〇《郎顗传》:"愿陛下计校缮修之费";中华书局,1965年,第1058页。《三国志》卷二一《魏书·卫觊传》:"君臣上下,并用筹策,计校府库,量入为出";中华书局,1982年第2版,第612页。其例甚多,不一而足。

⑤ 蒋宗许认为,"校"字原可以引申出"计算"之意,因此在汉末魏晋,"计""校"二字以同义复合形式构成一个双音词,表示"计算",又引申出"谋划""争辩""思量"等意义;见蒋宗许《魏晋南北朝语言研究与汉语词典编纂——从"计校"说开去》,《辞书研究》1995年第1期,67—69页。这是对"计校"一词源流的有力考证,但秦汉官府中的"计"与"校"事务,在"计校"词义的发展过程中,亦应起到了不可忽略的作用。

官府计校是古代王朝统治赖以维持运转的重要程序和手段，具有重要的研究意义。从管理对象而言，"计"不只是数字的合算（如户口、田亩、财税、兵器等），还包括各项临民事务与地方情状的记录汇总（如官吏勤务、山川物产、亭传邮驿等）；"校"也不只是账簿数字的核对，还包括对官府工作与地方政情的考核审查。官府计校在战国秦汉时代的国家转型中迅速发育，形成了例行化的流程，在长期的实践中，它帮助王朝国家尽可能及时而全面地了解、汲取和调配全国各地的资源，并掌控官吏们的施政状况。从而，秦汉王朝的集权化与官僚化建设都有赖于计校方法的不断改进和计校事务的不断反复。但另一方面，官府计校也有力所不及之处。除了时常出现的"误书"之外，各级官吏还会出于种种原因在计校事务中造假作伪、推诿拖延，朝廷便不断推出更严密的监察与惩治办法，国家与官僚就在这样的背景下展开了隐秘的角力。

秦汉时代官府计校的课题，自宋代起已有论述，今日随着出土资料的日益丰富，相关问题日益得到重视，既有概要的介绍，也有资料的总结，还有成果丰硕的专题研究。本文将首先概览计校相关史料的出土与整理情况，其后，依专题顺序述评各个研究重点。其中，以计校流程方面研究最为丰富，即每一层级官府的计、校，与各官府之间的上计，将重点介绍；此外，还将述及计校文书的虚与实，以及计校的目的、功能与意义的探讨。在全面梳理学术史的基础上，归纳前人的研究视角与得失，并展望这一领域未来的发展方向。

一、计校史料介绍

秦汉时代官府计校事务的研究，过去往往依托传世文献中不多的记述展开。20 世纪 30 年代始，西北边塞汉简的陆续出土使汉代边地基层计校研究为之一振；70 年代之后，云梦秦简、张家山汉简为研究秦汉计校提供了律令基础，尹湾汉牍又使上计研究迈上新台阶；21 世纪初面世的里耶秦简、岳麓秦简等，更提供了基层官府处理计校事务最直观的文书材料，推动相关研究取得了极大进展。

秦统一前后的材料以湖北省云梦县睡虎地秦墓竹简①、湖南省龙山县里耶

---

① 睡虎地秦墓竹简整理小组《睡虎地秦墓竹简》，文物出版社，1990 年；释读亦参陈伟主编《秦简牍合集》（释文注释修订本）第 1 辑，武汉大学出版社，2016 年。

秦简①、湖南大学岳麓书院藏秦简②三种为主。云梦秦简一般断代于战国晚期③,后两者则大多完成于秦统一后。里耶秦简以行政文书为主,反映基层官府计校事务现场的实际运行状态,是宝贵的第一手资料;云梦秦简和岳麓秦简所见律令中,有许多涉及计校事务的规范,可与实务展开对照研究。此外,湖北江陵王家台15号秦墓出土秦简《效律》与云梦秦简《效律》内容基本相同④。

汉代的材料在数量和种类上亦十分丰富。西北边塞方面,有出土于军事机构或交通站点的居延汉简⑤、居延新简⑥、肩水金关汉简⑦、敦煌汉简⑧、地湾汉简⑨、悬泉汉简⑩等多种,其中既有各类名籍、账簿、券书,也有直观提示计校流程的上下与平行文书,且因为它们是出土于亭、置、候官、都尉府等机构遗址,所以还提供了丰富的考古信息。

汉代的郡、县等民政机关方面的材料,则包括墓葬简与古井简两类。

墓葬简中,既有张家山汉墓竹简《二年律令》与荆州胡家草场简(皆存《效

① 湖南省文物考古研究所《里耶秦简》壹、贰,文物出版社,2012、2017 年;陈伟主编《里耶秦简牍校释》第 1 卷、第 2 卷,武汉大学出版社,2012、2018 年;里耶秦简博物馆、出土文献与中国古代文明研究协同创新中心中国人民大学分中心《里耶秦简博物馆藏秦简》,中西书局,2016 年。

② 朱汉民、陈松长《岳麓书院藏秦简》壹、贰、叁、肆、伍、陆、柒,上海辞书出版社,2010、2012、2013、2015、2017、2020、2022 年。

③ 高村武幸考证,睡虎地秦律大部分制定于公元前 4 世纪后半,不晚于秦初设郡的惠文王十年(前 328),其说可从;见高村武幸《文書行政のはじまり》,籾山明、ロータール・フォン・ファルケンハウゼン(罗泰)编《秦帝国の誕生—古代史研究のクロスロード—》,六一书房,2020 年,第 69—86 页。

④ 荆州地区博物馆《江陵王家台 15 号秦墓》,《文物》1995 年第 1 期,第 39 页。

⑤ 中国社会科学院考古研究所《居延汉简甲乙编》,中华书局,1980 年;谢桂华、李均明、朱国炤《居延汉简释文合校》,文物出版社,1987 年;简牍整理小组《居延汉简》壹、贰、叁、肆,"中研院"历史语言研究所,2014、2015、2016、2017 年。

⑥ 甘肃省文物考古研究所《居延新简》,中华书局,1994 年;张德芳:《居延新简集释》,甘肃文化出版社,2016 年。

⑦ 甘肃简牍博物馆等《肩水金关汉简》壹、贰、叁、肆、伍,中西书局,2011、2012、2013、2015、2016 年。

⑧ 甘肃省文物考古研究所《敦煌汉简》,中华书局,1991 年;张德芳、石明秀主编,敦煌市博物馆等编《玉门关汉简》,中西书局,2019 年。

⑨ 甘肃简牍博物馆等《地湾汉简》,中西书局,2017 年。

⑩ 甘肃省文物考古研究所《甘肃敦煌汉代悬泉置遗址发掘简报》《敦煌悬泉汉简内容概述》《敦煌悬泉汉简释文选》,《文物》2000 年第 5 期,第 4—20、21—26、27—45 页;胡平生、张德芳《敦煌悬泉汉简释粹》,上海古籍出版社,2001 年;甘肃简牍博物馆等编《悬泉汉简》壹、贰,中西书局,2019、2021 年。

律》》①所见的大批律令，也有睡虎地汉简②这样的反映事务运行过程的文书，还有大量的统计簿籍。统计簿籍中，有的涵盖整个单位几乎所有事项，也有的仅列单一项目。前者如1993年江苏连云港东海县尹湾汉墓发现的题名"集簿"的木牍YM6D1，其性质可能是汉成帝时东海郡上计所用的底稿或抄件③；沅陵虎溪山一号汉墓出土"计簿"，详细记载西汉初年沅陵侯国行政设置、吏员人数、户口田租、牲畜林木、道路交通等情形④；山东青岛土山屯 M147 汉墓出土与"上计"相关的文书牍，包含《堂邑元寿二年要具簿》《诸曹要员集簿》《堂邑盗贼命簿》和《囚簿》等重要资料，已部分公布⑤；这些资料涵盖县、侯国、郡等多种不同层级或类型的地方机构，有助于我们了解不同层次上计的特征。单项目的簿籍则如1973年于江陵凤凰山 10 号汉墓发掘的数枚统计算线、刍稿、田租、谷物的木牍和竹简⑥；1978 年于连云港市花果山汉墓附近出土的 1 号版牍，有学者认为其性质是计簿中的"狱计"⑦；2004 年出土松柏汉简中的多种簿籍，亦可能是上计簿册的重

① 彭浩、陈伟、工藤元男《二年律令与奏谳书：张家山二四七号汉墓出土法律文献释读》，上海古籍出版社，2007 年；荆州博物馆、武汉大学简帛研究中心编著，李志芳、李天虹主编《荆州胡家草场西汉简牍选粹》，文物出版社，2021 年。

② 熊北生、陈伟、蔡丹《湖北云梦睡虎地 77 号西汉出土简牍概述》，《文物》2018 年第 3 期，第 43—53 页；陈伟、熊北生《睡虎地汉简中的功次文书》，《文物》2018 年第 3 期，第 65—96 页；陈伟、熊北生《睡虎地汉简中的券与相关文书》，《文物》2019 年第 12 期，第 53—62 页。

③ 连云港市博物馆等编《尹湾汉墓简牍》一号木牍，中华书局，1997 年，第 13、77—78 页。

④ 湖南省文物考古研究所等《沅陵虎溪山一号汉墓发掘简报》，《文物》2003 年第 1 期，第 50 页；张春龙《沅陵侯国志》，第三届简帛学国际学术研讨会论文，桂林，2015 年 11 月，第 20—21 页；韩树峰《汉晋时期的黄簿与黄籍》，《史学月刊》2016 年第 9 期，第 19 页；湖南省文物考古研究所编著《沅陵虎溪山一号汉墓》，文物出版社，2020 年，上册第 118—122 页、下册第 2—16 页。

⑤ 青岛市文物保护考古研究所、黄岛区博物馆《山东青岛土山屯墓群四号封土与墓葬的发掘》，《考古学报》2019 年第 3 期，第 405—459 页；彭峪《青岛市土山屯汉墓发掘及出土简牍情况简介》，"古代东亚文字资料研究的现在与未来"国际学术讨论会，韩国庆北，2020 年 11 月，第 67—68 页。此外，关于土山屯墓群出土简牍详情的梳理，亦参马增荣《读山东青岛土山屯第 147 号墓出土木牍札记——考古脉络、"堂邑户口薄（簿）"、邑居和群居》，武汉大学简帛研究中心主办《简帛》第 21 辑，上海古籍出版社，2020 年，第 199—203 页。

⑥ 长江流域第二期文物考古工作人员训练班《湖北江陵凤凰山西汉墓发掘简报》，《文物》1974 年第 4 期，第 41—61＋88—95 页；裘锡圭《湖北江陵凤凰山十号汉墓出土简牍考释》，《文物》1974 年第 7 期，第 49—63 页；湖北省文物考古研究所《江陵凤凰山西汉简牍》，中华书局，2012 年，第 89—150 页。

⑦ 关于这一点，学界有分歧。一说将花果山汉牍定性为与睡虎地秦简《封诊式》相似的刑狱案例记录，见李洪甫《江苏连云港市出土的汉代简牍》，《考古》1982 年第 5 期，第 476—480 页；徐世虹《汉简与汉代法制研究》，《内蒙古大学学报》1992 年第 2 期，第 104—112 页。另一种看法则是"狱计"说，见张廷皓《江苏连云港市出土的汉代法律版牍考述》，1984 年初出，收入王子今、白建钢、（转下页）

要组成部分①；"户口簿"则更为常见，朝鲜平壤贞柏洞 364 号汉墓出土的《乐浪郡初元四年县别户口□簿》②、安徽天长纪庄 19 号西汉墓出土的《户口簿》③、松柏汉墓 48 号木牍《二年西乡户口簿》皆是其例，前述青岛土山屯汉墓 M147 棺内所出《堂邑令刘君衣物名》亦记载随葬有"堂邑户口簿一"，但未见其文本④。

　　这些计校材料都在墓葬中发现，性质本具含糊之处；而且内容多数经过精简抄撮，很少见到如居延汉简各类部、燧簿籍那样原始状态下的文本。不过除此之外，也有一些出土于旧时官署古井的材料，它们集中发现于湖南长沙，主要包括：走马楼西汉竹简⑤，公布有涉及统计之案宗⑥；东牌楼东汉简，公布有户籍简⑦；

（接上页）彭卫编《纪念林剑鸣教授史学论文集》，中国社会科学出版社，2002 年，第 267—274 页；纸屋正和著、朱海滨译《汉代郡县制的展开》，2009 年初出，复旦大学出版社，2016 年，第 281 页。此外，邗江胡场五号汉墓所出告地策，亦有向地下世界呈送"狱计"的表述，可提供一定的侧证，介绍见扬州博物馆、邗江县图书馆《江苏邗江胡场五号汉墓》，《文物》1981 年第 11 期，第 12—23 页。

①　此墓在 2004 年发掘，相关信息发布于 2008 年，见荆州博物馆《湖北荆州纪南松柏汉墓发掘简报》，《文物》2008 年第 4 期，第 24—32 页；朱江松《罕见的松柏汉代木牍》，荆州博物馆编《荆州重要考古发现》，文物出版社，2009 年，第 209—212 页。所引说法见彭浩《读松柏出土的四枚西汉木牍》，武汉大学简帛研究中心主办《简帛》第 4 辑，上海古籍出版社，2000 年，第 343 页。

②　此在 1990 年代初发现，朝鲜方面的早期报告见朝鲜社会科学院考古学研究所《朝鲜考古研究》2008 年第 4 期，封底刊登三牍照片；孙永钟（音译）《朝鲜断代史——高句丽史 1》，（平壤）科学百科辞典出版社，2006 年，第 118—121 页；孙永钟《乐浪郡南部地区的位置——以乐浪郡初元四年县别户口□□为中心》，（朝鲜）《历史科学》第 198 期，2006 年，第 30—33 页。其后陆续介绍到韩国、日本和中国，参尹龙九《平壤出土〈乐浪郡初元四年县别户口簿〉研究》，2009 年初出，《中国出土资料研究》第 13 号，（东京）中国出土资料学会，2012 年，第 205—236 页；杨振红、尹在硕《韩半岛出土简牍与韩国庆州、扶余木简释文补正》，《简帛研究》二〇〇七，广西师范大学出版社，2010 年，第 281—287 页。

③　此墓在 2004 年发掘，相关信息发布于 2006 年，即天长市文物管理所、天长市博物馆《安徽天长西汉墓发掘简报》，《文物》2006 年第 11 期，第 14—16 页；简牍介绍及释文见杨以平、乔国荣《天长西汉木牍述略》，卜宪群、杨振红主编《简帛研究》二〇〇六，广西师范大学出版社，2008 年，第 195—202 页。

④　马增荣认为它并未随葬，列于《衣物名》"可能是死者亲友的意愿，认为它对死者有特别意义"，见所著《读山东青岛土山屯 147 号墓出土木牍札记——考古脉络、"堂邑户口薄（簿）"、"邑居"和"群居"》，第 206 页。

⑤　长沙简牍博物馆、长沙市文物考古研究所联合发掘组《2003 年长沙走马楼西汉简牍重大考古发现》，中国文物研究所编《出土文献研究》第 7 辑，上海古籍出版社，2005 年，第 57—64 页。

⑥　长沙简牍博物馆、长沙市文物考古研究所联合发掘组《2003 年长沙走马楼西汉简牍重大考古发现》，《出土文献研究》第 7 辑，第 63 页。

⑦　长沙市文物考古研究所、中国文物研究所《长沙东牌楼东汉简牍》，文物出版社，2006 年，户籍简在第 107—108 页。

五一广场东汉简[①];尚德街东汉简牍[②],其中发现了一些民间和官府的"杂账"[③]。

这里对东汉以后至魏晋时期的计校史料状况也稍作介绍。东汉末年到三国时代,最重要的材料是1996年长沙市走马楼出土的三国吴简[④]。它是当时的长沙郡与后来的临湘侯国的行政文书,其中不仅包括大量券书、户籍、账簿等,还有许多官府计校过程中的文字记号,从中可观察计校事务是如何反复进行。西晋时代的官府计校情况,则见于2003年湖南郴州苏仙桥10号井出土的西晋简[⑤],其中包含了不少桂阳郡的风土地理方面的资料,学者分析认定它们是西晋惠帝时期桂阳郡年终上计的计阶簿[⑥],虽然时代偏晚,但亦十分珍贵。此外,东汉及其后的石刻材料还遗留下不少上计吏的信息,也不可忽视。

以上介绍了与秦汉时代官府计校研究有关的简牍史料出土与整理情况。可以看出,这些史料的优点是体量甚巨、时间跨度大,缺点是零碎散乱,细节聚讼之处不少,其处理、阐释与发明还有很大的空间。还需要说明的是,计校作为贯穿官府日常行政的不可或缺的事务,时常是隐藏在材料背后的线索,可以说每一份簿籍、每一道文书都难免要经过计或校的环节。依托于这些日益丰富的历史资料,秦汉时代官府计校事务的多方面细节,都得到了大量的关注与讨论。

二、计校的流程

官府计校的流程,大致而言,县属下各里、乡(候官属下各燧、部)给县廷(候官)送来大量零散的校券、契约、账簿等文书,由县(候官)对其进行汇总、核验并

---

① 长沙市文物考古研究所等编《长沙五一广场东汉简牍选释》,中西书局,2015年。

② 长沙市文物考古研究所编《长沙尚德街东汉简牍》,岳麓书社,2016年。

③ "杂账"是整理小组所归类别,见《长沙尚德街东汉简牍》,第83页。

④ 长沙市文物考古研究所、中国文物研究所、北京大学历史学系走马楼简牍整理组编著《长沙走马楼三国吴简·嘉禾吏民田家莂》,文物出版社,1999年;《长沙走马楼三国吴简·竹简》一、二、三、四、五、六、七、八、九册,文物出版社,2003、2007、2008、2011、2013、2015、2019、2020年。

⑤ 湖南省文物考古研究所、郴州市文物处《湖南郴州苏仙桥遗址发掘简报》,《湖南考古辑刊》第8辑,岳麓书社,2009年,第98—102页。

⑥ 戴卫红《从湖南省郴州苏仙桥遗址J10出土的晋简看西晋上计制度》,《中国社会科学院历史研究所学刊》第8辑,商务印书馆,2013年,第155—173页;孔祥军《西晋上计簿书复原与相关历史研究——以湖南郴州苏仙桥出土晋简为中心》,董劭伟主编《中华历史与传统文化研究论丛》第1辑,中国社会科学出版社,2015年,第139—177页。

整理成本单位的簿籍,再据此制作出上计簿,上交给所属郡、国(都尉府),由郡、国上呈朝中的丞相、御史府,或还会送至皇帝御前。接下来,将以主题为线索,按照从基层到中央、从平行的"计"与"校"到纵向的"上计"的事务次序,来评述相关研究成果。

(一) 基层计校:县与郡

秦代内地县、乡机构如何组织计校工作,随多种秦简的面世而得到了大量讨论。首先,从基本概念而言,出土资料所见的"计文书"究竟是"综合性"的统计文书,还是"分部门"的统计账目?过去一般依据传世文献的记载和尹湾汉牍"集簿"的定名,将所谓"计簿""集簿"都视作郡县官府的综合性统计文书,不过里耶秦简所见的"计"却更为复杂,导致了定义上的混乱和争议。一说仍持前论,认为尽管里耶秦简中的计文书种类不一,但总体而言,"计"应是根据原始档案整理、综合而成的统计资料,陈伟持此说①。二说则另辟蹊径,认为里耶秦简诸"计"多属县下各部门制作的年度统计文书,黄浩波即持此说,并指出各"计"具有固定的结构与格式、专门的术语和一定的书写原则②。三说则取折中,认为"计文书"可以含括县廷下属诸官所制作的统计文书与县廷上呈的专项"计簿"文书两大类,张岗持此说③。

这些县下之"计文书"经历了怎样的制作与传递过程?这也关系到对秦代县下各机构,尤其是列曹与诸官关系的认识④。高村武幸曾分析里耶秦简第八层中出现的"主簿""主计""主课"封检,指出,虽然它们所指示的收件人是负责簿、课、计的人,但不一定就说明县廷内具有负责这些事务的部门组织;县内部诸官向县廷报告时,应该是将文书送交各自相关的曹⑤。黄浩波勾勒出由券到计和

---

① 陈伟《里耶简所见行政与算术》,《秦简牍校读及所见制度考察》,武汉大学出版社,2017 年,第 160—162 页。

② 黄浩波《里耶秦简牍所见"计"文书及相关问题研究》,杨振红、邬文玲主编《简帛研究》二〇一六春夏卷,广西师范大学出版社,2016 年,第 81—119 页。

③ 张岗《里耶秦简所见秦代"计"类公文书》,《大庆师范学院学报》2022 年第 3 期,第 63—75 页。

④ 有关列曹与诸官的研究,可参曹天江《秦迁陵县的物资出入与计校——以三辨券为线索》,《简帛》第 20 辑,上海古籍出版社,2020 年,第 192 页。

⑤ 高村武幸《里耶秦简第八层出土简牍的基础的研究》,《三重大史学》第 14 卷,2014 年 3 月,第 41—43 页。

由簿到计的两种文书形成过程，分析其统计与文书制作的方法①。曹天江还分析指出，在物资出入事务中，诸官官吏会即时向县廷列曹上交中辨券、自己保留右券，并根据右券制作"计文书"，定期上交②。此外，里耶秦简所见成批的"阳陵卒文书"(9-1～9-12)体现的计文书制作过程，也得到了大量的讨论，可参笔者另文专述③。

　　针对这些"计文书"的校验，也多依托于券、簿而展开。黎明钊、唐俊峰总结，列曹会持各官计的原始记录(或称为"校簿")、日常统计簿籍以及校券④，多种簿籍文书并观以完成对计文书的校核工作⑤。具体到物资出入事务，曹天江分析，县廷令史会持中辨券校对诸官的"计文书"，如有问题，再要求诸官上交相应的右券以核查⑥。张岗指出，县廷列曹还会通过参与县廷期会的政务运行机制来集

----

① 黄浩波《里耶秦简牍所见"计"文书及相关问题研究》，《简帛研究》二〇一六春夏卷，第81—119页。

② 曹天江《秦迁陵县的物资出入与计校——以三辨券为线索》，《简帛》第20辑，第189—226页。

③ 曹天江《"定计"的明与暗——秦简所见基层官府物资付受的计校过程》，《文史》待刊稿。

④ 多数学者认为里耶秦简中的"校券"与这一过程密切相关，但对"校券"概念的理解仍存歧异。概言之，学者看待"校券"的视角可大致分为三派：一派较宽泛地认为"校券"即里耶秦简常见的券书，分左右券，可互相检验；此说发端自对居延汉简、睡虎地秦简零星出现的"校券"一词的解说，并随着张春龙、大川俊隆、籾山明对秦简刻齿的研究而奠定。另一派则根据里耶秦简9-1～9-12等文书体现的事务来解读"校券"的形制与功用，其共同点是认为"校券"不同于原始券书，是因原始券书无法执行而另外制作的凭证文书，不过在细节上歧见纷出：马怡认为"校券"可应用于官府间追债，多数学者皆同之，陶安あんど则认为"校券"应用于上级官府的文书校验过程，"责券"才应用于债权处理过程；马怡认为"校券"也是一式多份形式，债权方官府执其左，债务方官府执其右，张伯元、郭浩、吴方基认为"校券"仅一式一份，不具别券；此外，吴方基还指出"校券"也应用于官府针对跨县付受事务进行"付计""受计"的过程。睡虎地汉简面世后，陈伟、熊北生又提出新说，可视为第三派，其推测"校券"的"校"当读为"交"或"效"，为授予义，"校券"与"付券"的区别在于前者提交于上级官署而后者应用于同级单位。分见张春龙、大川俊隆、籾山明《里耶秦简刻齿简研究——兼论岳麓秦简〈数〉中的未解读简》，《文物》2015年第3期，第53—69页；马怡《里耶秦简中几组涉及校券的官文书》，武汉大学简帛研究中心主办《简帛》第3辑，上海古籍出版社，2008年，第192—205页；张伯元《关于契券的几个问题》，见氏著《出土法律文献研究》，商务印书馆，2005年，第288页；郭浩《汉代地方财政研究》，山东大学出版社，2011年，第263页；吴方基《里耶秦简"校券"与秦代跨县债务处理》，2017年初出，收入所著《新出秦简与秦代县级政务运行机制》，北京：中华书局，2021年，第242—262页；陶安あんど《里耶秦简における「校」・「校券」と「責券」に関する覚書》，"中国古代简牍の横断领域の研究"网站，2016年8月9日，http://www.aa.tufs.ac.jp/users/Ejina/note/note17(Hafner).html；陈伟、熊北生《睡虎地汉简中的券与相关文书》，《文物》2019年第12期，第60页。

⑤ 黎明钊、唐俊峰《里耶秦简所见秦代县官、曹组织的职能分野与行政互动——以计、课为中心》，武汉大学简帛研究中心主办《简帛》第13辑，上海古籍出版社，2016年，第146—151页。

⑥ 曹天江《秦迁陵县的物资出入与计校——以三辨券为线索》，《简帛》第20辑，第189—226页。

中核校诸官的"计文书"①。Max Jakob Fölster 与史达同意黄浩波、曹天江的观点，并辨析秦代行政中的"校"与"雠"，认为"雠"主要应用于律、令、籍和图，而"校"依据簿与券应用于计②。

经过这一系列的计校工作，列曹制作出"计录"，并最终完成本县的年度综合性统计文书（一般所称的"计簿"）。"计录"的性质，一般认为是"计"之"目录、清单"，且带有"调查、审核"的意味③，王伟与黎明钊、唐俊峰更主张"计录"应是列曹对诸官之"计"的校验结果之报告④。

与"计"和"计录"相应，里耶秦简中还出现了不少的"课"和"课志"文书。学者从文字、内容和官府机构设置三方面对它们展开比较和解读：其一，从文字着眼，主要是认为"计"表统计而"课"表考课。李均明主张"计"倾向客观记录，"课"则是对客观事实的主观考察，所以有考课的意味⑤；徐世虹、谢坤对秦"课"的考察，也以此为前提展开⑥。其二，从内容着眼，沈刚分析认为两者都有考评意味，但侧重不同："计"是对国家现有固定资财的统计，以机构为考评对象；"课"是对国有资财增减情况的动态记录和监督，以此为依据，问责的是具体的职官和责任人⑦。其三，从机构设置着眼，孙闻博认为，"计录"是诸曹事务的汇总记录，而"课志"是诸官事务的汇总记录⑧。

及至汉代，基层计校流程以西北边地汉简所反映的最为充分，研究成果也相当丰富。众所周知，于边地而言，军事机构及官府的军事职能尤为重要。燧是边

---

①　张岗《里耶秦简所见秦代"计"类公文书》，《大庆师范学院学报》2002 年第 3 期，第 63—75 页。

②　Max Jakob Fölster，Thies Staack，"Collation in Early Imperial China：Administrative Procedure to Philological Tool"，*Exploring Written Artefacts：Objects，Methods，and Concepts*，edited by Jörg B. Quenzer，De Gruyter，2021，pp. 889 - 912.

③　李均明《里耶秦简"计录"与"课志"解》，武汉大学简帛研究中心主办《简帛》第 8 辑，上海古籍出版社，2013 年，第 150—151 页；沈刚《"课""计"与战国秦汉时期考绩制度流变》，2013 年初出，见氏著《秦简所见地方行政制度研究》，中国社会科学出版社，2021 年，第 331—332 页。

④　王伟《里耶秦简"付计"文书义解》，简帛网，2016 年 5 月 13 日，http：//www.bsm.org.cn/？qinjian/6711.html；黎明钊、唐俊峰《里耶秦简所见秦代县官、曹组织的职能分野与行政互动——以计、课为中心》，《简帛》第 13 辑，第 141—151 页。

⑤　李均明《里耶秦简"计录"与"课志"解》，《简帛》第 8 辑，第 154—157 页。

⑥　徐世虹《秦"课"刍议》，《简帛》第 8 辑，第 251—268 页。谢坤《里耶秦简所见仓的考课》，见氏著《秦简牍所见仓储制度研究》，上海古籍出版社，2021 年，第 186—220 页。徐世虹将里耶秦简中的课文书定义为"依据既定的标准对机构或官吏职责予以核验而产生的文书"，第 258 页。

⑦　沈刚《"课""计"与战国秦汉时期考绩制度流变》，《秦简所见地方行政制度研究》，第 340 页。

⑧　孙闻博《秦县的列曹与诸官》，《里耶秦简博物馆藏秦简》，第 247 页。

地屯戍系统中级别最低的戍卒组织,燧上有部,燧、部皆统属于候官,一应事务都须向候官汇报、由候官汇总,所以,燧、部的报告应是整个计校过程的最初端。不过,对于各燧、部的报告文书由谁来制作,学界有不同理解。一说认为各燧不能自行制作文书,永田英正主张各燧的多种簿籍应是由候官的候史听取燧长汇报,兼以巡查后做出的记录①;冨谷至则认为各燧的所有文书都由其上级的部来制作,部以下的信息传达则系口头完成②。针对这一点,许多学者提出了反证。反证之一是能力即可能性方面,出土材料确凿显示边塞最基层的燧长必须具备文书制作的能力③;邢义田由此进一步指出,过去对边塞将士教育水平有错估之处,不仅部分文书会传达至最基层的燧,而且燧本身亦须作成一些原始的簿籍,再加上典籍文书的影响,至少有部分燧长应具备文书工作之能力④。

　　不论是由谁制作而成,这些汇集在边塞候官的簿书都提供了汉代基层计校

---

　　①　永田英正《居延汉简研究》,第 293—294 页;永田英正《文书行政》,佐竹靖彦编《殷周秦汉史学的基本问题》,2001 年初出,中华书局,2008 年,第 242 页。

　　②　冨谷至著,刘恒武、孔礼波译《文书行政的汉帝国》,江苏人民出版社,2013 年,第 100—104 页。

　　③　关于秦汉时期下层社会官民的文字读写能力的研究十分丰富,可参邢义田《汉代边塞吏卒的军中教育——读〈居延汉简〉札记之三》,1993 年初出,见氏著《治国安邦：法制、行政与军事》,中华书局,2011 年;Mark E. Lewis(陆威仪), *Writing and Authority in Early China*, State University of New York Press, 1999;叶山著、林凡译《卒、史与女性：战国秦汉时期下层社会的读写能力》,《简帛》第 3 辑,第 359—384 页;高村武幸《漢代の地方官吏と地域社會》,汲古书院,2008 年,第 88—111 页;宫宅洁《秦漢時代の文字と識字—竹简と木简からみた一》,冨谷至编《漢字の中国文化》,昭和堂,2009 年,第 192—223 页;エノ·ギーレ(Enno Giele)《古代の識字能力を如何に判定するのか—漢代行政文書の事例研究一》,高田時雄编《漢字文化三千年》,临川书店,2009 年,第 133—154 页;冨谷至《书记官への道—漢代下级役人の文字習得》,高田時雄编《漢字文化三千年》,第 155—179 页;邢义田《汉代〈仓颉〉、〈急就〉、八体和"史书"问题》,2009 年初出,见氏著《治国安邦：法制、行政与军事》,第 595—654 页;Li Feng(李峰) and David P. Branner eds., *Writing and Literacy in Early China*, University of Washington Press, 2011;李安敦(Anthony Barbieri-Low)《秦、汉及唐代的法律与行政程序——兼论二者对官吏系统与读写教育的促进作用》,2011 年初出,周东平、朱腾主编《法律史译评》第 6 卷,中西书局,2018 年,第 12—43 页;邢义田《秦汉平民的读写能力——史料解读篇之一》,2013 年初出,见氏著《今尘集》,中西书局,2019 年,第 3—42 页;冨谷至著、刘欣宁译《庶民的识字能力与文字传达的效用》,邢义田、刘增贵主编《古代庶民社会》,"中研院",2013 年,第 289—298 页;浜川荣《秦漢時代の庶民の識字》,《史滴》第 35 卷,2013 年,第 2—26 页。此外,郭浩指出汉代地方财政人员必须掌握"会计技术""籍簿技术""度、量、衡、程技术"三种技术,并有详细解说,有助于我们理解官吏处理计校事务所需的知识技术,见郭浩《汉代地方财政研究》,山东大学出版社,2011 年,第 249—270 页。

　　④　邢义田《汉代边塞隧长的文书能力与教育——对中国古代基层社会读写能力的反思》,2017 年初出,见氏著《今尘集》,第 43—97 页。

的重要细节。米田贤次郎较早地认识到了它们作为上计簿的制作根据的重要性;他综合分析了居延汉简中数量较多的病书、戍役簿、日迹簿、钱谷出入簿、兵器相关账簿这几类部、燧文书,阐述它们所经历的计校过程,指出候官每年上交计簿给都尉府,每隔三年又集计一次,由都尉府提交给太守府①。永田英正的研究更系统归纳了自燧、部到候官的文书制作、呈递与管理流程,首次揭示了边塞屯戍系统逐级上计的过程,"涉及了汉代上计制度的最深层"②。之后,不少学者整理西北汉简乃至所有出土汉简中所见的与计校(尤其是上计)有关的资料,将研究往更深层次推进③。

　　从永田的文书集成成果看来,部、燧上计候官的簿籍不仅种类丰富、涉及面广,而且有多种条列方式以便后期核对。总的来讲,可归纳为"账—账核对"、"账—物核对"、实地调查三种。永田指出,候官对部、燧之簿籍,都尉府对候官之簿籍的校核方法有两种:一是将多种类型的账簿进行比对(账—账核对),二是派遣相关人员去实地检查实物与账目是否相符(账—物核对)④。黄今言更进一步,划分出三种钩校方式,即账—物核对、账簿—凭证核对、实地调查与询问⑤,朱德贵亦有类似的提法⑥。郭浩则将拘校方式分为单一簿籍拘校、账账拘校和账实拘校三种⑦。在"账账拘校"之中,汪桂海认为上级官府会持"计偕簿"来核校计簿⑧。除了上对下的校核之外,黄今言还指出汉代西北边塞还存在基层单位的"自校"⑨,对此,黄浩波进一步在里耶秦简中找到了秦代县、乡基层机构"自

　　① 米田贤次郎《帳簿より見たる漢代の官僚組織について》,《東洋史研究》14—1/2,1955年,第87—94页。

　　② 藤枝晃《序文》,永田英正《居延汉简研究》,第6页。

　　③ 较综合性的研究可举鲁惟一(Michael Loewe)《汉代行政记录》,于振波、车金花译,广西师范大学出版社,2005年;李天虹《居延汉简簿籍分类研究》,科学出版社,2003年;李均明《秦汉简牍帛书分类辑解》,文物出版社,2009年;韩英、李晨《从居延汉简看汉代上计档案》,《档案学通讯》2010年第6期,第92—95页;李孝林等《基于简牍的经济、管理史料比较研究:商业经济、兵物管理、赋税、统计、审计、会计方面》,社会科学文献出版社,2012年;赵沛《居延简牍研究:军事、行政与司法制度》第4章《上计制度与边军的档案》,知识产权出版社,2020年,第108—160页。

　　④ 永田英正《居延汉简研究》,第311—319页。

　　⑤ 黄今言《居延汉简所见西北边塞的财物"拘校"》,《史学月刊》2006年第10期,第19—20页。

　　⑥ 朱德贵《汉代商业和财政经济论稿》,中国财政经济出版社,2004年,第200—201页。

　　⑦ 郭浩《汉代地方财政研究》,第280—288页。

　　⑧ 汪桂海《汉代的校计与计偕簿籍》,见氏著《秦汉简牍探研》,文津出版社,2009年,第137—147页。

　　⑨ 黄今言《居延汉简所见西北边塞的财物"拘校"》,《史学月刊》2006年第10期,第18—19页。

校"的证据①。王子今亦考察了拘校的诸种方式和相关语汇，推想居延汉简中的"校士"可能执行与拘校有关的工作②。此外，对于西北汉简所见钩校符号，李均明、程鹏万皆有系统整理③。

古代国家对官府校核有明确的律令规定，目前这方面研究多集中于云梦秦简《效律》《秦律十八种·效》及张家山汉简《二年律令·效律》的对比分析，高恒、刘玉华、王遂昆、康均、朱红林等皆有专文讨论，基本都将《效律》视为一部审计或会计法规，并讨论了其中制度规定的细节④。

向后展望，走马楼吴简为研究孙吴时代的计校实态提供了丰富而生动的资料，其中出现的各类省校与勾画的文字、符号、涂痕以及会计用语都得到了相当的讨论⑤，对我们研究秦汉时代的校核或可起到一定的旁证作用。值得一提的是，吴简还提示了"隐核"这一种校核方式，关于它究竟是何意义，有三种说法：一说认为"隐核"用语强调的是机密性，即不显明其事而审查，罗新、李均明持此说⑥；二说认为"隐核"与文书比对的方式有关，应指以簿书为凭证进行核对的行政程序，侯旭东、凌文超持此说⑦；三说认为"隐核"与吴简中的另一种用语"料

---

① 黄浩波《里耶秦简牍所见"计"文书及相关问题研究》，《简帛研究》二〇一六春夏卷，第115—116页。

② 王子今《居延汉简所见"拘校"制度》，2013年初出，见氏著《汉简河西社会史料研究》，商务印书馆，2017年，第342—360页。

③ 李均明《秦汉简牍文书分类辑解》，文物出版社，2009年，第395—398页；程鹏万《简牍帛书格式研究》，上海古籍出版社，2017年，第201—212页。

④ 刘玉华《秦汉地方吏治探微——以云梦秦简和张家山汉简之〈效律〉为例》，《江苏警官学院学报》2009年第1期，第97—101页；王遂昆、康均《睡虎地秦简会计法制论考》，《中南财经政法大学学报》2012年第5期，第108—113页；朱红林《睡虎地秦简和张家山汉简〈效律〉研究——简牍所见战国秦汉时期的经济法规研究之二》，《社会科学战线》2014年第3期，第90—96页。

⑤ 胡平生、汪力工《走马楼吴简"嘉禾吏民田家莂"合同符号研究》，中国文物研究所编《出土文献研究》第6辑，上海古籍出版社，2004年，第238—259页；李均明《走马楼吴简会计用语丛考》，2005年初出，见氏著《耕耘录》，人民美术出版社，2013年，第220—228页；伊藤敏雄《長沙吳簡の朱痕·朱筆·"中"字について》，《長沙吳簡研究報告2009年度特刊》，2010年，第87—94页；伊藤敏雄《長沙吳簡の朱痕·朱筆·"中"字について（その2）》，《長沙吳簡研究報告2010年度特刊》，2011年，第11—17页；朱德贵、刘威威《长沙走马楼简牍会计凭证初探》，《会计之友》2013年第9期中，第112—114页；凌文超《走马楼吴简中的签署、省校和勾画符号举隅》，《中华文史论丛》2017年第1期，第137—177页。

⑥ 罗新《吴简中的"隐核"》，往复论坛"史学·史林杂识"，2001年11月23日；李均明《走马楼吴简人口管理初探》，《简帛研究》二〇〇六，第272页。

⑦ 侯旭东《长沙走马楼三国吴简两文书初探》，《历史研究》2001年第4期，订补后发布于象牙塔论坛"国史探微·专题研究·吴简研究"，2003年9月5日；凌文超《走马楼吴简"隐核波田簿"复原整理与研究》，《中华文史论丛》2012年第1期，第132—133页。

核"含义相同,既指根据已有文书进行核对,也包含前往实地核查之意,孙闻博持此说①。至于"隐核"的频次,因其工作要求过于复杂繁重,凌文超认为这应是一种权宜的临时工作,不可能定期展开②。

关于郡级官府如何治计,过去多只能根据汉简中的只言片语推测,《岳麓秦简》中的一些律令条文则揭开了秦代"执法"治计的面纱。执法是县的上级,其具体定位尚存争议③,但各家都指出执法设有属官,可以监督、校验属下各县上呈的计文书,再整理上呈朝廷。对于《岳麓秦简》诸律令所见的"执法",一般认为是县与朝廷之间、也即郡太守级别的二千石官④,沈刚则认为负责治计的执法乃是设置在中央的执法⑤。

及至汉代,郭浩指出,郡府通过"计最"和"期会"两大方式来调动地方财政,"计最"应是"上计兼考课"之意⑥。又居延汉简中出现了一例"计曹"、一例"居延计掾",及一例"上计佐史"、一例"上计卒史",陈梦家据此认为计掾、计史、计佐是都尉府和太守府中常设之官,不同于为赴京师临时举遣的上计吏⑦。王毓铨的看法大体相同⑧。邓小南、纸屋正和进一步认为汉代郡中应有专门负责制作计簿的计曹,纸屋正和更推测这种计曹的性质可能类似于功曹⑨。对于计曹的存在时间,唯见郭俊然据传世文献推断其出现于东汉末年,并为曹魏所沿用⑩。

---

① 孙闻博《走马楼吴简所见"乡"的再研究》,《江汉论坛》2009 年第 2 期,第 114 页。

② 凌文超《走马楼吴简"隐核波田簿"复原整理与研究》,《中华文史论丛》2012 年第 1 期,第 133 页。

③ 陈松长《岳麓秦简中的几个官名考略》,《湖南大学学报》2015 年第 3 期,第 8—11 页;王捷《秦监察官"执法"的历史启示》,《环球法律评论》2017 年第 2 期,第 140—143 页;彭浩《谈〈岳麓书院藏秦简(肆)〉的"执法"》,《出土文献与法律史研究》第 6 辑,法律出版社,2017 年,第 90—91 页;土口史记著、何东译《岳麓秦简"执法"考》,《法律史译评》第 6 卷,第 52—72 页;王四维《秦郡"执法"考——兼论秦郡制的发展》,《社会科学》2019 年第 11 期,第 153—162 页。

④ 土口史记《岳麓秦简"执法"考》,《法律史译评》第 6 卷,第 59 页;曹天江《〈岳麓书院藏秦简(肆)〉"县官上计执法"令文考释——兼论汉以前的"上计制度"》,《出土文献》2022 年第 3 期,第 94 页。

⑤ 沈刚《秦简所见地方行政制度研究》,第 115 页。

⑥ 郭浩《汉代地方财政研究》,第 86—95 页。

⑦ 陈梦家《汉简所见太守、都尉二府属吏》,1962 年初出,见氏著《汉简缀述》,中华书局,1980 年,第 121—122 页。

⑧ 王毓铨《民数与汉代封建政权》,见氏著《莱芜集》,中华书局,1983 年,第 48 页。

⑨ 邓小南《西汉官吏考课制度初探》,《北京大学学报》1987 年第 2 期,第 21 页;纸屋正和《汉代郡县制的展开》,第 285 页。

⑩ 郭俊然《实物资料所见汉代诸"曹"丛考》,《聊城大学学报》2012 年第 4 期,第 78 页。

（二）朝廷计校

郡国将统计文书送至朝廷或皇帝处，它们将由朝廷官员接收、审核、评价。这里主要谈朝廷处理计校事务的情形，至于上计吏在京师的活动，将移入下节。

秦统一前后朝廷如何治计，迄无详考。因史籍记载汉初萧何入咸阳时"先入收秦丞相、御史律令图书藏之……汉王所以具知天下阨塞，户口多少，强弱之处，民所疾苦者，以何具得秦图书也"①，又记张苍"秦时为御史，主柱下方书"，"明习天下图书计籍"②，故一般认为秦代上计簿籍由丞相、御史主管③，或由丞相收阅而御史大夫有权复查④，或由御史大夫主持审核（"校计"）工作⑤。

西汉时代，通常由丞相和御史大夫两府受计，情况较为明晰。王勇华认为，郡国上呈朝廷的计簿分正、副，正簿交给御史中丞，用于监察和存档，副簿交给丞相，用于考课⑥。但史书中还出现了"天下计书，先上太史公，副上丞相"⑦一语，引发一些争议。对此，有两种解读：一说信从此语，认为计簿的正本经太史公检校后上呈皇帝，丞相只受理副簿，镰田重雄、池田温、纸屋正和持此说⑧。另一说认为此语不实，钱穆即怀疑此处"太史公"乃"中书令"之误⑨；吴昌廉进一步认为，这是东汉初期的卫宏，将东汉"天下计书先上尚书令"之制附会为西汉武帝时即有"天下计书先上中（尚）书令"之制，又因太史公司马迁曾任中书令，乃作此语⑩。

---

① 《史记》卷五三《萧相国世家》，中华书局，1982 年第 2 版，第 2014 页。

② 《史记》卷九六《张丞相列传》，第 2675、2676 页。

③ 邓小南《西汉官吏考课制度初探》，《北京大学学报》1987 年第 2 期，第 21 页。

④ 林剑鸣《秦史稿》，1981 年初出，中国人民大学出版社，2009 年，第 291 页。

⑤ 杨兴龙《从睡虎地秦简看秦国的上计制度》，《重庆工学院学报》2008 年第 8 期，第 16 页；许玫《两汉上计制度述议》，青海师范大学硕士学位论文，2009 年，第 8—9 页。

⑥ 王勇華《秦漢における監察制度の研究》，朋友书店，2004 年，第 243 页。

⑦ 《史记》卷一三〇《太史公自序》如淳注引《汉仪注》；关于此语的详细出处与文本，可参吴昌廉《卫宏"天下计书先上太史公"说考辨》，《国际简牍学会会刊》第 5 号，兰台出版社，2008 年，第 113—118 页。

⑧ 镰田重雄《秦漢政治制度の研究》，1943 年初刊，日本学术振兴会，1962 年，第 384 页；池田温著、龚泽铣译《中国古代籍帐研究》，1979 年初出，中华书局，2007 年，第 34 页；纸屋正和《汉代郡县制的展开》，第 285—286、288 页。

⑨ 钱穆《中国史学名著》第七节《史记（下）》，1972 年初出，联经出版事业公司，1998 年，第 118—121 页。

⑩ 吴昌廉《卫宏"天下计书先上太史公"说考辨》，《国际简牍学会会刊》第 5 号，第 140 页。

　　东汉时,司徒、司空受计,而尚书则掌握了上计考稽的实权①。此时较显著的变化是皇帝频繁亲临受计,接见上计吏。对此,一说认为不论前后汉,因皇帝接见是在上计簿审查之前进行,故流于形式②;另一说则认为,皇帝亲临受计从西汉时偶尔为之到东汉时成为惯例,这一变化是源于光武帝强化皇权、"总揽权纲",削弱三公职权的努力③。

　　至于朝廷各机构处理计簿的细节,尚无详论,只能推测其方法与基层计校没有很大区别,刘欣宁主张,文书与口头传达在朝廷治计时应起到同等重要的作用④。这涉及上计吏戒敕,详见后文。

(三) 制度与事务：上计面面观

　　"上计",即上交统计簿书,本是每一计校层级之间重要的联系环节,也是计校事务的应有之义。但因学界长期以来将上计视为一项特别的"制度",研究极为丰富,故值得专辟一节详述。

　　作为一项"制度"的上计,从宋代起便受到关注,徐天麟、王应麟、方以智、沈家本在搜集材料的基础上,都曾作出若干评论⑤。自 20 世纪 40 年代以来,秦汉上计研究开始走向深入,不少秦汉史、制度史著作中都有综合性的论考⑥,90 年

---

①　关于东汉尚书主计,可参(清)沈家本《汉律摭遗》卷一八《上计律》,《历代刑法考》第三册,中华书局,1985 年,第 1710 页;严耕望《中国地方行政制度史——秦汉地方行政制度》,1961 年初出,上海古籍出版社,2007 年,第 266 页;徐心希《上计制度的历史考察》,第 94 页;孟祥才《中国政治制度通史》第三卷《秦汉》,人民出版社,1996 年,第 298 页。沈家本将此惯例追溯到西汉元帝朝中书令石显专权,推测主计之权当时移于中书,其后乃属尚书。

②　纸屋正和《汉代郡县制的展开》,第 215 页。

③　侯旭东《皇帝、丞相与郡国计吏——两汉上计制度变迁探微》,见氏著《汉家的日常》,北京师范大学出版社,2022 年,第 314—345 页。

④　刘欣宁《汉代政务沟通中的文书与口头传达：以居延甲渠候官为例》,《"中研院"历史语言研究所集刊》89 号第 3 分,2018 年,第 453 页。

⑤　(宋)徐天麟《西汉会要》卷三六《职官六·上计》,中华书局,1955 年,第 426—427 页,《东汉会要》卷二二《职官四·上计》、卷二七《选举下·上计吏》,中华书局,1955 年,第 334、406 页;(宋)王应麟《玉海》卷一一四《选举·科举·汉计偕》、卷一八五《食货·会计》,影印本,广陵书社,2003 年,第 2109—2110、3385—3387 页;(明)方以智《通雅》卷二六《田赋》"会计,会所上之计也"条,中国书店,1990 年,第 327 页上;沈家本《汉律摭遗》卷一八《上计律》,《历代刑法考》第三册,1709—1717 页。

⑥　可举鎌田重雄《秦漢政治制度の研究》,第 369—412 页;严耕望《中国地方行政制度史——秦汉地方行政制度》第八章《上计》,第 257—268 页;陈直《上计制度通考》,1962 年初刊,见氏著《居延汉简研究》,中华书局,2009 年,第 59—64 页;安作璋、熊铁基《秦汉官制史稿》下册,1984 年(转下页)

代公开的尹湾汉牍更是提供了非常直观的材料,使上计问题一时间极受注目。近年来,也逐渐有学者注意到上计之为"事务"的面向,讨论具体而日常的上计工作流程与方法。以下将从上计的起源、层级、时间与周期、内容、使者及其活动等五个方面来介绍相关研究成果。

（1）上计的起源

先秦时代的上计情况,过去主要从《晏子春秋》《韩非子》《吕氏春秋》《淮南子》《史记·范雎列传》《说苑》《新序》等传世文献讲述的典故来了解,但学者多不采信其中春秋时代的案例,而从战国时代说起。曾我部静雄据此主张战国时代秦与六国皆存在上计制度[①],陶天翼更从中推论各国上计制度的产生时间[②];葛剑雄则指出这些资料都属以事寓言,彼此还有重复,不能视作正式史料,只能说是在封建制度的建立过程中,上计制度逐渐应运而生[③]。70 年代后,云梦秦简、里耶秦简、岳麓秦简先后发现,推动了秦统一前后上计情况的研究,战国秦的官府中存在"上计"事务已无疑问,只是其具体的执行方式还有讨论空间。

（2）上计的层级

上计的层级与当时的行政区划密切相关。关于战国到秦的上计情况,过去往往在郡县二级制的框架下讨论[④],近来由于对内史、执法等机构的认识逐渐深

（接上页）初刊,齐鲁书社,2007 年,第 388—302 页;杨鸿年《汉魏制度丛考》,1985 年初刊,重印本,武汉大学出版社,2005 年,第 446—461 页;孟祥才《中国政治制度通史》第三卷《秦汉》,第 131—132、387—390 页。

① 曾我部静雄《上計吏と朝集使》,1970 年初出,收入所著《中国社会经济史の研究》,吉川弘文馆,1976 年,第 372—374 页。

② 陶天翼《考绩源起初探——东周迄秦》,《"中研院"历史语言研究所集刊》第 54 本 2 分册,1983 年,第 114—116 页。

③ 葛剑雄《秦汉的上计和上计吏》,《中华文史论丛》1982 年第 2 期,第 181 页。

④ 在此框架下,学者围绕着上计的层级形成了三种说法:一说以严耕望为代表,因史料中县上计郡、郡上计国君、县上计国君三者皆有反映,而认为当时因地方行政一级与二级相参,所以上计层次也应是一级与二级相参,杨兴龙、王勇同之;二说根据出土秦简中多见县上计而不见郡上计,认为秦虽然设郡,但行政重心在县,应由县直接上计中央,高恒、徐心希、徐富昌持此说,只是高恒还有所保留地指出"秦简中所见到的法律条文,多颁行于普遍设郡以前,因此在上计问题上,未反映出郡县的隶属关系";三说是前两说的折中,认为秦国是在疆土扩张、逐步设郡过程中开始实行以郡为单位的上计,统一后规范为二级上计,葛剑雄持此说。分见严耕望《中国地方行政制度史——秦汉地方行政制度》,第 258 页。持此意见者还有杨兴龙《从睡虎地秦简看秦国的上计制度》,《重庆工学院学报》2008 年第 8 期,第 16 页;王勇《里耶秦简所见秦代地方官吏的徭使》,《社会科学》2019 年第 5 期,第 155 页;高恒《秦简中与职官有关的几个问题》,中华书局编辑部编《云梦秦简研究》,中华书局,1981 年,第 215—216 页;徐心希《上计制度的历史考察》,第 94 页;徐富昌《睡虎地秦简研究》,文（转下页）

入，学者认识到"县—郡—朝廷"的一元化结构不足以概括当时行政治理的实情，内史所辖诸县会向内史上计①，县也会向执法上计（见前述），各个与郡同级别的机构的权能可能存在犬牙交错的关系②。随着秦汉王朝的统一和稳固，郡县二级上计制成为主流，但汉武帝时又设置刺史，史料载其"岁尽奏事京师"、"中兴但因计吏"，故一般认为东汉以后，刺史之奏事由上计吏代行，州一级也有了上计的责任③。关于刺史奏事与郡国上计的关系，后文还将论及。

此处对魏晋时期之上计情形也稍作交代。或因传世文献记载少而零散，以至马端临曾认为"自魏晋以来，州郡无上计事"④，但随着材料的日益丰富，尤其是郴州苏仙桥西晋上计簿书发现后，此说已不攻自破。然而，由于此时州成为了正式的行政区划，州是否要上计朝廷、州的上计与郡国上计的关系如何，学界有分歧，根据是否将州看作一个确实的受计与上计单位，可大致分为两说：一说认为魏晋上计沿袭汉制，只是显得更为松散，言下之意是忽略了州上计的问题⑤。另一说则认为魏晋时期郡不仅要上计朝廷，而且要同时上报州刺史，由州刺史对下进行考核；州刺史再依此制作本州上计簿，亦上计于中央；张文强、王东洋持此说⑥。郴州西晋简显示，桂阳郡的"计阶簿"不仅要呈交朝中御史台、太尉、司徒府、司空府，而且要同时交至本州江州治所，为后一种看法提供了有力的依据⑦。

在县道——郡国——朝廷的常规上计之外，还有两类与"上计"相似的行为，

（接上页）史哲出版社，1993 年，第 429 页；葛剑雄《秦汉的上计和上计吏》，《中华文史论丛》1982 年第 2 期，第 182、183 页。

①　云梦秦简中的《仓律》《效律》显示出内史亦接受县级仓库的上计，较详细的分析参见李孝林《从云梦秦简看秦朝的会计管理》，《江汉考古》1984 年第 3 期，第 85—93 页；工藤元男著，曹峰、广瀬薰雄译《睡虎地秦简所见秦代国家与社会》，上海古籍出版社，2010 年，第 18—41 页。

②　详参森谷一树《二年律令にみえる内史について》，冨谷至编《江陵張家山二四七號墓出土漢律令の研究・論考篇》，朋友书店，2006 年，第 117—136 页；游逸飞《三府分立——从新出秦简论秦代郡制》，《"中研院"历史语言研究所集刊》第 87 本第 3 册，2016 年，第 461—505 页。

③　鎌田重雄《秦漢政治制度の研究》，第 372—376 页。

④　（元）马端临《文献通考》卷三六《选举九》，中华书局，2011 年，第 1060 页。

⑤　张达聪《魏晋南北朝时期的审计》，《财会月刊》1993 年第 9 期，第 58 页。

⑥　张文强《魏晋北朝考课制度述略》，《北京师范大学学报》1988 年第 5 期，第 85—86 页；王东洋《魏晋南北朝考课制度研究》，社会科学文献出版社，2009 年，第 258 页。王东洋还指出，刘宋武帝时废止了郡县上计于州的做法，这或是因为刘宋辖境较小，郡县可以直接上计于朝廷。

⑦　戴卫红《从湖南省郴州苏仙桥遗址 J10 出土的晋简看西晋上计制度》，《中国社会科学院历史研究所学刊》第 8 辑，第 169 页；孔祥军《西晋上计簿书复原与相关历史研究——以湖南郴州苏仙桥出土晋简为中心》，《中华历史与传统文化研究论丛》第 1 辑，第 146—147 页。

研究较少,但值得留意:

其一,是西域诸国的户口登记与上报。池田温曾据楼兰遗址所出的晋楼兰户口簿稿推断,西域外族亦曾由驻屯机构通过文书行政渠道进行过户口登记[①];至于之前的汉代边塞机构是否存在类似性质的行为,则只见袁延胜有所探讨,其认为西域诸国人并非汉朝的"户籍民",汉政府对西域的羁縻管理不同于内地郡县,但朝廷出于掌握西域基本情况的需要,仍会了解各国的人口信息[②]。

其二,葛剑雄还指出,其他一些相当于郡国的单位,也可能获得上计的授权,如曹魏时的典农中郎将;甚至还可能允许起义首领上计,表明承认其地位,以示怀柔[③]。

(3)上计时间与周期

上计的时间,应如高恒所论,区分计断时间、地方启程赴计时间和受计时间三者[④]。对后二者,学界无大争议。秦汉朝廷年末受计,因此,各地赴计时间一般因远近而不一,要之以岁末赶到京师、参加受计与元会为准。

学界讨论最多的是计断时间,即每年例行统计的截止时间,也就是所谓的"财计年度"的断限。自镰田重雄、严耕望始,学界一般据传世文献笼统认为,秦以十月为岁首,故计文书断于九月,至汉末不改[⑤]。葛剑雄更细化一些,认为在秦始皇二十六年(前221)统一天下之前,因以正月为岁首,故计书以十二月为断;秦始皇二十六年之后,改以十月为岁首,故以九月为断[⑥]。秦末至汉代"计断九月"的说法,后来得到了出土汉简的支持,获得公认,唯周海锋提出秦时"计断八月",认为九月的统计项目会移到下一年[⑦]。对"计断九月"的施行原因,学界

---

① 池田温《中国古代籍帐研究》,第43页。

② 袁延胜《悬泉汉简"户籍民"探析——兼论西域诸国人的户籍问题》,2011年初出,见氏著《秦汉简牍户籍资料研究》,第210—214页。

③ 葛剑雄《秦汉的上计和上计吏》,第187页。

④ 高恒《汉代上计制度论考——兼评尹湾汉墓木牍〈集簿〉》,1999年初出,见氏著《秦汉简牍中法制文书辑考》,社会科学文献出版社,2008年,第326—327页。

⑤ 镰田重雄《秦漢政治制度の研究》,第377页;严耕望《中国地方行政制度史——秦汉地方行政制度》,第259页。

⑥ 葛剑雄《秦汉的上计和上计吏》,《中华文史论丛》1982年第2期,第181页。不过须注意,根据新近出土资料,有学者主张秦统一之前的历法也以十月为岁首,此说颇具说服力,详参李忠林《秦至汉初(前246至前104)历法研究——以出土历简为中心》,《中国史研究》2012年第2期,第45页。

⑦ 周海锋《秦官吏法研究》,西北大学出版社,2021年,第73—75页。

亦有不同解释:一说认为承自《周礼》"秋献功"之古制,此说源出郑玄,于豪亮从之[①];二说认为出于秦代以十月为正的历法,此说源出卢植,前引葛剑雄即从之;三说认为,这是为了远近不一的地方都能赶上正月元会,乃断计于九月,留出三个月充足的准备时间,沈家本持此说[②];四说认为与农业社会的收获时间有关,此说系池田温首倡[③],张荣强受其启发而有详论,认为计断时间是源于谷物,尤其是北方粟米的成熟时间[④]。

关于上计的频率,从汉代材料来看,一般认为一年一度,偏远地区或特殊情况可能三年或多年一次。但因前述研究所用材料多属汉代,谈及秦之上计时,往往有以汉推秦之虞。游逸飞就据里耶简推测秦代上计有每月(月簿)、每季(四时簿)、每年(岁簿)的多种周期[⑤];王勇更主张秦代上计或非每年一度集中进行,推测当时是派各位主管官吏分别上计[⑥];曹天江虽然认为秦代"上计"指的都是年末事务,但也认同当时应由多批次的不同官吏各自提交所负责的文书[⑦]。

(4)上计内容

《续汉书·百官志》注引胡广曰:"秋冬岁尽,各计县户口垦田、钱谷入出、盗贼多少,上其集簿。"[⑧]凝练概括了郡国须呈报的集簿内容。据严耕望对文献的整理,实际上"宗室状况、断狱情形、兵戎戍卒、山林泽谷之饶、关梁贸易之利,以

---

　　① 于豪亮《〈居延汉简甲编〉补释》,1961 年初出,《于豪亮学术论集》,上海古籍出版社,2015 年,第 78 页。

　　② 沈家本云:"汉初以十月为岁首,朝会在十月,计吏自不得不以九月为断。自太初正历,以正月为岁首,而计文书仍断于九月者,计吏岁尽即诣京师,不及候至十二月。郡国之远者若必断于岁尽,即不及赴正月旦之朝会,故断于九月。"见所著《汉律摭遗》卷一八《上计》,《历代刑法考》第 3 册,第 1711 页。如张荣强(《汉唐籍帐制度研究》,商务印书馆,2010 年,190—191 页)所论,此说法颇有前后矛盾之处。

　　③ 池田温认为:"在农业社会中,收获完毕之后进行统计,是很自然的程序,故以秋末为期限的上计制,可以认为是因袭古代的成规。"见所著《中国古代籍帐研究》第一章,第 33 页。

　　④ 张荣强《汉唐籍帐制度研究》,第 187—196 页。

　　⑤ 游逸飞《三府分立——从新出秦简论秦代郡制》,《"中研院"历史语言研究所集刊》第 87 本第 3 分,2016 年,第 465—466 页。

　　⑥ 王勇《里耶秦简所见秦代地方官吏的徭使》,《社会科学》2019 年第 5 期,第 155 页。

　　⑦ 曹天江《〈岳麓书院藏秦简(肆)〉"县官上计执法"令文考释——兼论汉以前的"上计制度"》,《出土文献》2022 年第 3 期,第 91—107 页。

　　⑧ (晋)司马彪《续汉书》卷二八《百官志》注引胡广曰,中华书局,1965 年,第 3623 页。

及地理变迁,无不入簿","然则盖凡地方一切情形无不入计簿者"①。出土材料对此问题亦有所提示。永田英正分析燧、部作成的所有簿籍或记录都要上交给候官,其内容包括吏卒、勤务、器物、现钱、食粮、其他记录六大类②;尹湾汉简《集簿》被认为是东海郡的上计材料,其上就记载了地区面积、行政机构、农业经济、财政收支、户口成分等多项内容,间有说明③;郴州苏仙桥西晋简所反映的桂阳郡上计内容更是丰富多彩,戴卫红将其归纳出十一类:县城规模和吏员设置等、县界和建制、邮驿亭及其吏卒、政府建筑物、"村"、赋税、土地、山川溪流、历史遗迹、物产、人口④。

以上研究是将材料混同起来进行静态的观察,但这些材料时代跨度较大,从汉到晋,上计内容以及计簿的形态,不可能全无变化。目前出现的一种解释是从"简纸变动"的角度切入,讨论简牍时代与纸张时代每一层级上计内容的不同。一般认为,东晋时期,官方户籍的载体从简札变为纸张⑤。据此,韩树峰认为,简牍时代,文书底本如过多过重则难以运输保存,故呈报上级的往往是按类编制的统计性数字,最基本的户籍文书留存在县、乡;到东晋及后赵时,纸张普及,尚书省保管全国户籍成为可能,上计内容便发生了变化⑥。张荣强、魏斌亦持此观点,不过魏斌将简牍时代的上计簿据其文书形态进一步划分为"简簿"(木牍)和

---

① 严耕望《中国地方行政制度史——秦汉地方行政制度》,第 260 页。葛剑雄对此亦有整理,见所著《秦汉的上计和上计吏》,《中华文史论丛》1982 年第 2 期,第 184 页。

② 永田英正《居延汉简研究》,第 307—308 页。

③ 此分类据高恒《汉代上计制度论考——兼评尹湾汉墓木牍〈集簿〉》,《秦汉简牍中法制文书辑考》,第 330—339 页。

④ 戴卫红《从湖南省郴州苏仙桥遗址 J10 出土的晋简看西晋上计制度》,《中国社会科学院历史研究所学刊》第 8 辑,第 156—157 页;又孔祥军将其归纳为五类,分别是城邑、户口、田租、乡亭邮驿、绵绢贾布,见所撰《西晋上计簿书复原与相关历史研究——以湖南郴州苏仙桥出土晋简为中心》,《中华历史与传统文化研究论丛》第 1 辑,第 156—177 页。

⑤ 此说由池田温首次提出,其据晋令"郡国诸户口黄籍,皆用一尺二寸札"条文,指出,西晋时期,户籍还用简札书写,可视为使用简札的籍的最后时期;冨谷至从之,并利用楼兰文书进行了进一步阐发。此说得到公认,不过籾山明补充认为,在纸普及之后,使用简牍的公文书与簿籍也并未完全消失。见池田温《中国古代籍帐研究》,第 42 页;冨谷至《3 世纪から 4 世纪にかけての书写材料の变迁—楼兰出土文字资料を中心に—》,冨谷至编《流沙出土の文字资料》,京都大学学术出版社,2001 年,第 521 页;籾山明《简牍·缣帛·纸—中国古代における书写材料の变迁—》,2011 年初出,见氏著《秦汉出土文字史料の研究—形态·制度·社会—》,第 113 页。

⑥ 韩树峰《论汉魏时期户籍文书的典藏机构的变化》,《人文杂志》2014 年第 4 期,第 72—80 页。

"详簿"（简册）两类，讨论它们各自的制作与呈递过程①。

不仅郡国向中央递交的上计簿内容不止于"户口垦田、钱谷入出、盗贼多少"，而且上计吏还要随计簿一起带来各种"与计偕"的人、物与文书②。"与计偕"的规定在睡虎地秦简中已经出现，康大鹏、工藤元男皆有较详细的解读③，曹天江还指出它与秦统一进程相交织的关系：一方面，年末需要上交之物日益增多，另一方面，国家又试图通过"与计偕""被兼上"等律令来精简上交文书的批次与人员④。

及至汉代，"与计偕"的资料更为丰富。"与计偕"的人，是朝廷要求郡、国举荐的人才，会与计吏一同入京。"与计偕"的物，或曰"计偕物"，是地方上贡献给朝廷的物产。不过，吴昌廉认为"计偕物"还可从广义上理解，它不仅包括作为定制上交的贡物，还包括郡国守相趁上计吏诣京之便，令计吏携带、馈赠特定人物的其他礼物⑤。赵鹏团综合讨论了两汉时期"与计偕"的内容，还将朱买臣等主动赴京干谒的士人也包括进来⑥。不少学者还由《礼记》郑注⑦而注意到了"与计偕"之人、物与上古贡奉之制的关联，可分析出两种观点：一说认为"与计偕"的人才就是"贡士"、而"计偕物"就是贡物，曾我部静雄、高恒、吴昌廉持此说⑧；另

① 张荣强《中国古代书写载体与户籍制度的演变》，《武汉大学学报》2019 年第 3 期，第 103—104 页；张荣强《简纸更替与中国古代基层统治重心的上移》，《中国社会科学》2019 年第 9 期，第 184 页；魏斌《汉晋上计簿的文书形态——木牍和简册》，徐冲主编《中国中古史研究》第 8 卷，中西书局，2020 年，第 251—274 页。

② 传世文献中的"与计偕"资料整理，可参王应麟《玉海》卷一一四《选举·科举·汉计偕》，第 2109—2110 页。

③ 康大鹏《云梦简中所见的秦国仓廪制度》，《北大史学》2，北京大学出版社，1994 年，第 32—33 页；工藤元男《睡虎地秦简所见秦代国家与社会》，第 26—27 页。

④ 曹天江《〈岳麓书院藏秦简（肆）〉"县官上计执法"令文考释——兼论汉以前的"上计制度"》，《出土文献》2022 年第 3 期，第 104—106 页。

⑤ 吴昌廉《计偕物考》，西北师范大学文学院历史系、甘肃省文物考古研究所编《简牍学研究》第 2 辑，甘肃人民出版社，1998 年，第 85—86 页。

⑥ 赵鹏团《两汉时期"与计偕"考论》，《南都学坛》2021 年第 2 期，第 8—14 页。

⑦ 《礼记·射义》"是故古者天子之制，诸侯岁献，贡士于天子，天子试之于射宫"条郑注："岁献，献国事之书，及计偕物也。"见《礼记正义》卷六二《射义》，阮元校刻《十三经注疏》（清嘉庆刊本），中华书局，2009 年，第 3663 页。

⑧ 曾我部静雄《上计吏と朝集使》，《中国社会经济史の研究》，第 374—375 页；高恒《汉代上计制度论考——兼评尹湾汉墓木牍〈集簿〉》，《秦汉简牍中法制文书辑考》，第 324 页；吴昌廉《计偕物考》，《简牍学研究》第 2 辑，第 76—80 页。

一说则将贡献与计偕之贡献区分开来,黄今言持此说,但未作更多解释①。

至于"与计偕"的文书即"计偕簿",其性质为何、与上计簿如何区分,亦有不同意见。一说认为"计偕"文书应当包括计会文书之外的所有文书,也就是综合报告书(如尹湾汉简《集簿》)之外的、呈交中央的文书附件,比如狱计、吏员功状、本郡宗室名籍等②;另一说发自汪桂海,认为计偕簿籍应是"编造上计簿籍所凭依的各类原始簿籍",它们随同上计簿籍一起呈送朝廷,以便朝廷对其上计簿籍进行核对勘验③。

从文献来看,到西晋时期,人们已难以区分上计簿和计偕簿。郴州晋简中的上计简册题为"计阶簿",与"计偕簿"同;戴卫红认为这正可佐证文献所言,晋代已将上计簿本身称作计阶簿④。

(5)上计人员及其活动

最后,还需交代学界对上计人员、也即上计事务中"人"的因素的研究认识。关于上计吏的人选,过去学界一般据传世文献认为,战国至秦代系由地方长官亲自上计⑤,也就是县之令长、郡国之守相。不过,里耶秦简所见上计人员中,却几乎没有县令长的身影。故王勇推测,秦迁陵县可能是派每一事项的主管官吏分别负责上计,这样也更方便直接问责;他们有时会带刑徒随同⑥。曹天江对照多种秦简条文,指出当时应由令史为主的县属吏前往郡府或执法府上呈计文书,是为"上计",并由县丞统领、负总责,是为"将计"⑦。

西汉时期,情况似乎发生了变化。当时,已改由属下的长吏前去上计,由县至郡是丞、尉,由郡至中央是郡丞和王国长史;他们也会带一些掾吏随同⑧。鎌

① 黄今言《秦汉赋役制度研究》,江西教育出版社,1988年,第364—268、392页。

② 高恒《汉代上计制度论考——兼评尹湾汉墓木牍〈集簿〉》,《秦汉简牍中法制文书辑考》,第339页。

③ 汪桂海《汉代的校计与计偕簿籍》,《秦汉简牍探研》,第137—147页。

④ 戴卫红《从湖南省郴州苏仙桥遗址J10出土的晋简看西晋上计制度》,《中国社会科学院历史研究所学刊》第8辑,第166—168页;办参魏斌《汉晋上计簿的文书形态——木牍与简册》,《中国中古史研究》第8卷,第257—258页。

⑤ 严耕望《中国地方行政制度史——秦汉地方行政制度》,第257—258页。

⑥ 王勇《里耶秦简所见秦代地方官吏的徭使》,《社会科学》2019年第5期,第155页。

⑦ 曹天江《〈岳麓书院藏秦简(肆)〉"县官上计执法"令文考释——兼论汉以前的"上计制度"》,《出土文献》2022年第3期,第97—100页。

⑧ 安作璋、熊铁基更认为这一变化从西汉伊始已经发生,见所著《秦汉官制史稿》下册,第135页。

田重雄、严耕望更指出及至东汉，郡国的丞和长史也不再赴京上计，而是选派本郡少吏作为"上计掾史"；鎌田对此的解释是要尽量派遣精通本郡事务的本地人去奉计①。这些少吏一般都是临时举遣，并无常员常曹②。至于州一级，如前所述，刺史设立之初要亲自奏事京师，不过"中兴但因计吏"③，东汉起改为派遣计吏上计。此处"计吏"是州之计吏还是郡国之计吏，史料说得十分含糊，研究亦少。严耕望持前说，认为汉代"州刺史亦上计"④；鎌田重雄则持后说，主张刺史将本州上计事务委托给了郡国的上计吏，且尽管如此，但刺史对郡国上计一定也有强力的干涉⑤。

　　尹湾汉简出土后，因其中"右十三人徭"一条的记录下包括"上邑计"（YM6D5 正），故许多学者将上计这一差使和"徭"联系起来，一般将此"徭"的性质认定为"外出公干""出公差"⑥，是颇为辛苦的。沈刚、王勇将秦代上计亦认定为"徭使"的一种，并讨论其对秦帝国统治的意义。其中，沈刚从正面立说，认为秦代地方官员外出徭使的常态化，既是国家行政不可或缺的环节，又可帮助朝廷切实了解地方情况，加强社会控制，还是集权体制下的威权展示⑦；王勇则从反面立说，认为随着秦的统一，幅员扩大，官吏频繁长距离徭使的代价不断上升，汉代将上计制度明确为县—郡、郡—中央两层级，并且统一集簿的编制和运送，这

---

① 鎌田重雄《秦漢政治制度の研究》，第 390—395 页。

② 同上，第 392—395 页；严耕望《中国地方行政制度史——秦汉地方行政制度》，第 263 页；陈梦家《汉简所见太守、都尉二府属吏》，《汉简缀述》，第 121—122 页。

③ 司马彪《续汉书》卷二八《百官志》，第 3617 页。

④ 严耕望《中国地方行政制度史——秦汉地方行政制度》，第 258 页。

⑤ 鎌田重雄《秦漢政治制度の研究》，第 373—375 页。

⑥ 邢义田《尹湾汉墓木牍文书的名称和性质——江苏东海县尹湾汉墓出土简牍读记之一》，1997 年初出，见氏著《地不爱宝：汉代的简牍》，中华书局，2011 年，第 128 页；高敏《尹湾汉简〈考绩簿〉所载给我们的启示——读尹湾汉简札记之三》，1998 年初出，见氏著《秦汉魏晋南北朝史论考》，中国社会科学出版社，2004 年，第 109—114 页；渡辺信一郎《汉代国家的社会性劳动的编制》文后补记，2001 年初出，收入佐竹靖彦编《殷周秦汉史学的基本问题》，第 311—312 页；廖伯源《〈东海郡下辖长吏不在署、未到官者名籍〉释证》，2001 年初出，见氏著《简牍与制度——尹湾汉墓简牍官文书考证》增订本，广西师范大学出版社，2005 年，第 206 页；廖伯源《汉代县丞尉职掌杂考》，2003 年初出，见氏著《秦汉史论丛续编》，中华书局，2018 年，第 271—273 页；侯旭东《传舍使用与汉帝国的日常统治》，2008 年初出，《汉家的日常》，第 33—39 页。

⑦ 沈刚《徭使与秦帝国统治》，2019 年初出，见氏著《秦简所见地方行政制度研究》，第 197—200 页。

都是为了减少官吏徭使,提高行政效率①。

不过,到东汉时,上计已逐渐成为一份十分荣耀的差使,上计吏无论在京师还是在乡里都备受尊敬。高村武幸注意到,这些要去都城"出差"的上计吏的同僚会为他们举办饯别会,因为上计吏的任务重要、前途广大,由而形成了一个特殊的人际网络②。论其缘由,一是因上计吏仕途有望:史料可见,汉代郡国的上计吏入京之后可以得到升迁机会,多数是拜为郎官,更有的被授予地方实职。这一被称作"计吏拜官"的做法始于何时尚不清楚,在东汉则形成规模③。邹水杰认为,这一类"诏除郎"的出现,体现了皇权力图保持郎官的家臣性质,其背后根源在于皇权与官僚政治的博弈④。二是因上计吏在中央与地方间的纽带作用:上计吏可能见到皇帝,所以受到地方官吏的依赖,双方是休戚与共的关系⑤。李斯、潘竑历认为,由于计吏多为郡守自辟之属吏,故有浓厚的私官色彩⑥。

上计吏在京师住在郡国邸⑦。他们的活动,可以借用渡辺信一郎的说法,分为实务行政阶段(向丞相或司徒献计簿)和仪式阶段(谒见皇帝)⑧;不过谒见皇帝是在东汉才正式化,在此之前应是谒见丞相。在实务阶段,上计吏回答皇帝或中央官员的召问,接受对方的戒敕,并将朝廷的意旨带回郡县,这是朝廷与地方

---

① 王勇《里耶秦简所见秦代地方官吏的徭使》,《社会科学》2019 年第 5 期,第 161 页。

② 高村武幸《漢代の地方官吏と地方社会》,第 210—216 页。

③ 相关研究可见严耕望《秦汉郎吏制度考》,1951 年初出,《严耕望史学论文集》上册,上海古籍出版社,2009 年,第 57—58 页;鎌田重雄《秦漢政治制度の研究》,第 397—399 页;严耕望《中国地方行政制度史——秦汉地方行政制度》,第 263—264 页;葛剑雄《秦汉的上计和上计吏》,《中华文史论丛》1982 年第 2 期,第 191—196 页;徐心希《上计制度的历史考察》,第 96 页;黄留珠《秦汉仕进制度》,西北大学出版社,1998 年第 2 版,第 219—221 页;王克奇《论秦汉郎官制度》,收入安作璋、熊铁基《秦汉官制史稿》上册,第 392—393 页;安作璋、熊铁基《秦汉官制史稿》下册,第 132 页;杨鸿年《汉魏制度丛考》之《上计》,1985 年初版,重印本,武汉大学出版社,2005 年,第 455—458 页;邹水杰《东汉诏除郎初探——以荫任除郎与上计拜郎为中心》,《南都学坛》2012 年第 1 期,第 1—8 页。

④ 邹水杰《东汉诏除郎初探——以荫任除郎与上计拜郎为中心》,《南都学坛》2012 年第 1 期,第 1—8 页。

⑤ 杨鸿年《汉魏制度丛考》,第 449 页。

⑥ 李斯、潘竑历《汉代上计使者在中央与地方二元政治格局中的特殊作用》,《重庆师范大学学报》2019 年第 2 期,第 6 页。

⑦ 侯旭东《从朝宿之舍到商铺——汉代郡国邸与六朝邸店考论》,《汉家的日常》,第 226—228 页。

⑧ 渡辺信一郎《元会的建构——中国古代帝国的朝政与礼仪》,收入沟口雄三、小岛毅主编,孙歌等译《中国的思维世界》,江苏人民出版社,2006 年,第 374 页。

交流对话的一条重要渠道。历代朝廷问计的内容是有变化的，张荣强指出东晋南北朝时朝廷询问的多是风土人情，这样就"失去了汉代上计的主要目的"①。不过，更多学者对此持积极态度，认为朝廷问计反映出中央对地方事务的关心，也带动了地方性知识的扩展。这一点容后详谈。

　　上计吏谒见上级官员，呈送文书、陈列贡物、接受戒敕的场景，或许也可从画像石等图像资料中窥见。扬之水认为，山东省沂南县北寨村汉墓前室东、西、南三壁横额的相连图画即可称作"上计图"，描绘的是墓主人曾经参与上计的经历，并参照传世文献，对图中门庭的构造、官员的位置、车马与囊箧等物的含义都一一作出说明②；不过，对该图画的内容，也有学者持不同意见③。

三、计校的虚与实

　　地方官吏在计校文书中作假造伪的例子，传世文献在所多有；早在过去，就已有学者对《汉书·地理志》所记元始二年户口数提出质疑④。随着出土资料的

---

① 张荣强《汉唐籍帐制度研究》，第 209—212 页。

② 扬之水《沂南画像石所见汉故事》，2004 年初出，见氏著《古诗文名物新证合编》，天津教育出版社，2012 年，第 406—414 页。孙机同意其意见，见孙机《沟通文物研究与社会生活史研究的一种作法——评〈古诗文名物新证〉》，《文物》2005 年第 7 期，第 94 页；后汪桂海亦同之，并指出里耶秦简等资料中上计类簿籍文书皆放置于笥，见汪桂海《秦汉官文书装具》，《出土文献》2022 年第 3 期，第 128—131 页。

③ 多数学者认为该图像与祭祀吊唁活动有关，只是对其呈现具体何种吊唁或祭祀内容有小的异议。较为全面的介绍可参山东沂南汉墓博物馆编、崔忠清主编《山东沂南汉墓画像石》，齐鲁书社，2002 年，第 1—9 页。较为深入的分析可参巫鸿《从哪里来？到哪里去？——汉代丧葬艺术中的"柩车"与"魂车"》，1998 年初出，见氏著《礼仪中的美术——巫鸿中国古代美术史文编》，生活·读书·新知三联书店，2016 年，第 264—266 页；信立祥《汉代画像石综合研究》，文物出版社，2000 年，第 249 页；王煜、杜京城《"祭我兮子孙"：沂南汉墓画像的整体配置与图像逻辑》，《形象史学》2021 年第 1 期，第 53—57 页。邢义田亦同此说，并从该画面物品配置上提出了针对扬之水一文的反驳意见，见邢义田《汉化简牍的体积、重量和使用——以中研院历史语言研究所藏居延汉简为例》，2007 年初出，《地不爱宝：汉代的简牍》，第 38 页注 48。

④ 王鸣盛《十七史商榷》卷一五《汉书九》"元始户口"条首次提出王莽增饰一说（上海古籍出版社，2016 年，第 169 页）；不过，在尹湾汉简发现之前，相信元始户口数真实性的学者仍是多数，亦有的从户口统计的定义入手解读其内容。相关综述见佐藤武敏《前漢の戸口統計について》，《東洋史研究》43 卷 1 号，1984 年，第 120—122 页。佐藤本人亦认为元始户口数可信，但它与汉志所记各郡国户口数的总和有很大出入，原因在于，前者实际是西汉户口最盛时、哀帝时代的数据，后者则是班固所见西汉最终的户口统计中的各郡国数据（第 124—127 页）。

不断丰富,学者对其中的具体数据展开分析,获得了更多的认识。

这些错伪的报告,有时固然是由于吏员粗心而误书[1],但亦存在大量故意的虚报、瞒报、谎报情况,使中央不能确切掌握地方实情,成为朝廷的一块心病。对于官吏刻意造假的源头和渠道,目前主要有两说。一说认为这些问题根源于百姓对赋役的抗拒,毕竟自古以来,老百姓在自占户口时虚报、瞒报、谎报的事例便史不绝书。杨振红考察了松柏汉简53号、48号两牍的南郡人口数字及人口构成比例,认为其中存在人为造假的数字,应是产生于户籍制作的第一个环节,也就是各家各户申报之时,其目的是逃避赋役;而南郡各级政府失职不察,使这些簿籍得以层层上交[2]。不过,更多的学者则持另一种看法,将文书的欺谩不实视为一种官府或曰官僚行为。尹湾汉简《集簿》就是一份考察官府统计行为的直观材料,学界对其可靠性争论不休,在此有必要对相关意见稍作梳理。

尹湾汉简《集簿》中记录的内容包括东海郡的户数、口数、流民数及男女老幼人口数。对于这些数据所反映出来的户口比、性别比、老龄比、老少比及流民情况等的真实性,学界大致有四种看法:一说认为它的真实性已难以追考,但毋庸置疑是“编写计簿里手的作品”,所记录的各项数据无不是长官政绩的“加分项”,足以说明地方文史造作簿书经验丰富[3]。二说立足于人口学理论,对其中各项数据进行统计估算,认定其中存在很大程度的伪造和虚报现象[4],由此还推断出

① 关于“误书”及其惩罚,可参朱德贵《汉简与财政管理新证》,中国财政经济出版社,2006年,第239页。又胡平生对走马楼吴简《嘉禾吏民田家莂》中统计错误之例有总结、归类和分析,见所撰《〈嘉禾四年吏民田家莂〉统计错误例解析》,李学勤、谢桂华主编《简帛研究》二〇〇一,广西师范大学出版社,2001年,第492—513页。

② 杨振红《松柏西汉墓簿籍牍考释》,2010年初出,见氏著《出土简牍与秦汉社会:续编》,广西师范大学出版社,2015年,第223—242页。松柏木牍中男女性别比失调,诸家提出多种解读,除杨振红所持造假说外,还有战争说、迁移说、重男轻女说、地方环境说,参袁延胜《松柏木牍〈二年西乡户口簿〉人口问题探析》一义综述,2013、2014年初出,见氏著《秦汉简牍户籍资料研究》,第160—177页;袁文则可属重男轻女说(针对小男、小女比例失调)和地方环境说(针对成年男女比例失调,认同“江南卑湿,丈夫早夭”)的结合。

③ 高恒《汉代上计制度论考》,《秦汉简牍中法制文书辑考》,第340页。

④ 高大伦《尹湾汉墓木牍〈集簿〉中户口统计资料研究》,《历史研究》1998年第5期,第110—123页;李成珪《虚像的太平:汉帝国之瑞祥与上计的造作——从尹湾简牍〈集簿〉的分析说起》,《国际简牍学会会刊》第4号,兰台出版社,2002年,第279—315页;邢义田《从出土资料看秦汉聚落形态和乡里行政》,2007初出,《治国安邦:法制、行政与军事》,第321—324页。

《汉书·地理志》中的元始二年户口统计数字也不可尽信①。三说则依情理推断《集簿》中的数字并非全系伪造，即使获流、老年人等若干项目存在虚报，大致户口数还是可信的，更不必就此否认《汉书·地理志》记录的真实性②。四说更认为《集簿》中的各项记录都可以得到合理解释，应是真实可信的，地方官府没有必要对关系到赋税征收的数据进行造假③。

不论东海郡的计吏在制作《集簿》时有没有弄虚作假，不可否认的是从中央到基层，从古代到今日，文书"欺谩"的问题都确实存在，基层吏员甚至积累出了一套工作经验④。那么，各级官吏究竟为何要在计校中造假，抑或拖延、推诿⑤呢？其中机理，有下级故意、上下级合谋与制度"异化"三说。持下级故意说者，多认定这是下级出于懒惰、政绩或自身利益而从事的一种自发的"潜规则"⑥，纸屋正和指出其根本原因在于上计与郡国守相的考课黜陟联系在了一起⑦，高震寰还指出了制度或任务要求的不合理、地方上的特殊社会情形等缘由⑧。持上

---

① 高大伦《尹湾汉墓木牍〈集簿〉中户口统计资料研究》，《历史研究》1998年第5期，第121—122页；李成珪《虚像的太平：汉帝国之瑞祥与上计的造作——从尹湾简牍〈集簿〉的分析说起》，《国际简牍学会会刊》第4号，第291—292页。

② 葛剑雄《中国人口史》第1卷，复旦大学出版社，2005年，第323—327页。

③ 连云港市博物馆、东海县博物馆、中国社会科学院简帛研究中心、中国文物研究所《尹湾汉墓简牍初探》（《文物》1996年第10期，第70页）一文最早指出，《集簿》所载数据与《汉书·地理志》元始二年人口数字出入太大，在十年多时间里，户数与人口增长过快，怀疑后者有增饰之嫌，言下之意，《集簿》可以作为判断当时人口数据的基准。对此进行更进一步阐发的则是袁延胜《尹湾汉墓木牍〈集簿〉户口统计资料真实性探讨》，2016年初出，见氏著《秦汉简牍户籍资料研究》，第235—262页。

④ 此问题上，走马楼吴简可提供一些旁证，参胡平生《〈嘉禾四年吏民田家莂〉统计错误例解析》，《简帛研究》二○○一，第492—513页；苏俊林《〈嘉禾吏民田家莂〉所见孙吴基层吏员的舞弊手法》，《湖南省博物馆馆刊》第11辑，岳麓书社，2015年，第395—402页。

⑤ 除了文书造假之外，计校事务的拖延和推诿问题也不可小视。不少学者都发现里耶秦简部分文书的处理与运行有拖延之嫌，据而分析秦代文书行政效率的命题，对此，笔者已于另文《"定计"的明与暗——秦简所见基层官府物资付受的计校过程》（《文史》待刊）中述及，此从略。

⑥ 葛剑雄指出，如果是看起来不合常理、错得离谱的数字，有可能是"当时就毫无实际价值的官样文章"，"下级可以随便造，上级根本不会看"，见所著《中国人口史》第1卷，第325页。这可以算是吏员出于懒惰而进行的造假。而也有学者相信造假行为中掺杂了为自身、为地方谋利的因素，杨振红就认为"地方政府或者为了政绩，或者因为地方保护主义，或者因为腐败，都会成为簿籍作伪的共谋甚至始作俑者"，见所著《松柏西汉墓簿籍牍考释》，《出土简牍与秦汉社会·续编》，第242页。

⑦ 纸屋正和《汉代郡县制的展开》，第149—151页；纸屋还进一步指出，这是汉武帝时才出现的现象，其原因在于郡、国地位相对于县、道的上升，而在此之前，上计内容并不为中央所重视，地方也就没必要刻意造假。

⑧ 高震寰《论西北汉简文书与现实的差距及其意义》，《新史学》25卷4期，2014年，第33—34页。

下级合谋说者，则认为簿书造假既符合上位者夸耀太平盛世的需求，又使下级得以逃避赋税、冒领奖赏，双方皆大欢喜，"上计吏们干了一件两全其美的事"①。制度"异化"说则由郭浩提出，其认为，汉代地方公物管理制度以"籍簿化"为特征，已经达臻"极致"，导致它的实际运行缺乏"弹性"和"可调控性"，当时官吏对反复且无用的文书工作感到懈怠，是制度"异化"的必然②。

　　进言之，文书造假屡禁不止，但统治秩序却顽强延续，这是否构成一对矛盾？侯旭东就认为，金字塔式的官僚结构带来的"以少御多"难题，使试图掌控基层的汉代皇帝处于一种"无奈"的境地；吴方基还从"制度性权力"的视角探讨了秦代地方行政权力生成机制，指出其中多种自主性冲突或权责背离的场景，以解释当时法律制度与实际政务运行过程的矛盾性运作关系③。不过，也有学者认为，文书造假现象与统治秩序持存，恰恰相辅相成。此说法内含两种视角：自上而下地看，文书造假现象内生于统治秩序本身，李成珪认为，这种"账簿上的太平"，是"要实现'圣人天子承天之理想即奉天意统理宇宙万物之秩序'的过程中的必然产物"④；自下而上地看，文书造假反映出对统治秩序的承认与服从，高震寰认为，吏卒们摸清并利用文书规则，为保障自身生存而趋向认同和维持现状，文书规范的执行（即使是抄写伪造文书）也反过来逐渐形塑他们的价值观，他们"以阳奉的方式参与并认同国家秩序，同时以阴违的办法维持边郡日常行政与生活的持续运转"⑤。

　　朝廷对地方的这些行为其实也有所发觉，汉宣帝黄龙元年（前49）就曾下诏："上计簿，具文而已，务为欺谩，以避其课。三公不以为意，朕将何任？"并要求"御史察计簿，疑非实者，按之，使真伪毋相乱"。⑥ 关于中央如何纠察地方的计校文书、制度上又有怎样的变革，学界也有一些研究。

---

① 高大伦《尹湾汉墓木牍〈集簿〉中户口统计资料研究》，《历史研究》1998 年第 5 期，第 122 页。

② 郭浩《汉代地方财政管理制度》，第 247—249 页。

③ 侯旭东《皇帝的无奈——西汉末年的传置开支与制度变迁》，2015 年初出，《汉家的日常》，第 185—192 页；吴方基《新出秦简与秦代县级政务运行机制》，第 307—350 页。

④ 李成珪《虚像的太平：汉帝国之瑞祥与上计的造作——从尹湾简牍〈集簿〉的分析说起》，《国际简牍学会会刊》第 4 号，第 314—315 页；更为全面详尽的研讨，应见其韩文版专著《数的帝国 秦汉：计数与计量的支配（數의 帝國 秦漢：計數와 計量의 支配）》，大韩民国学术院，2020 年。

⑤ 高震寰《论西北汉简文书与现实的差距及其意义》，《新史学》25 卷 4 期，2014 年，第 38—39 页；引语见第 39 页。

⑥ 《汉书》卷八《宣帝纪》，第 273 页。

　　一方面,朝廷要求对郡国上计簿本身进行更为严密的审校。其方法有多种:一是增加"计偕簿",汪桂海认为"计偕簿"是用于核校上计簿的簿书原件,而这一制度规定的初衷正是要防止地方欺谩[①];二是令刺史监督郡国计簿的制作,鎌田重雄指出,州刺史在每一个郡国都设有"部郡国从事"及其下属"典郡书佐",其目的就是督促和检查郡国上计簿书[②];三是如宣帝诏书所言,令中央负责检核的御史更加细致地审查计簿,惩处欺谩者[③];四是如前所述,皇帝偶尔还会亲自询问计吏郡国治绩得失。

　　另一方面,朝廷也曾尝试设立其他了解下情的渠道,以摆脱郡国计簿的蒙蔽,主要有州刺史奏事和使者循行两途。除前述对郡国计簿本身的督查之外,州刺史还可在奏事时向朝廷直陈郡国实情。王毓铨、黄今言、邓小南都强调,汉武帝置刺史部十三州以"六条问事",正与之前发现"今流民愈多,计文不改"一事密切相关,刺史可以弹劾二千石守、相,正是为了管控郡国上计[④];王勇华分析认为,西汉的刺史奏事簿,内容与郡国上计簿类似,频率则比郡国上计更高,可帮助中央了解地方实情,刺史奏事与郡国上计共同构成了汉王朝行政支配的主干[⑤];侯旭东还指出,西汉刺史奏事的对象是尚书,副本呈御史中丞,皇帝亦可能从尚书处看到刺史奏事内容,或直接召见刺史[⑥]。此外,纸屋正和还指出当时派使者循行天下也是出于这一目的[⑦]。

　　这些措施的实行结果恐不尽如人意。王毓铨论述,东汉光武帝曾试图双管齐下,一面检核垦田户口,一面惩处郡国官吏,但却引发了统治危机,最后,光武帝选择了以"柔道"治天下的道路[⑧]。

---

　　① 汪桂海《汉代的校计与计偕簿籍》,《秦汉简牍探研》,第 137—147 页。

　　② 鎌田重雄《秦汉政治制度の研究》,第 376 页。

　　③ 黄今言《秦汉赋役制度研究》,第 395 页。

　　④ 王毓铨《民数与汉代封建政权》,《莱芜集》,第 52—53 页;黄今言《秦汉赋役制度研究》,第 395 页;邓小南《西汉官吏考课制度初探》,《北京大学学报》1987 年第 2 期,第 22 页。

　　⑤ 王勇华《秦漢における監察制度の研究》,第 240—241 页。

　　⑥ 侯旭东《西汉"君相委托制度"说剩义:兼论刺史的奏事对象》,2018 年初出,《汉家的日常》,第 249—282 页。

　　⑦ 纸屋正和《汉代郡县制的展开》,第 149—151 页。

　　⑧ 王毓铨《民数与汉代封建政权》,《莱芜集》,第 53—54 页。

四、计校的目的、功能与意义

秦汉王朝为何要进行这种层层计校的工作,这些工作又对其统治起到怎样的作用? 对此,过去也多是在"上计制度"研究的框架下展开讨论,主要看法可总结为以下四说。

首先,学界最早注意到的是计校的财政功能,也就是登记和掌握户口土田,并以此为根据敛赋课税、征发徭役。许多传世史料及尹湾汉简《集簿》等,都可佐证上计簿中一定有户籍财税之数。郭道扬将上计簿视作中式会计报告,就是在此基础上得出的结论①。黄今言认为,上计与检核计簿,乃是国家为保证户口税收而采取的监察措施②。蔡宜静更径自将案比与上计都视作户政制度的一环,上计就是上报户口调查所得数字③。

其次,上计的内容还与郡县官府的政绩直接挂钩,是上级对下级官吏进行考课黜陟的重要依据。严耕望很早即指出上计是一种考绩的方式,且"科学化之行政,在求'计划'、'执行'与'考绩'三种行政之完备与协调,是称三联制"④。前文已述及朝廷通过上计簿书考课官员的流程及多种奖惩办法,不少学者更将上计制度视作一种"审计"制度⑤。吉家友在综述了各家观点之后认为,上计簿本身就是述职报告,上计制度是一种考绩制度⑥。

前述不少学者都将上计的财政、考课两功能混同起来讨论,或者将秦汉时代的上计与考课两制度混同起来讨论。但也有若干研究触及两者的关系及其变化,值得注意。往前追溯,沈刚认为,战国时虽曾以上计来行考课,但秦代因权力集中程度高,故使统计与考课相分离,到汉代才又恢复了上计制度的考课功能,

① 郭道扬《中国会计史稿》,第 225 页。朱德贵亦持相似观点,见朱德贵《汉代商业和财政经济论稿》,第 191—192、202—203 页;朱德贵《汉简与财政管理新证》,第 239、269 页。

② 黄今言《秦汉赋役制度研究》,第 369—395 页。

③ 蔡宜静《秦汉户政制度研究》,台湾师范大学博士学位论文,2005 年。

④ 严耕望《中国地方行政制度史——秦汉地方行政制度》,第 257 页。

⑤ 方宝璋《中国古代审计史概论》,《中国史研究》1996 年第 1 期,第 6 页;李孝林等《基于简牍的经济、管理史料比较研究:商业经济、兵物管理、赋税、统计、审计、会计方面》,社会科学文献出版社,2012 年,第 307—314 页。

⑥ 吉家友《论战国秦汉时期上计的性质及上计的特点》,《湖北师范大学学报》2007 年第 2 期,第 38—40 页。

并辅之以监察①;往后展望,陈琳国指出,东汉末年以降,上计渐流于形式,不再能承担考课功能,虽然有刘廙等建言,但两者终究分离②;雷闻对比两汉上计制与隋唐朝集制,指出原本包罗万象的上计簿分化为多种项目的簿书,上计吏的职责也分由朝集使和计帐使承担,这是汉唐间社会职能不断分化的必然结果③。

再次,除了财政与考课这些"现实"作用之外,还有学者指出这些计校内容对古代国家管理与统治的象征性意义。池田温在其对中国古代籍帐的综合性研究中,认为只有户口数字才是"统治者达成其政治目的的标志",而以籍帐为媒介的统治方式已固定在统治者的认识之中,从而将古代中国对户口名数的重视上升到意识形态的层面④。王毓铨也指出上计簿所载的"民数"是当时国家赖以维持统治的最重要基础,王朝的统治合法性承载其上,围绕着上计所展开的仪式流程与皇帝代天理民之观念相关⑤。近年来,在里耶(秦迁陵县)、平壤(汉乐浪郡)等秦汉时期的偏远地区,陆续出土户口计校相关文书,更引发学者讨论当时郡县统治的边界与深度⑥。

学者还注意到,上计吏在京城参加的一系列礼仪活动,亦具有突出的象征性意义。杨鸿年、高恒等都对东汉上计吏参与上陵礼、元会仪等重要典仪的事实有所考论⑦。杨宽指出,东汉的都城为适应举办这种万人大会的需要,在布局上亦做出了一些建设⑧。在这方面做出重要突破的是日本学者渡边信一

---

①　沈刚《"课""计"与战国秦汉时期考绩制度流变》,《秦简所见地方行政制度研究》,第341—343页。

②　陈琳国《魏晋南北朝政治制度研究》,文津出版社,1994年,第257—258页。

③　雷闻《隋唐朝集制度研究——兼论其与两汉上计制之异同》,《唐研究》第7卷,北京大学出版社,2001年,第305页。

④　池田温《中国古代籍帐研究》,第7—10页。

⑤　王毓铨《民数与汉代封建政权》,《莱芜集》,第33—64页。

⑥　金秉骏《楽浪郡初期の编戸过程—楽浪郡初元四年戸口统计木简を端绪として—》,《古代文化》第61卷第2号,2009年,第223—243页;金秉骏《秦汉帝国的边境:来自周边的帝国观——国际简帛学视野下的边境出土简牍研究》,《河南师范大学学报》2016年第5期,第114—117页;金秉骏《乐浪郡东部都尉地区边县和郡县统治》,中国秦汉史研究会编《秦汉史论丛》第14辑,四川人民出版社,2017年,第152—181页;Charles Sanft, "Population Records from Liye:Ideology in Practice", Yuri Pines, Paul R. Goldin, and Martin Kern ed., *Ideology of Power and Power of Ideology in Early China*, Brill, 2015, pp. 249 - 270。

⑦　杨鸿年《汉魏制度丛考》,第450—454页;高恒《汉代上计制度论考——兼评尹湾汉墓木牍〈集簿〉》,《秦汉简牍中法制文书辑考》,第325—326页。

⑧　杨宽《中国古代都城制度史研究》,1993年初出,上海人民出版社,2016年,第200—201页。

郎。他将上计分为计最和贡献两部分，所谓贡献，就是"郡国对以皇帝为中心的汉王朝，以能够看得见的形式表示从属的贡纳关系"；从而论证其观点，即元会仪象征着以皇帝为代表的中央政府与地方郡国之间贡纳——从属关系的更新①。

最后，第四种看法是从地方着眼、从知识史着眼，探讨计校尤其是上计对地方知识、地方历史记忆的影响。传世文献中记载了若干皇帝召问上计吏（"问计"）的事迹，朝廷对地方上的山川物产、人民生活等表现出了兴趣。前文介绍的郴州苏仙桥西晋简更是十分直观的材料，考古报告即指出"J4 与 J10 之简牍""极大地丰富了郴州的地方历史记忆"②。

现有的研究思路多是将计校相关文书简牍中发现的地方知识与传世文本相对照，以比较其中的历史记忆及其变迁。其中较为突出的材料，一是人物传记，小林昇、永田拓治有研究③。小林昇分析了朝廷问计与官修史书传记、地方人物传记间相互推动的关系，永田拓治通过分析具体的先贤传、耆旧传，指出朝廷可以通过上计制度来控制先贤、耆旧的认定标准。二是地理资料，孔祥军、魏斌、赵鹏团有研究。孔祥军注意到晋简上计文书的内容与《汉书·地理志》记载的关联，认为《汉书·地理志》是以地方的上计簿为材料而撰成的④；魏斌进一步推测《地理志》可能参考了郡国上呈的地图类文书⑤；赵鹏团认为中央政府搜集地方军政地理资料的渠道，正是上计时呈报的地理文书和依附上计而存在的"问计"制度⑥。三是"郡记"，林昌丈认为，郡记是以上计文书作为资料来源编制而成，以便郡廷控制属县各类资源，维持政务正常运转，这

①　渡边信一郎《元会的建构——中国古代帝国的朝政与礼仪》，《中国的思维世界》，第 368—376 页。

②　湖南省文物考古研究所、郴州市文物处《湖南郴州苏仙桥遗址发掘简报》，《湖南考古辑刊》第 8 辑，第 103 页。

③　小林昇《魏晋時代の伝記と史官》，1973 年初出，见氏著《中国·日本における歴史観と隠逸思想》，早稻田大学出版部，1983 年，第 84—85 页；永田拓治《上计制度与"耆旧传"、"先贤传"的编纂》，《武汉大学学报》2012 年第 4 期，第 49—61 页。

④　孔祥军《从新出土湖南郴州苏仙桥晋简看〈汉书·地理志〉之史源》，《南京晓庄学院学报》2014 年第 4 期，第 24—28 页。

⑤　魏斌《上计簿的文书形态——木牍与简册》，《中国中古史研究》第 8 卷，第 266—273 页。

⑥　赵鹏团《两汉魏晋时期王朝疆域地理资料搜集情况概论》，《郑州大学学报》2016 年第 2 期，第 125—129 页。

些地方知识、郡记文本的生产既受益于行政需要，也有赖于当地士人，在上计制度的运作过程中，州郡上逐渐形成地方认同，这又与私人编纂地记的兴起相得益彰①。总的来看，这些分析结论相近，都认为上计制度是朝廷了解地方、上级了解下级、官吏了解民间的"窗口"，地方所上报的资料与信息是郡国或朝廷官方文书的素材来源，而郡国、朝廷的重视又反过来推动了地方自身认同的发展。

五、小结与反思

前文回顾了学界关于秦汉时代官府计校事务诸流程及其意义的研究。概括而言，既有研究呈现出三种视角：

一是会计史的视角，着眼于材料中披露的数字与统计方法，落足于当时的会计发展程度。在"计"与"校"的基础意义上，会计史视角能够将众多零散乃至琐碎的材料以一条主线完整地联系起来，其学科方法的引入，也使我们对材料内容的理解更为周全。值得一提的是，会计史研究还注意到世界其他古文明的会计发展历史②，并常将古代中国的会计史纳入其中来观察。

其实"会计"一词从先秦时期就已在使用。如《六韬》卷三："法算二人，主会计三军营垒粮食财用出入。"③《管子·四时》："三政曰效会计，毋发山川之藏。"④《墨子·号令》："里中父老小不举（与）守之事及会计者。"⑤《孟子·万章下》："孔子尝为委吏矣，曰：'会计当而已矣。'"⑥等等。在这些语境中，"会计"可以表示动词的核算、合计、汇总（第一例），也可以表示其所核算、合计、汇总的事项本身（第二例），还可以表示吏员所从事的与核算、合计、汇总相关的事务工作（第三、

① 林昌丈《汉魏六朝"郡记"考论——从"郡守问士"说起》，《厦门大学学报》2018 年第 1 期，第 130—139 页。

② 郭道扬等编著《会计大典》第 2 卷《会计史》，中国财政经济出版社，1999 年，第 71—100 页。

③ 《六韬》卷三，刘鲁民、苏德祥主编《中国兵书集成》第 1 册，影印本，解放军出版社，1987 年，第 447 页。

④ 黎翔凤《管子校注》卷一四《四时》，中华书局，2004 年，第 855 页。本条下翔凤案："'效'训考，为'校'之借。"第 857 页。

⑤ 孙诒让《墨子间诂》卷一五《号令》，中华书局，2001 年，第 591 页。

⑥ 焦循《孟子正义》卷二一，中华书局，2015 年第 2 版，第 762 页。

四例)。不过,以会计报告、会计账册、经济凭证等现代概念来为古代史料定性分类,就难免削足适履之嫌。若与现代意义上的"会计"——"以货币为主要计量单位,反映和监督一个单位经济活动的一种经济管理工作"①——相对照,则秦汉时代的官府计校所面对的就不仅仅是经济材料,也难以直接窄化为一种经济管理工作。

二是文书学的视角,讨论各类与计校相关的文书的性质、特征与其制作、传递过程,并审视其分类标准,如永田英正的系统工作,以及后来学者们利用简牍文书开展的诸多研究。文书学方法的引入,突破了过去将出土文献视为传世文献附庸的视角,突出了出土文献自身的价值与特性,很大程度上拓展了材料的范围、提升了材料的利用率;同时有助于摆脱积习已久的自上而下的观察视角,增加了自下而上的新的认识角度。文书学的研究往往也是更高层次的历史学工作展开的前提。

不过,文书学视角的研究亦有未见之处。这类研究的关键在于"文书取向",往往就文书论文书,而很少将文书与相关人员、部门、事务以及地方与国家的关系、日常事务与国家管理的关系等问题联系起来,有陷入孤立之虞。学界亦对这些缺点有所反思,并尝试开发新的研究路径,借杉本一树之语,便是从文书取向到工作取向的转变②;前文所举有关基层计校事务,尤其是利用秦简展开的研究,亦已有重视工作取向的趋势。

三是制度史的视角,既包括规范性研究,考订计校相关的制度与律令规定;也包括实证性研究,从实际使用的文书中推论官府内外制度结构。制度史研究的视点往往超出了事务本身,而落在官府的组织结构、实际运行和制度规范等方面,也就是说将计校相关材料作为认识特定制度环节的途径。制度史视角的研究更具整体性和一贯性,重视计校事务中一些较为刚性的构造及其变迁,因而也就以"上计制度"的研究为其重点。不过,当前来看,"上计制度"研究仍集中在少数几个传统热点,尤其是郡国到朝廷层面的"上计",而基层上计则多被忽视。这一方面是因为传统史料的限制,另一方面也是长期以来关注中央、忽视地方的史

---

① 注册会计师全国统一考试精编教材编委会编著《会计》,企业管理出版社,2016 年,第 1 页。

② 籾山明著、顾其莎译《日本居延汉简研究的回顾与展望——以古文书学研究为中心》,中国政法大学法律古籍整理研究所编《中国古代法律文献研究》第 9 辑,社会科学文献出版社,2015 年,第 167—172 页。杉本一树之语见第 168—169 页。

学眼光所致。近年来,出土史料提供了令人振奋的可能性,关于基层计校的研究大量增加,但却又很少将其与中央层的治计结合起来,进行上下连贯的综合性探讨。这样一来,就割裂了计校事务诸问题之间的密切联系,是一遗憾。

制度史视角的研究还存在预设立场的问题。这主要体现在对文书造假的研究上。文献中常把此类行为称作"欺谩",但它是以上级的口吻对文书错谬做出的价值判断,前人研究由此出发,来探讨中央与地方、国家与官僚、集体与个人之间的角力时,便往往是站在朝廷、国家和集体的立场,居高临下地讨论地方、官僚与个人的"欺谩"问题;然则,如果从地方官府中无名小吏们的立场来观察这些文书的制作过程,思考他们为何会无意地犯错与有意地造假,他们又是如何应对来自上级和国家的盘查,恐怕就会见到另一番景象。

近年来,学界对制度史研究有很多新的反思性尝试,邓小南提出"活的制度史",主张关注作为"过程"与作为"关系"的制度史[①];侯旭东提出这一取向还可以和"事"的研究相结合,将制度视作例行化的"事务",从而将人、事务与制度衔接起来[②],并在此前研究中已指出"事务过程"与"关系过程"的反复交织是中国古代历史展开的主要动力[③]。就主题而言,计校事务的研究亦可置于以上场域中观察,其中不乏关系性的、互动的面向,应积极寻求更加灵活多变的思考维度。

总而言之,以上有关官府计校的研究,从会计史、文书学、制度史三方面取径,已取得了相当丰富的成果。随着新史料的发现,今日有关官府计校的讨论仍如火如荼,站在前人研究的肩膀上,展望未来,或可期待以下几种新的思路与方向:

首先,在材料利用方面,还可对簿籍文书进行更加立体的研究。一则,复原或集成相关文书,确认文书的性质与制作、行用过程,仍应是文书学工作的重中之重,尤其应更加重视材料的考古信息。此外,前举大量计校材料,有的出土于墓葬或来自捐赠,需先谨慎确认其时代、性质、功用,再探讨其所涉及的计校过程。二则,对多样化的材料,应尽可能竭泽而渔,并串珠成线。如前所述,今天的

---

①　邓小南《走向"活"的制度史:以宋代官僚政治制度史研究为例的点滴思考》,2004 年初出,见氏著《朗润学史丛稿》,中华书局,2010 年,第 500—503 页。

②　侯旭东《什么是日常统治史》,生活·读书·新知三联书店,2020 年,第 210—212 页。

③　侯旭东《宠:信—任型君臣关系与西汉历史的展开》,北京师范大学出版社,2018 年,第 239—240 页。

官府计校研究多分属里耶秦简研究和西北汉简研究两个重要"战场",各自为战,如果能以明确的问题意识对这两批乃至秦汉时代的多批简牍文书作系统思考,当有更多收获。三则,应尽可能打破出土文献与传世文献之间的壁垒。虽然新材料层出不穷,且已推翻了很多过去的结论,但传世文献所提供的信息以及前人根据传世文献考订而得的成果仍不可忽视。两者如能更好地融会贯通,将更有助于我们把握官府计校的整体脉络。

其次,在研究主题方面,仍存在尚待开拓的薄弱环节和尚待辨明的重要命题。就前者而言,从郡国到朝廷的计校过程乏人问津,亟须加以重视。郡国处于王朝统治结构的中间位置,它既要对基层计校工作加以监督、从而指导基层的统治实践,还要准备各类资料上报朝廷、接受朝廷乃至皇帝的校阅,故郡国一级的计校工作具有其自身的特殊性。再者,虽然秦汉简牍资料多是基层官府文书,其中郡府、都尉府等往往作为"侧面形象"出现,但所体现的信息已十分丰富,而尹湾汉牍、松柏汉牍等文书更是直接反映郡国计校工作的重要资料,对其价值的发掘却仍不充分;再加上传世文献也提供了一些参考,完全可以期待更充分的、贯通性的探讨。

就后者而言,应注意到官府计校事务的关系性与多样性,开掘新的问题意识。一方面,计校事务不仅涉及数目字的统计与审核、文书的制作与传递,更涉及国家对全国资源的管理与支配逻辑。因而,官府计校文书中所发现的各类不同项目,都应重视。另一方面,学界长期以来将"上计制度"作为研究对象①,而没有留意到其实"上计"只是计校事务的一个环节。这一"制度"中的诸多内容,如上计吏的人选和活动、上计内容的规定与变化、各层级治计机构的工作等,若放在计校事务的语境下讨论,很可能会有新的发现。其后,还应更进一步,发掘文书、事务、工作与人之间的多层次关系,在动态过程中认识文书的流动、场所的变迁和人在其中的工作,结合传世文献的相关叙事,深入时人的工作之"场",共情地理解当时当地的观念与情状,寻求更为确切的统治逻辑。

最后,在研究视野方面,应更通贯和广阔,追求理论上的突破。官府计校不

---

① 杨振红提出"计制"一语,以指称秦汉时代与"计"有关的制度,亦是一种与前不同的思路。参杨振红《秦汉券书简所反映的"名计"制度》,收入所著《出土简牍与秦汉帝国》,中国社会科学出版社,2023年,第329—343页。

仅是秦汉时代的课题，纵观人类历史，在古代苏美尔、埃及、印度、希腊、罗马等古老文明中，计校事务与国家统治始终密不可分，绝非古代中国所独有[①]；它延续两千年至今，尽管面貌几经迁换，仍可谓是今日国家统治的一大基石[②]。当前研究多在微观层面展开，如能打开视野，通过官府计校的研究，进一步理解秦汉时代王朝统治诸形态及其与前后时代的同异、对中国王朝历史的影响，探寻具体历史背后的理论逻辑，在比较史学、文明史学、国家理论等领域，或许都能有所贡献。这一课题的研究潜力，仍亟待学界的进一步开掘。

　　附记：小文承蒙侯旭东先生匡正初稿，修订过程中，得到郭书春、李均明、陈伟、冯立昇、杨振红、赵平安、宫宅洁、邬文玲、黄振萍、倪玉平、戴卫红、方诚峰、马楠、孙正军、孙闻博、郭伟涛、田硕等师友悉心指点，投稿后，又蒙匿名审稿专家与仇鹿鸣先生慷慨教示，获益尤多。谨此一并致谢。

---

　　① 世界各大古文明都在统治早期即开始进行官府计校工作，而这一工作也反过来促进了各大文明的统治整合与发展。较为概要性的介绍，可参梁方仲《中国历代户口、田地、田赋统计》，中华书局，2008 年，"总序"，第 17—21 页；郭道扬等编著《会计大典》第 2 卷《会计史》，第 71—100 页；文硕《西方会计史》，经济科学出版社，2012 年，第 14—31，42—60 页。

　　② 关于魏晋以后的官府计校及其与国家统治的关联，较综合性的介绍可参郭道扬等编著《会计大典》第 2 卷《会计史》；李金华《中国审计史》，中国时代经济出版社，2005 年；方宝璋《中国审计史稿》，福建人民出版社，2006 年；叶振鹏主编《中国财政通史》魏晋南北朝、隋唐五代、宋辽夏金元、明、清、中华民国、新民主主义革命时期、中华人民共和国诸卷，湖南人民出版社，2013，2017 年。今日中央设统计局、审计署，各省、县设统计局；国家统计局统率各级调查统计队，国家审计署在各地设特派员办事处；各级政府亦设调查统计及审计部门，形成了完善的政府统计、审计组织架构。1983 年，通过《中华人民共和国统计法》，1994 年，通过《中华人民共和国审计法》。《统计法》第一条第一款指出："为了科学、有效地组织统计工作，保障统计资料的真实性、准确性、完整性和及时性，发挥统计在了解国情国力、服务经济社会发展中的重要作用，促进社会主义现代化建设事业发展，制定本法。"《审计法》第一章第一条指出："为了加强国家的审计监督，维护国家财政经济秩序，提高财政资金使用效益，促进廉政建设，保障国民经济和社会健康发展，根据宪法，制定本法。"皆可见统计、审计工作在今日中国的国家建设事业中仍发挥举足轻重的作用。

一个历史分期概念的解体

——1980 年代以降日本六朝贵族制研究综述[*]

林子微

　　1922 年,内藤湖南发表名作《概括的唐宋时代观》,成为六朝隋唐贵族制研究的原点。百年倏忽,何谓贵族制,至今也没有一致的答案。学者们意见多歧,不仅对所研究之时代的观察不同,更受到各自所处之时代的影响,在方法论乃至历史观上都持论有别。某种程度上,正因为失去了共通的讨论基础,1980 年后贵族制研究走向分散、狭隘乃至沉寂。

　　其根本问题在于,"贵族"与"贵族制"作为一个概念或概念的系统,在六朝隋唐史领域一开始就是被建构出来的,并且在以内藤湖南为原点、连结到川胜义雄与谷川道雄的系谱中,"贵族制"作为一个带有强烈现实关怀和回溯色彩、用以说明历史时间序列的方法概念,被愈来愈明确而尖锐地建构出来[①]。在川胜、谷川

　　[*] 本研究受到 JST 次世代研究者挑战的研究プログラム JPMJSP2108 的支援。

　　[①] 即使是京都学派内部,对"贵族制"的定义也有微妙的差别,川胜、谷川形成以"共同体"论为基础的六朝贵族制社会论成为主流,理论概要详见后文。此系谱的展开,参见福原启郎《日本における六朝貴族制論の展開について》,《京都外国語大学研究論叢》77,2011 年,第 209—225 页。中文方面关于六朝贵族制研究的系统介绍与学理探讨,参见林晓光《比较视域下的回顾与批判——日本六朝贵族制研究平议》,《文史哲》2017 年第 5 期,第 20—42 页。六朝隋唐史中的贵族制概念,是日本独特历史环境和历史观的产物。近代以来,日本学者引入西欧封建制概念、结合日本平安贵族的历史,试图在中国史中寻找中世贵族的存在。(参见葭森健介《中国貴族制研究の原点——明治における封建・中世論の導入と東洋史研究の形成》,《徳島大学総合科学部人間社会文化研究》13,2006 年,第 1—10 页。)二战后,马克思主义史学盛行,如何按照世界历史的普遍法则重建中国历史、克服中国社会停滞论,成为战后日本中国史研究的核心课题。由此展开的中国史分期论争历时长久,前人多有回顾,兹不赘述。其中,川胜、谷川认为六朝贵族制社会是中国的中世,这一理论可以说是在两场论争中逐渐形成的。其一是 1950 年川胜义雄发表《シナ中世貴族政治の成立について》,将汉末清流势力视作魏晋贵族前身,招致增渊龍夫、越智重明、矢野主税的批判,由此展开贵族自立论与寄生官僚论的漫长对垒,其中川胜义雄发展出"乡论环节重层构造"说。(参见中村圭爾《六朝貴族制論》,见氏著《六朝政治社會史研究》,汲古书院,2013 年,第 487—531 页,初出谷川道雄主编《戦 (转下页)

以"共同体"论为基础的六朝贵族制社会论中，贵族制作为政治社会全体的体制，规定了六朝时代的本质。广义上包括了魏晋南北朝的六朝时代被认为是贵族制时代，种种事象被集约到这个"理念型"中去解释。即使持反对意见者，研究也不得不围绕着贵族制展开[①]，如中村圭尔《六朝贵族制研究》序章所言："极端地说，关于六朝史的所有研究都与贵族制研究相联系。"[②]贵族制仿佛漩涡的空心，在史料并无突破性进展的情况下，作为一种概念工具大大推动了问题意识导向的研究。

　　然而 1970 年代后半期"共同体"论争退潮，矢野主税、谷川道雄、川胜义雄、越智重明等战后第一代学者的论著相继集结出版[③]，论争的问题意识逐渐减弱。1981 年，葭森健介、都筑晶子总结战后贵族制研究成果并提出展望，表达了相当一致的学术理解和关怀。对于学术焦点的认识，葭森所谓贵族的两个侧面和都筑所谓贵族制成立的四种契机，都可以归结于长久以来贵族自立论与寄生官僚论的争辩。对于学术观点的区分，以倾向贵族的官僚侧面、重视国家权力的矢野主税、越智重明，和倾向贵族的地方名望家侧面、主张"共同体"论的川胜义雄、谷川道雄为两极，都筑还补充了堀敏一的调和论和渡边信一郎的分业论[④]。也就是说，1980 年代初，贵族制研究集中到一个二元对立的问题上：贵族制成立的契

（接上页）後日本の中国史論争》，河合文化教育研究所，1993 年。）其二是 1969 年重田德发表《封建制の視点と明清社会》，反驳河地重造的明清货殖资本说及其背后的六朝封建论，主张明清封建制说，谷川道雄、川胜义雄相继撰文回应，提出从"共同体"中寻找中国历史的发展动因，开启了激烈的"共同体"论争，其中谷川、川胜主张六朝"豪族共同体"论。（参见中村圭尔《六朝政治社会史研究》序章，第 3—14 页；葭森健介《中国史における「社会」と「人間」の把握をめぐって》，《中国——社会と文化》7，1992 年，第 261—264 页；小嶋茂稔《「「共同体」論争」の意義と課題》，《歴史評論》837，2020 年，第 32—46 页。）

　　① 与川胜、谷川相对，越智重明（早期）、矢野主税等学者则持另一种"贵族制"概念，认为贵族制是魏晋南北朝时代所有历史现象的一部分，体现为政治支配者阶层具有世袭性，而且这种世袭性和其他时代相比不过是程度的差异。（越智早期观点，即提出"族门制"以前的观点，参见越智重明《魏西晋贵族制論》，《東洋学報》45 - 1，1962 年，第 93—103 页。）两种贵族制概念的区分，参见前引中村圭尔《六朝贵族制論》，见氏著《六朝政治社會史研究》，第 491—496 页。

　　② 中村圭尔《六朝贵族制研究》序章，风间书房，1987 年，第 9 页。

　　③ 谷川道雄《中国中世社会と共同体》，国书刊行会，1976 年。矢野主税《門閥社会成立史》，国书刊行会，1976 年。越智重明《魏晋南朝の貴族制》，研文出版，1982 年。川胜义雄《六朝贵族制社会の研究》，岩波书店，1982 年。

　　④ 葭森健介《中国史における貴族制研究に関する覚書》，《名古屋大学東洋史研究報告》7，1981 年，第 62—83 页。都筑晶子《六朝贵族研究の現況——豪族・贵族・国家》，《名古屋大学東洋史研究報告》7，1981 年，第 84—110 页。

机或者说使贵族成其为贵族的理由，究竟在于皇帝权力、还是在于乡里社会？当学界对历史分期的关心退却，在二元对立的图示中，自然而然地产生了分散研究的倾向。随着实证研究的积累，"理念型"与历史具象间的距离日益显露，部分研究分野有赖于新视角的提出或新史料的发现，逐渐脱离了贵族制的漩涡。尤其是 1990 年代以后，以川本芳昭为代表，北朝史研究开辟了新的路径，分别研究魏晋南朝史和五胡十六国北朝史的倾向愈发明显。作为历史分期概念的贵族制研究逐渐解体，强调秦汉以降帝政时代之连续性的专制国家论盛行，关注点转移到皇帝权力的运行和表达上。本文从"共同体"论、贵族政治和身分制研究三个要件展开，讨论"贵族制"作为一个方法概念的解体过程。

一、"共同体"论的转换

1973 年重田德溘然长逝，1974 年谷川道雄发表总结性的《「共同体」論争について》。此后，虽然围绕"共同体"的讨论余波荡漾[①]，但关于历史分期的激烈论争由是告一段落。论争渐熄的背后，1970、1980 年代之交，马克思主义史学指导下以生产力和生产关系为中心的阶级分析法研究趋于停滞，社会史浪潮兴起。事实上，论争自聚焦于"共同体"[②]，关注点便从阶级斗争中的支配者转向地域社会的指导者。谷川"豪族共同体"论自不必说，重田的"乡绅统治"说也带动明清史研究的基本范畴从地主变为乡绅。抛却历史分期的争议，双方对社会结构的理解本质上相当一致。

---

① 如五井直弘、多田狷介、堀敏一、小尾孟夫、渡辺信一郎、佐竹靖彦等学者的研究，参见前引葭森健介《中国史における「社会」と「人間」の把握をめぐって》，《中国——社会と文化》7，1992 年，第 264—265 页；前引中村圭爾《六朝政治社會史研究》序章，第 12—13 页。

② 1970 年，川勝、谷川合作发表《中国中世史における立場と方法》，论争的焦点从封建制时期转到对"共同体"的理解上，参见前引小嶋茂稔《「「共同体」論争」の意義と課題》，《歷史評論》837，2020 年，第 33 页。1960、1970 年代，日本史学界对"共同体"的评价发生扭转，引发了一股"共同体"研究热潮。其时代背景，一方面是日本经济快速发展，城市化的问题显现，对"共同体"之"封锁性"的诟病变为对失落的"共同性"的乡愁；（参见福本勝清《戰後共同体論争に関する一覧書》，《明治大学教養論集》349，2001 年，第 2 页。）另一方面日本国内的学生运动，以及席卷亚洲的民族运动，促使史学家反思战后史学对民众"叛乱"的机械性研究。（参见前引葭森健介《中国史における「社会」と「人間」の把握をめぐって》，《中国——社会と文化》7，1992 年，第 261—263 页。）在此背景下，谷川道雄提出"共同体"论，主张历史演进的动力不在于阶级斗争，而在于"共同体"的成长。（参见李济滄《谷川道雄を読む：共同体論、人間主体、そして日中の未来》，《日本研究》61，2002 年，第 105—135 页。）

1981年,主题为"地域社会——地域社会与指导者"的中国史研讨会在名古屋大学召开,森正夫发表《中国前近代史研究中的地域社会视角》报告①,提出作为方法概念的地域社会——具有普遍意义的"人生活的基本的场","既孕育着阶级矛盾或差异,同时为着广义上的再生产而面对共同的现实问题,个人被置于共通的社会秩序下,被统一于共同的指导者或指导集团的指导之下"的"地域性的场"②。此设定有三个要点,其一,以秩序论为内核,将"制约构成社会的每个人的社会秩序"③作为核心问题,比起阶层间的榨取更强调关系与结构。其二,以"指导—被指导"为分析框架,将历史分期论争中曾出现过的主要观点归纳为地域社会的四种类型:1)家族·同族基轴论,2)地主(大土地所有者)指导型地域社会论,3)士大夫指导型地域社会论,4)国家中心论④。其三,不做具体空间限定,而使用"场"这样的特殊用语,以区别于实体概念的地域社会。现在看来,森正夫所谓"地域社会"视角存在理论先行的问题,即设定中已经隐含着以指导者为中核形成社会秩序的结论。其深受谷川"共同体"论的影响,同样出于对战后历史学的反省并仍然试图对普遍主义的命题作出回应。不过,较之谷川以"共同体"论解释中国历史乃至世界历史发展法则的雄心,森正夫更强调研究视角从时间到空间的转换,将壁垒分明的"豪族共同体"论、"个别人身支配"、"生产关系论"等观点相对化,聚焦于人所生活的基本的"场"。

　　研讨会上,葭森健介就魏晋南北朝史研究发言,主张使用"基层社会"概念,得到川胜义雄支持。之所以在"地域社会"视角下主张使用"基层社会"概念,是为了在地域社会中寻找贵族制成立的契机。川胜义雄、谷川道雄认为,"豪族共

---

①　森正夫《中国前近代史研究における地域社会の视点－中国史シンポジウム「地域社会の视点──地域社会とリーダー」基调报告－》,《名古屋大学文学部研究论集·史学》28,1982年,第201—223页。下文相关部分直接引自中译本《中国前近代史研究中的地域社会视角——"中国史研讨会'地域社会——地域社会与指导者'"主题报告》,收入沟口雄三、小岛毅主编《中国的思维世界》,孙歌等译,江苏人民出版社,2006年,第499—524页。

②　前引森正夫《中国前近代史研究中的地域社会视角——"中国史研讨会'地域社会——地域社会与指导者'"主题报告》,《中国的思维世界》,第503页。

③　同上,第518页。

④　同上,第504—511页。宇都宫清吉关于汉代的观点被归入第一类,前田直典、谷川道雄1961年前后的研究被归入第二类,宇都宫清吉关于六朝隋唐的观点、川胜义雄和谷川道雄1970年代以后的"共同体"论、重田德的"乡绅统治"概念被归入第三类,西嶋定生1961年以后的观点、堀敏一的观点被归入第四类。

同体"基于豪族的自我否定机制而形成,不需要借助外在的国家权力,并通过乡论(乡里社会中支持豪族自我抑制倾向的舆论)环节的重层构造,与选举制度相关联从而形成累世为官的贵族层。为了解释全国规模的贵族制社会如何形成,川胜和谷川使用"乡论环节的重层构造"来联通国家与"豪族共同体",其内核的"共同体"伦理与贵族制理念超越地域差别而具有普遍的意义。所以在观察贵族制社会的基本的"场"时,也就不以特定的地域为限、不使用含有空间限定意味的"地域社会",而从与国家之间的关系着眼、使用表示纵向结构的"基层社会"概念①。但是谷川"共同体"论的关注点仅止于这个"场"中的上层构造,只是从指导者的伦理意识和生活方式来说明其与民众之间的共同关系,对此,葭森健介一针见血地提出质疑,"指导侧的伦理与民众的世界是完全重合的吗?"②

可以说,1980 年代六朝贵族制框架下的地域社会研究正是从这个疑问出发的。葭森健介主要着眼于前者,将指导者的伦理归纳为"清"的理念③,包括人格、生活态度、文化修养,以及经济、社会、政治诸方面的行为,尤其重视贵族作为官僚所表现的"清"的理念。葭森考察了正史记载中对魏晋官僚的评语,认为其中广泛出现的"清简"和"威惠"分别体现了贵族制性质和官僚制性质的价值,并且从评语的地域分布来看,伴随着贵族制的展开,清简式的存在方式逐渐驱逐威惠式的存在方式④。他分析了西晋吏部人事的贵族制特征,如"山公启

---

①　葭森健介认为无论是谷川的"共同体"论中的贵族制,还是西嶋的"个别人身支配论"中的皇帝支配,其基础都是超越地域差别、适用于中国全土的理念,参见前引葭森健介《中国史における贵族制研究に关する觉书》,《名古屋大学東洋史研究報告》7,1981 年,第 80 页,注释 18;前引葭森健介《中国史における「社会」と「人间」の把握をめぐって》,《中国——社会と文化》7,1992 年,第 266—267 页。葭森后来表示,"基层社会"概念之所以能得到川胜首肯,是因为这一提法符合乡论的原理,并解释了这一概念与森正夫的"地域社会"视角之间的联系与差别,参见葭森健介《「地域社会の视点」・「共同体论」・「基层社会」——1981 中国史シンポジウム再论》,《名古屋大学東洋史研究報告》25,2001 年,第 41—47 页。

②　前引葭森健介《中国史における贵族制研究に关する觉书》,《名古屋大学東洋史研究報告》7,1981 年,第 71 页。其实重田德在论争中已经提出过类似的疑问:豪族式的原理如何浸透入共同体之中?

③　葭森健介《「清」の时代——もう一つの『三国志』》,《歴史と地理》411,1989 年,第 1—11 页。葭森健介《门阀"贵族"支配及"清"的理念》,《文史哲》1993 年第 3 期,第 90—93 页。

④　葭森健介《「清简」と「威惠」——魏晋官僚の一考察》,《名古屋大学東洋史研究報告》8,1982 年,第 1—34 页。

事"所体现的人格主义官僚制①、王戎与外戚势力相妥协推动官僚人事贵族化的甲午制②。葭森认为,把握住贵族与民众的指导—被指导、支持—被支持关系,可以将关注点从乡党中贵族和民众之间的关系,扩大到作为官僚的贵族与其治下的民众之间的关系上③。这一点超出"共同体"论,结合了贵族的官僚侧面,反过来也通过贵族作为官僚的姿态和理念,说明了官僚制中的贵族制性质。但这一视角的深化,使得关注点从贵族的社会行动扩展到贵族整体的观念和行为,也就逐渐淡化对基层社会的关注,最终脱离了"共同体"论。

　　都築晶子则倾向于关注民众所生活的世界,具体地研究统合发生的"场",包括基层社会中文化、伦理的具现化与可视化,以及诸集团中"人的结合",来解明基于伦理的"共同体"的存在方式。她一开始关注了东汉末的太平道、五斗米道教团和逸民人士指导的乡邑这两类基层社会:指导者向民众强调"过"和"耻",倡导超越私利私欲,以形成新的伦理秩序④。其中,她尤其强调逸民人士指导下聚落内部礼教秩序的再编,认为这与贵族制的成立有密切关系,并继续考察了东汉后半期的处士,指出判断是否为处士的标准在于是否具有儒学修养、是否依照礼来生活、以及是否采取清贫的生活方式⑤。都築这一时期的研究出色地解释了指导者伦理和民众世界之间的间隙:指导者的伦理基于传统的学问和儒学教养,而民众则通过指导者在日常生活中的实践来理解其理念⑥。在动乱时期,这种基层社会的日常关系某种程度上替代国家发挥作用。永嘉之乱中,西晋原本的基层社会崩坏,在指导者的统领下,流民又自律地结成"乡宗集团"⑦。

---

　　①　葭森健介《「山公啓事」の研究》,川勝義雄、砺波護编《中国貴族制社会の研究》,京都大学人文科学研究所,1987 年,第 117—150 页。

　　②　葭森健介《西晋における吏部官僚——西晋期における政治動向と吏部人事》,《名古屋大学東洋史研究報告》23,1999 年,第 25—53 页。

　　③　前引葭森健介《中国史における貴族制研究に関する覚書》,《名古屋大学東洋史研究報告》7,1981 年,第 76—78 页。

　　④　都築晶子《後漢末の社会秩序形成について——「過」と「恥」》,《名古屋大学東洋史研究報告》5,1978 年,第 21—43 页。

　　⑤　都築晶子《後漢後半期の処士に関する一考察》,《琉球大学法文学部紀要》(史学・地理学篇)26,1983 年,第 13—55 页。

　　⑥　葭森健介认为,这一间隙中存在着贵族世袭化、门阀化的契机,前引葭森健介《中国史における貴族制研究に関する覚書》,《名古屋大学東洋史研究報告》7,1981 年,第 72—73 页。

　　⑦　都築晶子《西晋末期の諸集団について——その統合の過程と理念》,《名古屋大学東洋史研究報告》10,1985 年,第 1—32 页。

1980 年代后半期,都築晶子更多转向道教方面。在这里,她关注道教经典《真诰》中虚构的世界,通过分析这个虚构的"场"中的秩序,来反观现实中产生如此宗教想象力的南人寒门寒人层的政治、社会意识[1],由此开启一系列关于宗教与社会的精彩之作。主要有两个方向:一是内在于六朝道教经典的价值意识和社会认识,如罪的意识、个人意识、赈恤的伦理等[2];二是构成六朝道教教团之主体的南人寒门、寒人层,他们连接着贵族制的末端,与基层民众直接发生联系,并且超越地域和阶层形成宗教性的网络乃至宗教"共同体"[3]。到这里,都築的研究已经逐渐超出了原本的问题意识,前者中像赈恤可积阴德、阴德惠及家族的理念,强调的是个人与家族之关系,而后者中指导宗教"共同体"的南人寒门寒人层也不能简单替代"豪族共同体"论中豪族层的地位和作用。相比之下,从道教入手、研究宗教与社会之关系的进路,呈现出非凡的活力,产生了许多新见,都築进而提出从宗教史角度进行历史分期,与欧洲中世基督教世界相对比,将六朝视为中世的想法[4]。此外,新世纪以后都築对道教中女性地位与活动的考察,也是性别史方面极富启发性的研究[5]。

另一方面,或受重田德影响,中村圭爾对指导侧伦理与民众世界的一致性持怀疑态度。极端而言,"豪族共同体"的底流是一个抽象的伦理世界,葭森健介、都築晶子尝试去描绘这个伦理世界如何真实地存在,中村圭爾则认为"共同体"只是建立在豪族或贵族的"虚伪"意识之上。中村的问题意识出于,如果贵族制的基础是现实的乡里社会,那么成为官僚的贵族就不可避免地游离于这一基础,最终违背"共同体"伦理而走向世袭化和门阀化。要解决这个矛盾,就要从意识

① 都築晶子《南人寒門・寒人の宗教的想像力について——「真誥」をめぐって》,《東洋史研究》47-2,1988 年,第 252—283 页。中译本《关于南人寒门、寒士的宗教想像力——围绕〈真诰〉谈起》,宋金文译,收入刘俊文主编《日本中青年学者论中国史·六朝隋唐卷》,上海古籍出版社,1995 年,第 174—211 页。

② 都築晶子《六朝時代における個人と「家」——六朝道教経典を通して》,《名古屋大学東洋史研究報告》14,1989 年,第 19—50 页。都築晶子《南人寒門・寒人の倫理意識について——東晋後半の上清派経典を中心に》,《東方宗教》78,1991 年,第 45—68 页。

③ 都築晶子《六朝後半期における道館の成立——山中修道》,《小田義久博士還暦記念東洋史論集》,小田義久先生还历记念事业会,1995 年,第 317—351 页。中译本《六朝后期道馆的形成——山中修道》,付晨译,《魏晋南北朝隋唐史资料》第 25 辑,2009 年,第 226—246 页。

④ 都築晶子《宗教史からみた時代区分》,《古代文化》46-11,1994 年,第 9—16 页。

⑤ 都築晶子《六朝隋唐時代における道教と女性》,《名古屋大学東洋史研究報告》25,2001 年,第 144—159 页。

性、观念性的方面来理解贵族与乡里社会之关系。他指出,"所谓'乡里',其本质是这个世界的实际支配者豪族所主导的虚伪意识,它使小农民层抱有作为这个世界主体构成者的幻想,将他们纳入这个秩序之中,来补充豪族对这个世界的现实支配。作为虚伪意识的'乡里',赋予当时的政治构造以特异的性格,极大地帮助了六朝贵族制的成立和维持"[①]。反观方法概念上的"地域社会"视角,中村圭爾批评其"领导""统合""指导"等用语本身已经带有某种结论倾向,且模糊了空间限定,过于强调人类普遍的存在样式而忽略了地域差异。各地自然条件、民风与价值观不同,舆论的评价标准自不相同,那么"共同体"伦理是否能够自律性地超越地域差异而存在? 且"乡里"意识恰恰建立在各地的地域性特色之上,因而主张基于特定地域的地域性来理解历史现象[②]。他对于六朝江南地域社会的研究,关注都城、交通、人群、经济开发、墓葬和出土物,不仅以具体特定的江南地域为对象,而且注重江南特有的"地域性"对于六朝政治社会之影响[③]。中村所谓的"地域社会",已不同于隐含着谷川"共同体"性质的方法概念,而更倾向于实体概念。

　　与中村的问题意识大体一致[④],但相较于中村仍以想象的"共同体"为框架,

---

　　① 中村圭爾《六朝史と「地域社会」》,见氏著《六朝江南地域史研究》,汲古书院,2006 年,第 618 页。他认为,六朝时代与政治世界相对峙的"乡里"世界乃基于认同而非现实,其内在是观念性的礼制秩序而非现实秩序,是现实的支配者豪族层为了补充阶级性经济支配而形成的。(中村圭爾《「郷里」の論理—六朝貴族社会のイデオロギ—》,见氏著《六朝貴族制研究》,第 139—170 页,初出《東洋史研究》41‐1,1982 年。)这与六朝时期实行九品中正制,乡品直接与官品相联系而具有政治性和阶层性,破坏了乡里社会的"共同体"伦理有关。(中村圭爾《「品」の秩序の形成》,见氏著《六朝贵族制研究》,第 47—90 页,原题《九品官人法における郷品について》,初出《人文研究》36‐9,1984 年。)如所谓"望"的伦理,虽然包含与被支配者的合意,但其实隐蔽着对被支配者的强制。(中村圭爾《魏晉時代における「望」について》,见氏著《六朝政治社會史研究》,第 355—381 页,初出《中国——社会と文化》2,1987 年。)对此,谷川承认乡论确实带有贵族间人物评价的倾向,但贵族的名望家支配的基础并不在于观念形态,而在于对乡里社会再生产的保障。(谷川道雄《「共同体」論と六朝郷里社会——中村圭爾氏の疑念に答える》,《東洋史苑》54,1999 年,第 95—119 页。)

　　② 中村圭爾《六朝史と「地域社会」》,见氏著《六朝江南地域史研究》,第 597—621 页。舆论评价的地域性差异,参前引中村圭爾《「品」の秩序の形成》,《六朝貴族制研究》,第 47—90 页。

　　③ 前引中村圭爾《六朝江南地域史研究》。中村从地理上的边缘性出发,解释南朝国家的整体构造,参见中村圭爾《南朝国家論》,见氏著《六朝政治社會史研究》,第 415—437 页,初出《岩波講座世界歷史》9,1999 年。

　　④ 渡邊義浩认为,三国时代的支配阶层"名士"是贵族的前身,产生于人物评价的"场",而这个"场"因东汉国家的崩溃而乖离于在地社会,名士与在地社会的关系是抽象化的。(参见渡邊義浩《漢魏交替期の社会》,《歷史学研究》626,1991 年,第 47—55 页。)

渡邊義浩直接批判了从乡里社会寻找贵族制成立之契机的立场，认为谷川、川勝"豪族共同体"论中所谓豪族的自我否定以领主化倾向为前提，本质上仍为大土地所有的理念所束缚。六朝贵族独有的特质是相对皇帝权力而言保有自律性，因而要从贵族自身寻求其成立的契机。在东汉失去"儒教国家"的姿态后，党人以儒教为根底形成了名士的自律性秩序，此后发展为贵族的自律性。名士的自律性来源于自身的儒教价值，这一具有自律性的价值标准在两晋南北朝时期扩充到玄儒文史乃至佛道文化上，因而贵族自律性的存在基础是对多元文化价值的垄断[1]。

　　1990 年代以后，建立在"共同体"论基础上、稍显机械化的地域社会研究逐渐向实体概念的地域社会研究倾斜，重视空间因素，与史料的联系更为突出。一方面，具体地域的研究进展有赖于地方性史料的发现。如长沙走马楼吴简、郴州晋简、南京附近墓葬及出土物等新史料的发现，推进了长江中下游地域社会的研究，又如乡村研究与都市研究的此消彼长也与史料状况不无关系。另一方面，以往被忽视的史料经过空间维度的勾连，焕发出新的价值。如佐藤智水关于石窟造像和邑义的研究，又如近年来北村一仁对佛教摩崖造像与交通路线的研究。这些研究，与追寻贵族制契机的"共同体"论渐行渐远，焕发出六朝史研究的新机，也反映出以新出史料来说明"共同体"或贵族制的困境[2]。

　　反而自 21 世纪以来史料论研究兴盛，从史料的形成过程、文本构造、执笔意图来重新理解史料，学者们更彻底地检讨了川勝、谷川关于贵族制成立过程的论述。通过对《后汉书》深入细致的史料批判，安部聪一郎指出超越直接人际关系的"天下名士"序列并非党锢之际的现实议论，而是三国末西晋以后形成、东晋以后整理的记述，有力地挑战了川勝义雄的"乡论环节重层构造"说。东汉末年尚

---

　　① 　渡邊義浩《所有と文化——中国貴族制研究への一視角》，《中国——社会と文化》18，2003年，第 120—135 页。

　　② 　新出史料对贵族制论的补充佐证有限，主要体现在累层性通婚圈及其背后的累层性社会身分构成方面。（如中村圭爾《婚姻からみた階層と官僚身分》，见氏著《六朝貴族制研究》，第 359—398页，原题「劉岱墓志銘」考——南朝における婚姻と社会的階層，初出《東洋学報》61 - 3，1980 年。）而从新史料产生的对贵族制研究的批判则是多方面的，如小南一郎从西晋以后神亭壶（魂瓶）的消失，指出以西晋时期为界，由于社会文化基础的暴力破坏，江南地区的墓葬发生了剧烈的变化，批判了川勝义雄关于贵族制社会连续性的说法。（小南一郎《神亭壺と東呉の文化》，《東方学報》65，1993年，第 223—312 页。）

未出现全国性的人物品评和议论,也就不存在超越地域差异的清流士大夫统一体,不存在全国规模的清流与浊流的对抗,因此川勝所谓自律性的、自下而上形成的、全国规模的第三次乡论并非东汉末的现实,而是晋南朝贵族对东汉历史的理解。产生这种理解的背景,是九品官人法的制定以及州大中正的设置①。又《后汉书·郭泰传》中郭泰的人物批评家形象,也是在三国西晋时期出现,并最终盖过原本的隐逸者形象。强调郭泰的人物品评,与当时刘邵《人物志》这样他律性人物评价出现以及收束地方舆论并连结到中央的州大中正设置有关②。这不仅仅是贵族制成立的时间差问题,而且凸显了九品中正制和州大中正制等他律性公权力在贵族制成立过程中的作用,换言之,植根于乡里社会而又超越地域差异的贵族制难以自律性地形成。此外,以往认为东汉到东晋间流行的《耆旧传》《先贤传》体现了乡里社会盛行人物品评,而永田拓治指出其背后存在统治的意图。他认为,这类传记的素材主要来自东汉上计吏或魏晋郡中正所书的"状",目的是对乡里社会进行风俗教化,以安定地域社会秩序。从东汉以郡国为中心的"耆旧传",到魏晋的"海内先贤传"的变化,体现魏晋王朝收回各乡里社会的先贤选定权,将各地不同的风俗标准一元化,确立由皇帝主导的风俗教化体制③。永田更试图以郴州晋简中的记载证明中央通过上计获取地方先贤的信息,进行控制和管理,促进了《耆旧传》《先贤传》的编纂④。

二、贵族政治的窄化

在川勝義雄、谷川道雄以"共同体"为基础的六朝贵族制社会论影响下⑤,

---

① 安部聡一郎《党錮の「名士」再考:貴族制成立過程の再檢討のために》,《史学雑誌》111－10,2002年,第1—30页。

② 安部聡一郎《「後漢書」郭太列傳の構成過程:人物批評家としての郭泰像の成立》,《金沢大学文学部論集》(史学・考古学・地理学篇)28,2008年,第3—110页。

③ 永田拓治《「先賢伝」「耆旧伝」の歴史的性格——漢晋時期の人物と地域の叙述と社会》,《中国——社会と文化》21,2006年,第70—92页。永田拓治《「状」と「先賢伝」「耆旧伝」の編纂:「郡国書」から「海内書」へ》,《東洋学報》91－3,2009年,第303—334页。

④ 永田拓治《上计制度与"耆旧传""先贤传"的编纂》,《武汉大学学报》2012年第4期,第49—61页。

⑤ 1977年安田二郎曾指出,川勝義雄、谷川道雄以"共同体"为基轴的中世贵族制论已成为六朝史研究的底流。(安田二郎《中国——魏晋南北朝》,《史学雑誌》86－5,1977年,第180—181页。)虽未必全面描述了1970年代末的研究动向,却真实地表现了他本人研究的出发点。

1970、1980 年代的贵族政治研究，以安田二郎为代表，核心理念是政权结构的变动根源于地域社会。1970 年代，安田二郎接续川胜对于刘宋初以来贵族制固化后整个贵族阶层动向的判断，但提出了更为乐观的自我革新的构想。研究从义康废黜和元凶弑逆展开，跳过了对贵族制巅峰期的分析，直接从贵族的"中毒"开始，刻画南朝门阀贵族体制自我"超克"的过程。论述的主轴是寒门寒人或豪族土豪层与皇帝或皇帝挑战者相结合的实态：表面上是一次次政变，内里是地域社会阶层分化、"共同体"秩序形成、豪族层采取"望族"式的生活方式进而与政治权力结合，而更深层则是在此刺激下，贵族阶层从自家中毒、到自我反省、自我超克的潜流，最终实现门阀贵族体制的革新①。

　　1980 年代以后，安田二郎从贵族的革新意识、侨民在地域社会的发展两方面推进南朝政治史研究。关于贵族，安田具体分析了南朝后半期贵族自我革新的趋向，个人层面上产生由门地转向才学的自我革新意识②，社会层面上出现由维护贵族社会转向维护国家社会秩序的观念③。关于侨民，安田的研究围绕土断展开，区分出了现土土断和实土化土断，揭示了侨州郡县设置和改革背后政权与侨民角力的过程④，由此出色地解明了黄白籍的问题⑤。在安田的政治史框架里，侨民的角色是保存了"共同体"基础的乡族，因而得以促进门阀贵族的自我革新，也就是说，所谓贵族由门阀转向才学的自我超克是以地域社会的发展为基础

---

①　安田二郎《六朝政治史の研究》第二编《南朝の政治史》，京都大学学术出版会，2003 年，第237—381 页。具体而言，元嘉时代地域社会已经出现阶层分化，5 世纪后半期（元嘉以后，尤其是宋明帝以后），豪族层抬头，进出中央政界，在叛乱、平叛、建立新王朝过程中发挥了重大作用，这是因为他们在地域社会中的成长和发展。地域社会的"共同体"再编、望族的成长，给门阀贵族带来了刺激，门阀贵族也开始探索新的贵族像。5 世纪末 6 世纪初，南朝门阀贵族体制已经到达了烂熟的顶点，支撑这一体制的"门阀贵族＝贤者"根底崩坏，体现为东昏侯时期贵族制与皇帝制的严重乖离。而梁武帝革命的历程，也是重建门阀贵族体制的过程。武帝以前的南朝门阀贵族体制是旧贵族主义（社会贵族体制），即由贵族社会来评定人物，武帝以后是新贵族主义（国家贵族体制），主要体现在试经制度上，并由此向隋唐科举官僚制社会转变。

②　安田二郎《王僧虔「誡子書」考》，见氏著《六朝政治史の研究》，第 525—604 页，初出《日本文化研究所研究报告》17，1981 年。

③　安田二郎《南朝貴族制社会の変革と道徳・倫理——袁粲・褚淵評を中心に》，见氏著《六朝政治史の研究》，第 605—695 页，初出《東北大学文学部研究年報》34，1984 年。

④　安田二郎《王玄謨の大明土断について》，见氏著《六朝政治史の研究》，第 417—451 页，初出《東北大学東洋史論集》2，1986 年。

⑤　安田二郎《僑州郡県制と土断》，见氏著《六朝政治史の研究》，第 453—521 页，初出川勝義雄、礪波護编《中国貴族制社会の研究》，京都大学人文科学研究所，1987 年。

的。如他对襄阳地区从军政统治转为民政统治的研究,看起来和题目里的"晋宋革命"关系不大①,但襄阳的晚渡豪族层因为维持了与地域社会的联系而得以成长,所以在 5 世纪后半期开始显示出巨大的政治军事能量,成为支持梁武帝新贵族主义、改革贵族制的重要力量。安田以此回答南朝贵族自律性的问题,即贵族制固定化之后,乡论环节的重层构造不再发挥作用,上层不可避免地与豪族断裂,但晚渡豪族依然追求姓族秩序,并且帮助实现了贵族制的自我革新,豪族与贵族间的联系再度建立起来②。

就重视地域社会在政治上的作用而言,安田将襄阳地区的雍州化与晋宋革命相联系,和葭森健介认为江南乡村社会催生了晋宋革命的观点异曲同工。葭森健介讨论了东晋末至刘宋成立间的多次动乱,指出最终刘裕能够实现王朝革命,是因为他推动了以土断为中心的安定乡村社会的政策,获得了乡村社会领导者南人土豪的支持。葭森认为,即使在贵族制最盛期的东晋,其基底还是顽强存在着的乡村社会,任何政治权力都无法脱离乡村社会而成立。刘宋王朝实现了在东晋政权中也未曾见的、对乡村社会的完全掌握,所以能够确立强大的南朝型皇帝权力③。

深入到精神性方面,将"共同体"内在的核心矛盾——"公""私"关系扩展到政治史领域,安田二郎在 1990 年代以后频繁使用这对概念来分析政治权力的性质④。他将八王之乱的症结归结于权力者与权力集团的私党性⑤,而将东晋的非

---

① 安田此前明确指出刘宋的成立与这些豪族层没有直接联系,其政权的基础是流民构成的北府兵,参见安田二郎《蕭道成の革命軍団——淮陰時代を中心に》,见氏著《六朝政治史の研究》,第 307—333 页,初出《愛知県立大学文学部論集》(一般教育編)21,1970 年。

② 安田二郎《晋宋革命と雍州(襄陽)の僑民——軍政支配から民政支配へ》,见氏著《六朝政治史の研究》,第 385—415 页,初出《東洋史研究》42-1,1983 年。

③ 葭森健介《晋宋革命と江南社会》,《史林》63-2,1980 年,第 208—234 页。戶川貴行同样重视刘裕起义之时得到了会稽名族、豪族的支持,但他从会稽名族获封五等爵的角度来把握,关注的是皇帝赐予五等爵的军事动员作用,与葭森健介认为乡村社会催生王朝革命的出发点恰恰相反。(戶川貴行《東晋、宋初の「五等爵」について——「民爵」との関連を中心としてみた》,见氏著《東晋南朝における伝統の創造》,汲古書院,2015 年,第 43—63 页,初出《中古中国研究》第一卷,中华书局,2011 年。)

④ 另一方面,安田二郎最早的一篇关于晋代政治史的论文《八王の乱をめぐって——人間学的考察の試み》是 1976 年为宇都宫清吉颂寿,回应宇都宫学术而作,吸收了宇都宫所谓"人间学"以及森三樹三郎、吉川忠夫等人关于时代精神的研究。这种分析方式确实带来了不同的视角,也是从这里开始,安田二郎越来越多地使用"公""私"等精神性的概念来观察和解释历史。

⑤ 安田二郎《八王の乱と東晋の外戚》,见氏著《六朝政治史の研究》,第 163—201 页,原题《八王の乱をめぐって——人間学的考察の試み》,初出《名古屋大学東洋史研究報告》4,1976 年。

典型外戚政治视为从私到公的转换，门阀贵族体制由此确立①。上溯西晋初期的政治史，安田认为司马衷两度成为皇位的有力候选人、但都未能得到继承权，很大程度上因为朝臣所要求的是一位宽仁的贵族首领，或者说一种较弱的皇帝权力②。晋武帝在泰始九年广纳采女、在咸宁三年改制封王，都是为了安定并强化以皇帝为贵族首领的政治体制，为不惠的太子未雨绸缪。西晋王朝体制，从形态上来说虽然是以君主为顶点的专制支配体制，但其内在是私人性的、以婚姻为媒介、与世家大族间建立的直接个别关系的累积。从君臣封建关系的角度来说，西晋王朝可以归入"封建制"范畴③。安田二郎试图在政治史层面上对两个问题作出回应：一是以贵族制社会论为基轴，整体性地把握东汉以来的历史展开，所以他对八王之乱的论述与川胜对党锢之祸的论述有相似的结构；二是将东晋南朝贵族制与魏西晋贵族制相联结，因而他围绕皇帝的贵族首领性质而展开的西晋初期政治史研究带有较强的回溯性和诠释性。安田总结晋南朝政治史是从宗王政治、到外戚政治、再到贵族政治的演变，其内在是第一次门阀社会到第二次门阀社会的转换。他本质上认为贵族制贯穿六朝，用语却在形式上反而接近矢野主税所谓三次门阀社会④的提法，正是因为连结魏西晋贵族制与东晋南朝贵族制时，政治史的断裂在实证层面上无法回避。

　　"公""私"关系的概念，安田二郎主要用于权力性质的抽象分析，而福原启郎进一步引入舆论作为"公"的意志体现，将八王之乱理解为舆论历史的演进，即国家私权化、以及对私权化的批判所引发的一系列连锁性政治军事对抗⑤。对抗的主体之所以是西晋诸王，是因为诸王作为都督出镇掌握军队、作为中央官从全国

---

① 安田二郎《東晋の母后臨朝と謝安政権》，见氏著《六朝政治史の研究》，第203—234页，原题《褚太后の臨朝と謝安》，初出新野直吉、諸戸立雄两教授退官記念会编《中国史と西洋世界の展開》，みしま书房，1991年。

② 安田二郎《西晋朝初期政治史試論》，见氏著《六朝政治史の研究》，第5—41页，初出《東北大学東洋史論集》6,1995年。

③ 安田二郎《西晋武帝好色攷》，见氏著《六朝政治史の研究》，第43—161页，初出《東北大学東洋史論集》7,1998年。

④ 矢野主税认为东汉期是第一次门阀社会，魏晋期是第二次门阀社会，南朝期是第三次门阀社会。这里的门阀社会指寄生官僚制。

⑤ 福原启郎《八王の乱の本質》，中译本《八王之乱的本质》，见氏著《魏晋政治社会史研究》，陆帅、刘萃峰、张紫毫译，江苏人民出版社，2021年，第159—192页，初出《東洋史研究》41-3,1982年。（以下福原著作皆引中译本。）

任用士人,结合军队与舆论从而成为政权的母胎①。从这里,福原启郎发展出了第二对分析概念——权威与舆论,并选择了一个有趣的切入点——汉末魏晋时代关于是否要恢复肉刑的争议,来分析魏晋国家的重建。福原指出,争议的实质在于重建作为公权的国家之时,应先确立国家权威、还是应先追求舆论支持②?这是魏晋国家共通的课题,曹魏选择了前者、重视权威③,而西晋选择了后者、重视舆论,标榜"宽容"之政,推行礼教国家建设④,但也走向私权化而最终崩溃。西晋王朝的崩溃,根本原因是所谓"第三次乡论"不断疏离于乡里社会,以至于贵族社会上层产生本末倒置的吝啬、奢侈和求名之风,下层的寒门寒人则多行贿赂以求私利私权⑤。福原启郎在史料的选择和切入上颇具慧眼,常常能从朴素的问题出发,展开巧妙的论证。但另一方面他在方法论上总体信从川胜义雄的贵族制论,尤其是对舆论的重视,使得他关于八王之乱的解释更加接近川胜对党锢事件的分析。福原也明确地意识到这一点,并将东汉政权的灭亡和西晋政权的灭亡视作一种历史的反复⑥,某种程度上反而消解了九品中正制和魏晋贵族制的历史意义。

　　石井仁则以随府府佐为焦点观察"私"的关系。他分析了梁简文帝集团与梁元帝集团,指出随府府佐长期跟随府主转镇,双方存在非官僚性的、强固的私的关系。大多数贵族(尤其是中下层贵族)以随府僚佐的方式任官,他们与州镇长官间的主从关系,是六朝社会"向封建制倾斜"最明显的体现⑦。同样从府佐出

　　① 福原启郎《西晋时代宗室诸王的特质——以八王之乱为线索》,见氏著《魏晋政治社会史研究》,第193—222页,初出《史林》68-2,1985年。
　　② 福原启郎《魏晋时代的复肉刑议论及其背景——以赞成派与反对派在廷议中的论据为中心》,见氏著《魏晋政治社会史研究》,第15—51页,原作《魏晋時代の肉刑復活論の意義》,《京都外国語大学研究論叢》28,1986年;《魏晋時代の肉刑復活論の意義,再論——廷議における賛成派と反対派の論拠の分析を中心に》,《京都外国語大学研究論叢》48,1996年。
　　③ 福原启郎《魏明帝——奢靡皇帝的实像》,见氏著《魏晋政治社会史研究》,第52—69页,初出《古代文化》52-8,2000年。
　　④ 福原启郎《关于西晋国子学创立的考察》《关于〈晋辟雍碑〉的考察》,见氏著《魏晋政治社会史研究》,第70—158页,原作《西晋における国子学の創立に関する研究ノート(上)》,《環日本研究》4,1997年;《西晋における国子学の創立に関する研究ノート(下)》,《環日本研究》5,1998年;《晋辟雍碑に関する一試論》,《京都外国語大学研究論叢》51,1998年。
　　⑤ 福原启郎《魏晋政治社会史研究》第七~十章,第225—340页。
　　⑥ 福原启郎《魏晋政治社会史研究》,第416页。
　　⑦ 石井仁《南朝における随府府佐——梁の简文帝集団を中心として》,《集刊東洋学》53,1985年,第34—49页。石井仁《梁の元帝集団と荆州政権——「随府府佐」再論》,《集刊東洋学》56,1986年,第1—19页。

发、认同府职是对官僚制的破坏,金民寿更关注集团乃至政权构造所体现的政治问题。他通过司马睿府佐构成的变化来解释东晋政权的成立过程,考证颇细致。他指出安东府时期以江南为中心,府佐根据西晋的乡论来排列,江南人士得以占据优位;而到镇东府时期,都督范围扩展至江淮地区,江淮豪族成为新的军事力量,排除原有的武力基础义兴豪族,构建起北人占据优位的文人贵族体制——较好地解释了两晋间贵族制的连续性问题①。金民寿又从府佐入手,敏锐地分析了桓温和谢安政权的构成,指出两者虽然在政治运营上采取改革或保守的对立立场,但都没能收敛社会底层的变化,以致贵族的政治军事权终移于寒门军将之手②。

　　如前一节所述,2000 年以后贵族制论受到更直接的批判。吉冈真指出,北朝至隋唐前期中央官僚机构的上层(三省六部)中,山东、江左门阀占绝对少数,试图从根本上动摇内藤的贵族政治说③。同时,贵族政治研究的内在危机也日益显露。其研究的出发点往往是动乱,如安田二郎一开始关注刘子勋之乱、福原启郎一开始关注八王之乱,都从政权发生危机或崩坏的时刻出发,倾向于从反面来论证所谓的贵族政治。问题不仅仅在于能否进行正面论证,更重要地在于这种反论视角的发展使得贵族政治的概念更为窄化。内藤湖南原本以贵族政治到绝对王政、再到平民政治的过程来设定历史分期,他所谓的贵族政治时代,一开始包括了上古和中世(唐以前),后来限制为中世(六朝到唐中期)。冈崎文夫越出政治范畴,提出作为社会阶层统制方式的贵族制概念,认为宋齐时代是典型的贵族制,其中宋文帝以姓族为中心、与贵族合议的政治是黄金时代,而梁以后是异质的贵族制,由君主主动地维持。由后观之,冈崎关于贵族制时代的看法稍显特异,但他将贵族制限定于南朝,且开始觉得真正健全的贵族政治存在的时间是很短的。后来在宫崎市定九品官人法研究的影响下,川胜义雄提出贵族制社会

---

①　金民寿《東晋政権の成立過程——司馬睿(元帝)の府僚を中心として》,《東洋史研究》48-2,1989 年,第 262—299 页。

②　金民寿《桓温から謝安に至る東晋中期の政治——桓温の府僚を中心として》,《史林》75-1,1992 年,第 42—76 页。所谓社会底层的变化,即清谈贵族丧失处理实际政治的行政能力,而货币经济普及、地方豪族与寒门军将活跃,一部分贵族对既有的政治和思想产生危机意识,接近川胜义雄乃至安田二郎的思路。

③　吉冈真《北朝·隋唐支配層の推移》,见妹尾達彦等编《中華の分裂と再生:3—13 世紀》,岩波书店,1999 年,第 255—286 页。

在魏西晋时期形成于华北、东晋时期定着于江南、南朝以后逐渐崩溃的观点。在川胜看来,元嘉时代是贵族政治最后的荣光,军权已经无法重回贵族之手①。然而,即便是被广泛承认的理想中的"元嘉美政",到川合安那里,也紧缩到元嘉三年(426)到元嘉六年(429)的三年时间②。贵族政治之窄化,很大程度上是因为研究以贵族与皇帝的对抗为基本图示。这一对抗图示的产生,史料方面是因为南朝正史的恩幸观,方法论上则是因为贵族自立论和寄生官僚论之间历时长久的论辩。论争之下,贵族的地方名望家侧面和官僚侧面,从内藤湖南早期"鸡与蛋"式相互规定的关系③走向彻底的二元对立。而随着政治史、制度史研究的细化,愈加理想化的贵族政治愈难找到立足之地④。因此,川合安祖述内藤本意,强调内藤对六朝和隋唐的看法不同,三省制中皇帝与贵族的协议/对抗图示主要指隋唐时期,而六朝时期的君主是贵族阶级的私有物,不存在与贵族的对抗关

---

①　川勝義雄《劉宋政権の成立と寒門武人——貴族制との関連において》,见氏著《六朝貴族制社会の研究》,参见中译本《六朝贵族制社会研究》,徐谷梵、李济沧译,上海古籍出版社,2007 年,第223—237 页,初出《東方学報》36,1964 年。

②　川合安《元嘉時代後半の文帝親政》,见氏著《南朝貴族制研究》,汲古书院,2015 年,第121—147 页,初出《集刊東洋学》49,1983 年。川合安认为,肃清徐羡之、傅亮之后,义康主政以前,由一流侨姓名族王弘录尚书事,王华、王昙首、殷景仁、刘湛、谢弘微为侍中期间,可以视为冈崎文夫所谓"以贵族为中心的政治"(第 123 页)。这篇文章讨论了元嘉时代后半期,文帝利用寒人加强皇帝权力,而寒人出于地域社会的需要积极影响公权力,反而推动了国家权力乃至皇帝权力的私权化。其深受传统贵族政治研究的影响,但更加深入地揭示了地域社会在政治上的作用,不将对政治权力和地位的追求视作天然的原动力,简单地认为地域社会分化、豪族实力增长,所以试图提高政治地位,而解释豪族的政治追求是为了解决地域社会的矛盾。

③　前引福原啓郎《日本における六朝貴族制論の展開について》,《京都外国語大学研究論叢》77,2011 年,第 212 页。

④　川合安指出,从冈崎文夫开始,六朝贵族政治被置于君权和贵族的对抗的框架下来解释,之后宫崎市定和礪波護强调门下省代表贵族的意向。濱口重国、越智重明、中村裕一、渡辺信一郎从不同角度有力地论证了门下省并非是代表贵族意志与君主对垒的政治机构,导向六朝隋唐在政治上仍然是皇帝专制体制的观点。(参见川合安《六朝隋唐の「貴族政治」》,见氏著《南朝貴族制研究》,第11—35 页,初出《北大史学》39,1999 年。)此外,还可补充野田俊昭在 1977 年的研究,他进一步指出,东晋宋初天子重任侍中,是以贵族压制贵族;宋孝武帝以后,天子重用侧近寒人,是以庶民压制贵族。也就是说,侍中进入政权中枢,并不反映贵族层的意志,而和南朝时代,尤其是刘宋孝武帝以后显著的侧近寒人受天子重任的现象一致,是站在天子一方、与天子一体,压制尚书省权能、压制贵族政治权力。东晋以后,在肯定尚书案奏权的基础上所形成的天子与贵族对峙的状态,在元嘉时期打上休止符。此后天子一方逐渐吸收尚书的案奏权,压制吏部曹的人权权,最终在陈代完成对尚书案奏权的回收和对人事的支配,贵族政治终结。(野田俊昭《東晋南朝における天子の支配権力と尚書省》,《九州大学東洋史論集》5,1977 年,第 77—96 页;《晋南朝における吏部曹の擬官をめぐって》,《九州大学東洋史論集》6,1977 年,第 32—50 页。)

系,力图解消皇帝与贵族的对抗图示,从而在专制国家论的洪流中,重申贵族政治说的价值①。

　　川合安分析了南齐永明年间发生于三吴地区的唐寓之之乱,认为这是由齐武帝通过恩幸寒人推行严厉的户籍政策和聚敛式的财政政策所引发的。士大夫们的民力休养论与武帝的财政政策相对垒,因而站在士大夫立场上的萧子良描绘出士大夫与恩幸寒人对峙的永明政治图示②。在这里,川合提出了颇有价值的视角,即从各自的政策路线来重新理解恩幸寒人与士大夫的关系,换言之,《南齐书》所展示的这种图示实际上是政策路线之争、而非社会阶层矛盾③。川合安又分析了刘宋前废帝时期的政争,指出刘宋政局动荡是因为皇帝权力不稳定以及官僚多党争④。且党争并非贵族和恩幸寒人之间的对立,双方都有各阶层出身者,有力地批判了《宋书》中皇帝、恩幸寒人对抗贵族的图示。基于此,川合安反思既往的刘宋政治史研究,基本否定刘宋为贵族政权的看法,甚至对贵族是否有统一的阶层意识也持怀疑态度⑤。

　　川合安集中关注晋末宋初至南齐永明年间的政治史,认为其中包含两个转折:一是东晋末期贵族社会固定化到刘宋初年寒门寒人层上升、加入贵族层的转变;二是从刘宋孝武帝以前外向型皇帝专制到此后的内向型皇帝专制的转变,即皇帝提高自身权威的方法从对外战争转向整备礼制、推行严厉的户籍政策和聚敛式的财政政策等对内政策。他认为,政治上并不存在贵族与寒门寒人间的阶级对抗,贵族和寒门寒人共同构成官僚层,然后因为不同的政策路线而形成不

---

①　前引川合安《六朝隋唐の「貴族政治」》,见氏著《南朝貴族制研究》,第11—35页。

②　川合安《唐寓之の乱と士大夫》,见氏著《南朝貴族制研究》,第185—222页,初出《東洋史研究》54-3,1995年。

③　川合安提出这样的新视角,应该是基于他自1980年代后半期以来关于东晋南朝财政政策的一系列研究。川合安在《桓温の「省官併職」政策とその背景》一文中就曾提及南齐时期少府受重视、多任用能吏,以及恩幸寒人就任或兼任少府、大司农的现象。(《集刊東洋学》52,1984年,第1—18页。)又在《南朝財政機構の発展について》一文中讨论了齐武帝扩充私人财政、利用亲近的财务官僚来直接掌握国家财政等问题。(《文化》49-3·4,1986年,第207—224页。)

④　川合安认为刘宋皇帝权力之所以不稳定,是因为皇帝不过是皇族中的第一人,这应当是受到安田二郎的影响。安田在《西晋武帝好色攷》中同样从这个角度强调君权的弱点,认为君主实际上只是"同辈中的第一人"(安田还强调同辈),而正因为君权脆弱、官僚制不完备,晋武帝需要通过婚姻与天下有力盛族良家建立私的、直接的个人关系,导致王朝秩序走向"封建制"。

⑤　川合安《『宋書』と劉宋政治史》,见氏著《南朝貴族制研究》,第149—184页,初出《東洋史研究》61-2,2002年。

同党派。以皇帝权力为中心的官僚党争,这就是川合安提出的新图示①。然而,他在具体讨论中模糊了"贵族"的性质,基本上将士大夫等同于贵族层,甚至以"官僚"取代"贵族",但又无法放弃贵族制的立场,似乎有将官僚层等同于贵族的倾向②。从积极的角度,这可以说是走出了寄生官僚论与贵族制论二元对立的视角。但由于川合安除了祖述内藤本义之外,没有正面说明所使用的"贵族"或"贵族政治"概念,这种模糊某种程度上使得所谓"贵族政治"成为一个伪命题。可以说,川合安虽然仍标举"贵族政治",但只是将其视为专制君主制在六朝隋唐时期的特质。换言之,六朝隋唐的政治体制本质上是专制君主制,但具有贵族政治的特色。

三、身分制研究的调和

最早,冈崎文夫提出"贵族制"之时,指的是士庶之间以及士族内部的阶层统制方式,本质上即阶层性的身分构造。而宫崎市定发现了乡品与官品间的对应关系,川胜、谷川认为这说明乡里社会的地位以九品中正制为媒介转化为政治地位,越智重明则调整早期官僚制论的倾向,提出两者的对应关系由"族门制"所规定,试图统合寄生官僚论与贵族制社会论。越智认为,曹魏末年创设的州大中正制促进了家格固定化,到西晋时期,以官职为主要基准,产生了甲族、次门、后门、三五门的制度性家格等级,并按等级规定了各自的起家官、之后的任官序列和极官③。所谓"贵族制",即"族门制"所规定的整然有序的阶层性身分秩序,由皇帝权力主导、以州大中正制为契机而形成。堀敏一则基本接受川胜、谷川的说法④,但将"贵族制"理解为从西嶋定生所谓汉代爵制性身分秩序、到尾形勇所谓

①　小尾孝夫注意到刘宋武帝、文帝重用姻戚,无论其出身贵族或寒门。他从纵断面来把握刘宋前期的政治构造,和川合安的新图示有异曲同工之妙,参见小尾孝夫《劉宋前期における政治構造と皇帝家の姻族・婚姻関係》,《歴史》100,2003 年,第 1—26 页。

②　前引川合安《『宋書』と劉宋政治史》,《南朝贵族制研究》,第 184 页,注释 31。

③　越智重明《魏晋南朝の贵族制》,研文出版,1982 年。甲族层得到一、二品乡品,以员外散骑侍郎、秘书郎、著作佐郎、公府僚属等起家;次门层得到三、四、五品乡品,以王国常侍、王国侍郎、奉朝请、太学博士等起家;后门层得到六、七、八、九品乡品,流外起家;三五门通常无法任官。甲族层原则上任"清官",次门层以下任"浊官"。次门极官为第五品,后门极官为二品勋位。

④　堀敏一《九品中正制度の成立をめぐって——魏晋の贵族制社会にかんする一考察》,《東洋文化研究所紀要》45,1968 年,第 37—75 页。

唐代良贱制身分秩序间的过渡①。

　　野田俊昭从 1970 年代后期开始关注人事权；1980 年代以后考察家格与官制间的关系，修正越智"族门制"论；并从 1980 年代后半期开始引入对士人伦理和家格意识的讨论：经历从权到制、再到观念的阶段，来推进"族门制"研究。人事权方面，野田俊昭指出，宋齐时代天子任用侧近寒人为中书通事舍人，给吏部曹的人事行政施加压力，但基本承认家格的区别与世袭；而梁武帝强化天子支配权力，试图重振吏部曹的人事职责，但并没有更新人事政策，最终难以贯彻；到陈代，以中书舍人所主宰的诏诰局为中心、推行新人事政策，实现了天子掌握人事权力的制度性归结②。野田分析南朝时期甲族层对乡论的控制力弱化，一方面因为皇帝权力浸透到地方官界，是否具有官僚身分逐渐成为士庶区别的标准，另一方面因为富有的庶民层在乡村广加施与，形成新的舆论③。乡论清议逐渐被政治上抬头的次门层掌握，甲族层无法贯彻自己的意志，所以梁武帝在天监改革中成功地让甲族层接受散骑常侍、太子家令以及尚书殿中郎等原本的次门就任官④。对于家格等级和官位等级之间的矛盾，总体上有两种处理方式：一是下调官位，使与家格的等级相调和，如少府、散骑常侍、五校尉、都水使者等；二是无视家格等级，保持原本的官位，如御史中丞、中书通事舍人等对天子具有重要意义的实职。两种处理方式体现了魏晋南朝天子支配权力的两面性：既具有独立性，也具有与乡论的同质性⑤。这一论点和越智强调皇帝权力具有两面性的调和方式一脉相承。

　　1980 年代以后，野田俊昭从家格流动化的角度，检讨越智的"族门制"研究。事实上，越智也注意到家格流动化的现象，如次门出身者在宋齐时代任三品官以上、梁以后任流内十二班以上，就可以升格为甲族。而中村圭爾揭示了其中的任子机制，野田进一步指出，天监改革以后，父官的荫的作用强化，家格的意义更加

　　① 堀敏一《身分制と中国古代社会——良賤制の見方をめぐって》，《駿台史学》50，1980 年，第 190—213 页。

　　② 野田俊昭《晋南朝における吏部曹の擬官をめぐって》，《九州大学東洋史論集》6，1977 年，第 32—50 页。

　　③ 野田俊昭《南朝の士庶区別をめぐって》，《東方学》63，1982 年，第 44—57 页。

　　④ 野田俊昭《梁の武帝による官位改变策をめぐって》，《九州大学東洋史論集》13，1984 年，第 28—51 页。

　　⑤ 野田俊昭《南朝の官位をめぐる一考察》，《九州大学東洋史論集》15，1986 年，第 22—44 页。

低落。宋齐时代,只有在父亲到达三品官之后起家的人才可以作为甲族起家,但天监改革之后,父官(第一代)达到流内十二班以上,即使本人(第二代)是在此前起家,并且官位没有达到流内十二班,但儿子(第三代)可以作为甲族起家①。又如,宋齐时代三品赠官没有荫,但天监改革之后,父祖获得三品以上赠官的次门出身者可以甲族起家②。但是野田逐渐意识到,如果只重视官制性要件的作用,最终还是导向家格固定化,因此他吸收川胜义雄关于清议本质上具有自律性的认识,从中寻找家格流动化的要因③。野田关注乡论清议中核心的"孝",指出东晋士人对孝的伦理的追求,超越了政权在人事和行政运行上的需要,认为天子对乡论清议的支配力随着时代下降,东晋时到达最低点,南朝时仍无法凌驾于清议乡论④。他指出,次门以下的超越性任官,并不都由天子拔擢,宋末开始有以次门起家、中途获得清议认定而改变家格、经吏部正规人事手续而升官的例子⑤。而对于梁武帝的改革,野田转而强调由于家格的政治作用低落,士人的家格意识发生变化,主动支持了武帝所提出的贤才主义人事政策⑥。基于此,野田俊昭对越智"族门制"说做出修正,认为甲族层和次门层并非以官职、而是以才学为主要基准,由州大中正清议决定⑦。至此,野田扩展了皇帝权力两面性的调和论,认为官制原理和乡论原理共同构成了"族门制"。

---

①　野田俊昭《南朝における家格の変動をめぐって》,《九州大学東洋史論集》16,1988 年,第79—100 頁。

②　野田俊昭《宋斉時代の参軍起家と梁陳時代の蔭制》,《九州大学東洋史論集》25,1997 年,第79—99 頁。

③　野田俊昭《家格と「清議」》,《九州大学東洋史論集》28,2000 年,第1—24 頁。

④　野田俊昭《東晋時代における孝と行政》,《九州大学東洋史論集》32,2004 年,第40—65 頁;《両晋時代の故事と行政》,《産業経済研究》46－2,2005 年,第129—156 頁。

⑤　野田俊昭《南朝における吏部の人事行政と家格》,《名古屋大学東洋史研究報告》18,1994年,第1—32 頁。

⑥　前引野田俊昭《宋斉時代の参軍起家と梁陳時代の蔭制》,《九州大学東洋史論集》25,1997年。野田俊昭《梁時代、士人の家格意識をめぐって》,《東洋史研究》57－1,1998 年,第67—95 頁。可以对比此前野田认为,梁武帝的官制改革之所以能取得部分成功,是因为甲族层对乡论的控制力弱化,无力贯彻自己的意志。(前引《梁の武帝による官位改変策をめぐって》,《九州大学東洋史論集》13,1984 年。)野田关注士人家格意识的变化和对贤才主义的支持,应与安田二郎等人的研究不无关系。

⑦　野田俊昭《両晋南朝の清議・郷論と天子の支配権力》,《古代文化》54－1,2002 年,第15—27 頁;《南朝における家格の変動・再考》,《久留米大学文学部紀要国際文化学科編》19,2002 年,第13—26 頁;《南朝の清議・郷論》,《産業経済研究》50－1,2009 年,第1—32 頁。

　　中村圭爾则批评越智这种制度性身分制的观点将政治权力一元性支配的贯彻作为不言自明的前提,忽略了未制度化的社会性身分秩序,而堀敏一又将成因不同的身分秩序混杂在一起。因此,以"身分"作为皇帝权力与乡里社会的媒介,区分不同的秩序原理,形成理念性的对抗图示,成为中村早期贵族制研究的基轴。1970年代早期,中村以出色的实证研究解明了起家和官历中的身分制秩序。他指出,越智以官品来区分起家官的作法只适用于魏西晋,东晋以后由于门地二品的固定化,进一步在门地二品层内产生了"秘书郎—著作佐郎、七品府佐—奉朝请、太学博士、国官、八品府佐"的起家官序列。以起家官为基准,他观察到南朝贵族家格的变动,从中发现了任子制的存在。即一品官之子以五品员外散骑侍郎起家,三品官之子以六品秘书郎、著作佐郎、七品府佐起家,五品官以下之子以六品奉朝请以下起家。天监改革以前,任子制与家格相互补充、规制,使得家格固定化,稳定了贵族的阶层性秩序①。起家以后,以清浊为主要标准,分化出高流官序、次流官序与浊官官序。在各自的官序之中,只要积蓄一定的"资",就能够按"班"实现"迁阶"。体现官序的班制超越品制意味着九品官制变为贵族制性质,反之官序间的移动现象则体现了官僚制原理超越身分制原理②。解明了九品官制中的贵族制结构,中村又从"除名"入手,揭示了作为社会性身分的"士—庶"与作为政治性身分的"吏—民"这两种秩序的并存。他指出,"除名"这一惩罚措施正是在上述两种秩序的乖离与拮抗中产生的,被"除名"者在政治上失去官资、从吏变民,但士庶社会身分不变③。之后中村更指出,士庶区别的现象也可以分为社会性的差别和政治性的差别。前者以乡里社会为基盘、以士名和乡品为契机形成,但没有发展为法制性的关系,所以律令规定中士庶在税役等义务上并无差别待遇。为了克服作为社会身分秩序的士庶,政治权力试图根据官僚身分之有无来区分政治权利义务之有无,再编一种政治性身分秩序意义上的士庶④。但

　　① 中村圭爾《九品官人法における起家》,见氏著《六朝貴族制研究》,第173—226页,原题《九品中正法における起家について》,初出《人文研究》25-10,1973年。

　　② 中村圭爾《九品官制における官歴》,见氏著《六朝貴族制研究》,第227—283页,原题《南朝の九品官制における官位と官歴——梁18班制成立をめぐって》,初出《史学雑誌》84-4,1975年。

　　③ 中村圭爾《除名について》,见氏著《六朝貴族制研究》,第287—330页,初出《人文研究》26-11,1974年。

　　④ 中村圭爾「士庶區別」小論,见氏著《六朝貴族制研究》,第91—138页,初出《史学雑誌》88-2,1979年。

乡里社会自律性形成的社会性身分秩序具有强大的规制力,歪曲、否定了政治世界的官僚秩序构造。皇帝权力相对化,政治支配者阶层没能根据官僚身分而一元化,直接掌握乡里观念秩序的士独立于皇帝,成其为贵族①。

　　这一时期中村的研究大体是从具体的现象中发现某种秩序的存在,挖掘秩序的本质和根源,从而做出解释。他凭借惊人的考证能力,以清晰的框架说明了研究史上纷繁复杂的问题。但有时会略显急切地将问题导向身分秩序,又如所谓乡党自律的社会性秩序阻止国家身分秩序的贯彻,只是一种形式化的想法,不同原理的权力秩序未必互相抵抗、也未必不能互相转化。针对论述过度抽象化、理念化的问题,中村圭爾在 1980 年代后期转向更为具体的视角②。一则针对社会性身分的实态,从经济关系、社会政治实力、价值观、行动样式和行动规范等角度具体分析乡里社会的秩序,推进实体概念上的地域社会研究;二则针对官僚制现实具体的行政机能,从官位即贵族身分标识的看法,转入文书行政研究③。淡化早期那种理念性的秩序图示,中村后期更加倾向于从观念的角度解释贵族的官人形态。他在研究晋南朝的俸禄制度以回应寄生官僚制时,就已经指出所谓"家贫"并非真贫,可能只是求俸的借口,根本上更因为家贫被视作士人应有的状态,他们常拒绝或散施俸禄以追求这种符合价值观的状态④。此后,中村全面地考察贵族作为官人的内在心态:如任官有"屈"的意味,需以"亲老家贫"为借口;在官时鄙弃吏职吏事,对尽忠奉仕皇帝的官僚形态持否定态度;选官基于家世、伦理、态度而非能力,不以行政效率为追求⑤。并将官僚形态与都市生活联系起

---

　　①　前引中村圭爾《「品」的秩序の形成》《「郷里」の論理—六朝貴族社会のイデオロギ—》,《六朝貴族制研究》。

　　②　前引中村圭爾《六朝政治社會史研究》序章,第 15—21 页。

　　③　中村圭爾《南朝における「議」》,见氏著《六朝政治社會史研究》,第 171—222 页,初出《人文研究》40 - 10,1988 年;《魏晋南北朝における公文書と文書行政の研究》,平成 10—12 年度科学研究费补助金基盘研究(C)(2)研究成果报告书,2001 年;《魏晋南北朝の公文書の種類と体系》,《人文研究》52 - 2,2001 年;《陳の「用官式」とその歴史的意義》,见氏著《六朝政治社會史研究》,第 223—245 页,初出《大阪市立大学東洋史論叢》14,2005 年;《東晋南朝の門下》,见氏著《六朝政治社會史研究》,第 247—285 页。

　　④　中村圭爾《晋南朝における官人の俸禄》,见氏著《六朝貴族制研究》,第 458—537 页,初出《人文研究》30 - 9,1978 年;《人文研究》31 - 8,1979 年。

　　⑤　中村圭爾《六朝貴族制と官僚制》,见氏著《六朝政治社會史研究》,第 63—90 页,初出《魏晋南北朝隋唐時代史の基本問題》,汲古书院,1997 年。

来,认为作为官人在都市生活被赋予了一种否定性的价值①。社会秩序方面,中村集中讨论了"望"的复杂性②,又关注"风闻奏事"的南北差异:北朝用以监察地方长官的执政态度和施政实情;南朝则重在观察士人道义与伦理,乃至出现风闻本身便被视为一种问题,政治权力以此介入以士人为顶点的社会秩序③。

中村研究的特色,在于既不否认以皇帝为顶点的政治秩序之存在,也不否认以乡里为基础的社会秩序之存在,最重要的是不视此为"实相"而彼为"虚相",承认国家与社会、权力与民众的二元性,从贵族能与作为支配者的皇帝相对抗,来理解六朝贵族的自立性。作为在"共同体"论争中成长的学者,既是重田德的学生,又深受川胜与谷川学说的影响,中村曾真诚地吐露了他在论争的两极间来回撕扯般的心情④。正是在这样的苦恼中,他走向了二元性的构想。

而这种苦恼在更年轻一代的学者身上似乎不复存在。川合安批评中村圭尔所谓任子制精神与家格相配合、共同维护贵族制的说法过于保守,直指任子制破坏了门阀贵族社会的固定化。他反思以往关于家格固定化的研究,指出日本学者的"贵族"理解受日本史影响,重视凭借家柄世袭性地独占官职。但六朝和平安时代不同,平安时代家格是任官的前提,而六朝时代家格是家族在官界长期经营的结果。川合安强调,父祖任官是决定子孙起家官时最重要的因素,这一任子精神并不如中村所说,和家格相配合共同维护贵族制,而如宫崎所说,本质上是与贵族制相异的、附随于官僚制的制度⑤。在任子制基础上,川合安重视个人资质才能的影响,指出梁武帝天监四年改革后,在三十岁前、以很小的年龄起家的

---

① 中村圭爾《都市と官僚制》,见氏著《六朝政治社會史研究》,第 91—117 页,原题《魏晋南北朝的城市与官人》,初出井上彻、杨振红编《中日学者论中国古代城市社会》,三秦出版社,2007 年。

② 参见第一节。

③ 中村圭爾《「風聞」の世界——六朝における世論と體制》,见氏著《六朝政治社會史研究》,第 383—414 页,初出《東洋史研究》61 - 1,2002 年。

④ 中村圭爾《六朝政治社會史研究》,第 589—592 页。

⑤ 川合安《日本の六朝貴族制研究》,见氏著《南朝貴族制研究》,第 37—60 页,初出《史朋》40,2007 年。中译本可参考《日本的六朝贵族制研究》,杨洪俊译,《南京晓庄学院院报》2009 年第 1 期,第 20—27 页。但川合安或许夸大了前人对于家格固定化说法的执着。比如矢野的观点,其实极具启发性,包含了三个突破方向,一是"家格"中所谓"家"的范围、二是以父祖任官为依据、三是任子之外还有个人资质的条件。又比如越智后期的族门制观点是,族门以夫妇为核心,起家之后的儿子自行构成族门,再将家格传递给孙子,换个角度来说所谓家格世袭化其实是代代任子的结果。并且越智认为,地方长官掌握族门的判定权,天子掌握最终决定权,在此制度下,官位成为改变族门的重要因素,这和他早期的看法结合了起来。"族门制"说其实蕴含着流动性的契机。

人,都有成为国子生等关于学问才能的记载①。因此南朝后期贤才主义的兴起并不是为了突破门阀贵族体制的固定性和闭锁性,反而是为了在复杂化、流动化、不安定的南朝贵族体制之中,找到一条相对稳定的仕宦之途。

川合安从政治和社会两方面论证南朝贵族体制的流动性:"既不存在强大的皇帝权力和独占高官的门阀贵族,也就不存在门阀贵族和寒人的阶级对立。并且,不存在由皇帝权(越智说)或州大中正(野田说)所决定的族门,也很难看出宫崎和冈崎所说的门阀贵族固定化、细分化的状况。"②"皇帝和贵族层都处于不安定的权力关系之中,在以皇帝权为核心、官僚制为中介的所谓贵族首领封建关系中,双方都执着于确保身分,贵族层作为官僚贵族不断进行权力斗争。"③全面否定了整然有序的身分阶层制度之存在。对此,他作了一种纡曲的表达:"南朝不能作为在帝政时代中大放异彩的强固的身分制社会来把握,而应该理解为在身分固定性较弱这一特质上,共有着帝政时代普遍的社会特质。"④从这样的表述看来,所谓"贵族制"不仅失去了规定时代本质的意义,而且也失去了政治支配者之世袭性的核心特质,仅仅体现在祖先任官的累积和家学传承对父亲官职和自身才能的影响上⑤。

渡邊義浩则拆分了"贵族"与"贵族制"的概念,贵族是以文化诸价值之专有为基础的社会性身分,而贵族制是西晋五等爵制和州大中正制一起创造出来的国家性身分制,两者在根本上不同、甚至相对峙。从三国名士成长而来的贵族,原本以文化的专有为基础,相对皇帝权力保持自律性。但在灭蜀汉的咸熙元年,司马昭以复兴"儒教国家"为目标,按照《礼记·王制》的记载,比照周制的卿、大夫,赐予五品官以上的六百多人以五等爵,形成了新的爵制秩序。西晋国子学只有五品官以上的子弟才能入学,与太学"泾渭分明",渡邊将二学之分理解为士、庶或者说贵、贱所应接受的教育不同。由此可见,五等爵制的实质是以爵号之有

①　川合安《南朝貴族の家格》,见氏著《南朝貴族制研究》,第225—241页,初出《六朝學術學會報》5,2004;《南朝官人の起家年齡》,见氏著《南朝貴族制研究》,第243—271页,初出《歷史資源アーカイヴの構築と社會的メデイア化》,东北大学教育研究共同课题成果报告书,2005年。此外,川合安还从姓谱、墓志、柳芳《氏族论》等方面全面批判了家格固定化的观点,参见氏著《南朝貴族制研究》第十～十二章,第273—350页。

②　山内敏輝《封建制國家と貴族制研究の新視角:封爵制と食封制をめぐって》,《東洋史苑》88,2016年,第36页。

③　同上,第37页。

④　川合安《南朝貴族の家格》,见氏著《南朝貴族制研究》,第237页。

⑤　川合安《南朝貴族制研究》,第354页。

无来区分贵与贱、士与庶，即通过五等爵制将"贵"与"士"转化为国家性的身分。从司马昭赐爵的具体内容来看，爵制的秩序（即公侯伯子男的阶层）以与君主权力的紧密性为基准，将贵族作为国家性身分制而序列化，剥夺了贵族的自律性。爵位成为起家的重要且更稳定的条件，和州大中正制共同作用，产生了带有世袭性的官僚制度①。八王之乱中，五等爵的滥授破坏了贵族制，直到东晋重建②。渡邊義浩以"儒教国家"的转型为基轴来理解六朝历史的演进，其中贵族制与"封爵建藩"的封建制相联系，是克服地方分权化的手段。在此，他明确否定了贵族制概念的时代分期意义，认为其不过是政治体制的一部分。贵族制之所以不能规定这一时代社会的性质，不仅因为贵族以文化价值为基础，更因为贵族制并不以文化为基础，而是由与皇帝权力的距离而规定的。因此即使是贵族制占据优位的时代，也不能称之为贵族制社会③。

　　概念的拆分，彻底将贵族制研究从贵族自立论与寄生官僚论的二元对立中解套，但也消解了贵族制的意义。越智重明早期就曾注意到五等爵制保障了贵族的世袭④，渡邊義浩更直接将五等爵制和贵族制的成立联系起来，从而在汉代爵制秩序到唐代良贱制的转换中，将贵族制定位为良的内部所形成的新爵制秩序。而所谓通过爵制来整备社会身分秩序，和贵族并没有必然联系，未必需要"贵族制"的躯壳。比如，虽然西嶋定生认为随着汉末里制的崩坏，三国以后民爵赐予便失去了效力，但戸川貴行却发现南朝赐予民爵的频率甚至高于两汉。从赐爵本质性的军事动员作用来考虑，戸川将民爵赐予和军事体制、户籍制度等改革相联系，揭示了刘宋向"江南政权"的转型，由此展开了以天下观为中心的礼制研究⑤。

结　语

　　战后的历史分期论争给贵族制研究留下了皇帝权力与乡里社会或者说官僚

---

　　①　渡邊義浩《西晋における五等爵制と貴族制の成立》，见氏著《西晋「儒教国家」と貴族制》，汲古书院，2010 年，第 97—126 页，初出《史学雑誌》116-3，2007 年。中译本可参考《西晋的五等爵制与贵族制的确立》，《中日学者中国古代史论坛论文集》3，2012 年，第 153—176 页。

　　②　前引渡邊義浩《西晋「儒教国家」と貴族制》，第 517 页。

　　③　渡邊義浩《中国貴族制と「封建」》，见氏著《西晋「儒教国家」と貴族制》，第 19—50 页。

　　④　越智重明《魏晋南朝の政治と社会》第二篇第四章《五等爵制》，吉川弘文馆，1963 年，第 249—353 页。

　　⑤　戸川貴行《東晋南朝における傳統の創造》，汲古书院，2015 年。

制与贵族制二元对立的框架。在社会史浪潮影响下，"共同体"论转换为方法概念的地域社会、即基层社会研究，又转向实体概念的地域社会，尤其是与空间因素相结合的宗教社会史研究，其内里是从乡里社会寻找贵族制成立之契机的努力与反思。贵族政治在二元对立的图示中不断窄化，从整体时代分期的概念，到经历崩溃与重建的阶段性政权构造，再到特殊权力关系下的政治局势，最终在解消对抗图示的努力下失去了规定时代本质的意义。身分制研究从皇帝权力的两面性，到制度性身分秩序的两种原理，再到两种原理的身分秩序，尝试调和官僚制与贵族制间的二元对立，而终于彻底倒向前者。

应当承认六朝史，尤其是狭义上的魏晋南朝史研究，存在明显的史料上的困境，以至于1980年代以后该领域的研究对于新学术风潮的回应是有限的，所以"贵族制"逐渐从一个规定了时代本质的方法概念，转变为解释时代某方面特质的实体概念而仍然行用。大致以世纪之交为界，此前仍试图在关于时代本质的命题下，讨论体现时代本质的表象，如人们具体生活的"场"、政权崩溃和重建的过程、制度上具体可视的阶层性身分秩序；此后则放弃历史分期的立场，一方面重新检讨既往概念、做出修正，从实体概念的层面推动研究，另一方面通过史料批判将旧有的政治史和贵族制理解相对化。

这自然受到学术风潮和时代风气的影响。年轻一代的学者未曾亲历论争时代，不再被二元对立的框架所束缚，反思对"贵族制"概念的机械性使用，尝试提出新论点和新方法，或立足于中国传统而关注"天下观"，或转换视角而关注东部欧亚的区域历史。而谷川那种从里共同体、到豪族共同体，最终发展为国家共同体的乐观构想，也随着21世纪以来的现实走向而日渐消沉。贵族制研究解体的反面，专制国家论盛行，皇帝权力的运行和表达成为研究的主旋律。作为历史分期方法概念的贵族制之解体，固然能给我们以启示：抛去理论的枷锁，能有多少重新理解史料的空间？但也令人省思，"破"旧说之后、在对史料的理解有所不同甚或有所提高的基础上，能否提出新的问题。更重要的是，意识到目前的研究很大程度上受到史料的限制，未必真正完整地表达了该时代的社会全体。在专制国家体制的另一端，始终存在着地域特性、私人关系、观念形态等强烈影响人类行动的无法制度化的世界。

史料驱动与视角转换

——二十年来唐代内诸司使、监军使与宦官家族研究评述

宋欣昀

　　宦官与藩镇、牛李党争并称为中晚唐研究的三大核心问题。但与后两者深厚的研究积淀不同，宦官研究大体在 20 世纪 90 年代以后才呈现出相对多元的话题面向。这主要是因为宦官在传世文献中的记载相当有限。作为"正史"的《旧唐书》与《新唐书》中分别仅设一卷、两卷宦官类传，对位居顶层、在政治事件中相对活跃的宦官作出了简短的介绍。因传统史家对宦官整体负面的评价，史传中呈现的宦官面貌也颇有扁平化的倾向。在类传之外便是分散于各处的只言片语，以及唐人文集、《文苑英华》、清人金石著作等文献中载录的个别宦官的文本性神道碑、墓志。在出土宦官墓志被大量整理公布之前，学者们所能利用的材料整体上是比较有限的。而先后出版于 1992 年、2001 年的《唐代墓志汇编》与《汇编续集》，公布了大约 70 方宦官墓志[①]，21 世纪以来的各类墓志图录书籍，亦释出了为数不少的宦官墓志拓片，迄今为止所见的出土宦官墓志，数量已达 100余方[②]。这些材料无疑为宦官研究的领域注入了新鲜的血液，也成了学者所利用的最主要材料。除此之外，1978 年在西安施工中发现的《唐重修内侍省碑》，记录了乾宁三年内侍省毁于兵火后的重建事宜，对内侍省的机构、枢密使在内侍省的角色有整体性的描绘[③]；1987 年发掘的法门寺塔墓，也清理出一批刻有宦官

---

　　① 周绍良主编《唐代墓志汇编》，上海古籍出版社，1992 年。周绍良、赵超主编《唐代墓志汇编续集》，上海古籍出版社，2001 年。

　　② 近日兼平雅子对截止至 2021 年的宦官墓志、宦官妻墓志列表作出了统计，参见兼平雅子著、方国燕译、胡耀飞校《唐代宦官墓志目录》，收入杜文玉主编《远迩终南：隋唐五代史论文集》，陕西师范大学出版总社有限公司，2021 年，第 399—431 页。

　　③ 保全《唐重修内侍省碑出土记》，《考古与文物》1983 年第 4 期。

姓名的器物，以及记载了"高品""内养"等宦官题名的《启送岐阳真身碑》《衣物账碑》①。学者们对墓志的利用，以及借助墓志提出的诸多新议题，也带来了对这一批重要出土石刻文献的重新关注。

对中晚唐宦官相关研究的阶段性总结，最初出现在世纪之交。1999 年，日本学者松本保宣的《唐代宦官论》一文，从宦官的定位和评价、宦官官制、甘露之变事件、宦官与南衙士人四个模块，对中国学界截止至 20 世纪末的政治、制度研究作出了颇具深度的总结。松本氏对"新中枢体制论"②影响宦官评价、权力构造研究的揭明，值得我们留意③。大约与此同时，《二十世纪唐研究》也在政治卷辟出"宦官专权"一章，以专权的原因、影响、职制，与藩镇、党争的关系为切入，总和性地评述了 20 世纪国内外与宦官相关的研究④。21 世纪以来的学术史回顾则将话题集中于职官研究，这也确实是中晚唐宦官研究中成果最为丰富的一个模块。贺忠以内诸司使为大头，总结了宦官所任使职的诸多研究⑤；日本学界的兼平雅子也相似地从宦官职掌出发，梳理了研究与学者关注的主要话题⑥。除却综述的专文，近十年来以唐代宦官为研究对象的书籍和博士论文，也部分在导论中对所涉话题的学术史作出了详细的回顾⑦。

到目前为止，宦官制度，尤其是宦官诸使的研究已经得到了较多关注，不过二十年来层出的新讨论，又部分修正、丰富了旧有的研究议题；另一方面，以不断更新的石刻材料为依托，宦官社会史的研究也自 20 世纪末渐渐发展，成为不可

---

① 气贺泽保规撰、王维坤译《试论法门寺出土的唐代文物与"衣物帐"》，《文博》1996 年第 1 期。相关考古资料图版参见《法门寺考古发掘报告》，文物出版社，2007 年，彩板 202—205 页。

② 贾宪保《论中晚唐的中枢体制》，《陕西师大学报》1985 年第 4 期。90 年代以后袁刚则提出了影响力更深远的中书门下、枢密使、宦官"新三头"中枢体制，见袁刚《隋唐中枢体制的发展演变》，文津出版社，1994 年，第 101—109 页。关于中枢体制与宦官定位的问题将在文末有简单展开。

③ 松本保宣《唐代宦官論——近年の中国人研究者の論説を中心に》，《立命館文學》第 562 号，1999 年。后收入氏著《唐王朝の宮城と御前会議：唐代聴政制度の展開》，晃洋书房，2006 年，第 301—321 页。

④ 胡戟等主编《二十世纪唐研究》，中国社会科学出版社，2002 年，第 59—63 页。

⑤ 贺忠《唐代宦官使职制度研究述评》，《萍乡高等专科学校学报》2009 年第 4 期。

⑥ 兼平雅子《唐代宦官職掌研究の成果と課題》，《立正史学》第 115 号，2014 年。

⑦ 如徐成《北朝隋唐内侍制度研究——以观念与职能为中心》，上海师范大学博士学位论文，2012 年。后出版为《观念与制度——以考察北朝隋唐内侍制度为中心》，社会科学文献出版社，2018 年，第 8—17 页。黄楼《唐代宦官政治研究》，武汉大学历史系博士学位论文，2010 年。后出版为《神策军与中晚唐宦官政治》，中华书局，2019 年，第 3—10 页。李瑞华《唐代宦官诸问题研究》，北京师范大学博士学位论文，2019 年，第 3—19 页。

忽视的重要模块。作为核心材料群的出土石刻具体怎样影响了中晚唐宦官的研究,其实尚未得到清晰的揭示。在本文中,笔者便从内诸司使与宦官职制、宦官监军、宦官家族社会史三个专门的方向,结合学者们对石刻材料的利用,对世纪之交至今的中晚唐宦官研究作一个初步的总结和评述。当然,除却这些面向,宦官与中晚唐政争、宦官与神策军的关系从很早开始便得到了学者的关注,迄今亦积累了丰富的研究,但本文并不打算涉及这一以政治、军事为主的部分,而将目光集矢于制度和社会中的宦官,以便揭明新史料在研究中究竟扮演了何种角色。

一、内诸司使与内廷宦官职制：制度史研究的旧与新

　　进入讨论之前,首先需厘清的是内诸司使的范围。现代学者从宋人处承袭了"内诸司使"的概念,以及内诸司使侵夺尚书省职权的问题意识①,但在具体使用时却又先入为主地依据唐代的状况赋予了内诸司使更符合中晚唐宦官体制的定义。换言之,学者们对内诸司使划定界线,补充具体特征、内容的努力,使得这一概念基本成为了一个任何前代都不曾具有的、"新的"现代学术概念②。杜文玉曾在 2021 年撰写专文试图更加明确地界定"内诸司使",指明其使职常设、管

---

　　①　在传世文献中,"内诸司使"最早出现于唐末崔胤诛宦时,见(后晋)刘昫等撰《旧唐书》卷一七七《崔胤传》:"胤与全忠奏罢左右神策、内诸司等使及诸道监军、副监、小使。"中华书局,1975 年,第 4586 页。当然这一材料也有进一步讨论的余地。中晚唐时人描述宦官所担任的内廷诸使,更多使用"诸司诸使"的词汇,而非"内诸司使"。此后讨论内诸司使话题的学者,更多引用的是宋人王旦的一段话:"唐设内诸司使,悉拟尚书省:如京,仓部也;庄宅,屯田也;皇城,司门也;礼宾,主客也。虽名品可效,而事任不同。"(宋)李焘《续资治通鉴长编》卷八六,宋真宗大中祥符九年三月辛酉条,中华书局,2004 年,第 1978 页。所谓"悉拟尚书省",便揭示了内诸司使侵夺尚书省职权的一面。

　　②　今人研究对这一概念的使用,因概念范围的模糊形成了一部自己的"内诸司使概念学术史"。最早系统探讨内诸司使的唐长孺,将作为长官的中尉、枢密、宣徽使,以及监军等外使排除,而将剩余可考的、宦官任职的内廷机构诸使归为内诸司使的范畴,见唐长孺《唐代的内诸司使及其演变》,收入氏著《山居存稿》,中华书局,1989 年,第 244—272 页。其后的赵雨乐则更进一步强调使职任职的空间,将宦官诸使区分为在内廷任职的"内使"与出使的"中使",其中"内使"被赵雨乐等同于内诸司使,故枢密使、宣徽使均在赵雨乐定义的内诸司使范围之内,而相对特殊的神策军无法划归北衙诸司,见赵氏著《唐宋变革期之军政制度——官僚机构与等级之编成》,文史哲出版社,1994 年,第 49—78 页。1997 年贾艳红的《试谈唐中后期的内诸司使》,则将宦官担任的诸使全数视作内诸司使,把"内"理解为作为宦官通称之"内",《齐鲁学刊》1997 年第 4 期。贺忠写于 2009 年的《唐代宦官使职制度研究述评》中所采用的内诸司使概念,大体便延续了贾文中无所不包的"内诸司使"。这样的扩大化其实一定程度消弭了"内诸司使"概念所具有的意义。近年,徐成较早注意到前引崔胤（转下页）

理机构在内廷、由宦官专任的三大特征①。本节在范围的大方向上基本遵从杜文玉的划定,不过杜文玉因监军使由枢密使领导而将监军使也纳入其中,在笔者看来存在争议,故笔者仍然将监军使单独析出,留待下节讨论②。

　　内诸司使的整体讨论由唐长孺《唐代的内诸司使及其演变》一文开启③。唐长孺希望建立一个与南衙相对的北衙机构概念,在顶层中尉、枢密、宣徽之外,对十五种史籍常见的、较为重要的使职,以及当时可见的文本神道碑中零散提及的使职进行职能的初步考察④。在唐长孺之后的赵雨乐则将诸使依照职能进行分类,观察了诸使与皇权距离的远近,并对唐长孺所提出的内诸司使与南衙,也即"律令官司"之省寺的关系进行了再反思,指出两者并非完全对立,既有职能继承也有新的创设,皇帝活动空间向大明宫的迁移对内诸司使创设的部分造成了重要影响⑤。与赵雨乐相似,赵和平也并未同质性地概括内诸司使与南衙的关系,而是将诸使分为了与南衙发生关涉,以及服务于皇帝、与南衙不发生

(接上页)奏请的材料,回到唐末语境中的内诸司使,指出崔胤整段奏文的语义中神策中尉、监军与内诸司使平行而列,而暗示内诸司使由宦官掌枢密渐次发展而来,故中尉、监军、枢密使应当被排除,见氏著《观念与制度——以考察北朝隋唐内侍制度为中心》,第 261 页。

　　① 杜文玉《论唐代内诸司使的定义及其影响》,《唐史论丛》第 32 辑,三秦出版社,2021 年。值得注意的是,杜文玉因神策中尉存在"准令式二品"的品阶,认为其在设置之初就是职事官,很难被看作使职,故也不应纳入内诸司使的范畴。神策中尉究竟是使职还是职事官,这一点存在争议,近年何先成曾撰写文章辟出一节讨论这些争议,并最终认为中尉是一个使职,但具有部分职事官的特性。见氏著《唐代神策军与神策中尉研究》,中国社会科学出版社,2021 年,第 77—82 页。不管怎么说,作为宦官使职顶层、统领禁军的神策中尉及神策军使职系统并不应被纳入"内诸司使"的范畴中讨论,应该是没有问题的。故在本节中,笔者也不会触及相关的话题。

　　② 细节性的诸使职能研究在 20 世纪已有一定展开,21 世纪的研究以补充为主,故笔者将其中重要者融入内诸司使整体话题的探讨,而不单列诸使、一一展开。

　　③ 严格意义上最早的宦官使职研究在 20 世纪二三十年代已经出现,也即加藤繁对内庄宅使的研究,塚本善隆对功德使的讨论。见加藤繁《内庄宅使考》,《东洋学报》第 10 期,1920 年;收入吴杰译《中国经济史考证》,中华书局,2012 年,第 215—233 页。塚本善隆《唐中期以来の長安の功德使》,《东方学报》第 4 册,1933 年;后收入《塚本善隆著作集》第三卷《中国中世仏教史論攷》,大东出版社,1974 年,第 253—284 页。但这些研究的问题意识与内诸司使的话题相去甚远,只是因为相关使职刚好在较长的一段时间内由宦官担任。加藤繁的兴趣在于庄宅使所管理的庄园,塚本善隆也将功德使理解为一种佛教管理制度,并希望由此探讨长安佛教的形态。真正意义上从宋人之处继承"内诸司使"的概念,开启了内诸司使讨论的是唐长孺。

　　④ 唐长孺《唐代的内诸司使及其演变》,《山居存稿》,第 244—272 页。

　　⑤ 赵雨乐《唐宋变革期之军政制度——官僚机构与等级之编成》,第 49—78 页。

关涉的使职①。在出土石刻材料较多得到利用之前,学者们已经较好地奠定了内诸司使的概念基础和基本的问题意识,也为内诸司使初步区分了权力层次和空间层次,使其呈现出立体化的样态。其中赵雨乐对空间转移的重视颇有见地,在 21 世纪向后也获得了一些延续性的讨论②。

　　出土石刻材料对内诸司使讨论的影响,在早期学者研究的基础上大体可以分为两个层次。一是对于内诸司使范围的扩充,以及对应使职职能的增补修订。杜文玉写于 1999 年的《唐代内诸司使考略》,便是利用这些新材料,从数量上扩充内诸司使范围的同时,对五坊使、总监使、大盈库使、翰林使、学士使等前人已有所讨论的使职作出了职能的修正和补充③。李锦绣亦较好利用新出墓志考察了内庄宅使、大盈库使、琼林库使以及晚唐的文思院使等财政使职④。尚民杰则更广泛地搜集了 2010 年以前的宦官墓志,对诸使所涉及的墓志材料进行了比较清楚的罗列,可谓一时之集大成⑤。二则是在第一点厘清使职职能行使的基础上,对内诸司使整体层次的再推进。这方面最具代表性的是徐成的研究。从职能上,徐成参考了郑璘《唐重修内侍省碑》⑥,以三宫内苑的空间为界,将内诸使司所负责的事务分为宫内的内使和宫外的外使。在内使之中,徐成较好地厘清了目前可考的,由宣徽使管理、归于宣徽院的诸使。总结时,徐成以表格的形式清楚地展现了存在职能继承的内诸司使大致对应的南衙省、寺、监,清晰、具体地呈现了赵雨乐进行的分类。内诸司使所覆盖的大体是原殿中、内侍省以及九寺的部分职能。内侍省本为宦官机构,殿中省所负责也多是皇家后勤,两者的职能

---

　　①　赵和平《〈记室备要〉的初步研究》,收入氏著《赵和平敦煌书仪研究》,上海古籍出版社,2011年,第 250—251 页。

　　②　王静便继承了赵雨乐对空间的重视,讨论了大明宫之内与中枢机构密切相关的翰林院、学士院使、枢密使、右银台门进奏使、少阳院使、大明宫使,观察其职能的消长,以及在宫廷斗争中的作用。见王静《唐大明宫内侍省及内诸司使的位置与宦官专权》,《燕京学报》新 16 期,2004 年。

　　③　杜文玉《唐代内诸司使考略》,《陕西师范大学学报》1999 年第 3 期。

　　④　李锦绣《唐代财政史稿　第四册》,社会科学文献出版社,2007 年,第 396—407 页。

　　⑤　尚民杰《唐墓志中所见宦官诸使及相关问题的探讨》,《唐研究》第 17 卷,北京大学出版社,第 399—440 页。近年,黄楼曾列表专门整理宦官诸司诸使的职掌和基本沿革,是目前这一领域相对集大成的成果,见《神策军与中晚唐宦官政治》,第 521—561 页。

　　⑥　郑璘《唐重修内侍省碑》:"仙省肃开,必有司之备列。盛都人之观睹,副宸极之腹心。克杜皇闱,呈华紫禁。内则内园、客省、尚食、飞龙、弓箭、染房、武德留后、大盈琼林、如京营幕等司,并命妇院,高品、内养两院。外则太仓庄宅、左右三军、威远教坊、鸿胪、牛羊等司,并国计库、司天台,曹署并臻华局。"吴钢主编《全唐文补遗(第一辑)》,三秦出版社,1994 年,第 38 页。

继承相对水到渠成,至于寺、监,本身就混有一部分皇家事务,内诸司使对这一部分的侵夺某种意义上也是对寺、监皇家事务和政务事务区分的厘清。但寺、监政务事务不少也并入了内诸司使,可谓从政府机构涉及内廷事务走向了内廷机构关涉政府事务的另一个极端①。对于内诸司使与南衙关系的旧话题,徐成不仅仅停留在是侵夺继承还是新创造的分类,而是将"侵夺继承"的部分进行了更加细节化的剖析,对"侵夺"与"继承"的界线也作出了区分。内诸司使的层次感,在此得到了更加细致的展现。而职能对应表格的制作成为可能,无疑与记载了诸使的宦官墓志大量出土密不可分。

在结构之外,学者对内诸司使的探讨还曾集矢于一些具体的话题。内诸司使是否存在明确的等级,便是其中之一。较早涉及这一问题的赵雨乐认为,由于中晚唐勋、爵、特赐等的逐渐泛滥,用于表现诸使地位高低的更多是散官②。赵和平则注意到敦煌监军书仪《记室备要》卷中的宦官诸使目次,径直认为这一目次反映了诸使等级的高低排序③。21世纪以来,赵晨昕便综合了两位学者的观点,依照《记室备要》的排序对诸使的具体案例作出了标识,不过在利用散官阶的同时还参考了职事官阶④。但就《记室备要》这一材料本身而言,紧邻的卷上,也即非宦官诸使诸职的目次相比于等级更多是按照职能进行分类,以内诸司使为主的卷中是否严格按照等级,值得再作考虑,卷中目次的"内使"与"中使"之间界线也比较分明⑤,相比于客观的等级,排序或许更多表现了兖海监军使本人在其职位上对宦官诸使体系的感知。同时,赵晨昕所划分的"中层"和"低层"之间品级差异也并无那么明显。更值得注意的是,在此内诸司使存在等级的观点成为几位学者讨论的隐藏前提,正是因为存在等级,所以需要寻找到表达等级的媒介。柳浚炯《试论唐五代内职诸使的等级化》一文便很好地利用《刘遵礼墓志》,从根本上质疑了内诸司使严格等级在中晚唐的存在。当然,他并不否认顶层宦

---

① 徐成《观念与制度——以考察北朝隋唐内侍制度为中心》,第263—336页。

② 赵雨乐曾根据文献材料所载宦官任使及其时所任散官品阶,大致列出了一个内诸司使的等级表,见《唐宋变革期之军政制度——官僚机构与等级之编成》,第161—168页。

③ 赵和平《〈记室备要〉的初步研究》,《赵和平敦煌书仪研究》,第250页。

④ 赵晨昕《唐代宦官权力的制度解析——以宦官墓志及敦煌本〈记事备要〉为中心》,首都师范大学历史系博士学位论文,2012年,第80—96页。

⑤ 郁知言《记室备要》,赵和平辑校《敦煌表状笺启书仪辑校》,江苏古籍出版社,1997年,第76—104页。

官诸使,如枢密使等,确实与其他使职存在较大的地位差异,但在此之外,依据丰富墓志材料所展现的宦官使职迁转顺序,柳浚炯指出诸多的普通内诸司使尚未产生明确的高下等级关系,进而言之,"唐代内职诸使之间会有权力大小的区分,而没有产生职位高下的分级"①。其中《刘遵礼墓志》在并无降级状况下先后两次担任同一使职的记载,是颇具说服力的证据。柳浚炯很好地抓住了迁转这一要素,为内诸司使等级问题的探讨提供了新说。前辈学者多徘徊于散官或职事官所展现的"直接的"等级,李瑞华则跳出这一局限,延续前人对服色的重视,提出了以服色作为区分标准的内诸司使"泛等级"。也即,绿服、绯服、紫服分别对应不同的使职任职范围,规定了任使的上限。在范围内部则大概没有很明确的使职等级高低差②。这一新说利用了宦官墓志所载的丰富迁转履历,亦中和了柳浚炯对反复任使的质疑,值得在今后的研究中重视。而其中关于服色的问题,在后续讨论整体宦官职制时还会提及。

与等级的话题相似,学者们对内诸司使领导者的讨论,亦是依据新材料对旧说提出了质疑,并在赋疑的基础上更进一步建立了新的猜测。早期的唐长孺、王永平提出宣徽使通管北衙诸司,是与枢密使、中尉地位相并列的首领之一③。唐长孺主要依据《通鉴》胡注所引徐度《却扫编》所罗列的宋代宣徽使琐碎而具体的、服务皇室的诸多职能,以及徐度"其职犹多因唐之旧"的表述④,将这些职能与中晚唐内诸司使的状况简单对应,得出了宣徽使为内诸司使管理者的结论。王永平则补充了叶梦得《石林燕语》的一条材料:"宣徽南北院使,唐末旧官也。置院在枢密院之北,总内诸司及三班内侍等事。"⑤这一说法在 2000 年向后也得到了一定程度的影响和接受⑥,但是两位学者所依据的主要材料皆为宋人对唐制的总结,颇给人不稳当的感觉。徐成便较早对这一说法提出质疑,同样使用咸

---

① 柳浚炯《试论唐五代内职诸使的等级化》,《史学集刊》2010 年第 3 期。

② 李瑞华《唐代宦官诸问题研究》,第 46—51 页。

③ 唐长孺《唐代的内诸司使及其演变》,《山居存稿》,第 247—248 页。王永平《论唐代宣徽使》,《中国史研究》1995 年第 1 期。

④ (宋)司马光等撰《资治通鉴》卷二四三,唐穆宗长庆三年四月条胡注,中华书局,1956 年,第 7825 页。

⑤ (宋)叶梦得撰,宇文绍奕考异《石林燕语》卷三,中华书局,1984 年,第 37 页。

⑥ 杜文玉便相对认同宣徽使为内诸司使首领的说法,见氏撰《论唐代内诸司使的定义及其影响》,《唐史论丛》第 32 辑。

通九年《刘遵礼墓志》的材料，指出刘遵礼在正常迁转而无降职的状况下，担任宣徽院最高长官宣徽南院使之后，仍有大盈库使、内弓箭库使、内庄宅使等诸多任职，这些使职应该不隶于宣徽使，由此，以宣徽使为内诸司使统领者的观点便值得商榷①。在反思旧说的基础上，徐成以郑璘《唐重修内侍省碑》中叙述完宦官诸司后，描述枢密使宋道弼和景务修"委任斯崇，非才术何以董其权；非明□何以居其任"的表达，认为此处枢密使所董之权应即内诸司使，从而提出了枢密使才是内诸司使领导者的观点②。王孙盈政专论宣徽使的一文中，亦以石刻材料所载散官、职事官以及宣徽使任职后的升迁为参考，指出宣徽使的地位提高存在一个过程，宣徽使成为仅次于中尉、枢密使的存在是唐末的事情。至少在此之前，宣徽使作为统领者的观点大体存在问题。王孙盈政同样以枢密使为内诸司使的名义领导，补充了枢密使"知内侍省事"的职事官证据，以及《记室备要》以枢密使为"长官"的表达③。不过，王孙盈政提出的两条证据中前者存在问题，左右神策中尉等顶层宦官也常带有"知内侍省事"的头衔④。而后者牵扯到与监军使话题相关的部分争议，尽管笔者认同王孙盈政的大致判断，但具体的回顾只能留待下节展开。整体来看，借助出土石刻所载使职迁转以及对《重修内侍省碑》的利用，以宣徽使为内诸司使统领者的观点已经得到了相对证据明确的反思和修正，内诸司使之"长官"实为枢密使的观点也在近十年建立，而为部分学者所接受。不过目前可见的证据，除却存在争议的敦煌文书之外都还不够直接，期待未来能够出现新的材料，为我们证明这一问题提供更加明确的证据。

　　在内诸司使之外，还有一些不可忽视的宦官职制话题。本节中所提及的宦官职制，主要是指内诸司使，更进一步说，使职之外的职官要素，例如服制、衔名、

---

　　①　徐成《观念与制度——以考察北朝隋唐内侍制度为中心》，第 332—334 页。另外，赵晨昕在对内诸司使进行等级归类时，同样将宣徽使放入了高层使职而非颇具统领者性质的顶层，见《唐代宦官权力的制度解析——以宦官墓志及敦煌本〈记事备要〉为中心》，第 90—91 页。

　　②　徐成《观念与制度——以考察北朝隋唐内侍制度为中心》，第 229—230 页。

　　③　王孙盈政《再论唐代的宣徽使》，《中华文史论丛》2018 年第 3 期。

　　④　如李德裕所撰《刘弘规神道碑》，碑题便为"唐故左神策军护军中尉兼左街功德使知内侍省事刘公神道碑铭"，傅璇琮、周建国校笺《李德裕文集校笺》别集卷六，中华书局，2018 年，第 632—637 页。这一话题的详细讨论可以参考室永芳三《唐内侍省知内侍省事（上）》，《长崎大学教育学部社会科学论丛》第 38 号，1988 年；同氏《唐内侍省知内侍省事（中）》，《长崎大学教育学部社会科学论丛》第 39 号，1989 年；《唐内侍省知内侍省事（下）》，《长崎大学教育学部社会科学论丛》第 40 号，1990 年。

等级等。使职为宦官所担任的本职,而此处的职制则承担了标识宦官身份和地位的作用,两者相辅相成,共同构成了宦官的完整职官。从这一点来说,这些研究与内诸司使有一定的亲缘性,故也于此一并观视和评述。

　　前文曾简单讨论内诸司使是否存在等级,在宦官整体的制度体系中,还有一组见诸史料的等级性称呼:高品、品官与白身。20 世纪 80 年代,室永芳三最早从史料中发掘这三个概念,依据零散的实例作出了内涵的初步考察,认为品官、白身皆以服色为区分,而高品则以员外官官衔作为标志。室永芳三应确实将三者视作一个体系之内的等级概念,但分类的标准颇有断裂和不合的怪异感①。21 世纪以来,对于这一话题中服色的赐问题,陈文龙依据诸墓志中所载赐服与对应散官,敏锐地指出中晚唐宦官赐服与散官品阶的脱钩,由于赐服普遍的存在,宦官服色与所带散官已经没有必然联系②。徐成则综合前人研究指出三者皆有服色的对应,在室永芳三已经指明的品官、白身之外,高品大致即以绯紫为标志。但是在散官品阶尚正常发挥区分地位高低的效用时,高品、品官、白身更多只是品阶的另一种表达,其与服色的对应也是因品阶决定服色的关系而起。而在服色与散官脱钩之后,高品、品官、白身三层级跟随了服色的一方,从某种意

---

　　①　室永芳三《唐代内侍省の宦官組織について——高品層と品官・白身層》,收入《論集 中国社会・制度・文化史の諸問題:日野開三郎博士頌寿記念》,中国书店,1987 年,第 339—352 页。区分标志的不同,一方面可能因室永氏将高品与官僚的高品相类比,另一方面则可能与室永氏讨论品官、白身时使用的主要材料有关,《册府元龟》卷六六五《内臣部・恩宠》:"(敬宗长庆四年正月)戊寅,白身孙奉蒲赐绿并银青,中官张志和、姜士干、孙从彦、郭日通并赐绯,白身元孝思等二十人赐绿……庚辰,高品郭日通、袁孝恩并赐金紫玉带,内养袁义成、贾叔方等五人并赐绯,白身四十人并赐绿,而元孝温、刘仲孺昨日赐绿,今日赐绯。庚辰……品官张万春、郭广应、马朝宽等五人并赐绯,白身二十八人并赐绿。戊子,高品刘仲仪、阎臣和并赐绯金紫。"中华书局,1960 年,第 7965 页。此处可以提取的共同信息便是白身赐绿、品官赐绯,高品既有赐金紫,也有赐绯金紫。因白身赐绿、品官赐绯,可推得白身服黄、品官服绿。此处比较明确的是品官和白身的赐服。这条材料是历来讨论高品、品官、白身话题的学者将中晚唐赐服与三层级相挂钩的重要依据,不过此处关键的问题是,我们并不能找到赐服之后品官、白身身份明确变化的实例,尽管正文中笔者跟随了最新的研究成果,但赐服是否一定与高品、品官、白身的等级相关,也是值得进一步思考的。

　　②　陈文龙《论唐宋时期的"赐绯紫"》,《北大史学》第 17 号,2012 年。其前,柳浚炯便在处理《册府元龟》卷六六五的材料时,将不同的赐服与宦官所带的散官品阶关联,见《唐代宦官与皇权运作关系研究》,北京大学历史学系博士学位论文,2010 年,第 48—50 页。张苹、马冬则倾向于认为赐服与宦官的内侍省职事官同授,展现了中晚唐赐服与职官制度的合流,以及高层宦官对自身身份的标榜。事实上宦官之赐紫更多反映了其作为"皇帝私臣"的一面,未必能够与散官、职事官等紧密挂钩,而具有皇权决定的倾向。

义上说,服色取代散官品阶成为了层级划分的标志①。一方面,我们并不能由徐成的结论进一步认为中晚唐宦官的散官阶已经失去地位区分的效用②。另一方面,虽然赐服确实展现了皇权的主动性,以及宦官作为皇帝私属的身份特征,建立了另一套奖惩等级体系,但高品、品官、白身的阶层体系为何选择跟随服色,而不是依然以旧日的散官阶作为区分标准③,也是一个重要的问题。这一点或许可以参考李瑞华所揭明的会昌四年《内侍省叙阶长定格》。在这份长定格中,对于之后将要讨论的供奉官群体,服色反而成为了散官迁转的标准,李瑞华认为服色本位制便在此确立④。除却等级区分标准的话题,近年李瑞华还关注了这一体系的形成,指出学者多为引用的《新唐书》卷四七"天宝十三载,置内侍监,改内侍曰少监;寻更置内侍。有高品一千六百九十六人,品官白身二千九百三十二人"一条,后半"有高品一千六百九十六人,品官白身二千九百三十二人"实非天宝十三载的数字,而是由元和十五年的材料拼合而成,过去学者将三等级的形成提早至天宝,也需再作斟酌,或许元和时期才是高品、品官、白身等级最终出现的时间⑤。综合来看,目前能够确认的是中晚唐应确实存在作为等级使用的高品、品官与白身,但等级区分的标准仍有未道尽之处,能够使用的材料也整体不多,期待未来发现更多相关材料,为厘清这一问题提供可能。

　　此外,根据《唐重修内侍省碑》"高品院"的记载,徐成还指出前述"高品"实际存在广义和狭义之分。广义的"高品"即是上文所提及的宦官三层级之一,而狭

---

　　①　徐成《〈唐重修内侍省碑〉所见唐代宦官高品、内养制度考索》,《中华文史论丛》2014 年第 4 期;后收入氏著《观念与制度——以考察北朝隋唐内侍制度为中心》,第 350—356 页。

　　②　李瑞华便在前人研究的基础上分层次考虑了散官、服制的作用,指出对于中下层宦官而言,使职、服色的重要性更高,但对于皆为内侍省内侍、赐紫的高层宦官,散官便仍然发挥着等级区分的作用。见《唐代宦官诸问题研究》,第 43—46 页。

　　③　徐成引用西门珍"上嘉其勋,锡以朱绂……既归阙庭,复任高品。暨德宗升遐,顺宗嗣位,爰选耆德,以辅储皇,转为少阳院五品"的材料,以及最终结衔中正六品上的"朝议郎"散阶,指明西门珍散官与一般服制的不合,并以文中"复任高品",得出高品等层级与散官的脱钩、和赐服的直接关联。《西门珍墓志》见《唐文拾遗》卷二五《大唐故朝议郎行宫闱令充威远军监军上柱国赐紫金鱼袋西门大夫墓志铭》,(清)董诰等编《全唐文·唐文拾遗》,中华书局,1983 年,第 10648—10649 页。但正如徐成自己在后文所指出、笔者在下文也将提及的,此处的"高品"是作为职事的高品,也即殿前高班,而非作为等级的高品,尽管徐成统计认为作为职的高品在等级上一般也由服绯的高品出任,但职与等级还是存在区别,西门珍的材料实际无法稳妥地证明作为层级的高品与散官的脱钩。徐成讨论见《观念与制度——以考察北朝隋唐内侍制度为中心》,第 353—354 页。

　　④　李瑞华《唐代宦官诸问题研究》,第 42—43 页。

　　⑤　同上,第 65—66 页。

义的高品是代表职能性质的"殿前高班",高品院正是对狭义高品之职的管理系统①。与此相似的是"殿前内养"。室永芳三发表于 1991 年、柳浚炯发表于 2010 年的文章均对内养作出探讨,以内养为一种特殊的身份。20 世纪的室永认为内养在高品、品官、白身层皆有,具有与皇帝存在私的联系的侧近群体性质,职能为赐衣、赐死、领兵等②。柳浚炯承认室永指明的侧近性,但认为内养更多分布于低品阶的八、九品,易于为皇帝掌控、贯彻其意志,是皇帝发挥政治力量的重要手段③。徐成依据前引《内侍省碑》中相似的"内养院",指出内养应不是身份,而是一种特别的"职"。其具体职能可以概括为御前伴驾、值守宫室、出使驱驰。就职能方面,高品和内养是相似且位处一个系统的,区别在于内养仅由品官、白身充任,与作为等级的高品层似不兼容,作为职的高品在地位上稍高于内养④。李瑞华则更进一步指明内养应是基层宦官的职任,只是后续宣徽供奉官系统的发展抬高了内养的职事官品阶⑤。所谓的宣徽供奉官系统,便是接下来要探讨的话题。

作为特殊之"职"的高品与内养,主要职能概括而言便是侧近供奉和临时出使。同样承担着这一职能的还有宣徽供奉官。最早讨论宣徽使的王永平已经注意到了宣徽供奉官的存在,他指出宣徽供奉官并非是某项固定官职,而是供职内廷,具有临时差遣的性质,加此衔也意味着成为皇帝的亲信。王永平将宣徽承旨算入宣徽供奉官系统之列,但认为宣徽库家主要是管理宣徽库的财物⑥。这一点李锦绣作出了较好修正,她运用墓志材料以及法门寺出土的《衣物帐碑》,指出宣徽库家实际与所谓宣徽库职掌并不密切,最初可能确实管理内藏,但成为冗名之后便被纳入了宣徽供奉官系统。除此之外,借助咸通十四、十五年参与迎佛骨

① 徐成《观念与制度——以考察北朝隋唐内侍制度为中心》,第 356—365 页。

② 室永芳三《唐末内侍省内養小論》,《長崎大学教育学部社会科学論叢》第 43 号,1991 年。

③ 柳浚炯《试论唐代内养宦官问题》,《国学研究》第 26 卷,2018 年。李瑞华则认为甘露之变后内养宦官　变为监视皇帝的工具,见《皇帝与权宦之间——唐代内养宦官再探》,《史志学刊》2016 年第 3 期。

④ 徐成《观念与制度——以考察北朝隋唐内侍制度为中心》,第 356—360 页。

⑤ 李瑞华《唐代宦官诸问题研究》,第 71—73 页。除此之外,李瑞华还根据墓志中存在的几个赐绯后由内养转为高品的案例,推测存在普遍的赐绯后自动转任高品的状况,只是墓志中未必一一记述。这一推测与前辈学者所讨论的,高品、内养的服制范围可以大致弥合,但有些危险,故仅在此作一提及。

⑥ 王永平《论唐代宣徽使》,《中国史研究》1995 年第 1 期。

的名单,李锦绣最早将宣徽供奉官系统(也即供奉官、承旨、库家)与内养一并观视,提出出使差遣之"供奉官系统"的存在①。李瑞华对宣徽供奉官有比较综合的讨论,在案例的罗列和职能的总结之外,他根据《记室备要》补充了宣徽供奉官之下的同类小供奉官,同时依据徐成的研究成果将高品也纳入了"供奉官系统"之中,并依据服色对系统内诸职进行了等级的区分②。

不过,尽管职能确实相近乃至重合,供奉官系统的诸职内部似乎还存在微妙的差异。徐成已经指出高品、内养更靠近一般意义的使职,材料也显示二职皆是在履历中单独出现,但宣徽供奉官可以同时担任内诸司使③。赵冬梅便由此特别强调宣徽供奉官作为加衔的性质,并推测这一加衔是与差遣相分离的"职"④,李瑞华则认为担任内诸司使的宣徽供奉官实是兼职,供奉官并非加衔。宣徽供奉官存在专职和兼任两类,专职者便类似一般使职,有独立任期⑤。目前这一问题尚未得到很好解决,同在宣徽供奉官系统之内的宣徽承旨与宣徽库家也材料偏少,尽管目前可见的基本是独立使职的状况。宣徽供奉官系统与高品、内养系统究竟是并列同属还是存在其他的关系,或许还需要新材料的补充和更进一步的考察。

整体来看,21世纪对内诸司使与内廷宦官职制的讨论,因出土石刻材料的利用,大体上可分为增补、开创与赋疑三个趋向。新出宦官墓志的整理和刊布为内诸司使提供了大量具体的案例,最为直接的增补便是内诸司使数量的增加、职能的揭明。除此之外,作为内含于概念的问题意识,内诸司使与南衙省、寺、监的关系,在20世纪只是笼统的概观,而时至今日已经出现了相当细节性的对应,以

---

① 李锦绣《唐代财政史稿 第四册》,第385—392页。

② 李瑞华《唐代宦官供奉官考》,《南都学坛》2016年第5期。同氏《入直丹墀,出纳帝命——唐代宦官供奉官的身份、职任与活动空间》,《唐史论丛》第29辑,三秦出版社,2019年。在后一文中,李瑞华延续徐成对高品、内养任职空间的思考,根据《大唐咸通启送岐阳真身志文碑》以及《监送真身使随真身供养道具及恩赐金银衣物帐》中"东头"与"西头"之下的不同职衔,指出宣徽承旨与库家应只任职于大明宫,而内养供职于西头太极宫,高品则在大明宫、太极宫皆有设置,将供奉官系统的诸衔作出了空间的对应,可以聊备一说。目前相关的材料还是偏少,并不能完全稳妥地得出相关结论,这一对应如果确实存在,又是何时形成的也值得思考。

③ 徐成《〈唐重修内侍省碑〉所见唐代宦官高品、内养制度考索》,《中华文史论丛》2014年第4期。较早的友永植曾将供奉官误解为内诸司使的别称,见《唐供奉官考》,《史学論叢》第38号,2008年。

④ 赵冬梅《唐五代供奉官考》,《中国史研究》2000年第1期。

⑤ 李瑞华《唐代宦官供奉官考》,《南都学坛》2016年第5期。

及延续 20 世纪的讨论、对简单化的"侵夺"表述的修正。内诸司使的统属层次，在近年也得到了更为准确的呈现。在职制方面，学者们借助墓志记载的整体结衔，建立了高品、品官、内养的等级旧话题与散官—服制的新关联。细节化的研究成为可能，正与墓志所提供的职能和衔名信息密切相关。至于新话题的开创，则主要是"供奉官系统"的提出。对于《重修内侍省碑》、法门寺出土诸石刻的宦官结衔、机构描述等内容，学者们进行了意义的再发掘，在宦官诸职诸使中发现了一批职能不完全固定，主要承担侧近供奉和临时出使任务的特殊群体。增补与开创或皆可算话题的推进，除此之外也有部分领域因出土石刻材料的利用而带来了对旧结论的质疑，出现了一定程度的谨慎"后退"。最具代表性的便是内诸司使的等级问题。借助墓志的迁转记载，学者们得以质疑 20 世纪学者所预设的、内诸司使必然存在等级的观念，同时利用其中赐服的信息，跳出散官、职事官的传统等级，为内诸司使提供了新的"泛等级"的可能。同样也是以迁转记载为核心，学者们反驳了以宣徽使作为内诸司使领导者的旧说，又借助《重修内侍省碑》建立了枢密使为领导者的猜测。

　　但我们也需注意，目前宦官职制话题的局限，很大程度便是因出土材料本身的不足而起。在墓志材料中，很多时候我们能够看到的只是一份由职官组成的迁转履历，少数情况下才存在对使职职能的简单描述。从顶层的中尉、枢密使向下，材料几乎可称断层式递减。枢密使的材料固然算不上少，但今日可见的宣徽使任职者便屈指可数了。材料的缺乏也使得与政务运行关系较小、相对不那么重要的一批内诸司使呈现模糊的状态，这也是迄今为止内诸司使的研究所展现的样貌：枢密使、宣徽使等分属顶层与高层的使职话题较多，能够得到比较清楚的揭明，但越向下便越模糊，而只能停留在基础性的职能考察，有时职能都需要作不确定的推测。至于供奉官系统，近年讨论的推进实则依赖《重修内侍省碑》对"高品院""内养院"的记载，以及法门寺出土石刻中宦官的衔名。两种材料皆未对"高品""内养"进行展开描述，《重修内侍省碑》更是仅仅提及两者有院。出土墓志能够提供的补充也相对有限。前文探讨宦官等级及供奉官系统时，笔者曾提出一些疑问，这些疑问在现有的材料基础上实际很难得到确定的回答。

　　迄今为止的研究在传统制度史的层面已经取得了较大的成绩，但向下发展的空间相对有限。就内诸司使来说，即使未来出土更多的宦官墓志，对目前思路之下的研究而言也只是量的增加、细节问题的补充,而无质的变化。在这样的现状下如何对相关话题作出推进,是我们必须思考的问题。或许动态性的增加是一个可能的方向,当然这一点已经见于部分学者的最新研究①。此处不仅仅是展现职能或是权力的变化,更重要的是结合可能存在的事件、皇权的波动,为这些变化找到背后的动因,很多时候变化绝非一蹴而就,而可能存在未被发现的曲折。此外,或也可考虑将内诸司使"放回"中晚唐使职发展的大背景下考察,关注内外使职可能存在的互动。李锦绣曾对宦官财政使职和外朝三司的关系作出精当的分析,观察晚唐宦官财权扩张带来的三司职能履行的侵夺破坏,进而探讨了财政系统的整体崩溃②。这便是一个很好的案例。当然,以上可能的方向均需要材料的支撑,也依然局限于上层,局限于与外朝关系更加密切的内诸司使。至于内廷职制,除却等待新出材料的补充,在高品、品官、白身的等级层面或可对墓志、传世文献中的相关材料作有意识的再梳理,着重注意对作为等级的高品和作为职的高品进行区分,在弄清两者的基础上再作推测和考察;而供奉官系或可如徐成提示,注意传世文献中临时出使者的材料③,从这一部分出发也许会获得不一样的视角。

二、中央与藩镇之间: 宦官监军研究回顾

成熟意义的监军使常驻于藩镇,任职者的身份是宦官。因此,监军使某种意义上可视作藩镇研究与宦官研究相交集的重要话题。相比于内廷宦官,监军使的材料构成有其特殊之处。作为活跃于地方藩镇的使职,监军使在传世文献中的记录也并不算少见,故对于监军使的整体考察在 20 世纪四五十年代就已开始。不过,除却个别在藩镇军乱、战争中相对表现瞩目的宦官,大部分监军使的记载皆近似于对他们一般职能的表达,寥寥一句展现中央某一情报的信息来源,更有简略者仅仅提及某宦官作某镇监军。出土石刻材料则恰好补充了传统文献

① 如李锦绣对理财内诸司使的研究,见《唐代财政史稿 第四册》,第 480—444 页。王孙盈政《再论唐代的宣徽使》,《中华文史论丛》2018 年第 3 期。黄楼所制表格也简单列出了使职的沿革和变化,见《神策军与中晚唐宦官政治》,第 521—561 页。

② 李锦绣《唐代财政史稿 第四册》,第 439—444 页。

③ 徐成《观念与制度——以考察北朝隋唐内侍制度为中心》,第 359—360 页。

对监军案例展开不足的缺环,为监军在藩镇中具体的活动提供了生动的描绘;除此之外,墓志等材料对职衔的完整记录,也使得案例积累的状况下对监军等级、统属、迁转等话题的讨论成为可能。在本节中,笔者便以监军之职能行使、监军使机构作为讨论的区分,对迄今为止的监军研究作一个概观。

相比于监军的建制与机构,宦官监军的职能行使较早受到学者们的关注。20世纪的早期研究更多倾向于从中央与藩镇关系的视角为宦官监军的派遣赋义,同时探讨监军所表现的,皇权与宦官关系的一面,换言之,也即"监军—藩镇"以及"皇权—监军"两个面向,前者的落脚偏向藩镇,后者的落脚则偏向宦官。日本学界的日野开三郎便最早从藩镇体制的视角,将监军的布置视作中央统御藩镇、强化对藩镇监察的重要措施[①]。矢野主税则结合具体的案例,更进一步地讨论了宪宗至唐末宦官监军与皇权关系的动向,对中晚唐宦官监军的活动作出了较好的定位,同时注意到河北强藩处设置监军的信息传递意义[②]。矢野氏已经有连接两个面向的意识,中国学界的张国刚则直接从宦官监军与皇权、藩镇的双向关系出发,结合其在藩镇内制约节帅、维护皇权的具体活动,探讨了监军对中央皇权的寄生性。他还关注了监军使与藩镇幕僚及郡县官员的关系,这是相对于前人较为新颖的角度[③]。

21世纪以来,随着出土石刻的公布利用,学者开始真正关注宦官监军在藩镇内以及作战时的具体活动,延续张国刚联系皇权—监军—藩镇的意识,展现了作为中央与藩镇连接者的监军制度实际运作的样态,一定程度改变了此前相对笼统的线索讨论。宦官监军的个案研究在此零散出现,这些研究在问题意识方面实际更靠近藩镇史。张全民即利用刘中礼墓志,借助其任职魏博行营监军的信息,补充了魏博镇南讨庞勋之乱时的基本状况[④]。李碧妍亦结合肃宗时淮西监军使邢延恩的动向,探讨了其在刘展之乱中与淮西节度使王仲昇、江淮都统李峘的关系,及其扮演的主要角色[⑤]。仇鹿鸣则注意到昭义军"严奉监军,厚遗敕使"的"宝历年样",更进一步指出监军在节帅更替时所发挥的、中央决策信息源

①　日野开三郎《支那中世の军阀》,三省堂,1942年,第198—200页。

②　矢野主税《唐末监军使制について》,《社会科学论丛》第7号,1957年。

③　张国刚《唐代藩镇研究(增订版)》,中国人民大学出版社,2010年,第114—119页。

④　张全民《唐河东监军使刘中礼墓志考释》,《敦煌学辑刊》2007年第2期。

⑤　李碧妍《危机与重构:唐帝国及其地方诸侯》,北京师范大学出版社,2015年,第433—442页。

的作用,并简单提及了李德裕在会昌伐叛时对这一传统惯例的打破①。近年从宦官视角出发比较综合的研究是黄楼在《神策军与中晚唐宦官政治》中的相应章节。他广泛收集新出墓志,从贞元时代的"时段性"状况出发,将目光集中于朔方军、河东军、义成军、宣武军等材料丰富的北方藩镇,详细展开了不同监军在节帅更替时发挥的不同作用,及其干预军政、培植自身势力的控制性行为,较好地展现了德宗借助宦官监军渗透、控制不同藩镇的努力,也更进一步修正了传统"姑息"的概说②。他同样也探讨了德宗向后宦官监军与内廷宦官的政治联动,结合具体案例观察了监军介入并影响士人晋升的状况,对于晚唐,则又借助高骈的案例关注了监军抑塞主帅军功的状况③。黄楼尝试依照时间重新建立监军使的发展线索,广泛收集墓志资料补葺传世文献的不足,但实际呈现的面貌则与矢野氏相去不远。

对宦官监军机构的讨论同样较早就已开始。矢野主税在其发表于1957年的前引文中,已经结合文本材料,对监军使所在的监军院,从属于监军使的监军判官、监军小使及其对应职责有简单的讨论④。其后,张国刚详细展开了监军使下的僚属,在增补监军副使的介绍同时,也指出监军使一般统有军队的状况。此外,张国刚还简单考察了监军使的考秩和迁转,不过因为当时所见材料的有限未能详细展开⑤。21世纪以来,延续前人对监军使下属的考察,借助新出墓志,学者们对于监军体系内部的状况还渐次有所补充。黄楼便在具体机构考察中增补了文官僚佐、将佐与门客元随的部分,其中将佐即是跟随监军出镇的衙军扈从⑥。惠萌则根据新出宦官《吕秀实墓志》中所载志主代、德二朝丰富的监军任职信息,对尚处形成期的监军使样貌作了简单的补充,认为监军使是对具体部队而非节度使个人负责,藩镇监军的系统亦由多个团队组成⑦。从单一墓志出发的

---

① 仇鹿鸣《长安与河北之间:中晚唐的政治与文化》,北京师范大学出版社,2018年,第249—250页、第341—345页。

② 黄楼《中唐藩镇宦官监军体制的成立》,《魏晋南北朝隋唐史资料》第39辑,2019年7月,后收入氏著《神策军与中晚唐宦官政治》,第391—409页。

③ 黄楼《神策军与中晚唐宦官政治》,第409—428页。

④ 矢野主税《唐末監軍使制について》,《社会科学论丛》第7号,1957年。

⑤ 张国刚《唐代藩镇研究(增订版)》,第106—110页。

⑥ 黄楼《神策军与中晚唐宦官政治》,第369—382页。

⑦ 惠萌《新出唐〈吕秀实墓志〉疏证——兼及唐代宗、德宗时期宦官监军制度补论》,《考古与文物》2020年第4期。

这些观点存在一定推测性,需要更多材料的进一步佐证。在监军使内部构成的话题之外,陈志坚较早注意到"直属州"也即防御州、团练州监军的存在,并借助对直属州的考察,将监军的设置条件与军队的存在相关联①。以上诸研究大体将监军使及其僚属视作藩镇的组成部分,从藩镇体制的视角讨论监军使的制度,故也更加关注监军使体系内部的构成,以及不同使职在藩镇中发挥的作用。而随着宦官制度研究的整体勃兴,学者们也开始探讨作为中晚唐日渐成熟的宦官使职体系一部分的监军使。赵晨昕在其 2012 年的博士论文中,便利用中晚唐宦官数量庞大的墓志群,抽取其中迁转与职事官、散官官品信息,将监军使按照对应任职藩镇分为顶级、高层、中层、低级四种,同时也能关照因为政治、军事原因而带来的具体藩镇的等级变化②。黄楼则较早注意到监军监护对象的不同,按照这一标准将监军使分为了行营监军、监镇监军、神策镇监军、监阵监军四种③。

　　监军制度研究中相对独立的另一条线索,是由《记室备要》兖海监军对枢密使"长官"的称呼所引起的,监军之"上级"的讨论。最早详细研究《记室备要》的赵和平便据此提出,枢密使是诸道监军的直接上司,在顶层宦官之"四贵"中,中尉掌中央军之实权,枢密使通过诸道监军使控制各地的军权④。这一观点具有较大的影响力⑤。21 世纪的赵晨昕则注意到,S.1156《沙州进奏院状》中《当道三般专使所论旌节次第状》一篇,进奏院为归义军首脑张淮深起草的状中也称枢密使为"长官",敏锐地指出地方官员对中央枢密使的称呼是一致的,枢密使之"长官"不是行政统辖。在此基础上,赵晨昕试图引入馆驿使,对监军使的"长官"意义作出阐明。她认为在监军使——馆驿使——枢密使——皇帝之间形成了信息传递的链条,监军使的奏状要经过馆驿使的通道,送到枢密使处,再由枢密使奏报给皇帝,监军使的"长官"具有传递链条顶端的含义⑥。较早借助《重修内侍省

①　陈志坚《唐代州郡制度研究》,上海古籍出版社,2005 年,第 32 页。

②　赵晨昕《唐代宦官权力的制度解析——以宦官墓志及敦煌本〈记事备要〉为中心》,第 113—123 页。

③　黄楼《神策军与中晚唐宦官政治》,第 369—382 页。

④　赵和平《〈记室备要〉的初步研究》,《赵和平敦煌书仪研究》,第 253 页。

⑤　认同这一观点的如黄楼《神策军与中晚唐宦官政治》,第 241—242 页。杜文玉《论唐代内诸司使的定义及其影响》,《唐史论丛》第 32 辑。

⑥　赵晨昕《唐代宦官权力的制度解析——以宦官墓志及敦煌本〈记事备要〉为中心》,第 124—134 页。

碑》提出枢密使为内诸司使领导者的徐成,则将此处的"长官"表述作为内诸司使领导者的旁证,把"长官"理解作诸官之长,而非直系的上级①。王孙盈政大体持相似态度②。赵晨昕所指出的,枢密使之"长官"称呼并不意味着它是监军使的行政统辖者,应该没有问题。胶着的点在于如何重新理解此处的监军使口中的"长官"。赵晨昕所引入的馆驿使,只有在战争时才由宦官普遍担任,平时任职者为士人,常态性信息传递链的说法或许存在商榷空间③。而目前以枢密使总领内诸司使的观点也并未得到坚实的证据证明。在后者的话题得出相对信服的结论之前,这一问题大体也只能探讨到"枢密使并非监军使之直接上级"的程度。

以上研究均是对成熟的宦官监军体系作出的考察,但宦官监军的出现和形成同样重要。在唐前期,监军由御史担任,任职者何以由御史转向宦官,宦官监军又如何走向成熟,是当下研究中相对比较薄弱的模块,不过新出墓志的材料补充,为这一话题的展开提供了可能。20世纪张国刚将宦官监军的出现与府兵制向募兵制的转变,以及中央与藩镇间的矛盾相联系④,对这一话题作出了整体的趋势描绘。友永植则聚焦于安史之乱前后线索相对连贯的行营监军,考察了宦官行营监军的出现。在21世纪,黄楼则借助新出墓志重新勾勒了监军使在唐中期的演变。首先是武后时代向后御史监军的衰落。他从《宋庆礼墓志》中"监军访察使"的记载出发,认为中宗时代御史监军的职权被挂靠在了采访使的职掌内,监军之权也被下放给了采访使、巡察使;另一方面,玄宗朝中期开始地方长官带宪衔,名义上成为御史、侍御史的上司,派遣监察御史也不再合时宜⑤。二因结合,促成了宦官监军的兴起。其中御史监军职权挂靠于采访使的说法,或许还有商榷的空间。在御史监军衰落的背景之外,还有宦官出使的整体发展。黄楼利用敦煌文书,将监军的起源追溯到了出使边疆的和蕃使、市马使、宣慰使等⑥。

　　①　徐成《观念与制度——以考察北朝隋唐内侍制度为中心》,第228—230页。
　　②　王孙盈政《再论唐代的宣徽使》,《中华文史论丛》2018年第3期。
　　③　馆驿使的讨论参见徐成《观念与制度——以考察北朝隋唐内侍制度为中心》,第337—344页。
　　④　张国刚《唐代藩镇研究(增订版)》,第114—115页。在张文之前,还有矢野主税《唐代監軍使制の確立について》,《西日本史学》第14号,1953年。
　　⑤　在黄楼之前,石云涛也提出了类似的观点,见氏著《唐代幕府制度研究》,中国社会科学出版社,2003年,第124—125页。
　　⑥　黄楼《神策军与中晚唐宦官政治》,第341—369页。

最后便是宦官监军从临时走向常驻在镇。借助任李抱玉监军的《第五玄昱墓志》，黄楼简略地将宦官监军的常驻化与内地藩镇从节度行营到节度、防御使的形态过渡相关联，可惜并未作进一步展开。此外，近年李凤艳结合《韩南盛墓志》，详细考察了宦官监军与御史监军在转型期混杂的状况，也值得注意①。

迄今为止的监军研究，已经较好地从制度方面描绘了成熟的监军使形态。这方面值得补充的是陈志坚提及但并未深入的，监军使存在的条件。所谓"藩镇"的语汇还是太过于泛泛。陈志坚曾对藩镇长官所带诸职作层次的区分，节度使、防御使、团练使为军事长官，监军使的设置也实是针对这些使职而起。目前学者对监军作出的等级区分主要是依照藩镇所在地域的重要性，而并未考虑不同藩镇本身建制的差异。不同建制的藩镇、州监军呈现出怎样的形态，在宦官诸使的迁转体系中位处怎样的层次，是今日可以利用丰富的石刻结衔，在前辈学者基础之上进一步思考的话题。另一值得注意的是成熟的监军使在中央和藩镇之间行使的、信息传递的职能。目前的研究以时代或藩镇的个案为主，若能在吸收最新藩镇研究的基础上，统合性地考察监军的惯例性职能行使，或许能在中央与藩镇关系的领域发现有趣的政治史议题。以上是以成熟的藩镇监军使作为研究对象的讨论，但是宦官监军从零散出现到最终成熟的动态过程尚缺乏深入的展开。这方面大体可以分作三个议题。一是唐初任职者为御史的监军如何转向了由宦官担任，其中转变的节点和原因尚待发明。二是宦官行军/行营监军如何"使职化"，从临时的出使转化为专门的在镇监军使。三是宦官监军使下属机构的发展和完善，最初以判官为副手的监军使如何发展成为成熟的监军使院领导者，这一点还需关照不同类型藩镇的不同状况，学者已经基本揭明的监军使院是否适用于所有藩镇，也是需要注意的问题。简而言之，随着藩镇研究在近年的新发展，墓志材料的大量利用，监军使的研究也走上了细节化、动态化的新阶段。

三、"日常"中的社会史：出身、家族、生活与信仰

在出身、家族、生活、信仰四个大方向之中，学者们对宦官的出身与家族、生活的考察皆是紧紧围绕墓志、神道碑等个人性材料展开的，也因此，20 世纪 90

---

①　李凤艳《开元年间唐对剑南道的经略——以〈韩南盛墓志〉为线索》，《唐史论丛》第 29 辑。

年代至今宦官墓志的整理,为这些话题的勃兴提供了必不可少的条件。信仰的话题又可视作宦官佛教史的研究,与传统宗教文献有较高的关联度,不过在讨论信仰的具体表现时,墓志的文献又成了不可或缺的细节性材料。在本节中,笔者便大致以这四个方向为划分,为宦官社会史相关的研究作一个简单的概述。

宦官的出身大体可以划分为地理意义的出身和社会意义的出身。地理意义的出身即是指籍贯,社会意义的出身即是指父、祖的身份和职业。陈寅恪在讨论唐代的宦官专权问题时,已经触及了宦官"氏族所从出"的民族问题。指出唐代宦官多出自四川、广东、福建等地,这些地域下层民众汉化程度较浅,宦官姓氏又多有不类汉姓者,故从民族来说,宦官可能是蛮族或蛮夷化之汉人①。唐长孺大体认同陈寅恪对宦官出自地域的判断,更进一步解释了这一现象的原因:南口进献,更直接地说,南口掠卖②。至此的研究基本以文献记载,尤其是两唐书的宦官传记为核心材料,世纪之交杜文玉的《唐代宦官的籍贯分布》一文,则较好利用了初步得到整理的庞大宦官墓志群,通过罗列和统计指出,关内道出身的宦官人数最多,占比达半数以上,而整体来看北方诸道占比 81%,南方诸道仅占19%,可见宦官主要还是北方出身者,只是上层宦官中南方籍宦官比例较高,故依据传世文献的前辈学者作出了宦官多出自南方诸州的判断。在唐长孺已经详细讨论的南口进献之外,杜文玉还指出了宦官"良胄入仕",以及作为宦官假子受阉入宫的途径,这两个途径入仕的宦官大体皆有一定的家庭背景,前者可能还有较好的文化素养;而无论是对良家子的选征,还是宦官收养的假子,皆会就近以京畿地区为主,这也是关内道占比较高的原因③。宦官地理意义的出身,至此已经得到了较好的厘清。杜文玉所揭明的、宦官多出自关中的现象,启发了陈弱水对宦官与长安的地缘社会关系作出进一步探讨,宦官社会意义的出身也由此被纳入研究视野。陈弱水着重考察了非宦官养子的"第一代宦官"群体。通过对墓志群的统计,他注意到第一代宦官有较多出身于军人家庭,在这些军人家庭中,又有相当数量的父辈任职于府兵或禁军系统。关中军人子弟是宦官的一个重要来源,军人子弟入侍宫中既很有可能是所谓"良胄入仕"之"良胄"的具体表征,也

---

① 陈寅恪《唐代政治史述论稿》,《隋唐制度渊源略论稿 唐代政治史述论稿》,生活·读书·新知三联书店,2001 年,第 207—209 页。

② 唐长孺《唐代宦官籍贯与南口进献》,《山居存稿续编》,中华书局,2011 年,第 359—366 页。

③ 杜文玉《唐代宦官的籍贯分布》,《中国历史地理论丛》1998 年第 1 期。

一定程度成为了宦官与军队相联系的重要社会背景①。至于这些出身要素对第一代宦官群体婚姻的影响,则是下一部分要讨论的话题。

作为研究对象的宦官家族,可以在内部区分为以多重"父—子"链条为中心的男性世系继承,以及以妻、女所表现的婚姻关系两大话题。前者是家族研究的大头,也是内涵于这一概念之中的问题意识。矢野主税已较早指出,宦官养子制推动了宦官内部身份自觉统一的团结,是宦官权势维持的要因之一②。陈仲安作于 1986 年的《唐代后期的宦官世家》一文,则正式开启了对宦官男性世系继承之话题的讨论。他利用史传、文集所载神道碑等传世文献,结合具体的家族案例,对宦官家族的形成、构造和作用都有较好的探讨,为之后的研究奠定了概念和体系的基础③。正如本节开头所述,90 年代向后宦官墓志的整理,为更加细节化的个案考察提供了可能。这方面着力尤多的是杜文玉。他写于 1998 年的《唐代宦官世家考述》一文,便在陈仲安的基础上,结合新出石刻材料补充了同属上层的仇士良、孙荣义、梁守谦、王守澄、吴承泌等家族,并着重对宦官养子之风的影响,以及这一风气在宋代的终止作出了一定补充④。除此之外,自 20 世纪末以来,伴随着宦官碑志的不断出土,他对高力士、杨复恭、刘光琦、刘弘规、梁守谦等上层家族均有多篇补充性的研究⑤。景亚鹏对吴德郿家族的考察⑥,则一定程度开启了任职中尉、枢密的顶层之外中层宦官家族的研究,2015 年,杜文玉补充

①　陈弱水《唐代长安的宦官社群——特论其与军人的关系》,《唐研究》第 15 卷,北京大学出版社,2009 年,第 177—185 页。

②　矢野主税《唐代宦官权势获得因由考》,《史学雑誌》第 63 卷第 10 期。

③　陈仲安《唐代后期的宦官世家》,中国唐史学会《唐史学会论文集》,陕西人民出版社,1986 年,第 195—224 页。

④　杜文玉《唐代宦官世家考述》,《陕西师范大学学报》1998 年第 2 期。

⑤　杜文玉《高力士家族及其源流》,《唐研究》第 4 卷,北京大学出版社,1997 年,第 175—197 页。同氏《唐代权阉杨氏家族考》,《'98 法门寺唐文化国际学术讨论会论文集》,陕西人民出版社,2000 年,第 370—377 页,《唐代宦官刘光琦家族考》,《陕西师范大学学报》2000 年第 3 期。《唐代权阉杨玄价夫人党氏墓志铭考略》,《唐史论丛》第 14 辑,陕西师范大学出版总社有限公司,2012 年。《唐代宦官刘弘规家族世系考述》,《唐史论丛》第 21 辑,三秦出版社,2015 年。《唐代宦官梁守谦家族世系考》,《唐史论丛》第 22 辑,三秦出版社,2016 年。《唐代宦官柏玄楚墓志考释》,《唐史论丛》第 28 辑,三秦出版社,2019 年。《宦官家族的建构与唐后期政治研究——以宋国良家族为中心》,《江西社会科学》2019 年第 12 期。

⑥　景亚鹏《唐代后期宦官世家考略——读唐吴德郿及妻、女等墓志》,《纪念西安碑林九百二十周年华诞国际学术研讨会论文集》,文物出版社,2008 年,第 357—374 页。

了新出《吴德应墓志》《吴元勉墓志》,对吴氏家族的仕宦履历作出了再考察①。目前这一领域的研究以揭明家族成员的历官、活动,展现家族整体的权力继承和地位变动为主②,故也在材料方面相对紧贴于宦官墓志、神道碑本身的叙述脉络,石刻材料的新掘和公布是推动相关话题持续发展的主要动力。

在另一方面,宦官的婚姻关系同样得到了一定的专门关注。杜文玉较早撰文通论了唐代宦官的婚姻与内部结构,在揭明宦官娶妻之风气缘起的基础上,分析了与宦官建立姻亲关系的家庭。官僚家庭多与高层宦官结亲,与宦官进行政治联合,或是借助宦官的势力推动自身发展。宦官家庭之间的联姻也非常常见,除了门当户对之外也便于建立政治联盟。平民也有与宦官通婚的现象,不过对象多是中下层宦官。在此基础上,杜文玉展开论述了宦官与宦官之间的家族联姻,通过具体的案例展现了宦官之间的"枝派蝉联"③。陈弱水则重点关注了第一代宦官在宦官家族间通婚之外的婚姻状况,发现这之中近七成与关中军事系统有关,换言之,在自己的圈子之外,宦官的主要通婚对象往往是军人家庭。这与第一代宦官本身出身军事系统的家庭背景有很大关联,而宦官在中晚唐对禁军的控制、与军队的结合,也使之与关中军人社群建立了更紧密的联系,甚至成为了其中一部分,这或许也是宦官与军人通婚的另一个背景④。与前辈学者对宦官妻子的关注不同,高瀬奈津子将目光聚焦于宦官家族中的养女,通过两组共四方不同面向的墓志,揭示了养女作为宦官家族间联姻纽带、巩固家族地位和权力的一面,以及嫁与非宦官乃至非军人一般群体的另一面。当然更加值得关注的还是前者对宦官势力形成的影响,高瀬氏指出,在矢野主税所言养子制之外,家族间婚姻也是维持宦官内部身份团结的重要纽带⑤。不过整体上我们也需看到,婚姻话题所带来的对宦官妻、女的关注,本质上仍然是对其父系权力系谱的探讨。也因此,婚姻的讨论颇有融入男性世系继承的家族研究的倾向,近年对新

① 杜文玉《唐代吴氏宦官家族研究》,《唐史论丛》第 20 辑,三秦出版社,2015 年。

② 黄楼对截至 2019 年的宦官家族相关材料有综合性的整理,见《神策军与中晚唐宦官政治》,第 563—605 页。

③ 杜文玉《唐代宦官婚姻及其内部结构》,《学术月刊》2000 年第 6 期。

④ 陈弱水《唐代长安的宦官社群——特论其与军人的关系》,《唐研究》第 15 卷,第 185—186 页。

⑤ 高瀬奈津子《唐代宦官家族における女性の役割に関する一試論》,《法史学研究会会報》第 21 号,2018 年。

出家族墓志的考察也会关注其中存在的妻、女信息。宦官妻、女的真正形象与具体活动，还需在信仰的话题中方能得到微弱的显现①。

在日常生活的领域有集中材料且目前积累了一定研究的是宦官住宅的话题。妹尾达彦发表于 1996 年的《唐长安城的官人居住地》一文，较早整理出土墓志中所载宦官住所，并观察了这些住所的分布。从开元、天宝年间始，到安史之乱后，大明宫内宦官所掌的内侍省、内诸司使权力渐次扩大，为了事务处理和入宫工作的便捷，大明宫前的几坊形成了宦官的集中居住区；而太极宫西侧仍然存在宦官住所，与太极宫之掖庭宫、内侍省在皇帝政治与起居中心转移后仍然发挥一定职能相关，不过居住在这一区域的宦官官品要普遍低于大明宫南侧居住的宦官②。1997 年，杜文玉即延续妹尾达彦对唐长安宦官群体的关注，在妹尾氏的基础上结合新出墓志增补了十二位宦官的宅第资料，并探讨了宦官宅第的来源：皇帝赏赐、强占、纳贿修第、继承或自购。杜氏也指出只有高品、内养、诸司使、诸司判官等中上层宦官拥有自己的宅第，广大下层宦官实际无室可居。而关于宅第分布的特点，杜文玉在政治中心转移的基础之上，进一步将之与宦官对皇权的依附相联系；同时他也基于中晚唐宦官家族的出现，指出宦官同一家族有聚居于同一坊内或邻近之坊的现象③。陈弱水则综合利用相关材料，着重讨论了诸坊宦官与军人的住宅分布关系。他观察到长安城的东北和西北角是宦官和军人的聚居地，并以宦官和军人住宅的数量为标准，将诸坊划分为几种类型：宦官与军人住家最多、两者社群交集最密的区域，以及宦官多、军人稍少，军人集中而宦官偏少的区域。但整体上说，人部分的宦官聚居区都有较多的军人住家，这种现象在宫城东侧尤为明显。这样的空间关系既展现了两者可能存在的社群交际，也反过来为两者的交流提供了空间的基础④。借助对空间分布的考察，陈弱水较早揭示了宦官住宅背后所反映的社会关系一面。

在佛教信仰方面，刘淑芬较早从思想史的角度讨论了唐代的宦官与佛教，对宦官的信仰渊源以及具体的奉佛表现有所揭示，展现了信仰对政治的渗透。对

---

①　杜文玉对此有简单提及，见《唐代宦官婚姻及其内部结构》，《学术月刊》2000 年第 6 期。

②　妹尾达彦《唐长安城的官人居住地》，《東洋史研究》1996 年第 2 期。

③　杜文玉《唐代长安的宦官住宅与坟茔分布》，《中国历史地理论丛》1997 年第 4 辑。

④　陈弱水《唐代长安的宦官社群——特论其与军人的关系》，《唐研究》第 15 卷，第 189—190 页。

于唐代宦官奉佛表现的罗列,刘淑芬便使用了丰富的宦官题名造像记、功德碑等出土文献作为基础材料之一。她指出,中古时期宦官诵经而复丈夫相的灵验故事的再改编和宣扬,一定程度推动了宦官对佛教的崇信。唐以前,尤其是北魏时期的宦官更多进行尼寺的筹建,唐代的宦官则会进行造寺、造窟、造像树碑等更加广泛的佛教事业,宦官掌握主管天下僧尼的左右街功德使之职,也使得他们在推广、经营、维持佛教信仰的传播方面起了很大作用。不过政治与宗教因素的纠合,也成了会昌法难发生的一个原因;而在宣宗即位后,又是在宦官杨钦义的建言下兴复佛教,以至于唐末。宦官在唐代,尤其是中晚唐权势提升的政治史线索,与其对佛教的信仰相结合,相当程度助益了佛教的发展①。2002 年,孙昌武便在刘淑芬的基础上,借助新出石刻更加系统地统计了奉佛的宦官及其具体崇佛表现②。严耀中则强调功德使的制度性联结对宦官崇佛的反向影响,对刘淑芬文中认为的宦官奉佛故功德使由宦官担任的逻辑,有较好的反思和修正③。这三篇文章形成了一个序列,代表了与制度史相平行的④,宦官与佛教关系思想史层面的重要成果。

　　总体来看,目前的宦官社会史研究尽管讨论对象皆在社会史的范畴,但结论和关怀往往更加偏向政治史的一端。无论是出身还是家族、住宅、信仰,学者们在揭明相关现象,或是列出具体人物、群体关系的基础上,皆能够导向宦官政治权力构成和维持的话题。出身和家族是宦官在政治体系中生存的背景,而住宅则是产生现实权力联结的环境,只有信仰问题稍稍具有离脱性,确实触及了思想史的范畴,但又因宦官崇佛行动与自身职位、权力的缠绕勾连,仍然与现实政治

---

　　① 刘淑芬《中古的宦官与佛教》,《中古的佛教与社会》,上海古籍出版社,2008 年,第 46—71 页。

　　② 孙昌武《唐代的宦官与佛教》,《国学研究》第 9 卷,2002 年。

　　③ 严耀中《唐代内侍省宦官奉佛因果补说》,《唐研究》第 10 卷,北京大学出版社,2004 年,第 65 页。

　　④ 宦官与佛教制度史关联的研究便是功德使,功德使一般被视为内诸司使之一,因篇幅缘故笔者并未在正文中对此有所展开。简单来说,塚本善隆发表于 1933 年的《唐中期以来长安的功德使》一文,是从今日视点回望也相当有力的开山之作。在此之后比较有分量的发展主要是周一良、室永芳三的研究。依次参见塚本善隆《唐中期以来的长安的功德使》,《东方学报》第 4 册,1933 年;后收入《塚本善隆著作集》第三卷《中国中世仏教史論攷》,第 253—284 页。周一良著,钱文忠译《唐代密宗》,上海远东出版社,1996 年,第 111—113 页。室永芳三《唐長安の左右街功德使と左右街功德巡院》,《長崎大学教育学部社会科学论丛》第 30 号,1980 年。

难舍难分。至少在出身与家庭的话题中,这样的特征与这些话题所依赖的主要材料——宦官墓志的特性息息相关。墓志本身便是充满政治意味的父系历官叙述,尽管学者在讨论宦官家族时也强调家族成员对财产的继承,但实际并无较多可供展开的材料,也无从考察作为一个经济主体的宦官家庭。至于住宅,则与长安城本身极强的空间政治性有所关联,并非仅限宦官,而是长安城住宅研究的整体性问题①。信仰的话题因材料多元,相对能展现不同的面向。其中最值得注意的还是对宦官家族的讨论。尽管出现了上层宦官家族与中层宦官家族的区分,这一领域的研究目前在方法和问题意识上还是具有相当程度的同质性,这主要是因强调宦官家族之主要成员作为宦官的特殊性而起的。一般的家族以血缘关系作为联结纽带,不具备生育能力的宦官也能够成为累世继承的家族,无疑是中晚唐一个相当特别的现象,而存在这样家族的判断依据,便是世代之间的身份继承,身份继承的结果便是权力的继承。换言之,对家族内权力继承的强调,是内涵于宦官家族概念根基的意识。我们当然不宜否认权力继承在家族形成之中所起的关键作用,但将权力继承作为铁则,却很容易忽视宦官家族作为一个"家族"的种种面向。尽管宦官家族的研究在方法上基本仿照士族研究,但在此我们仍可以向经典的士族研究取经。宦官家族内部的名义性联结自然不如血缘纽带来得稳固,但这并不妨碍它呈现出血缘家族之中抛开血缘要素之外的诸多特征。在政治事件面前,家族成员内部是否可能存在不同的选择、立场的分歧,母系家族的地位变动又是否会影响联姻家族的政治处境,这些都是可以进一步思考的话题。在强调宦官身份对于宦官家族特殊性的问题意识已经获得了较多成就的状况下,反过来以"家族"作为关注重点,或许能获得不同的研究视野。

四、余论

从整体的视角来看,出土石刻文献对本文所探讨的三个大话题所起的作用,既有共性之处,也有明显的差异。这与三大话题在 20 世纪的材料基础是密切相关的。内诸司使、内廷职制以及监军使都留存有一定数量的基础传世文献,故在出土石刻文献被大规模整理公布之前,学界就已经积累了为数不少的研究成果。

---

① 张永帅《空间及其过程:唐长安住宅的分布特征及其形成机制》,《史林》2012 年第 1 期。

世纪之交向后为学界渐次利用的出土石刻文献,主要对这些领域起到了补充的作用。对于内诸司使,以及等级、供奉官群体等内廷职制而言,出土石刻文献主要提供了包括作为职的高品在内的、未被发现的使职,相关使职的职能,以及对应使职在宦官历官迁转中的位次。对于传世文献记载更加丰富的监军使,出土石刻文献所补充的便是职能具体行使时的样态,监军使在藩镇所参与的活动,以及监军体制尚未定型时、作为萌芽和过渡的宦官监军案例。至于社会史的大部分话题,尽管在 20 世纪也出现了一些现象的初步描绘,但这些现象能够被展开讨论、得到更深刻的揭示,无疑依赖于出土石刻文献的公布。宦官家族的话题至今便高度依赖于新出墓志,而宦官出身、住宅的统计成为可能,也离不开学者们对宦官相关出土石刻的搜集和信息提取。对于这些话题而言,出土石刻材料也未尝不可称是起到了开创性的作用。

不过,正如笔者在第一部分已经初步提及的,出土石刻材料,尤其是墓志材料本身的特征也反过来局限了中晚唐宦官研究的发展。墓志材料本身的同质性、记载的简略性,使得诸如宦官等级、供奉官系统、底层内诸司使的职能等话题仅仅只能停留于推测的层面,要使结论完全得到证实,还需要更多元的样本。同样,这种特征也使得宦官家族的话题产生了研究方法上的统一性——简要剖析墓志历官,依据散官、本官等判断宦官所处地位,再放入家族的发展线索中为新成员作出时代和家族内部的定位。在这样的状况下,重新对传世文献作一再审视,或许是可能成为突破的取径。迄今为止的研究对聚焦于宦官的材料都有较好的发掘,但又因为过于关注聚光灯下的宦官,而使得宦官周边性的材料尚未得到较好的利用。所谓周边性的材料,也即与宦官相关,但又并非以宦官为主角的材料群,例如文人与宦官的交往、摩擦,宦官在地方政务运行中的活动,等等①。从这些材料出发,也许能获得一些新的思路。

最后还需稍作提及的是学者们对宦官的定位。前近代的学者强调“唐代宦官之祸”,往往从顶层宦官掌禁军、枢要,以及宦官在皇位更替之时操纵废立的现象为切入,揭示作为皇帝侧近群体的宦官之得权,以及“积重难返”之下人主的失

---

① 如《高璩墓志》中提及他在咸通任宰相时“时初议铸监军使印,公紫宸面诤,词旨深切,吾君为之感动,良直之史,岂无可书”,即展现了监军使铸印问题上士人的态度。录文见胡可先、杨琼《新发现唐代宰相高璩墓志发覆》,《浙江大学学报》2021 年第 2 期。

权和受制①。这一观点根本的落脚点在于阐明皇帝的失权和"傀儡化"。近代以来学者对宦官负面的评价，以及"宦官专权"的表达，很大程度便是由此而起②。尽管80年代向后学界重新强调了宦官作为皇权侧近群体的一面③，但本质上仍将宦官视作中晚唐政治中的"异类"。近年，陆扬对皇权本身在中晚唐的变化作出了深刻的反思，提出"官僚化"的宦官，为研究打开了新的视野。他认为在德宗朝，君主已经认识到通过中央官僚系统产生的权威已不足以获得预期的效应，于是有必要在此之外建立一种新的权威体制来作为弥补。新权威体制的核心便是制度化的皇权。而内廷机构，也即宦官和翰林学士，正是这一权威体制的具体表现。对于宦官体系而言，与制度化相伴的便是特殊的官僚化倾向。这样的内廷机构与外朝并列而行，皇帝在内外廷之间进行政治仲裁④。其后方诚峰便在陆扬所论制度化、官僚化宦官体系的基础之上，将宦官更明确地与传统意义的"内朝"概念相分离，而视之为一个庞大的枢机—有司系统。所谓有司便是指宦官的内外诸使。宦官所代表的的枢机—有司系统与南衙一并成为了唐后期君主支配的重要支柱⑤。简而言之，内诸司使、基础等级划分相对成熟后的中晚唐宦官，某种意义上成为了一种"类官僚"的存在，深度融入了各类政务的基本运转。对

---

①　这方面的经典论述可以参考赵翼《廿二史札记》唐代宦官之祸一节，见（清）赵翼撰，王树民校证《廿二史札记校证》卷二十，中华书局，2013年，第424—427页。

②　如何敦铧《略论中唐前期宦官擅政及其祸害》，《学术月刊》1981年第3期。陈力、罗大云《浅论唐代宦官专政》，《云南民族学院学报》1984年第1期。齐陈骏、陆庆夫《唐代宦官述论》，《中国史研究》1984年第1期。宋衍申《唐代的宦官与皇权——兼论中国封建社会宦官专权的原因》，《东北师大学报》1985年第5期。日本学界的横山裕男将以宦官为代表的侧近集团的形成视作唐代皇帝突破律令官制、相对于贵族层加强自身权力的手段之一，但在掌握禁军后，宦官又反而成为了掣肘皇帝的存在。甘露之变后，皇权反而仅成为宦官集团权势的象征。"变革"的关怀使他关注了宦官作为皇帝侧近集团，加强皇权、与外朝贵族阶层相对抗的一面，但横山氏认为宦官在掌握神策军后便慢慢走向皇权的对立面，与前引学者们的论述又殊途同归。横山裕男《「甘露の変」始末：唐代政治史の一齣》，《長野大学紀要》第5号，1975年。

③　牛志平《略论唐代宦官——兼与齐陈骏、陆庆夫同志商榷》，《陕西师大学报》1985年第1期。马良怀《唐代宦官与皇帝关系考论》，《华中师范大学学报》1987年第5期。黄永年《唐代的宦官》，《文史知识》1987年第4期。同时，在此背景下兴起的中枢体制探讨，即开始尝试为宦官寻找中晚唐皇权体系之中的定位。贾宪保便认为翰林学士、枢密使、神策中尉与宰相构成了"新中枢体系"的多级，贾宪保《论中晚唐的中枢体制》，《陕西师大学报》1985年第4期。而袁刚则在三省体制基本走向终结，三省所承担的职能需要继承，而内朝事权在德宗向后开始扩展的背景下，提出了经典的中书门下、枢密使、翰林学士"新三头"中枢体制，袁刚《隋唐中枢体制的发展演变》，第101—109页。

④　陆扬《清流文化与唐帝国》，北京大学出版社，2016年，第6—8页。

⑤　方诚峰《从唐宋宰相概念论君主支配模式》，《史学月刊》2021年第3期。

于身处相应时代的外朝士人而言,在大部分状况下或许也会更加关注宦官所任使职的具体职能行使,而非宦官作为刑余之人的特殊身份。对宦官特殊身份的强调是后人站在前述"唐代宦官之祸"以及"宦官专权"的立场上所带来的结果,陆扬的研究某种意义上拉开了这层当代学者站在近现代立场上看中晚唐的遮蔽帷幕,使学者们得以有意识地回到过去的语境探讨中晚唐宦官的诸多具体问题[①]。

　　"官僚化"宦官的提出,固然离不开宦官使职,尤其是内诸司使等制度话题基于出土石刻材料的迅速发展。陆扬即是以刘弘规、梁守谦的碑志为中心,详细勾勒两人"生命史"的同时,展现了一个官僚化宦官群体的崛起与 9 世纪中期新秩序的建立。不过这一理论也能够反向影响宦官制度、社会史等方向的研究。笔者在第一部分所提及的,希望将内诸司使放入中晚唐诸官使职化的整体趋向中考察,以及第三部分家族史研究中对"家族"而非"宦官"本身的注目和再思考,便正是在"官僚化"宦官理论的基础上,淡化宦官身份特点的尝试。本节中提到的、对非宦官中心材料群重视的必要,也应在这样的背景下去审视考察。

---

　　①　也需指出的是,本文所讨论的内诸司使的出现和体系化,宦官在镇监军的"使职化",乃至宦官家族的形成,皆可视作这一制度化、官僚化趋势之下的重要表现。反过来,宦官履职和升进与时代相应的体系性,以及部分状况下的家族背景,又成为了判断上层宦官状况的依据:是为"准官僚",还是依赖与皇帝之间的私人关系维持权力的"家臣"。这样的区分成为了研究宦官政治史时一件重要的理论工具。近年较好利用这件工具的研究可见吴晓丰《僖宗入蜀与唐王朝的符命宣传——〈西川青羊宫碑铭〉考释》,《魏晋南北朝隋唐史资料》第 36 辑,2017 年。张照阳《论贞元时期宦官与神策军的结合》,《文史》2021 年第 4 辑。

唐代镇军制与四镇军政体制的演进研究述评

胡　康

绪　论

《新唐书·兵志》曰:"盖唐有天下二百余年,而兵之大势三变,其始盛时有府兵,府兵后废而为彍骑,彍骑又废,而方镇之兵盛矣。"[①]在欧阳修眼中,唐代的兵制曾发生过三次重大变化,故专门立《兵志》以记之。欧阳修所言三次变化即府兵、彍骑、方镇之兵,这一概括虽未必准确,但唐代的军事制度确实经历了多次变化。这其中变化最大、影响最深远的,恐怕就是从临时性的行军逐渐转为长期镇守的镇军了,镇军的出现不仅使得唐代的军镇体制经历了一次更新,还为节度使体制的成立奠定了基础。唐初作战主要依靠以兵募为主的行军(详后),战争结束后,士兵返乡,并无久镇任务。到了高宗时期,因为吐蕃的威胁,唐军开始在陇右地区长久驻扎,新军镇随之产生。兵募、健儿长期驻扎在某地的制度就是本文所言的"镇军制",镇军制是相对于此前临时性的行军而言的,属于新军制。

贞观十四年(640),唐军一举攻灭麴氏高昌王国,由此揭开了唐王朝经营西域的序幕。随后,唐朝又以西州为基地,一路西进,设置安西四镇,取代西突厥成为西域地区的掌控者,此后直到8世纪末[②],西域大部分时间都掌握在唐朝手中。为了加强对西域地区的控制,唐朝将内地的许多制度都推行到了西州和四镇,其中就包括镇军制。长寿元年(692),"武威军总管王孝杰、阿史那忠节大破

---

① 《新唐书》卷五〇《兵志》,中华书局,1975 年,第 1323—1324 页。

② 关于四镇,尤其是于阗陷蕃时间的最新研究,可参见沈琛《8 世纪末吐蕃占领于阗史事钩沉》,《西域研究》2022 年第 3 期,第 53—61 页。

吐蕃，克复龟兹、于阗等四镇，自此复于龟兹置安西都护府，用汉兵三万人以镇之"①。三万汉军进驻四镇后，唐朝在西域的军事体制开始发生变化，庭州的瀚海军、西州的天山军也先后设立，原先分散的镇戍逐渐退出历史舞台，更大规模的军、守捉陆续出现，兵募和健儿成为了镇守军的主力，原本的府兵、防丁则不可避免地衰落了下去。这一军事体制的变化当然不是只发生在西域，全国范围内都先后经历了这一变化，但西域的变化不仅是比较早的，也是我们了解得最多的。借助大量吐鲁番、库车、和田等地出土的文书，我们可以比较细致地了解到镇军制推行前和推行后，唐朝在西域所推行的军事制度的发展演变。从某种程度上说，西域所发生的变化也是全国军制变化的一个缩影，从西域的例子出发，我们可以对这一影响深远的军事体制变革有更深入的认识。

除了边防制度外，镇军制的推行也对四镇的军政体制产生了极为深远的影响。在唐军进入西域之前，西域诸绿洲国家已经与游牧民族形成了一种共生关系②，绿洲国家附属于游牧势力，游牧帝国则派人对诸国进行监督，但并不干涉诸国的活动，这是一种松散的共生关系。唐朝取代西突厥后，仅仅在四镇设置了少量兵马，军事力量较为薄弱，故龟兹降而复叛，四镇也多次失守，唐朝实际控制四镇的时间并不长，四镇诸国实际上还拥有相当的独立性，这一时期的四镇体制可以称为真正的羁縻体制。长寿元年，三万汉军进驻四镇后，唐朝对四镇的统治大为强化，镇守军开始直接介入四镇诸国的统治体制中。张广达对这一体制有很好的概括，他指出："唐朝在天山南北、葱岭东西设立羁縻州府，并立原来首领或国王为刺史或都督，目的显然在于使各自民族首领处理各自的民政。然而，自长寿以来，在各羁縻州府所在地又设统率汉军兵马的镇守使。这就在设有当地民族的都督或刺史的地方，又有节度使派来的节度副使、镇守使的存在。这样，一些地方就出现了一种胡汉结合的军政体制。"③王小甫也认为："唐朝胡汉并存的统治方式在具体实践中还有一个介乎州县制与小邦国王间的过渡形式，这就

---

① 《旧唐书》卷一九八《龟兹传》，中华书局，1975 年，第 5304 页。
② 荒川正晴《遊牧國家とオアシス國家の共生關係——西突厥と麴氏高昌國のケースから》，《東洋史研究》第 67 卷第 2 号，2008 年，第 194—228 页。
③ 张广达《唐灭高昌国后的西州形势》，收入《文书、典籍与西域史地》，广西师范大学出版社，2008 年，第 149—150 页。

是安西四镇。安西四镇才是胡汉并存的统治方式具体表现的地方。"①两位先生都注意到了四镇地区的特殊性,胡汉结合的军政体制之所以能够形成并长期维持,归根结底还是与镇军制有关。镇军制的推行,不仅使唐朝在四镇地区形成了一套胡汉结合的军政体制,还使得"西域"的概念逐步西移,到了开元、天宝时期,四镇已然成为时人眼中与内地一样的唐朝州县,而"西域"也指的是葱岭以西了②。镇军制的推行毫无疑问是四镇军政体制演进过程中的重大事件。

　　正是由于镇军制的推行,对唐朝在西域的边防制度及四镇的军政体制均产生了巨大的影响,故学者们围绕相关问题进行了持续的研究。本文即是试图就以上两个问题,对截止到 2022 年 9 月的既有研究成果进行系统的梳理,并在此基础上总结已有研究的成绩和不足,对未来可以继续挖掘和深化的问题做进一步展望。

一、镇军制与唐代军事制度演变的研究史回顾

　　要理解镇军制对唐代军事体制转变的深远影响,我们必须先关注镇军制形成以前的唐代军事制度,以下即对唐前期的府兵、兵募、防丁、行军制度的研究史做一回顾,需要说明的是,本文主要关注的是诸兵种的军事职能,故相关回顾也以对军事职能的研究为主。

　　提到唐前期的军事制度,就不能不提府兵制,府兵制作为唐代前期最重要的军事制度,历来受到学者关注,相关研究可谓汗牛充栋,与本文有关的主要是对府兵制军事职能的研究。1930 年,滨口重国发表了名文《府兵制度より新兵制へ》,首次系统勾勒出了唐代前期的军制演变脉络。府兵制是滨口重国关注的重点内容,滨口认为府兵主要承担三方面的任务,即宿卫番上、地方镇守、征行作战③,这一观点后来又被栗原益男继承,并展开了进一步论证④。从大的趋势来

---

①　王小甫《唐、吐蕃、大食政治关系史》,中国人民大学出版社,2009 年,第 9 页。

②　荣新江、文欣《"西域"概念的变化与唐朝"边境"的西移——兼谈安西都护府在唐政治体系中的地位》,《北京大学学报》2012 年第 4 期,第 113—119 页。

③　滨口重国《府兵制度より新兵制へ》,收入《秦汉隋唐史の研究》上卷,东京大学出版会,1966 年,第 49—76 页。

④　栗原益男《府兵制の崩壊と新兵種——前半期唐朝支配の崩壊に関する若干の考察をふくめて》,原载《史学雑誌》第 73 编第 2,3 号,1964 年;《彍騎について》,原载《上智史学》第 10 号,（转下页）

讲,滨口的分类并无太大问题,府兵在唐初的军事格局中确实占有举足轻重的地位,但这三个任务是否都是由府兵承担,府兵是否真发挥了如此大的作用,现在看来却是值得商榷的,这从下文的学术史回顾中就能看出来。

　　番上是府兵的基本任务之一,《新唐书·兵志》言:"凡当宿卫者番上,兵部以远近给番,五百里为五番,千里七番,一千五百里八番,二千里十番,外为十二番,皆一月上。"①按此记载,似乎所有府兵都需要到中央去宿卫,那么,事实是否如此呢? 在《府兵制度より新兵制へ》一文中,滨口重国就对距离较远的府兵频繁的上番是否能得到执行、执行到什么程度产生了怀疑②。在 1962 年出版的《府兵制度考释》一书中,谷霁光一方面认为府兵上番,即分番宿卫京城,是府兵经常性的任务,另一方面又认为离京城远的折冲府,虽然没有宿卫任务,但需要前往各地征行镇守,武则天以后还出现了府兵长征不归的现象,番第的规定也适用于征行镇守,不必纳资代番③。很显然,谷霁光已经怀疑不是所有府兵都需要去中央宿卫,边远地区的府兵更多地是承担征行镇守任务,但这一观点又与他对上番的解释相矛盾,实际上还是不能自圆其说。

　　1963 年,日比野丈夫发表了《唐代蒲昌府文书の研究》一文,公布了一批日本宁乐美术馆和桥本关雪美术馆所藏开元二年(714)的蒲昌府文书。这批文书的公布,使得府兵需要到中央上番的论点遭到了极大的挑战。日比野丈夫发现蒲昌府文书中并没有府兵前往长安宿卫的记录,蒲昌府卫士主要是在地方承担各类劳役,故他怀疑边远地区的府兵是否免除了上番任务而代之以镇戍任务④。菊池英夫在 1968 年发表的文章中认为随着府兵制的发展,边远地区的卫士逐渐不到京城上番而专门守卫边防⑤。换言之,菊池认为最开始时,所有的府兵都需

(接上页)1965 年;《長征健児制成立の前提》,原載《山本博士還暦記念東洋史論叢》,山川出版社,1972 年。以上三文均收入《唐宋變革期の國家と社會》,汲古书院,2014 年,第 55—154 页。

　　①　《新唐书》卷五〇《兵志》,第 1326 页。

　　②　滨口重国《府兵制度より新兵制へ》,收入《秦漢隋唐史の研究》上卷,第 40—41 页。

　　③　谷霁光《府兵制度考释》,中华书局,2011 年,第 155—157 页。此书最初于 1962 年由上海人民出版社出版。

　　④　日比野丈夫《唐代蒲昌府文書の研究》,《東方學報》第 33 卷,1963 年,第 267—314 页。陈国灿、刘永增此后又对这批文书进行了重新整理、编目、录文,参见陈国灿、刘永增《日本宁乐美术馆藏吐鲁番文书》,文物出版社,1997 年。

　　⑤　菊池英夫《唐折衝府の分布問題に關する一解釋》,《東洋史研究》第 27 卷第 2 号,1968 年,第 121—157 页。此处参考了中译本,参见菊池英夫《唐代折冲府分布问题研究》,韩昇译,(转下页)

要去中央上番。1969 年,菊池英夫发表了他对蒲昌府文书的看法,他再次注意到了蒲昌府文书所呈现出的府兵不到中央去成卫上番的现象,他根据此前对于折冲府分布问题的研究,认为到京师上番的折冲府应该是集中在关中、河南、河东三地,其他地方的府兵虽然不用到京师宿卫,但需要在地方上承担防卫任务,组织行军时,全府兵力都可能会被征入军中作战①。与前一年的观点相比,菊池对府兵上番的解释已经退了一步,即承认不是所有的府兵都需要番上宿卫。

唐长孺也注意到了这个问题,他在为《新唐书·兵志》作笺证时,就曾认为玄宗时期的河北府兵似乎不用番上宿卫,而是专门防御契丹和奚②。1990 年,唐长孺又对此问题进行了考察,他认为西州的军事任务十分繁重,朝廷每年还要调发上千人来协助防守,在此情况下,西州折冲府很难抽出人力去京城宿卫,加之吐鲁番文书中没有番上宿卫的记载,故他认为西州府兵去长安上番是可疑的③。张国刚根据折冲府的分布图,认为关内、河南、河东的府兵充当宿卫已经足够,河北、陇右、江南等地的府兵主要任务不是番上宿卫,而是在地方服役④。2007 年,孟宪实再次注意到了这个问题,他依据新获吐鲁番文书中"今月一日番上,配城西门"的记载,认为所谓"番上"并不是只有到长安宿卫的含义,也有地方执勤的意思,府兵在地方上的轮番执勤就是番上⑤。至此,边远地区府兵不用到京师宿卫的看法得到了学界公认,番上的含义也由此明确。

除了上番,府兵还承担着征行和镇守的任务。关于府兵的征行、镇守,滨口重国、岑仲勉、谷霁光等学者都曾有过讨论⑥,但他们主要依据的是传世史料,所论有限。吐鲁番文书的出土,为研究府兵制带来了一手材料,也让学者们对唐代府兵制的运行有了更为深入的研究,下文的回顾即主要围绕吐鲁番文书展开。

(接上页)载《日本学者研究中国史论著选译》第 4 卷,中华书局,1992 年,第 553 页。

　①　菊池英夫《西域出土文書を通してみたる唐玄宗時代における府兵制の運用(上)》,《東洋學報》第 52 卷第 3 号,1969 年,第 39—43 页。

　②　唐长孺《唐书兵志笺证》,中华书局,2011 年,第 11 页。

　③　唐长孺《吐鲁番文书中所见的西州府兵》,原载唐长孺主编《敦煌吐鲁番文书初探二编》,武汉大学出版社,1990 年,后收入《山居丛稿(三编)》,中华书局,2011 年,第 261 页。

　④　张国刚《唐代府兵的渊源与番役》,《历史研究》1989 年第 6 期,第 158 页。

　⑤　孟宪实《唐代府兵"番上"新解》,原载《历史研究》2007 年第 2 期,修改后收入荣新江、李肖、孟宪实主编《新获吐鲁番出土文献研究论集》,中国人民大学出版社,2010 年,第 303—318 页。

　⑥　滨口重国《府兵制度より新兵制へ》,收入《秦漢隋唐史の研究》上卷,第 15—37 页;岑仲勉《府兵制度研究》,上海人民出版社,1957 年,第 44—62 页;谷霁光《府兵制度考释》,第 142—184 页。

吐鲁番出土的府兵文书,以开元二年的蒲昌府文书最具代表性。继 1963 年刊布宁乐美术馆、桥本关雪纪念馆所藏的蒲昌府文书后,1973 年,日比野丈夫又公布了 21 件蒲昌府文书,并对文书做了初步研究①。1969 年,菊池英夫在日比野丈夫研究的基础上,利用蒲昌府文书进一步讨论了玄宗时期府兵制的运行。他指出府兵有三大任务,即上番、前线勤务和后方勤务,前线勤务即参与前线作战,例如担任游奕、长探、虞候,在守捉、镇、戍、烽作战,后方勤务则是守卫城门、仓库、渡津、馆驿,到车坊、马坊、长行坊服役。原则上,州和折冲府之间并没有直接的统属关系,只有在简点府兵、发兵、府官考核、马匹岁阅等事务上才会进行合作。但从蒲昌府文书看,从兵员的差遣到烽兵的分派,这些与军事有关的事务,西州都掌握着相当广泛的决定权,菊池由此认为存在折冲府和镇戍都进入州的统属之下的情况②。唐长孺利用各类文书,对西州府兵进行了全面而又深入的研究。他认为西州的府兵主要承担征镇防戍的任务,在西州未设天山军以前,府兵依然是西州的主要军事力量,且西州府兵的拣点原则在太宗、高宗时期尚能得到遵守,但武周以后,兵役繁重,大量贫弱单丁被拣点入军。随着兵募的发展,到了开元二年,蒲昌府已经不再承担重要军事任务,仅是负责警卫、烽燧等工作③。除了日比野丈夫已公布的蒲昌府文书外,辽宁省档案馆也藏有 5 件蒲昌府文书,这 5 件文书原为罗振玉旧藏,后辗转入藏辽宁省档案馆。1982 年,辽宁省档案馆在《历史档案》上刊发了《唐代档案》一文,公布了这 5 件文书,并认为文书系出自敦煌石窟④。1985 年,荣新江撰文研究了这 5 件文书,认为文书系出于吐鲁番的蒲昌府文书,并对文书做了定名⑤。1994 年,陈国灿在《东访吐鲁番文书纪要(二)》一文中简单提及这 5 件文书⑥,随后在 2001 年专门撰文讨论了这 5 件文

①　日比野丈夫《新獲の唐代蒲昌府文書について》,《東方学報》第 45 卷,1973 年,第 363—376页。日比野丈夫 1973 年刊布的文书目前还难以确定具体的收藏点。

②　菊池英夫《西域出土文書を通してみたる唐玄宗時代における府兵制の運用(下)》,《東洋學報》第 52 卷,1969 年,第 53—95 页。气贺泽保规也利用蒲昌府文书讨论了西州府兵承担的任务,其结论与菊池英夫大致相同,参见气贺泽保规《唐代西州における府兵制の展開と府兵兵士》,收入《府兵制の研究——府兵兵士とその社会》,同朋舍,1999 年,第 353—368 页。

③　唐长孺《吐鲁番文书中所见的西州府兵》,收入《山居丛稿(三编)》,第 226—299 页。

④　辽宁省档案馆《唐代档案》,《历史档案》1982 年第 4 期,第 2—5 页。

⑤　荣新江《辽宁省档案馆所藏唐蒲昌府文书》,载《中国敦煌吐鲁番学会研究通讯》1985 年第 4期,第 29—35 页。

⑥　陈国灿《东访吐鲁番文书纪要(二)》,《魏晋南北朝隋唐史资料》第 13 辑,武汉大学出版社,1994 年,第 43 页。

书。陈国灿首先对文书进行了重新录文,之后又结合其他蒲昌府文书,对每一件文书反映的史事、人物、制度做了细致的考释①。除了上述收藏机构外,日本杏雨书屋也收录有两件蒲昌府文书,2012 年,杏雨书屋在《敦煌秘笈》一书中公布了这两件文书,即羽 620-1、羽 620-2②。荣新江随后将这两件文书考订为蒲昌府文书,并做了定名③。刘子凡根据这两件文书研究了蒲昌府和西州、赤亭镇、烽燧之间的牒文往来,他认为文书中的统押官或都巡官是具有临时性或承担特殊任务的军将,具有军事使职的特征④。2021 年,荣新江、史睿主编的《吐鲁番出土文献散录》出版,其中就收录了上述几件散见的蒲昌府文书⑤。

　　除了蒲昌府文书,吐鲁番文书中还有一件《开元三年(715)四月西州营诸队请受马料帐》文书。吴震最先对这件文书做了录文、考释,他认为文书中的西州营是由西州的几个折冲府组成的,文书记录的是西州营的名籍,这一支西州府兵是到陇西县临时执行运输任务的,名籍混乱是府兵制濒于崩溃的反映⑥。菊池英夫随后又对这件文书做了进一步研究,菊池赞同吴震提出的西州营与府兵有关的看法,但他认为这件文书并不是名籍,西州营也不是执行运输任务。这件文书是一件西州营请马料的账目文书,西州营可能是景龙年间的行军后,某个折冲府留驻在西州的府兵部队。在行军的部队中,还有从陇西县征发的兵募,陇西县向本县兵募提供的物资和装备储存在了西州,西州营的物资不足,因而领取了陇西县在西州的物资,这件文书就是西州营的领取记录⑦。很显然,菊池英夫更倾

　　①　陈国灿《辽宁省档案馆藏吐鲁番文书考释》,《魏晋南北朝隋唐史资料》第 18 辑,武汉大学出版社,2001 年,第 87—99 页。
　　②　武田科学振兴财团杏雨书屋编《敦煌秘笈·影片册》第 8 册,武田科学振兴财团,2012 年,第 269—270 页。
　　③　荣新江《日本散藏吐鲁番文献知见录》,《浙江大学学报》2016 年第 4 期,第 24 页。
　　④　刘子凡《杏雨书屋藏唐蒲昌府文书研究》,《唐研究》第 22 卷,北京大学出版社,2017 年,第 203—220 页。
　　⑤　荣新江、史睿主编《吐鲁番出土文献散录》,中华书局,2021 年,第 421、424—426、429 页。除杏雨书屋、辽宁省档案馆所藏蒲昌府文书外,该书还收录了一件编号为中国国家博物馆 8086 号的文书,内容也与蒲昌府文书密切相关,录文参见荣新江、史睿编《吐鲁番出土文献散录》,第 428 页。
　　⑥　吴震《唐开元三年〈西州营名笈〉初探》,《文物》1973 年第 10 期,第 66—73 页。
　　⑦　菊池英夫《新出吐鲁番唐代军制关系文书试释:〈开元三年四月西州营诸队火别请受马料帐〉について》,《北海道大学文学部纪要》第 27 卷第 1 期,1979 年,第 1—40 页。另有由旭声依据英文本译出的中文本,参见菊池英夫《论吐鲁番出土的开元三年西州营名籍》,由旭声译,《敦煌学辑刊》1985 年第 2 期,第 122—130 页。

向于认为这件文书与行军有关,领取马料也是在西州发生的。兵募出征时,"去给行赐,还给程粮"[1],去时的"行赐"并没有证据显示是由士兵所在州县运送到士兵服役之地,而且他对文书的解释实在过于迂曲,菊池的观点恐难成立。朱雷在前两人的研究基础上,又对文书做了更为深入的研究。朱雷赞同吴震的观点,也认为这批文书是西州府兵文书,在文书性质上,朱雷接受了菊池英夫马料帐的主张。接下来,朱雷结合开元初年唐蕃关系的背景,对文书做了进一步阐发。朱雷认为这件文书是开元三年由西州府兵组成的西州营在陇西县领取马料的记录,西州府兵远赴陇西作战,与开元二年吐蕃对陇右的进攻有关,这支西州营队伍很可能是在郭知运率领下前去支援陇右的[2]。相比于吴震和菊池英夫,朱雷的观点显然更有说服力,这组文书对我们研究府兵外出作战时的后勤补给及与当地官府的关系都具有十分重要的价值。

　　除了上述比较完整的文书外,吐鲁番文书中还有一些较为零散的府兵征行文书,孙继民利用这些文书研究了唐代府兵的征行制度。孙继民认为府兵征发时有三个原则,第一是非建制,即不按建制抽调,打破原编制单位在全府范围内抽调;第二是编入行军的府别编制原则,即各府的府兵编入行军时,依然按照原先的折冲府集中编在一起;第三是征发量的少数分散原则,即征行时,并非折冲府的兵员都全员出动,而是只征行一部分[3]。近年来,吐鲁番又陆续出土了一批与府兵征行和番代有关的文书,2007 年,文欣根据阿斯塔纳 501 号墓所出西州前庭府军事文书探讨了垂拱年间西域战事激烈之时的折冲府运行情况,指出战时的折冲府主要任务变成了征行,镇戍防守的任务随之减少,甚至由于人力紧张出现了越界防戍的情况[4]。他还进一步比较了垂拱年间府兵文书和开元二年蒲昌府文书的差异,他认为垂拱年间四镇驻军薄弱,一旦出现紧急情况,西州府兵

　　① (宋)王钦若等编《册府元龟》卷一三五《帝王部·愍征役》,中华书局,1960 年,第 1629 页上栏。

　　② 朱雷《唐开元二年西州府兵——"西州营"赴陇西御敌始末》,原载《敦煌学辑刊》1985 年第 2 期,后收入朱雷《敦煌吐鲁番文书论丛》,甘肃人民出版社,2000 年,第 244—258 页。

　　③ 孙继民《吐鲁番文书所见唐代府兵的征行制度》,收入《敦煌吐鲁番所出唐代军事文书初探》,中国社会科学出版社,2000 年,第 32—49 页。

　　④ 文欣《府兵番代文书的运行及垂拱战时的西州前庭府——以吐鲁番阿斯塔纳 501 号墓所出军事文书的整理为中心》,原载《敦煌吐鲁番研究》第 10 卷,上海古籍出版社,2007 年,修改后收入孟宪实、荣新江、李肖主编《秩序与生活:中古时期的吐鲁番社会》,中国人民大学出版社,2011 年,第 40—83 页。

就要大规模赴四镇作战,故垂拱年间府兵主要任务是征镇,但随着此后西州以西和以北地区驻军的增多,西州府兵的任务在开元年间变成了防戍[①]。文欣的这一观察十分敏锐,对我们进一步讨论府兵的变迁具有重要的参考价值。

在讨论唐代前期的军制问题时,除了府兵之外,兵募也需要关注。由于《邺侯家传》的影响[②],府兵的作用被无限夸大,兵募与募兵长期被混淆,兵募也迟迟未得到重视。滨口重国在讨论府兵制时,也注意到了府兵制衰落后,军镇兵力不足的问题。他认为军镇形成后,对兵力的需求大大提高,在府兵之外,唐廷也开始临时招募民丁,不过,此时的军镇主力依然是府兵。府兵由于镇守期限太长,纷纷逃亡,募兵的比例随之上升。开元初期,募兵成为军镇主力,并出现了久镇不归的现象,这些募兵就是健儿[③]。可以看到,滨口此时尚未注意到兵募的存在,他所言的募兵实际上就是兵募,滨口对两者并未严格区分。不只是滨口重国,岑仲勉、谷霁光、康乐等学者也要么将兵募与募兵混淆,要么未意识到兵募的存在,对兵募的重要性并未给予充分注意[④]。

1940 年,玉井是博首次指出在健儿之外,还有按时轮替的兵募,兵募与健儿、防丁都不同,兵募即文献中的征人,在作为健儿的常备兵兵力不足时,就从各地征发兵募,兵募是半强制征发的,与像长征健儿一样的纯粹招募的募兵不同[⑤]。强制征发和招募是区分兵募与募兵的重要标准,玉井是博从兵员的征集方式出发,对兵募与募兵进行了区分,澄清了长期以来的误解,在兵募研究史上具有重要意义,不过,玉井此时并未注意到兵募自唐初就已存在,他还是坚持认为兵募只是健儿的补充。1956 年,菊池英夫发表了全面研究唐代兵募的文章,

---

① 文欣《府兵番代文书的运行及垂拱战时的西州前庭府——以吐鲁番阿斯塔纳 501 号墓所出军事文书的整理为中心》,收入孟宪实、荣新江、李肖主编《秩序与生活:中古时期的吐鲁番社会》,第 80—81 页。

② 关于《邺侯家传》对后人府兵制印象的影响,可以参看平田阳一郎《唐代兵制＝府兵制の概念成立をめぐって——唐·李繁「邺侯家伝」の史料的性格と位置づけを中心に》,《史観》第 147 号,2002 年,第 17—32 页。

③ 滨口重国《府兵制度より新兵制へ》,收入《秦汉隋唐史の研究》上卷,第 53—55 页。

④ 岑仲勉在文中指出的从贞观以来的几次募兵其实指的是兵募,而非此后的募兵,他已将兵募与募兵相混淆,参见岑仲勉《府兵制度研究》,第 74 页。谷霁光在提到代府兵而兴起的健儿时,所认为的防人其实大部分指的是兵募,参见谷霁光《府兵制度考释》,第 221 页。康乐《唐代前期的边防》,台湾大学出版委员会,1979 年,第 154—155 页,康乐文中提到的募兵,实际上不少都是兵募。

⑤ 玉井是博《唐代防丁考》,收入《支那社会经济史研究》,岩波书店,1942 年,第 240—243 页。

在文中,菊池详细讨论了兵募的名称、征发过程、征发对象以及担任的任务等问题。与玉井是博将兵募视作健儿的补充不同,菊池英夫是将兵募作为一个单独的兵种来研究的,他指出兵募并不是笼统的招募佣兵的指称,而是指代特殊兵种的固有名词。兵募属于临时差遣,遇到紧急军事情况时才会征发,负责征发的机构是地方州府,费用也由州一级承担,虽然征发对象有户等规定,但存在大量强制征发的情况。兵募一开始只是参加临时性的行军,但后来随着军事形势的变化,逐渐变为久镇,成为镇军,兵募是盛唐统治的支柱,其地位不容忽视①。相比于玉井是博,菊池英夫对兵募渊源的讨论更加全面,对兵募的评价也更高。在菊池英夫之后,栗原益男也注意到了兵募,栗原认为兵募是唐初行军中与府兵并列的重要兵员②,唐初的兵募还有一定的招募色彩,但到了后来已转变成了强制征发③。

　　1981 年,唐耕耦发表了《唐代前期的兵募》一文,他首先分析了兵募的性质、征发原则、任务等问题,认为兵募系临时从民丁中征募的军队,虽言募,但实际上是强制征发,兵募的征发由地方政府负责,征发范围也较广。唐耕耦还对兵募的地位给予了充分重视,他指出府兵与兵募都是唐前期的主要军队,但在以往的研究中府兵的作用被夸大了,兵募在唐前期的历次军事行动和防守边境中都是主要的军事力量,府兵制衰落后,兵募使用更多,作用更大,军镇兴起后,兵募逐渐久镇,并演化为了健儿④。唐文是国内第一篇系统论述兵募制度的论文,提出了许多真知灼见,至今仍然有重要参考价值。唐耕耦虽然没有注意到菊池的文章,但不难看出,两者对兵募的很多看法都是一致的,尤其是两人对兵募作用的强调,进一步打破了对府兵制的过高评价。1985 年,杨鸿年在《唐募兵制度》一文中系统梳理了从唐初至唐末的唐代募兵情况,杨鸿年认为募兵制并不始于开元十年(722)张说奏请募壮士充宿卫,募兵的现象自唐初就已存在,且一直延续到唐末。募兵需要资财,应募之人也需有一定能力,且基本遵循自愿原则,也无地

---

① 菊池英夫《唐代兵募の性格と名稱とについて》,《史淵》第 67、68 合并号,1956 年,第 75—98 页。

② 栗原益男《府兵制の崩壊と新兵種——前半期唐朝支配の崩壊に関する若干の考察をふくめて》,收入《唐宋變革期の國家と社會》,第 44 页。

③ 同上,第 59 页。

④ 唐耕耦《唐代前期的兵募》,《历史研究》1981 年第 4 期,第 159—172 页。

区限制①。杨鸿年对募兵的定义比较宽泛，对唐前期的兵募与唐中后期的职业募兵并未进行严格区分，但两者实际上是存在不小差别的，例如兵募的征发就未必遵循自愿原则，杨文也未注意到此前发表的唐耕耦关于兵募的研究文章，这不能不说是十分遗憾的。1988 年，方积六又在杨鸿年基础上再次系统讨论了唐代的募兵制度，他认为唐前期在普遍征兵之外，也曾招募兵士，这类募兵包括两种情况，一是因战事需要而征集，战争结束之后散归乡里，二是招募兵士戍守，定期轮替。开元二十五年(737)后，这类临时的招募逐渐向制度化方向发展，并在安史之乱后得到了快速发展，并推广到了全国。在后文中，方积六还细致地讨论了唐后期募兵制的发展历程及相关制度②。方文所言的唐前期募兵的两种情况事实上指的都是兵募，虽然没有做出明确区分，但方积六显然已经意识到了唐前期的募兵与开元二十五年后的募兵存在不同，他后文所着重讨论的也是唐代中后期的募兵。

同年，张国刚发表了《关于唐代兵募制度的几个问题》一文，张国刚在文中依次讨论了兵募的集兵方式、服役情况、行赐与资粮、性质等问题。除了对菊池英夫和唐耕耦的观点进行进一步补充外，张国刚还结合吐鲁番文书重点讨论了兵募资粮的问题，这恰好是上述两人未重点讨论的。张国刚认为兵募行赐的来源是本州的租庸调和脚价钱，赴役途中的给养由沿途州县负责，在军镇服役期间则由军府负责供给③。唐长孺长期研究唐代兵制，在 1992 年出版的《魏晋南北朝隋唐史三论》之《唐代前期的府兵与兵募》一节中，唐长孺对多年来研究的成果进行了总结。唐长孺认为兵募是唐朝前期最主要的军事力量，不论是征行或远镇，兵募的比例都比府兵高。唐代前期征发制的破坏首先体现在兵募上，兵士身份的低落和痛苦境遇也最先见于兵募而非卫士④。孟彦弘《唐代前期的兵制与边防》一文也涉及了兵募的讨论。孟彦弘认为显庆五年(660)之后，镇兵已经基本上成为募兵，但镇守有一定时限，开元初年，唐廷在镇兵中另设战兵，镇守期限比

---

① 杨鸿年《唐募兵制度》，《中国史研究》1985 年第 3 期，第 39—47 页。

② 方积六《关于唐代募兵制度的探讨》，《中国史研究》1988 年第 3 期，第 110—119 页。

③ 张国刚《关于唐代兵募制度的几个问题》，最初发表于《南开学报》1988 年第 1 期，后收入《唐代政治制度研究论集》，文津出版社有限公司，1994 年，第 29—48 页。

④ 唐长孺《唐代前期的府兵与兵募》，《魏晋南北朝隋唐史三论》，中华书局，2011 年，第 395—398 页。此书最初于 1992 年由武汉大学出版社出版。

一般镇兵长,最终在开元中期演变为了职业兵——健儿。镇兵担起主要军事任务后,府兵失去了存在价值①。孟彦弘的观点与上述学者的观点大体一致,不同之处在于,上述学者认为兵募是一种与府兵相并行的制度,具有一定的规范性,与后来的纯粹募兵有一定区别,而孟氏则未严格区分,他所言的募兵就是兵募,职业战兵则是上述学者认为的募兵。

除了府兵和兵募,唐初的重要军事力量还有防丁。史籍中对防丁(或丁防)的记载很少,滨口重国依据有限的史料,最早注意到了防丁,并将防丁与府兵联系了起来。滨口指出,在府兵制还未衰落前,就有防丁被派到镇戍协助府兵镇守,不过,此时的防丁只是辅助力量。军镇兴起,府兵衰落后,镇戍力量不足,为填补府兵留下的空白,防丁的数量大大增加。在防丁的征集上,滨口倾向于认为是募(虽然在实际操作中更接近于强制),府兵制衰落后,军镇的健儿与镇戍的防丁都实现了募人化②。之后,玉井是博又利用敦煌所出的《郿县尉判集》对防丁制度进行了研究。《郿县尉判集》为开元年间的歧州郿县县尉的判文合集,其中收录了几条和防丁相关的判文。玉井是博也认为防丁的兴起与府兵制的衰落有关,府兵逃散后,地方上防守的兵力不足,防丁由此被派遣到地方的镇戍,弥补地方防人的不足,这一认识与滨口重国的看法是一致的。与滨口不同的地方在于,玉井是博认为防丁是一种强制征发的义务兵役,并非招募③。栗原益男也认为防丁是府兵制衰落后才出现的新兵种,且在成立之初就是采用征发的④。

之后,唐长孺、张国刚又相继对防丁进行了研究,与滨口重国、玉井是博、栗原益男认为防丁是在府兵制衰落后才出现不同,唐长孺认为征发民丁防守的现象可以上推到西魏时期,防丁一词虽至开元时期才出现,但其实一直存在,防丁属于兵役⑤。唐长孺的研究打破了将防丁与府兵捆绑在一起的成见,将防丁作为一种独立于府兵、兵募之外的兵种开展研究,在防丁的研究史中具有重要意义。张国刚也对日本学者的观点做出了修正。针对滨口重国、玉井是博所认为

---

① 孟彦弘《唐前期的兵制与边防》,《唐研究》第 1 卷,北京大学出版社,1995 年,第 260 页。

② 滨口重国《府兵制度より新兵制へ》,收入《秦漢隋唐史の研究》上卷,第 54 页。

③ 玉井是博《唐代防丁考》,收入《支那社會經濟史研究》,第 238—239 页。

④ 栗原益男《府兵制の崩壊と新兵種——前半期唐朝支配の崩壊に関する若干の考察をふくめて》,收入《唐宋變革期の國家と社會》,第 43—44 页。

⑤ 唐长孺《敦煌所出郿县尉判集中所见的唐代防丁》,收入《山居丛稿》,中华书局,2011 年,第 413—424 页。

的防丁只在镇戍服役的观点,张国刚认为防丁不只是在镇戍,也在军镇中服役,防丁是一种与兵事活动有关的力役,由于防丁的负担较为沉重,民间产生了互相资助的传统①。经过中日学者持续不断的研究,我们对唐代防丁已有一个较为清楚的认识,防丁自唐初就已存在,与府兵制的衰落并没有关系,防丁更类似于一种强制性的兵役。

　　唐初若有重大军事行动,唐廷一般会组织行军进行作战。菊池英夫根据史籍和露布深入地讨论了唐代前期行军制的组织和人员构成。菊池认为,行军是唐朝组织军事行动时的野战军,与作为常备军的镇戍系统不同。在唐初的行军中,府兵、兵募和蕃兵都是组成行军的重要兵种,三者都会被编入行军中。到了武则天时期,随着府兵制的衰败,兵募已成为当时行军的主力。行军原本是战争结束即解散回朝,但随着边疆形势的变化,行军逐渐久驻,并渐渐转为了镇守军②。国内研究行军的学者以孙继民为代表,如果说菊池英夫主要是勾勒行军制度的演变线索的话,那么孙继民则是对行军制度进行全面梳理了,他对行军制度的渊源、行军的兵员构成、统帅、僚佐、编制、战术、后勤保障等问题均有涉及。孙继民认为行军作为唐代野战军的组织形式,其主要兵员包括府兵、兵募和蕃兵,兵募是行军的主体兵员,府兵则是核心兵员,行军在行进、作战时都以军、营、队为基本单位。虽然高宗仪凤以后,随着吐蕃、契丹等周边民族壮大,唐朝由攻势转为守势,在陇右出现了久镇的镇军,行军逐渐式微,但行军对镇军和节度使下军队体制的框架都产生了重要影响③。

　　以上回顾的是新军制形成前,学界对旧军制的研究情况,下文我们转入对新军制研究史的梳理。所谓新军制,即与府兵制相对的新兵种、新军镇。滨口重国认为的新兵制包括团结兵、健儿、彍骑,三者是在府兵制衰落后陆续出现的,三个新兵种分别取代了府兵原先承担的地方镇守、征行作战、宿卫番上三大任务④。与本文所谈的镇军制直接相关的是健儿。

---

① 张国刚《唐代防丁制度考述》,收入《唐代政治制度研究论集》,第 77—92 页。
② 菊池英夫《節度使制確立以前における「軍」制度の展開(続編)》,《東洋學報》第 45 卷第 1 号,1962 年,第 33—67 页。菊池英夫《節度使制確立以前における「軍」制度の展開》,《東洋學報》第 44 卷第 2 号,1961 年,第 73—85 页。
③ 孙继民《唐代行军制度研究》,中国社会科学出版社,2018 年。初版于文津出版社,1995 年。
④ 滨口重国《府兵制度より新兵制へ》,收入《秦漢隋唐史の研究》上卷,第 49—76 页。

首先需要回顾的是新军制形成的原因。滨口重国认为新军制的形成与府兵的衰落和崩溃存在密切关系,府兵制是在内外两方面因素影响下逐渐崩坏的,内部原因(制度原因)是折冲府分布不合理、上番制度不佳、府兵待遇不高且负担沉重,外部原因是富民奸猾之徒避役、均田制的破坏和新型军镇的出现①。栗原益男也认为均田制的崩坏与府兵制的衰落有着密切关系②。与滨口强调府兵制的崩坏是新军制产生的原因不同,岩佐精一郎认为河西、陇右诸军镇的出现与吐蕃、突厥等外敌的威胁相关,高宗、武后时代就兴起了设置新军镇的风潮,武后时期出现的陇右诸军大使就是负责统领诸军的,之后在此基础上产生了河西节度使③。菊池英夫赞同岩佐精一郎新军制产生于外部威胁的看法,他认为府兵制的衰落与镇戍的寡弱虽然也是新军镇出现的原因,但更重要的原因还是在于周边民族兴起后,唐朝的对外政策从羁縻转向了武力边防,唐朝的边境军力由此得到增强④。

唐长孺也注意到了新军制的形成问题,他认为先前的镇戍兵力分散且旧式军镇之间并没有统属关系,难以御敌,故武周以来,随着边境军事形势的紧张,兵募之制逐渐衰退,取而代之的是长期镇守的职业兵,在此基础上又形成了节度使制度⑤。康乐认为从高宗时期开始,唐朝面对的军事压力越来越大,边防结构随之进行了大幅度的调整,即从原先的临时派遣中央军队出击转为大量增加边境屯戍部队,并在此基础上出现了边境军区,继而诞生了节度使制度⑥。孟彦弘认为就唐代的边防体系而言,还有一个边地设置都护府取代都督府的阶段,都护府统领的镇兵是镇军形成的最早阶段,此后由于边地形势的变化,这类镇军不断增加,最终形成了彼此配合的军区,即节度使防区⑦。孟氏认为军制变化与边防形

① 滨口重国《府兵制度より新兵制へ》,收入《秦漢隋唐史の研究》上卷,第37—49页。
② 栗原益男《府兵制の崩壊と新兵種——前半期唐朝支配の崩壊に関する若干の考察をふくめて》,收入《唐宋變革期の國家と社會》,第47—54页。
③ 岩佐精一郎《河西節度使の起原に就いて》,《東洋學報》第23卷第2号,1936年,第259—271页。类似观点还见于岩佐精一郎的另一篇文章《節度使の起原》,收入和田清编《岩佐精一郎遺稿》,三秀舍,1936年,第24—25页。据书前著作目录和书后附记,此文最初发表于1930年。
④ 菊池英夫《節度使制確立以前における「軍」制度の展開》,《東洋學報》第44卷第2号,1961年,第56—58页。
⑤ 唐长孺《唐代前期的府兵与兵募》,《魏晋南北朝隋唐史三论》,第399—422页。
⑥ 康乐《唐代前期的边防》,第106—128页。
⑦ 孟彦弘《唐前期的兵制与边防》,《唐研究》第1卷,第253页。

势有关的观点与上述学者是一致的,他跳出从府兵制到新兵制的演进思路,从边防体系变迁的角度来讨论军制的变化,这一角度十分新颖,值得继续探究。

其次再来看作为新军制代表的健儿制的形成过程。滨口重国所认为的健儿实际上指的是代替府兵征战的军镇士兵,这与我们上文讨论的兵募多有重合之处。滨口重国认为府兵制衰落后,健儿替代府兵成为了唐朝征战的主力,健儿一开始有一定的镇守期限,后来则出现了久镇的迹象,最终在开元二十五唐廷下令招募愿意长镇的健儿后形成了长征健儿①。滨口重国的观点影响了不少后来的学者。1940 年,玉井是博在讨论防丁时也涉及了健儿的问题,他认为健儿是军队的常备兵,且是强制征发的,一开始还按时轮替,开元二十五年后,健儿才开始募兵化,常驻边疆,健儿募兵化是在长征健儿的招募中创造完成的②。这一观点与滨口的认识基本相同。1962 年,谷霁光在《府兵制度考释》一书中提出,健儿是府兵制破坏后出现的新兵种,健儿就是原先的防人,防人演变为官健③。防人多指到镇戍防守的防丁或兵募,防丁与健儿是完全不同的两个兵种,各自的演化轨迹也不相同,谷霁光未能将两者区分,因此他的观点难以成立。之后,栗原益男又在 1964 年、1973 年先后对健儿、长征健儿进行了新的研究,他赞同滨口重国的观点,认为健儿制的出现与府兵制的崩溃有关。在滨口重国基础上,栗原进一步补充认为健儿的前身是高宗时期出现的猛士④。长征健儿的来源,一个是征行人,即原先就在军镇的健儿,另一个则是客户⑤,长征健儿的出现标志着唐朝从征兵制转向了募兵制⑥。与滨口重国、玉井是博、栗原益男不同,唐长孺对兵募和健儿进行了严格的区分,他认为两者并不相同,兵募出自征发,健儿则来自召募。健儿虽在中宗年间才始见,但在此之前就应该存在,高宗年间的猛士,实质上等同于健儿,开元年间征镇远行的军队仍以兵募为主,健儿还不及兵募普

① 滨口重国《府兵制度より新兵制へ》,收入《秦漢隋唐史の研究》上卷,第 68—69 页。

② 玉井是博《唐代防丁考》,收入《支那社會經濟史研究》,第 241—243 页。

③ 谷霁光《府兵制度考释》,第 220 页。初版于 1962 年。

④ 栗原益男《府兵制の崩壊と新兵種——前半期唐朝支配の崩壊に関する若干の考察をふくめて》,原载《史学雑誌》第 73 編第 2、3 号,1964 年,后收入《唐宋變革期の國家と社會》,第 56 页。

⑤ 栗原益男《長征健児制成立の前提》,原載《山本博士還暦記念東洋史論叢》,山川出版社,1972 年,后收入《唐宋變革期の國家と社會》,第 145—154 页。

⑥ 栗原益男《府兵制の崩壊と新兵種——前半期唐朝支配の崩壊に関する若干の考察をふくめて》,收入《唐宋變革期の國家と社會》,第 83 页。

遍。随着健儿及兵募事实上的久镇,唐廷变征为募,改番替为长镇,开元二十五年,长期镇守的长征健儿制出现①。

与唐长孺认为的健儿来自召募不同,张国刚认为健儿与兵募都来自州郡征发,主要区别有两点,一是健儿要"灼然骁勇",二是健儿分番上下,与兵募不同,健儿下番后仍是健儿,不会恢复到普通农民。开元二十五年后,健儿只是长住边军,还不是职业兵,安史之乱后,健儿才成为雇佣的职业兵,其家口生活也得到了官方保障②。从各处史料的记载看,健儿与兵募并不相同,张国刚强调的两点区别很值得注意,滨口重国、栗原益男不加区分地将府兵制衰败后的军镇士兵统称为健儿,极易造成误解。孟彦弘认为健儿有一个从泛称到专称的过程,健儿一开始是形容兵士骁勇,指的是一部分战斗力较强的部队,此后政府逐渐增加战兵,健儿成为了镇兵主力,所以称呼战兵的健儿最终成为了所有镇兵的称呼,在健儿成为职业兵之后,久镇成为必然,镇守军开始了地方化进程③。孟文揭示出的健儿从专称向泛称变化的经过及背景,与唐长孺、张国刚的研究正好可以互相配合,对照三人的成果,我们现在已可以对健儿制度有一个较为清晰的认识。与张国刚认为健儿在安史之乱后才成为职业兵不同,孟彦弘主张开元二十五年后各地镇军已经成为终身职业兵④。如果单纯从士兵由征变为募,镇军不再番代,且有固定防区的角度而言,笔者也认为开元二十五年后,健儿已成为职业兵,不用等到安史之乱后。相比于传统史料,吐鲁番文书提供了健儿制度的更多细节。孙继民利用吐鲁番所出神龙年间与健儿浑小弟相关的一组文书,研究了早期的健儿马匹配备及供料制度,在此基础上,孙继民进一步提出健儿作为兵员称谓至迟在武周时期就已出现,早期的健儿主要来自州县编户⑤。

除了关注健儿,在讨论镇军制影响下的新军制时,还需要对新军镇,即军、守捉、城、镇加以关注。关于新军镇的产生,滨口重国认为,随着唐朝统治区域的扩

① 唐长孺《军镇的设置与兵防健儿》,《魏晋南北朝隋唐史三论》,第405—411页。

② 张国刚《唐代健儿制度考》,收入《唐代政治制度研究论集》,第55—73页。

③ 孟彦弘《唐前期的兵制与边防》,《唐研究》第1卷,第259—265页。

④ 同上,第259—260页。

⑤ 孙继民《从浑小弟一组文书看唐代早期健儿制度的几个问题》,原载《敦煌学辑刊》1995年第1期,后收入《敦煌吐鲁番所出唐代军事文书初探》,第66—79页。

大,出征军队以临时屯驻为开端,最终逐渐转化为半永久性驻扎,以军、守捉、城、镇为代表的新军镇由此产生且数量逐渐增加①。滨口重国虽然注意到了行军久驻与新军镇形成的关系,但并没有展开详细讨论,真正深入讨论了新军制下军、守捉、镇的成立过程的是岩佐精一郎和菊池英夫,他们的研究至今仍是关于新军镇形成史的最重要参考成果,以下对两人的观点略作概述。

《新唐书·兵志》载:"唐初,兵之戍边者,大曰军、小曰守捉、曰城、曰镇,而总之者曰道。……此武德至天宝以前边防之制。其军、城、镇、守捉皆有使,而道有大将一人,曰大总管,已而更曰大都督。"②按照《新唐书》的这一段记载,似乎军、守捉、城、镇自唐初就已出现,且在诸军镇之上还有道,但事实是否如此呢? 岩佐精一郎、菊池英夫都认为《新唐书》的这一记载并不准确,这段记载实际上混淆了不同时代的制度,不可凭信③。

先看军,史籍中曾记载了几个设置于武德、贞观年间的军,如墨离军、赤水军、天山军、玉门军④,如果这些记载成立,则唐初就已出现了"军"这一军事单位。不过,这些记载受到了众多学者的质疑。滨口重国认为武德年间设置墨离军、玉门军的记载,难以让人充分相信⑤。岩佐精一郎对玉门、墨离、赤水、天山诸军的设置时间进行了一一考察,认为这些军设置于武德、贞观年间的记载不可靠,也与当时的边境形势不相应。"军"最早应是出现在高宗时期,仪凤三年(678)的青海之战失败后,以此为契机,唐朝的边疆政策开始从积极进取转为固守,仪凤二年设置的积石、莫门、河源三军是最早出现的军。"军"是在镇守大使、

---

① 滨口重国《府兵制度より新兵制へ》,收入《秦漢隋唐史の研究》上卷,第37—49页。

② 《新唐书》卷五〇《兵志》,第1328—1329页。

③ 岩佐精一郎《節度使の起原》,收入和田清编《岩佐精一郎遺稿》,第11—15页;菊池英夫《唐代辺防機関としての守捉・城・鎮等の成立過程について》,《東洋史学》第27卷,1964年,第31—32页。

④ 墨离军,《唐会要》卷七八《诸使中·节度使》载:"墨离军,本是月氏旧国,武德初置军焉。"(上海古籍出版社,2006年,第1690页)《旧五代史》卷二五《唐书一·武皇纪上》载:"始祖拔野,唐贞观中为墨离军使,从太宗讨高丽、薛延陀有功,为金方道副都护,因家于瓜州。"(中华书局,1976年,第331页)赤水军,《唐会要》卷七八《诸使中·节度使》载:"置在凉州西城,本赤乌镇,有泉水赤,因以为名。武德二年七月,安修仁以其地来降,遂置军焉。军之大者,莫过于此。"(第1689页)天山军,《唐会要》卷七八《诸使中·节度使》载:"置在西州,汉车师前王故国,地形高敞,改名高昌,贞观十四年置。"(第1690页)玉门军,《元和郡县图志》卷四〇《陇右道下·凉州》载:"玉门军,肃州西二百余里。武德中杨恭仁置。"(中华书局,1983年,第1018页)

⑤ 参见滨口重国《府兵制度より新兵制へ》,收入《秦漢隋唐史の研究》上卷,第47页。

经略大使所属镇兵的基础上成立的①。滨口重国、岩佐精一郎的质疑都很有道理,但对于史籍中为什么会出现这些唐初置军的记载,二人都未深究,真正廓清这一迷雾的是菊池英夫。菊池认为,"军"在唐代的史料中,有些指的是行军,有些指的是军镇的"军",两者经常混淆,这给学者们讨论"军"的形成带来了不小的困扰。菊池英夫首先通过排比史料,在滨口重国、岩佐精一郎的基础上进一步否定了墨离军、玉门军、赤水军设置于武德、贞观年间的记载,之后,他又一一辨析了恒阳军、大武军、天兵军等军的创置时间。菊池认为诸书对各军始置日期的记载虽然存在差异,但这些不同的记录都不应该轻易否定,之所以有不同的记载,一方面是因为各军在不同时期有移置、升降、管辖的变化,另一方面则是误将行军视作了军镇的"军"。史书中出现玉门军、墨离军、赤水军置于武德、贞观年间的记录,与三军各自的演化过程密切相关,因此不能简单地认为这些记录是完全错误的。最后,在滨口重国、岩佐精一郎的研究基础上,菊池英夫对行军如何转变为镇军做了进一步论证。菊池认为在从行军转为镇军的过程中,军镇的使府组织实际上继承了行军总管府的组织,行军久驻后,行军总管转为镇军总管,之后又在镇军总管基础上产生了镇守使、安抚使、经略使、镇军大使等使职,这些镇守使职是作为行军和军镇的联结点而存在的②。行军驻扎在占领地或作战要地的行动被称为镇守某地,不久之后,这一类具有一定组织的边防军团,就被称之为"镇守"③或"镇守军",行军全体转为镇军后,原先大规模行军的分支,也相应地演变为镇军的下属机构,各镇守基本上都冠以驻屯地的地名。同时,镇守军久驻后,需要建造各种防御设施,这些设施也作为永久性的城池而逐渐发展了起来,守捉、城、栅都与这些设施有关④。相比于滨口重国和岩佐精一郎,菊池英夫对"军"产生过程的讨论更为细致,特别是他对军镇创置时间的辨析、行军转为镇

---

①　岩佐精一郎《節度使の起原》,收入和田清编《岩佐精一郎遺稿》,第13—26页。类似观点还见于岩佐精一郎《河西節度使の起原に就いて》,《東洋學報》第23卷第2号,1936年,第117页。

②　菊池英夫《節度使制確立以前における「軍」制度の展開》,《東洋學報》第44卷第2号,1961年,第73—86页。

③　关于此处的镇守,菊池英夫在后文有一个定义,即"镇守是包括作为防御设施的城隍栅栏在内的边防机关",参见菊池英夫《節度使制確立以前における「軍」制度の展開(続編)》,《東洋學報》第45卷第1号,1962年,第56页。

④　菊池英夫《節度使制確立以前における「軍」制度の展開(続編)》,《東洋學報》第45卷第1号,1962年,第53—58页。

军所带来变化的分析，都格外具有启发意义。

守捉，岩佐精一郎、菊池英夫都认为这是唐代才出现的独特军事机构，两人观点的不同之处在于，岩佐精一郎认为守捉和军一样，在唐初并不存在[①]，菊池英夫则认为守捉在唐初就已存在，并对守捉的产生过程进行了讨论。菊池认为贞观九年（635）、十年（636），唐朝讨伐吐谷浑时，在鄯州设置的合川守捉是最早出现的守捉。守捉最初起源于行军中的游奕系统，随着行军变为镇军，守捉也逐渐固定化、一般化，成为了军下面的军镇。守捉中既有府兵，也有土镇兵、防丁以及兵募、健儿，以兵募、健儿为主体的守捉到了天宝时期才形成。守捉在成立初期，和行军一样都是以总管、押官来统帅的，在成为独立的边防机关后，出现了守捉使[②]。至于镇，岩佐精一郎注意到了《新唐书》《唐六典》《通典》诸书对镇的不同记录，他认为这些镇，有些是镇戍的镇，有些则与镇戍的镇不同，甚至可能与镇防团结兵有关，镇兵也许是镇防团结兵的略称，但无论如何，开元天宝时代都不存在一个叫做"镇"的特殊边防机关[③]。岩佐精一郎敏锐地意识到了诸书所记载的镇是有差别的，但未展开充分的分析。菊池英夫从镇的规模入手，认为所谓"镇"，实际上应该包括两类，一类是府兵制下镇戍的镇，规模较小，一类是新军制下的军镇，规模较大，史书中对两类镇的记录经常出现混淆，甚至《新唐书·兵志》的编者也难以区分。前一类镇，沿袭自前代，自唐初就有，兵员主要是府兵、防人，长官是镇将，而后一类则是随着行军常驻化而产生的，士兵主要是府兵以外的募兵，长官从行军总管转为镇军总管或镇军大总管，之后又演化为了镇使，但在史书中也存在大量把镇使称为镇将的情况。唐朝在边境转为固守后，镇戍下的镇被作为镇军行动、驻扎的据点来使用，指挥官也由镇军的长官担任，随着健儿的进驻，府兵制下的镇戍就这样逐渐转化为了镇军制下的军镇[④]。

比菊池英夫稍早，唐长孺在为《新唐书·兵志》作笺证时也注意到了新军镇的问题，虽然唐长孺没有注意到岩佐精一郎的成果，但他的观点和岩佐精一郎一

---

① 岩佐精一郎《節度使の起原》，收入和田清编《岩佐精一郎遗稿》，第15、18页。
② 菊池英夫《唐代边防機関としての守捉·城·鎮等の成立過程について》，《東洋史学》第27卷，1964年，第41—52页。
③ 岩佐精一郎《節度使の起原》，收入和田清编《岩佐精一郎遗稿》，第15、18页。
④ 菊池英夫《唐代边防機関としての守捉·城·鎮等の成立過程について》，《東洋史学》第27卷，1964年，第32—40页。

致,都认为军和守捉是稍晚才形成的①。程喜霖也认为守捉出现的时间较晚,在菊池英夫基础上,程喜霖进一步指出守捉也有大小之分,大守捉相当于中等军的人数,中等守捉与小军相当,小守捉则与上镇相当。守捉的规模随边州的人丁多寡和边境形势决定。高宗时期,出于攻防战略的需要,镇扩大为守捉,由此在史书中出现了守捉和镇互称、互相混淆的现象。守捉是介于军和镇之间或原镇扩大的军事机构,开元时期,守捉有的改军,有的改镇,守捉并非严格的概念,或许可以和镇互称②。程喜霖观点中最值得注意的是对守捉起源的分析,与菊池英夫所认为的守捉来源于行军中游奕系统的观点不同,程喜霖认为守捉可能是镇的扩大化。相比于菊池英夫的观点,笔者认为程喜霖的观点要更为合理。贞观九年讨伐吐谷浑后,唐朝军队在战争结束后并未久驻,实在找不出将游奕系统长期保留,并设置为守捉的理由。菊池英夫在研究“军”时就已注意到了史籍中对“军”设置日期不同的记录可能是出于不同时期军镇的升降,既然“军”可以从这方面考虑,为什么守捉不可以呢? 笔者认为《通典》和《元和郡县图志》所载贞观中侯君集所置的合川守捉③,其前身应是镇戍的镇,这个镇可能设置于讨伐吐谷浑的贞观九年,待新军制形成后,随着驻守兵力的大大增加,合川镇也升级成了合川守捉④,史籍所载贞观九年实际上是合川镇的设置日期,记为合川守捉属于追记。程喜霖所指出的守捉和军、镇之间可以互相转换的观点也很有道理,这从岚州岢岚军的演变过程也能看出来⑤,但三者之间的转换未必是集中在开元时期,守捉与镇也有着本质区别,两者不可等同。真正决定军、守捉、镇三者之间转换的应该是军队兵力的变化,军队人数增加时,守捉可以扩大为军,镇可以扩大

---

①　唐长孺《唐书兵志笺证》,第 36 页。初版于 1957 年,科学出版社。

②　程喜霖《吐鲁番文书所见唐代镇戍守捉》,收入程喜霖、陈习刚主编《吐鲁番唐代军事文书研究》(研究篇),新疆人民出版社,2013 年,第 248—256 页。

③　(唐)杜佑《通典》卷一七二《州郡二·序目下》:“合川郡界守捉,西平郡南百八十里,贞观中侯君集置。”中华书局,1988 年,第 4482 页。《元和郡县图志》卷三九《陇右道上·鄯州》:“合川郡守捉,州南一百八十里。贞观中侯君集置。”(第 991 页)

④　陈仲安、王素就认为史籍所载置于武德二年的赤水军,原本应该是镇,后来从镇升级为了军,高宗仪凤以前,置军和守捉很少,此后才逐渐增加。参见陈仲安、王素《汉唐职官制度研究》,中华书局,1983 年,第 224 页。赤水军由镇升为军,则合川守捉也很可能是由镇升为守捉。

⑤　从长安中到开元末,岢岚军数次在军、守捉、镇之间转换,关于岢岚军的演变,可参看冻国栋《唐代前期的岢岚镇与岢岚军——读敦煌所出〈诸道山河地名要略〉残卷札记之一》,《魏晋南北朝隋唐史资料》第 14 辑,武汉大学出版社,1996 年,第 100—105 页。

为守捉,如上文提到的赤水军、合川守捉,军队人数减少时,军可以降为守捉,守捉也可以降为镇,如岢岚军①。

　　之后,孟宪实又对唐前期的军镇演变做了进一步研究。在2001年完成的博士论文《唐前期军镇研究》中,孟宪实以军镇的演变为中心,详细讨论了军镇的发展过程。他认为军镇的发展有三个时期,即武德、贞观时期的滥觞阶段,军镇初创的高宗时期,军镇推广的武则天及之后的时期②。孟宪实先对这三个阶段所设军镇的具体设置时间做了一一辨析,然后又从军镇的类型、组织、兵员等角度讨论了军事地方化的问题,他认为军镇体制发生、发展的过程就是唐朝军制地方化的过程,即兵员本土化、军镇长官与地方行政首长的合一③。经过岩佐精一郎、菊池英夫和孟宪实等学者的研究后,我们目前对唐代军镇的演变趋势、演变过程、新军镇的特点等问题都已经有了较为全面的了解,他们的研究也为我们进一步讨论新旧军制的区别、镇军制之下唐代镇戍体系的演变等问题奠定了坚实基础。

　　由于吐鲁番文书的出土,我们目前了解得较多的是西州和四镇的镇戍体系。1988年,程喜霖即利用吐鲁番出土文书讨论了烽堠与守捉、镇戍的关系,程喜霖认为唐边州镇戍皆设置了烽堠,烽堠是镇戍守捉的警戒报警系统④。蒲昌府文书提到了不少西州的镇戍、烽堠,陈国灿即利用蒲昌府文书讨论了蒲昌府防区内的镇戍、烽堠分布情况,他认为西州的镇戍、烽堠分布与馆驿道路之间存在着密切的关系,很多镇戍就设置在交通要道,他还进一步考察了赤亭道、新开道、伊西北道等大道沿线的镇戍、烽燧分布情况,并对这些镇戍、烽燧的所在地做了比定⑤。此后,程喜霖又进一步从军事、交通的角度讨论了西州的镇戍布局,他认为唐前期西州设置了四镇十一戍,这些镇戍均分布在以高昌城为中心的通南北

---

　　① 岢岚军"景龙中张仁亶移军朔方,留一千人充守捉,属大武军,开元十二年,崔隐甫又置军,十五年,李嵩又废为镇,其后又改为军"。参见《唐会要》卷七八《节度使》,第1687页。岢岚军移往朔方后,剩下的1 000人成了为岢岚守捉,后义的置军、废镇、改军,都是对军队人数的调整。

　　② 孟宪实《唐前期军镇研究》,北京大学博士学位论文,2000年,第47—87页。

　　③ 同上,第87—112页。

　　④ 程喜霖《吐鲁番文书所见唐代镇戍守捉与烽堠》,中国敦煌吐鲁番学会编《敦煌吐鲁番学研究论文集》,汉语大词典出版社,1990年,第456—467页。此文最早在1988年的敦煌吐鲁番国际学术研讨会上发表,后收入会议论文集。

　　⑤ 陈国灿《唐西州蒲昌府防区内的镇戍及馆驿》,《魏晋南北朝隋唐史资料》第17辑,武汉大学出版社,2000年,第85—105页。

疆的交通要道上，并负责防范各方向的敌寇，西州是西域边州置镇戍的重点区域①。刘安志研究了唐朝在整个西域地区的军事部署情况，他从文书中找出了分别隶属于伊州、西州、北庭、安西四镇的城、镇、守捉、烽、戍等军事机构，他认为正是这些机构有力地保障了西域形势的稳定，这是长寿元年镇军久驻之后，唐朝边防机构逐渐完善的反映②。

　　在这些新成立的军镇中，我们了解得最多的是瀚海军。在敦煌文书中，还有一批来自北庭的文书，其中不少是与瀚海军相关的。随着敦煌文书的流散，这批文书现在主要收藏于英国、日本③，以下略作介绍。荣新江在给英国国家图书馆藏敦煌汉文非佛教文献编目时，较早注意到了馆内所藏的 S.11453H—L 和 S.11459C—H 两组文书，两组文书都有明确的"瀚海军之印"，可以确认为瀚海军文书。荣新江认为两组文书都应是揭自敦煌的经帙，且为同一文卷，他将之命名为《唐瀚海军典抄牒状文事目历》，并对两组文书的形制、行数、文书内容、长宽做了说明。他还将文书中提到的阴都护，与 P.2625《敦煌名族志》中提到的，曾在景龙三到四年（709—710）担任北庭都护、瀚海军使的阴嗣监相勘同，并就此认为文书的年代距离景龙三四年不远④。1995 年，《英藏敦煌文献》出版，其中的第 13 卷就刊布了这两组文书的图版⑤。文书刊布后，孙继民首先关注到了这两组文书，并发表长文进行了专门研究。他先对文书做了录文，进而在荣新江的研究基础上，对文书做了更为细致的分组和缀合，并重新调整了文书的命名。对于文书中提到的阴都护或阴副使，孙继民赞同荣新江的意见，也认为指的是阴嗣监⑥，

---

　　①　程喜霖《吐鲁番文书所见唐代镇戍守捉》，收入程喜霖、陈习刚主编《吐鲁番唐代军事文书研究》（研究篇），第 256—270 页。

　　②　刘安志《唐朝西域边防研究》，武汉大学博士学位论文，1999 年，第 35—52 页。

　　③　除了英国和日本，国内也有几件与瀚海军相关的文书，如中国国家图书馆所藏 BD09337、BD09342、BD09347 三件文书，孙继民认为这三件文书的年代与英藏瀚海军文书的年代相近，都在开元十五年左右。关于这三件文书的研究，可参见孙继民《国家图书馆所藏一组瀚海军文书的考释》，收入《唐代瀚海军文书研究》，甘肃文化出版社，2002 年，第 29—38 页。

　　④　荣新江《英国图书馆藏敦煌汉文非佛教文献残卷目录（S.6981—13624）》，新文丰出版公司，1994 年，第 209—211、214—215 页。

　　⑤　中国社会科学院历史研究所、英国国家图书馆编《英藏敦煌文献（汉文佛经以外部分）》，四川人民出版社，1995 年，第 277—281、291—295 页。

　　⑥　关于此处的阴都护，刘安志之后提出了不同意见，认为是阴嗣瓌的可能性更大，参见刘安志《唐朝西域边防研究》，第 21 页。此后孙继民也改变了看法，认为阴都护未必是阴嗣监，也可能是阴嗣瓌，参见孙继民《唐代瀚海军文书研究》，第 171—172 页。此点承蒙匿名评审专家指出，谨致谢忱。

并进一步根据文书中出现的开元十五年(727),认为瀚海军文书的年代当在开元十五年左右,阴嗣监任北庭都护一职持续到了开元中期。后文除了考证和副使以及孔目官制度的渊源外,最值得注意的是对瀚海军军制的考察,孙继民认为文书中的行营应是瀚海军之下轮台、俱六等守捉的派出机构,瀚海军的战斗序列则包括左一、左二、右一、右二等六军系列和诸守捉序列[①]。孙继民从几件文书的差异入手,进一步深化了我们对文书性质的认识,他对阴副使、和副使以及瀚海军战斗序列的考释也为我们的下一步研究奠定了基础。

日本所藏瀚海军文书为京都藤井有邻馆藏品。有邻馆文书中,最为知名的是一批长行马文书,这些文书已经由藤枝晃做了刊布和考释[②],除了长行马文书外,馆中还有一批同样出自北庭的文书,但却长期未能为学界所知。1954 年,饶宗颐在实地考察了有邻馆所藏文书后,撰写了《京都藤井氏有邻馆藏敦煌残卷纪略》一文,文后附有一份简要的文书目录,其中的牒状部分就包含了数件瀚海军文书[③]。饶宗颐的文章发表后,有邻馆文书逐渐为学界所知,1964 年,菊池英夫发表《西域出土汉文文献分类目录初稿》I,著录了大部分有邻馆文书,并附有部分文书的录文[④]。在同年发表的《唐代辺防機関としての守捉・城・鎮等の成立過程について》一文中,菊池英夫即利用了数件有邻馆文书,其中不少为瀚海军文书,如分别提到轮台守捉、张堡城守捉、俱六守捉的有邻馆 2、13、46 号文书[⑤]。进入 90 年代,内地学者陈国灿、施萍婷、荣新江又先后有机会踏访有邻馆,归国后,陈国灿、施萍婷都撰写了有邻馆所藏文书的目录[⑥],荣新江之后又对

---

①　孙继民《敦煌所出瀚海军两组文书试释》,收入《敦煌吐鲁番所出唐代军事文书初探》,第214—264 页。

②　藤枝晃《「長行馬」文書》,《東洋史研究》第 10 卷第 3 号,1948 年,第 213—217 页;藤枝晃《長行馬》,《墨美》第 60 号,1956 年,第 2—34 页。

③　饶宗颐《京都藤井氏有邻馆藏敦煌残卷纪略》,后收入《饶宗颐二十世纪学术文集》卷 8《敦煌学》(上),中国人民大学出版社,2009 年,第 134—139 页。

④　笔者未能目睹菊池英夫的目录,此信息转引自荣新江《海外敦煌吐鲁番文献知见录》,江西人民出版社,1996 年,第 194—195 页。

⑤　菊池英夫《唐代辺防機関としての守捉・城・鎮等の成立過程について》,《東洋史学》第 27卷,1964 年,第 45—46 页。

⑥　陈国灿《东访吐鲁番文书纪要(一)》,《魏晋南北朝隋唐史资料》第 12 辑,武汉大学出版社,1993 年,第 40—45 页。施萍婷《日本公私收藏敦煌遗书叙录(二)》,《敦煌研究》1994 年第 3 期,第90—100 页。

两人的目录做了进一步补充①。目前最完善的有邻馆所藏文书目录是陈国灿、刘安志主编的《吐鲁番文书总目》(日本收藏卷)有邻馆部分,书中对有邻馆所藏吐鲁番文书做了更为细致的描述,并对文书中的一些重点内容做了提示,文后所附既有研究成果目录,也极便学人②。遗憾的是,除了编目外,有邻馆所藏文书目前还没有一份完整的录文,许多重要文书的录文只是散见于各类学术论著中。

对瀚海军做出较为全面研究的是孙继民。2002 年,孙继民出版了《唐代瀚海军文书研究》一书,此书分上下两篇,上篇是对瀚海军相关文书的考释,主体部分即上文提及的对英藏 S.11453H—L 和 S.11459C—H 两组文书的研究。下篇是对瀚海军本体的专门研究,在广泛搜罗了上文提及的英国、日本以及中国所藏与瀚海军有关文书的基础上,孙继民从瀚海军的兵员、兵种、组织制度、杂役等方面,详细地讨论了新军制形成后的北庭瀚海军。孙继民认为瀚海军的兵员包括府兵、兵募、健儿,瀚海军有两个军事序列,一是诸军序列,即左一、左二、右一、右二等军,二是诸守捉序列,即轮台、耶勒、沙钵、俱六等守捉。守捉之下有两种情况,一是守捉统辖若干队,二是守捉统辖若干烽戍,前者体现的是野战军的战斗序列关系,后者体现的是烽戍属地的地缘关系。与安西镇守军高度分散的兵员来源不同,瀚海军的兵员来源相对集中,且主要以汉人居多。瀚海军承担着作坊、车坊、长行坊的诸多杂役,还需要参与屯田等其他事务③。孙继民的研究全面而细致,对我们了解新军镇下的瀚海军有很大帮助,但是文中的部分观点或许还可以商榷④。近期,刘子凡又重新利用瀚海军文书中的 S.11453、S.11459 讨论了北庭军镇体系发展的问题。这两件文书提到了沙钵、耶勒、俱六、轮台等几个守捉,这几个守捉又见于《新唐书·地理志》,而在《元和郡县图志》中,这几个守捉均作"镇",两处记录不同。孙继民在研究瀚海军文书时,也注意到这个问题,他认为守捉在前,镇在后,镇是由守捉改来的⑤。刘子凡则认为恰恰相反,应该

---

① 荣新江《海外敦煌吐鲁番文献知见录》,第 195—196 页。

② 陈国灿、刘安志主编《吐鲁番文书总目》(日本收藏卷),武汉大学出版社,2005 年,第 595—602 页。

③ 孙继民《唐代瀚海军文书研究》,第 79—170 页。

④ 例如,孙继民在讨论瀚海军的士兵来源时,主要依据的是《李慈艺勋告》,但勋告上记录的仅是立功受赏的士兵,并不能全面反映瀚海军的情况,笔者认为仅凭这份勋告还不能得出瀚海军的士兵来源相对集中且以汉人居多的观点,要讨论瀚海军士兵的来源,还需要更多资料。

⑤ 孙继民《唐代瀚海军文书研究》,第 127—128 页。

是先有镇,后面再改成守捉,《元和郡县图志》代表的是早期庭州镇成体系的情况,S.11453、S.11459 则反映了开元中期北庭军镇体系建立时的情况,《新唐书·地理志》反映的则是天宝后的面貌①。笔者赞同刘子凡的看法,在面对文书的军镇名与史书不同时,我们首先应该思考的或许是两者反映的时代不同,只有联系不同时代的军制演变背景,我们才能对这些差异做出更为合理的解释。

除了瀚海军外,得益于鸜鹆镇文书的发现,我们现在对作为镇的鸜鹆镇也有了较多的了解。1976 年,在今吐鲁番阿拉沟出土了数件唐代文书,这些文书经过整理后,于 2002 年被王炳华刊布。王炳华刊布的文书一共有 9 件,因文书中提到了不少鸜鹆镇及其下属烽铺的信息,故这批文书又被称为鸜鹆镇文书。王炳华认为今天的阿拉沟古堡遗址就是唐代的鸜鹆镇所在地,此地地形险要,且扼守交通要道,战略地位突出,唐朝势力进入西州不久后应该就已设置了鸜鹆镇,文书年代则在开元二十六年(738)到大历十一年(776)间。王炳华还进一步利用文书讨论了鸜鹆镇的兵员、组织、装备以及游弈所的活动等问题,他认为鸜鹆镇之下应包括鸜鹆、名岸两个游弈所,游弈所之下则是烽铺,全镇兵员大概在 100 人左右②。程喜霖也很快注意到了这几件文书,在文书年代上,他进一步将之确定为开元二十六年。他还对文书中涉及的土健儿、游弈、游弈所等术语进行了考释,比较值得注意的是对游弈所的分析。程喜霖认为鸜鹆镇之下应该有鸜鹆、名岸两个游弈所,鸜鹆镇属天山军节制,天山军之下还设有都游弈所,在战时即由都游弈所负责统一指挥在各镇的游弈所③。程喜霖所讨论的鸜鹆镇与天山军的关系,战时状态下各镇、各游弈所的运作等问题也都是极富研究价值的议题,值得继续关注。除了鸜鹆镇出土文书外,美国普林斯顿大学葛思德图书馆也藏有两件与鸜鹆镇下的鸜鹆仓相关的文书,这些文书最早由陈国灿做了提示④。

---

① 刘子凡《唐代北庭军镇体系的发展——敦煌 S.11453、S.11459 瀚海军文书再探讨》,《隋唐辽宋金元史论丛》第 11 辑,上海古籍出版社,2021 年,第 77—86 页。

② 王炳华《阿拉沟古堡及其出土唐代文书残纸》,荣新江主编《唐研究》第 8 卷,北京大学出版社,2002 年,第 323—345 页。

③ 程喜霖《吐鲁番新出唐代烽铺文书考释——新出烽铺文书研究之一》,新疆吐鲁番文物局编《吐鲁番学研究——第二届吐鲁番学国际学术研讨会论文集》,上海辞书出版社,2006 年,第 60—68 页。

④ 陈国灿《美国普林斯顿所藏几件吐鲁番出土文书跋》,《魏晋南北朝隋唐史资料》第 15 辑,武汉大学出版社,1997 年,第 113—114 页。

2009年,凌文超系统研究了这两件文书。凌文超认为鸜鹆仓应和鸜鹆镇同置一处,鸜鹆仓的粮料主要依靠交河郡仓的调拨,鸜鹆仓承担着镇戍兵粮料配给和为馆驿供粮的任务。与鸜鹆仓较小的规模相适应,鸜鹆仓所在的鸜鹆镇,兵员人数很可能就是鸜鹆镇文书中提到的48人[①]。黄楼在王炳华的基础上,重新对文书做了缀合,在鸜鹆镇的人数上,他不同意凌文超的观点,认为文书中的48人仅仅是游弈所的人数,鸜鹆镇的总人数应在两三百人左右。鸜鹆镇之下有武库、镇仓、游弈所等机构,烽铺还承担着一定的营田任务,鸜鹆镇因非战备第一线,故警戒相对松懈[②]。

　　虽然上述学者的研究已经使我们对鸜鹆镇有了大致的了解,但在一些关键问题上,例如鸜鹆镇的兵力、鸜鹆镇在西州军事格局中的地位等问题上,依然存在较大争议。要讨论鸜鹆镇,我们不能仅仅将目光局限在鸜鹆镇本身,还应该关注到同时期的镇,只有将同时期的镇戍文书合在一起观察,互相对照,我们才能进一步深化对西州诸镇戍的了解,鸜鹆镇兵力的问题也可以在充分了解了这一时期镇的实态后迎刃而解。同时,讨论鸜鹆镇也不能局限于开元、天宝时期,而是应该将时间上溯到唐初,系统考察从唐初以来西州诸镇戍的演变,只有弄清楚唐初的镇究竟是怎样一种状态,我们才能更好地理解不同时代的镇的区别,鸜鹆镇文书的时代特色也才能充分彰显出来。

二、安西四镇军政体制演进的研究史回顾

　　除了军事制度本身,众多学者也关注到了唐朝统治下的四镇军政体制演进问题。唐朝对四镇的统治可以以长寿元年三万汉军进驻四镇为界[③],分为两个

---

　　① 凌文超《普林斯顿大学葛斯德图书馆藏两件天山县鸜鹆仓牒考释》,《吐鲁番学研究》2009年第2期,第79—88页。关于这两件文书的最新录文,参见荣新江、史睿主编《吐鲁番出土文献散录》,第522—524页。

　　② 黄楼《唐代西州鸜鹆镇文书研究》,《西域研究》2019年第1期,第51—67页。关于鸜鹆镇文书的最新录文,参见荣新江、史睿主编《吐鲁番出土文献散录》,第492—494页。

　　③ 陈国灿搜罗了出土文书中与安西四镇有关的"镇",陈氏认为在长寿二年后,为了对抗吐蕃,安西四镇普遍增加了军镇的建置,参见陈国灿《唐安西四镇中"镇"的变化》,《西域研究》2008年第4期,第16—22页。镇的增加虽是事实,但长寿二年后的镇是新型军镇,与新军制的变化有关,与最初安西四镇中的"镇"有很大的不同,两者不宜混淆。陈国灿还讨论了四镇的驻军问题,他指出从武后朝起,四镇常年驻有二至三万人,绝大部分是来自内地州县的府兵,且以雍、蒲、坊等州府兵（转下页）

时期。第一个时期从唐朝贞观年间进入西域到长寿元年,这一时期由于唐朝在四镇的兵力较为薄弱,故四镇曾多次被吐蕃攻占,唐朝对四镇的统治也时断时续①,总体而言,在这一阶段,唐朝对四镇的控制并不强。第二个时期从长寿元年到8世纪末,这一阶段由于有汉军的驻扎,故四镇未再易手,唐朝对四镇实施了较为有效的控制,也建立起了一套完善的军政体系,这一体系最大的特征就是前文所言张广达、王小甫两位先生指出的胡汉结合。学者们依靠和田、库车等地出土的文书,对唐朝统治下的四镇军政体制问题开展了大量研究,本节的回顾也主要围绕唐朝镇守军的军事体系和四镇行政体制演进两个问题的研究史展开。

　　龟兹、于阗、焉耆、疏勒四镇中,由于库车和和田均出土了大量的文书,故学者们关注更多的还是龟兹和于阗。先看龟兹。陈国灿、刘安志结合法藏库车汉文文书和大谷文书,探讨了安西都护府对龟兹的治理,文章认为龟兹在都督府和羁縻州之下,还有类似于内地县级机构的城,城下有村、坊,城的吏职有唐制,也有龟兹制度。安西都护府之下则有孔目官、掏拓所、关津、馆驿等机构,龟兹地区的村、坊皆有税丁,税丁既有汉人,也有胡人,龟兹百姓也需要承担差科,唐朝对龟兹的统治体现了胡汉结合的特色②。刘安志还讨论了一件大谷探险队所获安西官府事目文书,他认为该文书可能是柘厥关附近某城所登记的事目历,并对文书中涉及的过所、馆驿、宴设等问题做了研究③。

　　在库车文书中,还有一件现藏旅顺博物馆的孔目司帖,由于文书涉及了龟兹地区的差科、水利和唐朝军队的春装问题,故引起了学者们的广泛关注。1992年,王珍仁、刘广堂最先依据文书公布了录文,并做了简单考释,他们将这件文书

（接上页）居多。他们以原籍为建制组成为行营。安西驻军的任务：一是对入侵之敌或内部叛乱进行征讨;二是在安西四镇及其下二级镇全面派军镇守,协助地方防务;三是屯田,为驻军提供后勤供给保障,参见陈国灿《唐安西都护府驻军研究》,《新疆师范大学学报》2013年第3期,第55—59页。安西四镇的驻军是唐朝统治四镇的最主要军事力量,陈文中提到的敦煌所出《唐景云二年(711)张君义告身》为我们了解四镇诸军的来源提供了非常宝贵的资料,文书中已经明确提到"碛西诸军兵募",可知,镇守四镇的其实主要是兵募而非府兵。

　　①　关于这一阶段唐朝与吐蕃对四镇的争夺,可参见王小甫《唐、吐蕃、大食政治关系史》,第48—85页。刘子凡《瀚海天山——唐代伊、西、庭三州军政体制研究》,中西书局,2016年,第105—212页。

　　②　陈国灿、刘安志《唐代安西都护府对龟兹的治理》,原载《历史研究》2006年第1期,修改后收入刘安志《敦煌吐鲁番文书与唐代西域史研究》,商务印书馆,2011年,第278—318页。

　　③　刘安志《库车出土唐安西官府事目历考释》,原载《西域研究》1997年第4期,修改后收入刘安志《敦煌吐鲁番文书与唐代西域史研究》,第319—327页。

称为《孔目司公牒》,并认为文书与唐代西域的集市贸易管理有关①。吴青云则认为这件文书是唐代新疆地区有关行旅过所和公验的官府文书,内容则反映了赋役方面的一些史实②。无论是将文书和贸易管理联系起来,还是和过所联系起来,实际上都与文书的性质不符,也与大部分学者的观点相左。钱伯泉在1993年也注意到了这件文书,他认为孔目司是安西大都护府的主要办事机构,文书是有关赋税征收和军资筹集的,文书中的"掏拓"是一种劳役③。1996年,冻国栋对文书中反映的赋役制度又做了深入研究,他认为文书中的"配织"对于匠人而言属于匠役,而"掏拓""助屯""小小差科"属于杂徭、差役和临时性杂役,工匠可凭匠役放免其他差科,孔目司除了掌管钱粮、文案之外,还有发帖追征匠役的职责,行官则是执行者④。陈国灿一直对这件文书多有关注⑤,1999年,陈国灿专门撰文讨论了此件文书,他首先在文中重申了对文书性质的看法,他认为文书的前一部分是帖文,后一部分则是"抄",即收据⑥,两件文书原本就粘贴在一起,并非后人所粘。荒川正晴也同意陈国灿的看法,认为文书的前一部分是帖,后半部分是抄,前后两部分的性质并不相同⑦。接下来,陈国灿又进一步提出了他本人对文书中赋役制度的不同看法。他认为这件文书是安西大都护府孔目司所下的帖文,"配织"是对民间织造匠人的一种专业性配役,带有临时差配的性质,

---

① 王珍仁、刘广堂《新疆出土的"孔目司"公牒析》,《西域研究》1992年第4期,第86—89页。1998年,王珍仁又撰文重新修订了文书录文,并根据之前诸位学者的意见,重新考释了文书中的一系列名词,订正了前文市场管理的观点,参见王珍仁《对旅顺博物馆藏〈唐建中五年孔目司公牒〉的再研究》,《敦煌学辑刊》1998年第1期,第39—45页。

② 吴青云《唐"孔目司"文书考略》,《辽宁师范大学学报》1996年第3期,第65—66页。针对吴文中的错释、未释,冯培红做了系统的纠正,参见冯培红《关于唐代孔目司的几个问题》,《辽宁师范大学学报》1997年第1期,第78—79页。

③ 钱伯泉《〈唐建中伍年孔目司文书〉研究》,《新疆大学学报》1993年第3期,第44—49页。

④ 冻国栋《旅顺博物馆藏〈唐建中五年(784)《孔目司帖》〉管见》,原载《魏晋南北朝隋唐史资料》第14辑,后收入冻国栋《中国中古经济与社会史论稿》,湖北教育出版社,2005年,第278—310页。

⑤ 在讨论唐代西州的屯田与助屯输丁及西州蒲昌县配造秋布花问题时,陈国灿就已利用过该文书,参见陈国灿《斯坦因所获吐鲁番文书研究》,武汉大学出版社,1994年,第103—104、132—134页。

⑥ 陈国灿《关于唐〈建中五年安西大都护府孔目帖〉释读中的几个问题》,原载《敦煌学辑刊》1999年第2期,后收入陈国灿《陈国灿吐鲁番敦煌出土文献史事论集》,上海古籍出版社,2012年,第589—591页。在1994年,陈国灿就已提出此观点,参见陈国灿《斯坦因所获吐鲁番文书研究》,第133页。

⑦ 荒川正晴《クチャ出土〈孔目司文書〉攷》,《古代文化》第49卷第3号,1997年,第146—147页。

与庸调布无关,春装不是正税,是为了军需急用而对织造户作的临时差配①。针对文书反映的赋役制度和文书本身的性质,孟彦弘做了最新研究。他认为文书中的孔目司不会是都护府这个级别的孔目司,而应该是一个级别很低、基层部门的孔目司,行官则是布置"配织"工作的具体承担者,相当于里正。与此前学者认为文书的后半部分是"抄"不同,孟彦弘认为是行官对孔目司的答复,属于帖。孟彦弘还对文书中涉及的织布、掏拓、助屯这类差役做了新研究,他认为这些差役是固定税目,不是临时差科,这些税目自有边地特色,不应该套用租庸调或两税法来解释②。四镇的情况与内地州县存在很大区别,内地的赋役制度是否推行到了四镇,笔者也持怀疑态度,从这个角度而言,在讨论孔目司文书或其他与四镇相关的赋役文书时,我们还是应该优先考虑四镇的本土特色。钱伯泉、冻国栋、陈国灿、孟彦弘主要关注的是文书中的赋役制度,对文书反映的历史背景则未展开充分论述。

1997 年,荒川正晴利用孔目司文书和其他和田、库车出土的文书,深入论述了在镇守军与羁縻府州两套机构并列的情况下,于阗、龟兹的行政体制如何运行的问题。荒川正晴认为此处的孔目司属于安西驻军,负责镇守军财务,羁縻州的征税是以城内的坊和城外的村为单位进行的。安史之乱后,来自唐朝中央的补给已经断绝,镇守军对绿洲居民的依存度提高,镇守军可以不受羁縻州行政系统的限制,对羁縻都督府下辖的坊、村直接发帖,并派遣行官直接筹措物资。对于羁縻府州与镇守军如何互动的问题,荒川正晴认为应该给予进一步关注③。张广达在研究龟兹地区的水利时也注意到了这件文书,他认为掏拓这类劳役在课税的时候已经广泛地加在各类课户身上,龟兹水利系统的运行和劳役组织有很大的关系,安史之乱后,唐军能维持对四镇的控制,很大程度上取决于仍在有效地维持着农业生产,而农业生产则有水利设施的保证和军队的保护④。孟宪实

① 陈国灿《关于唐〈建中五年安西大都护府孔目司帖〉释读中的几个问题》,原载《敦煌学辑刊》1999 年第 2 期,后收入陈国灿《陈国灿吐鲁番敦煌出土文献史事论集》,第 583—596 页。

② 孟彦弘《旅顺博物馆所藏新疆出土孔目司帖及其所反映的唐代赋役制度》,《隋唐辽宋金元史论丛》第 9 辑,2019 年,第 109—121 页。该文同时又见于北京大学历史学系、北京大学中国古代史研究中心编《祝总斌先生九十华诞颂寿论文集》,中华书局,2020 年,第 445—460 页。

③ 荒川正晴《クチャ出土〈孔目司文書〉攷》,《古代文化》第 49 卷第 3 号,1997 年,第 145—162 页。

④ 张广达《唐代龟兹地区水利》,文欣译,收入《文书、典籍与西域史地》,第 71—79 页。据文后附记,此文最初于 2000 年以法文撰成。

也注意到了孔目司文书所反映出的安史之乱后唐朝对四镇统治体制变化的问题。他认为镇守军不可能直接越过龟兹都督府给龟兹百姓布置工作，孔目司文书只有放在安史之乱后的西域形势下才能理解，安史之乱后，来自中央的财政被切断，四镇军事系统不得不依靠西域地方财政解决军需问题，对地方的依赖加深，导致军政体制迅速地方化，安史乱后的四镇军镇体制需要再研究①。

关于龟兹的研究，目前还需要关注的是庆昭蓉的成果，她研究了税抄在龟兹地区的流行。所谓"抄"，属于官文书的一种，主要用途是当作税物等物资交付、交接的收据，她认为龟兹语"ṣau"就是指"抄"。寺院中出现抄，说明唐代官文书的影响深入到了龟兹民间，她进而指出孔目司帖直接用抄发给百姓，或许反映出抄在龟兹早已流行开来②。2017年，庆昭蓉出版了《吐火罗语世俗文献与古代龟兹历史》一书，她在书中对龟兹地区的经济生活、龟兹王在位年代、龟兹百姓的赋役、寺院的经营等问题都做了讨论，其中不少地方涉及唐朝在龟兹推行的内地制度，她认为龟兹大体接纳了唐朝制度，比于阗等地更加汉化③。龟兹比于阗更加汉化的观点极具启发性，诚为卓见，值得充分注意。

相比库车出土的少量文书，于阗文书在数量上和完整性上都要超过龟兹，这也使得对四镇军政体制的探讨很大程度上集中在于阗。首先看宏观性的研究。对唐代于阗的宏观研究，以荣新江的三篇论文《于阗在唐朝安西四镇中的地位》《关于唐宋时期中原文化对于阗影响的几个问题》《唐代于阗史概说》最具代表性。在第一篇论文中，荣新江梳理了镇军制形成后于阗境内守捉和镇、堡、铺、馆、关的分布情况④，认为于阗此时已经形成了北通龟兹、南拒吐蕃的镇防体制，成为了开元天宝时期唐军向外进击的重要军事基地。在整个安西四镇中，于阗的地位仅次于龟兹，四镇节度副使即驻节于于阗⑤。在第二篇论文中，荣新江比

①　孟宪实《安史之乱后四镇管理体制问题——从〈建中四年孔目司帖〉谈起》，收入王振芬、荣新江主编《丝绸之路与新疆出土文献：旅顺博物馆百年纪念国际学术研讨会论文集》，中华书局，2019年，第552—568页。

②　庆昭蓉：《唐代"税抄"在龟兹的发行——以新发现的吐火罗B语词汇ṣau为中心》，《北京大学学报》2012年第4期，第137—144页。

③　庆昭蓉《吐火罗语世俗文献与古代龟兹历史》，北京大学出版社，2017年。

④　关于安西四镇，尤其是于阗的馆驿分布，可参见荣新江《唐代安西都护府与丝绸之路——以吐鲁番出土文书为中心》，收入《丝绸之路与东西文化交流》，北京大学出版社，2015年，第12—18页。

⑤　荣新江《于阗在唐朝安西四镇中的地位》，《西域研究》1992年第3期，第56—62页。

较系统地探讨了唐朝的官制、地方行政制度、官文书制度以及经济制度、佛教、汉文化对于阗的深远影响,指出当时塔里木盆地的西域绿洲王国也在以唐朝制度文化为主要特征的中国文化圈当中①。在第三篇论文中,荣新江利用各类资料勾勒出了唐代于阗史的发展脉络,集中体现了他对唐代于阗的整体思考。除去与前两篇文章重合的内容外,荣新江还进一步讨论了于阗在安史之乱后的历史发展、杰谢镇的概况、晚唐五代宋初的于阗三个问题,其中与本文有关的是对杰谢镇的讨论。荣新江指出,杰谢镇所在地即丹丹乌里克遗址,杰谢应当是六城质逻州下属的一个城镇,从军事体制上讲,杰谢是于阗镇守军之下的一个军镇,处于交通要道上,是把守丝路的战略要地。杰谢镇有镇官,镇军的资用则从当地百姓那里征收或购买②。值得一提的是,荣新江还系统收集、整理了丹丹乌里克所出有纪年的唐代汉文文书,附在《唐代于阗史概说》一文后,极便学界利用。以上三文虽是对唐代于阗发展史的宏观概括,但已揭示出了许多于阗史上的关键问题,荣新江在文中谈到的于阗镇防体制、行政体制、征税体系等问题,直到今天都还是学界讨论的核心议题,毫无疑问,这三篇提纲挈领式的文章不仅为下一步研究奠定了坚实基础,也指明了未来的研究方向。

接下来,我们再按照不同的研究专题,对学者讨论较多的其他议题做一回顾。唐朝统治时期的于阗行政建制是吸引很多学者关注的问题,最先获得关注的是于阗的基层行政建制。荣新江在《关于唐宋时期中原文化对于阗影响的几个问题》一文中就提到了于阗的基层行政制度。荣新江指出于阗王国大城外的乡村地区,原本就有许多自然村落,有自己的名字,唐朝羁縻制建立后,按村落大小组成羁縻体制下的乡村,故采用了原先的胡名。而于阗诸城中没有行政区划,唐朝将之划分为坊,并以汉文命名③。稍后,荒川正晴、关尾史郎也分别得出了与荣新江大致相同的结论。在1994年的文章中,荒川正晴认为唐朝统治于阗后,在于阗设置了十个羁縻州,在应设乡、里的地方设置了乡、村,但没有设置县

---

① 荣新江《关于唐宋时期中原文化对于阗影响的几个问题》,《国学研究》第1卷,北京大学出版社,1993年,第401—424页。

② 荣新江《唐代于阗史概说》,收入《丹丹乌里克遗址——中日共同考察研究报告》,文物出版社,2009年,第5—24页。另外,关于杰谢镇的内容,还可见于荣新江《丹丹乌里克的考古调查与唐代于阗杰谢镇》,《新疆文物》2005年第3期,第31—35页。

③ 荣新江《关于唐宋时期中原文化对于阗影响的几个问题》,《国学研究》第1卷,第407页。

和里。在羁縻州之下的主要城邑中设置了乡,城内是坊,城外为村①。1997年,在讨论和田出土的领抄文书时,关尾史郎基本沿袭了荒川正晴的观点,认为唐朝在于阗设置的各羁縻州是由大小几个绿洲组成的,有些绿洲还设置了唐朝镇守军的军镇,但州下没有设置县的痕迹。于阗的里、坊名是用带有汉风的汉字来命名的,乡、村名则是用当地语言音写的汉字来表示,坊分布于绿洲城市内,村则是绿洲城市外部的自然村落②。2006年,荒川正晴再次指出,唐朝在于阗的毗沙都督府之下设了很多蕃州,于阗王出任羁縻府都督,羁縻州刺史则由王族成员担任,但州之下没有设置县。内地在县之下的乡、里组织,在于阗体现为乡和村,城内则设置了坊,现存的城邑和聚落则被分配为乡或村③。2008年,文欣接着荣新江的观点,对于阗的村和坊做了进一步论证,文欣认为唐朝在西域统治的重点在城市,军队和行政机构主要都设置在城市里,乡村则主要用来征收劳役、赋税,并由当地政府进行管理④。同年,刘再聪又以村坊制度为中心讨论了四镇的基层行政体制,认为唐朝的乡、里、村、坊制度推行到了四镇,四镇的乡村差役由四镇派遣的武人负责⑤。张铭心和陈浩也认为于阗实行了"里"制,根据是一件私人收藏文书中出现的"杰谢乡头没里惟思",认为杰谢乡和头没里应该断开⑥。殷晴在最近的研究中,也倾向于认为唐朝在于阗推行了里坊制度⑦。乡、村、坊此

---

① 荒川正晴《唐代コータン地域のulaγについて——マザル゠ターク出土 ulaγ 関係文書の分析を中心にして》,《龍谷史壇》第 103、104 号,1994 年。笔者未见日文原文,此处依据的是章莹 1995 年的汉译本,参见荒川正晴《唐代于阗的"乌骆"——以 tagh 麻扎出土有关文书的分析为中心》,章莹译,《西域研究》1995 年第 1 期,第 72 页。此文后来又经过荒川正晴的增补,收入《ユーラシアの交通・交易と唐帝国》一书中,该书《唐代河西以西の交通制度》(2)的第二节《安西四鎮地域と ulay》即是荒川增补后的内容,参见荒川正晴《ユーラシアの交通・交易と唐帝国》,名古屋大学出版会,2010 年,第 290—328 页。与上文的概述类似的观点参见该书第 308—309 页。

② 关尾史郎《コータン出土唐代税制関係文書小考——領抄文書を中心として》,收入《平田耿二教授還暦記念論文集:歴史における史料の発見——あたらしい"讀み"へむけて》,平田研究室,1997 年,第 180 页。

③ 荒川正晴《調査の概略とコータン新出漢文文書》,收入荒川正晴编《東トルキスタン出土〈胡漢文書〉の総合調査》,平成 15 年度—平成 17 年度科研費補助金[基盤研究(B)]研究成果報告書,大阪大学大学院文学研究科,2006 年,第 11 页。

④ 文欣《中古时期于阗国政治制度研究》,北京大学硕士学位论文,2008 年,第 94 页。

⑤ 刘再聪《唐四镇地区基层行政治理研究——以于阗、龟兹两地村坊制度为中心的考察》,《西域研究》2008 年第 3 期,第 21—32 页。

⑥ 张铭心、陈浩《唐代乡里制在于阗的实施及相关问题研究——以新出贞元七年和田汉文文书为中心》,《西域研究》2010 年第 4 期,第 1—10 页。

⑦ 殷晴《丝路南道演变与于阗"市城"的发展——10 世纪前于阗诸城镇的行政管理与（转下页）

前都在文书中出现过，乡、村、坊在于阗存在应是没有什么疑问的，但"里"却未必。荣新江、关尾史郎、刘再聪、殷晴等学者认为于阗存在里的主要依据是M.T.b.006学郎题记中的"补仁里"，然而，学郎所书写的"补仁里"可能只是抄录他处的文字，是否是描述于阗的情况还难以肯定，因此，这个题记恐怕不能用来作为"里"制实行的证据①。至于"杰谢乡头没里惟思"，乡头是文书中常见的称号，对应于阗文 auva-haṃdasta，不太可能断开②，故这件文书也不能作为"里"制实行的证据。"里"制在于阗是否实行还需要进一步讨论，陈国灿即主张四镇没有里的设置③。关于于阗的村，段晴研究了于阗语中的村，认为于阗语 bisā-就是对应汉文中的"村"，bisā-更多地是房屋、家、庄园的意思，因为 bisā-坐落于田野，所以汉人将之称为村。以往认为对应乡的 āguta 是杂居聚落，由多户多家族构成，实际上人口没有乡的多④。

在基层行政体制之外，还有学者关注到了于阗境内州一级的行政建制。这其中，吸引学者讨论最多的是六城州的所指问题。六城州是于阗十个羁縻州中的一个，但对于六城州具体指的是哪些地方，一直以来都存在争议。张广达和荣新江认为六城包括质逻（Cira）、媲摩（Phema）、潘野（Phaṃña）、Birgaṃdara、Āskvīra、杰谢（Gayseta?）⑤。之后，沃洛比耶娃-捷夏托夫斯卡娅（M. I. Vorobyova-Desyatovskaya）专门撰文研究了"六城"的所指问题，她认为六城和质逻（Cira）是同一地区，和杰谢（Gaysāta）则是不同地区，六城包括质逻地区的 Phaṃña、Tcina、Paʾ、Viṃ-gūla、Jīvva、Ysāda⑥。对于这一观点的谬误之处，文欣已有反驳，

（接上页）社会特色》，收入朱玉麒主编《西域文史》第 13 辑，科学出版社，2019 年，第 110 页。

　　①　沈琛也认为这条题记不能确定于阗存在"里"，参见沈琛《吐蕃统治时期于阗的行政地理》，《唐研究》第 22 卷，第 403 页。

　　②　参见文欣《于阗国官号考》，《敦煌吐鲁番研究》第 11 卷，上海古籍出版社，2009 年，第 138—139 页。

　　③　陈国灿《库车出土汉文文书与唐安西都护府史事》，载《龟兹学研究》第 5 辑，新疆大学出版社，2012 年，第 150—151 页。

　　④　段晴《关于古代于阗的"村"》，收入汪娟、朱凤玉主编《张广达先生八十华诞祝寿论文集》，新文丰出版公司，2010 年，第 581—604 页。

　　⑤　张广达、荣新江《〈唐大历三年三月典成铣〉跋》，此文原载《新疆社会科学》1988 年第 1 期；收入《于阗史丛考》（增订本），中国人民大学出版社，2008 年，第 110—111 页。

　　⑥　M. I. Vorobyova-Desyatovskaya, "The toponym 'six Villages' according to khotanes business doucument".笔者未找到文章原文，此处转引自文欣《于阗国"六城"（kṣa au）新考》，《西域文史》第 3 辑，科学出版社，2008 年，第 110 页。

在此不赘①。吉田丰在张广达、荣新江和 M. I. Vorobyova-Desyatovskaya 之后也提出了自己的看法，他根据 Dx.01461 文书提到在 Āskuīra 的 Sīgū 命令手下的 Birgaṃdara、Paʾ、Phanya、Gaysāta 的 Spāta（萨波）和 Phaiṣa 来 Āskuīra，认为这五个地方加上质逻（Cira），正好可以凑够六城之数②。文欣赞同吉田丰的观点，并做了进一步论证。文欣认为"六城"的出现与唐朝的羁縻统治有关，唐朝在划分于阗为十州时，可能将原先六个较小的区域合并起来，设立一个六城州，六城州之下则是六个乡。文欣还收罗于阗语文书，对六城之下每个乡的地名进行了补充并进一步比定了六城的方位③。经过吉田丰和文欣的论证，六城的所指已无疑义。除了研究六城外，文欣还讨论了坎城守捉、神山堡（麻扎塔格）。文欣认为媲摩（Phema）在唐朝进入前可能是一个城，唐朝军队进入后，Phema 成为唐朝守军的驻地，镇守军根据当地的一个地名 Kaṃdva，将此地命名为坎城守捉④。文欣还进一步指出，在唐朝势力进入之前，于阗国并没有发达的行政管理体系，唐朝划分羁縻府州后，改变了原先于阗的行政区划，内地的乡和村都在于阗固有的区域内找到了对应。唐朝军队主要驻扎在城市和镇戍之中，未必直接管理"六城"之类的地区⑤。

　　笔者认为荣新江、荒川正晴、段晴、文欣的研究都共同揭示出了一个非常引人深思的问题，即唐朝的统治实际上改变了于阗国原有的行政体系。划分羁縻州并不是按照于阗国原有的行政区简单划分，而是进行了重组，这一重组是为了与唐朝的统治相适应。唐朝统治于阗后，虽然将内地的基层行政制度都搬到了于阗，但我们应该注意的一点是，唐朝事实上并没有真的按照内地标准重新划分

　　①　文欣《于阗国"六城"（kṣa au）新考》，《西域文史》第 3 辑，第 110—111 页。

　　②　吉田丰《有关和田出土 8—9 世纪于阗世俗文书的札记（一）》，广中智之译，荣新江校，《敦煌吐鲁番研究》第 11 卷，第 177 页。

　　③　文欣《于阗国"六城"（kṣa au）新考》，《西域文史》第 3 辑，第 109—126 页。

　　④　文欣《中古时期于阗国政治制度研究》，第 90 页。段晴对媲摩做了新的研究，段晴首先纠正了 Hedin 24 文书的一处汉文录文，汉文部分原先释作"濡马屈萨"，段晴认为应释作"需马屈萨"，"需马"即于阗语 Phema 对应的汉语翻译，"屈萨"则是城。媲摩是个相对较大的区域，坎城只是媲摩地区的一座中心城池。参见段晴《Hedin 24 号文书释补》，收入新疆吐鲁番学研究院编《语言背后的历史——西域古典语言学高峰论坛论文集》，上海古籍出版社，2012 年，第 74—78 页。对媲摩的讨论，还可参见殷晴《丝路重镇：唐宋之际的于阗坎城——媲摩绿洲演变并六城问题辨析》，《新疆师范大学学报》2015 年第 2 期，第 57—65 页。

　　⑤　文欣《中古时期于阗国政治制度研究》，第 93—95 页。对麻扎塔格的讨论还可参见侯灿《麻扎塔格古戍堡及其在丝绸之路上的重要位置》，《文物》1987 年第 3 期，第 63—75 页。

乡、村、坊，只是在于阗国原有行政区域内进行了比附，也就是说，在乡、村、坊的汉名之下，于阗的基层体系恐怕还是一仍其旧的，这大概也算是于阗行政体系具有胡汉结合特色的一个例证吧①。关于唐朝的行政制度如何与于阗原有制度对接的问题，笔者认为还可以进一步研究。

除了文欣的研究外，朱丽双还研究了于阗十个羁縻州的所指。在六城州六城的比定上，她同意吉田丰和文欣的意见，之后进一步讨论了其他九城，认为汉藏文献中出现了西河州，相对应的应有东河州和河中州，东部坎城和蔺城一带有一个州；西部吉良镇和固城镇所在的地区有一或两个州；西南以皮山城/镇为中心有一个州；北部以神山为中心有一个州②；另外一个州在南部或东南部③。郭声波、买买提祖农·阿布都克力木对朱丽双的观点提出了质疑，并重新提出了毗沙都督府十一州的所指及其所在地的看法④。在讨论于阗羁縻州的所指时，除了传世文献外，和田出土文书以及藏文史料都是我们讨论相关问题时必不可少的资料，尤其是出土文书，直接反映了当时的羁縻州原貌，是我们最应该重视的资料。由于当今和田文书大都出土于丹丹乌里克(杰谢镇)、达玛沟和麻扎塔格(神山堡)，所以我们对这三地及其周边了解较多，对其他羁縻州的了解则极为有限，这使得完整复原于阗境内的羁縻州成为一个难题。在当前材料下，要想完全解决这个问题还有很大难度，只能寄希望于新材料，尤其是和田新文书的出土。

另外值得重点关注的是对于阗行政体制的讨论。张广达最先提出了"胡汉结合的军政体制"这一概念，为我们进一步讨论四镇的行政体制、镇守军与羁縻府州的关系等问题提供了重要思路。1988 年，就在张广达提出"胡汉体制"的同年，张广达和荣新江对英藏编号为 M.9 的《唐大历三年(768)毗沙都督府六城质逻剌史典成铣牒》做了研究。除了对六城的所指做出比定外，他们还结合汉文、

①　沈琛也持类似看法，参见沈琛《吐蕃统治时期于阗的行政地理》，《唐研究》第 22 卷，第 403—404 页。

②　沈琛认为神山地区自然环境较为恶劣，并无大规模的自然聚落，因此，设置一个州的可能性并不大，从唐朝到吐蕃统治时期，神山地区都只是一个军事要塞，参见沈琛《吐蕃统治时期于阗的行政地理》，《唐研究》第 22 卷，第 412—417 页。

③　朱丽双《唐代于阗的羁縻州与地理区划研究》，《中国史研究》2012 年第 2 期，第 71—90 页。

④　郭声波、买买提祖农·阿布都克力木《毗沙都督府羁縻州之我见——兼评〈唐代于阗的羁縻州与地理区划研究〉》，《西域研究》2014 年第 2 期，第 37—48 页。

于阗文、藏文资料对文书中出现的名词，如刺史、阿摩支等官号，牒、差科等制度做了解释，对于文书中的传递流程，两位先生认为反映出了胡汉结合的特点①。在这之后，两位先生又合作撰写了《圣彼得堡藏和田出土汉文文书考释》一文，不仅系统整理了圣彼得堡所藏和田汉文文书，还对文书中涉及的各类人名、地名、官职名、制度做了非常细致的考释，是我们在讨论相关文书时必不可少的参考资料②。1994 年，荒川正晴在讨论于阗的乌骆马时，也曾简略涉及于阗的行政体制。荒川指出，处在羁縻统治之下的于阗百姓，需要承担以镇守使为首的唐军和于阗国官兵派发的徭役，和田出土文书中的"作"就是表示徭役劳动的用语，所谓"作钱"就是把分配给百姓的劳役换算成钱。在像神山一样的处于交通要道的地区，百姓还需要提供乌骆马③。1997 年，荒川正晴讨论《孔目司文书》时，也涉及了对于阗行政体制的讨论，相关观点上文已提及，此处不赘。同年，关尾史郎以和田出土的领抄文书为中心，讨论了于阗的行政和征税体制。关尾认为于阗各羁縻州的刺史由王族担任，州里的萨波，也是由于阗人担任，负责征税。在刺史的属吏中，既有由汉人担任的制作汉文文书的的典，也有用当地语言制作文书的胡书典。在州之下设置的镇、堡等军镇，由汉人武将担任长官，坊和村里则有多个基层官吏——叱半。在简单勾勒出于阗的行政体系后，关尾即转入了对领抄文书的讨论，所谓"领抄文书"，即纳税后的凭证，唐朝统治于阗后，也把领抄文书带到了于阗。关尾将和田出土的领抄文书分为两组。第一组有 5 件，主要出土于麻扎塔格、巴拉瓦斯特等地，内容主要是关于交纳马料、緤花布、冬装羊皮的。第二组有 15 件，出土于达玛沟，为六城地区百姓交纳绨绅的记录，年代为巳年和午年，其中绝大部分为斯文·赫定收集品，文书还有判官富惟谨和萨波深莫的署名。在第一组文书中，关尾指出于阗百姓承担的赋税种类多种多样，緤花布、马料青麦、冬装羊皮都在交纳之列，不过，从名称看，这些赋税并非是基本且普遍的负担。例如冬装羊皮，就既不是按照人头，也不是按照户来征收的，而很可能是

---

① 张广达、荣新江《〈唐大历三年三月典成铣〉跋》，原载《新疆社会科学》1988 年第 1 期，后收入《于阗史丛考》（增订本），第 106—117 页。

② 张广达、荣新江《圣彼得堡藏和田出土汉文文书考释》，原载《敦煌吐鲁番研究》第 6 卷，北京大学出版社，2002 年，后收入《于阗史丛考》（增订本），第 267—288 页。

③ 此处依据的是汉译本，参见荒川正晴《唐代于阗的"乌骆"——以 tagh 麻扎出土有关文书的分析为中心》，章莹译，《西域研究》1995 年第 1 期，第 66—74 页。类似内容还见于荒川正晴《ユーラシアの交通·交易と唐帝国》，第 311—328 页。

以绿洲为单位征收的。在第二组文书中,关尾对绝绸的征收过程做了分析,他认为判官富惟谨为汉人,可能是镇守使或者节度副使的属官,萨波深莫则是于阗人,判官在接到使职,例如羁縻州刺史的命令被派到各羁縻州后,在萨波的协助下完成了对绝绸的征收。在文章的结语部分,关尾抛出了一个疑问,汉人的属吏并没有被配置到坊、村,在坊、村承担征税任务的是叱半,但在这两组领抄文书中,叱半并未出现,民户未经过叱半,就直接向上级单位或机关缴纳了各种税收,对于这一反常的程序,关尾表示疑惑,并怀疑是否与税种和交货品种的不同有关①。由于主要讨论的是领抄文书,故关尾史郎对于阗征税体系的讨论较为有限,不过,他所揭示出的缫花布、马料等税物并不是普遍性的赋税这一点,还是很有启发的。这一研究表明于阗的赋税应是分为不同种类的,在正税之外,还有许多临时性的税物征收,这对于我们进一步认识于阗的征税体系,无疑是有帮助的。然而,关尾史郎所讨论的第二组文书,目前来看,还是将之视为是在吐蕃统治时期产生的较为合适②,尽管吐蕃统治于阗时期,在制度上对唐朝的政策多有沿用③,但用这组文书讨论唐统治时期的税制,还是略有不妥。至于关尾史郎最后提出的疑问,笔者认为之所以出现了萨波,而未出现叱半,或许与领抄文书的性质有关。判官富惟谨和萨波深莫的署名表示的是已确认收到这批绝绸,这与后来新出的开元十年汉语—于阗语双语木简中的判官署名有相似之处,他们更类似于监督者,而非实际的征收人,负责直接向百姓征收绝绸的应该还是叱半。

---

①　关尾史郎《コータン出土唐代税制關係文書小考——領抄文書を中心として》,收入《平田耿二教授還曆記念論文集:歷史における史料の發見——あたらしい"讀み"へむけて》,第179—204页。

②　关尾史郎在文章中也对这组文书的断代颇为踌躇,难以肯定,但他最后还是倾向于将之视为是在唐朝统治时期的文书。关尾史郎所讨论的第二组文书,编号为 Hedin 15、16 和 Dumaqu C、D,这组文书中的 Hedin 收集品,汉文录文参见 H.W. Bailey, *Khotanese Texts. IV: Saka texts from Khotan in the Hedin Collection*, Cambridge University Press, 1961, pp. 173‐176。张广达、荣新江、吉田丰等学者都将巳年确定为 801 年,吉田丰和张湛在对于阗语文书的分组中,也都将这批文书放在了吐蕃统治时期,参见张广达、荣新江《8 世纪下半叶至 9 世纪初的丁阗》,收入《丁阗史丛考》(增订本),第 254 页;吉田丰撰,荣新江、广中智之合译《有关和田出土 8—9 世纪于阗世俗文书的札记(二)》,《西域文史》第 3 辑,科学出版社,2009 年,第 85 页;Zhangzhan, *Between China and Tibet: A Document History of Khotan in the Late Eighth and Early Ninth Century*[D], Harvard University, 2016, p.47。张湛还对这组文书做了最新录文,可参见 pp.249‐275。

③　关于吐蕃统治下的于阗行政体制对唐朝的继承,可参见 Zhangzhan, "Secular Khotanese Documents and the Administrative System in Khotan", *Bulletin of the Asia Institute*. Vol. 28, 2014, pp. 65‐66。

　　上述讨论基本上是围绕和田出土汉文文书进行的①,各国所藏于阗语文书大都公布后②,吉田丰在探讨于阗的行政体制方面迈出了重要一步③。2005 年,吉田丰发表了关于于阗语世俗文书的札记,该札记主要包括三方面的内容,第一部分是研究史的梳理,第二部分是于阗语文书的分组,第三部分是讨论于阗的统治体系、文书运行、税制④。吉田丰首先指出镇守军并不直接从百姓那里征税,而是把要求传给于阗国统治者,利用于阗的征税系统获得所需的物品,于阗内部的征税体系也不是直接征收,是通过各个聚落的代表人进行征收的。接下来,吉田丰依据文书的时代先后,对文书进行了不同的分组,并对每组文书中的重要文书都做了解说,其中不少涉及于阗的官制和文书年代,是研究相关文书时的重要参考。第三部分是该札记的核心内容,吉田丰着重对于阗王国的征税体系、征税方式做了研究。吉田丰认为于阗有两套系统,一是镇守军、守捉、镇等军队系统,

---

　　①　同一时期,除了利用汉文文书外,也有学者利用于阗语文书讨论于阗,1996 年,熊本裕(Hiroshi Kumamoto)就发表了"The Khotanese Documents from the Khotan Area",in *The Memoirs of the Toyo Bunko*,54,1996,pp. 27‐64。遗憾的是,笔者目前尚未目睹这篇论文的原文,此处只能存目。

　　②　关于于阗语文书的整理和刊布情况,可参见吉田丰《有关和田出土 8—9 世纪于阗世俗文书的札记(一)》,广中智之译、荣新江校,《敦煌吐鲁番研究》第 11 卷,第 149—152 页;荣新江《和田出土文献刊布与研究的新进展》,《敦煌吐鲁番研究》第 11 卷,第 1—9 页;文欣《中古时期于阗国政治制度研究》,第 3—4 页。关于百年来西方探险家在和田地区的探险历程以及文书的整理、刊布过程,可参见 Zhangzhan,*Between China and Tibet: A Document History of Khotan in the Late Eighth and Early Ninth Century*[D],pp. 7‐46。

　　③　在吉田丰之前,M. I. Vorobyova-Desyatovskaya 也利用于阗语文书讨论了于阗的征税体制,吉田丰将她的主要观点概括为三点:南道绿洲出土的文献中不存在记录每家每户家庭成员的名单,仅有属于各种行政性单位的户主的名单;南道绿洲出土的文献中没有针对户主的土地分配记录;在北道绿洲,实行唐制,每年从各户征收税,总量取决于各户的人数,年龄和阶层不同,税额也不同。南道绿洲的交税义务则由区域共同体负责,而非各家各户分别承担。笔者未见原文,此处转引自吉田丰《有关和田出土 8—9 世纪于阗世俗文书的札记(三)(上)》,田卫卫译、西村阳子校,《敦煌学辑刊》2012 年第 1 期,第 144—145 页。笔者认为第一点和第三点都是非常敏锐的观察,顺着 Vorobyova-Desyatovskaya 的思路,我们或许可以对和田所出汉文于阗语文书中出现的纳税人有一个新的认识,这些人可能都不是普通的百姓,而都是像叱半一样负责征税的基层官吏。

　　④　吉田丰《コータン出土 8—9 世紀のコータン語世俗文書に關する覺え書き》,《神户市外国语大学研究丛书》第 38 册,神户市外国语大学外国学研究所,2006 年。汉译本第一部分见广中智之译、荣新江校,《敦煌吐鲁番研究》第 11 卷,第 147—182 页;第二部分见荣新江、广中智之合译,《西域文史》第 3 辑,第 79—108 页;第三部分见田卫卫译《有关和田出土 8—9 世纪于阗世俗文书的札记(三)(上)》,西村阳子校,《敦煌学辑刊》2012 年第 1 期,第 143—158 页;《有关和田出土 8—9 世纪于阗世俗文书的札记(三)(中)》,《敦煌学辑刊》2012 年第 2 期,第 165—176 页;《有关和田出土 8—9 世纪于阗世俗文书的札记(三)(下)》,《敦煌学辑刊》2012 年第 3 期,第 148—161 页。

二是于阗王国内部的统治系统,镇守军就是依靠这一于阗职官系统征税的。吉田丰的这一系列研究,尤其是在对于阗征税体系的讨论上,提出了相当多的真知灼见,后续的不少研究都是在他提示的思路下进行的。

之后,文欣对吉田丰提到的于阗国职官体系做了进一步研究。文欣认为阿摩支(āmāca)原义是代表传说中辅佐国王的大臣,后来又经常和 hiyaudi 和 ṣṣau 两个称号连用,构成了于阗国的高级贵族官僚阶层,与阿摩支类似,haubarai 也是一个贵族头衔。Ṣṣau 官则和刺史的行政级别较为接近,可以和汉文文书中的"知事"相对应,ṣṣau 官可能采取了轮流负责制。Spāta 可以和汉文文书中的"萨波"相对应,ṣṣau 官和唐朝镇守军都可以直接向 spāta 下命令。Auva-haṃdasta 则可能和汉文文书中的"乡头"对应,auva 指的是乡。Pharṣa 则有法官的职责,可能对应汉文中的"破沙",chaupaṃ 对应"叱半",属于村级管理者,thamgaurāṃ、mūrahaṃga 则并非固定官职,而是临时差遣①。文欣的研究是建立在大量于阗语和汉文文书基础上的,他的大部分结论当然值得信从,不过,随着新文书的发现,他的部分观点也遭到了挑战,例如"知事",目前来看,知事恐怕还是和萨波一级对应较为合适,而非刺史一级的 ṣṣau 官②。

荒川正晴一直以来都对四镇,尤其是于阗的行政体制多有关注。除了上文提到的几篇文章外,2007 年,在讨论"帖"这一文书形式时,荒川又从"帖"式文书行用的角度讨论了唐朝统治之下于阗征税体制的相关问题。荒川正晴认为帖式文书是唐朝镇守军在向于阗、龟兹的农民或寺院征收物品和人畜时所使用的官方文书,帖式文书大都集中于唐朝统治四镇的后期,即 8 世纪末期。于阗镇守军在通过于阗国内部的征税机构征税时,会将具体的征税事务交由绿洲城邑的代表人萨波办理,萨波再将命令下发给村落的基层官吏叱半。但在行官介入物资筹措时,也会绕开萨波,将征税命令直接下发到村落的乡头和叱半,征收的物资也是由行官直接领取③。与吉田丰的观点略有不同,荒川注意到了镇守军的两种不同征税方式,即萨波征税与行官征税,镇守军绕开萨波直接向于阗的村落征税是此前学者未曾注意的,这对我们更加全面地理解镇守军的征税体系具有很

---

① 文欣《于阗国官号考》,《敦煌吐鲁番研究》第 11 卷,第 121—146 页。

② 丁俊《于阗镇守军征税系统初探》,《西域研究》2016 年第 3 期,第 16—17 页。

③ 荒川正晴《唐代中央アジアにおける帖式文書の性格をめぐって》,载土肥义和主编《敦煌・吐鲁番出土漢文文書の新研究》,东洋文库,2009 年,第 271—285 页。

大的启发,值得继续探究。

　　在以上研究成果中,学者们所使用的文书基本上出自英国、瑞典、俄国等探险队之手,这批文书大多是 20 世纪初,西方探险家在和田陆续获得的。这批文书中的于阗语文书大都已经刊布,汉语文书则散见于各类论著中,利用起来颇为不便。2022 年 9 月,荣新江编著的《和田出土唐代于阗汉语文书》一书出版,书中系统收录了英国、瑞典、俄罗斯、德国、日本、中国等各国所藏的 300 余件于阗汉语文书①,上文中所提到的不少文书也已一一收入书中。该书首次将这些散见于世界各地的文书进行了整理和汇总,使读者能够更加方便、快捷地利用这批文书,这不仅大大地提高了散见文书的利用率,也为我们开展新、旧文书的综合研究奠定了坚实的基础。

　　近年来,和田地区又陆续发现了不少新的文书,艾再孜·阿布都热西提、李吟屏曾先后刊布过其中的一部分②,这批文书入藏中国国家图书馆和中国人民大学博物馆后,出现了一波持续至今的研究热潮。这批新出文书,仅人大博物馆所藏汉文文书就大约有 300 多件③,于阗语世俗文书则有 160 余件④,数量十分惊人,而且不乏一米多长的贞元六年(790)税账这样的大型文书⑤。此前出土的

　　① 荣新江《和田出土唐代于阗汉语文书》,中华书局,2022 年。
　　② 艾再孜·阿布都热西提《和田发现汉文、于阗文双语木简》,《新疆文物》1998 年第 3 期,第 104 页。李吟屏《新发现于新疆洛浦县的两件唐代文书残页考释》,《西域研究》2001 年第 2 期,第 57—61 页;《近年发现于新疆和田的四件唐代汉文文书残页考释》,《西域研究》2004 年第 3 期,第 83—90、123—124 页;《发现于新疆策勒县的 C8 号至 C11 号唐代汉文文书考释及研究》,《新疆师范大学学报》2007 年第 4 期,第 11—16 页;《发现于新疆策勒县的唐代汉文文书残页考释及研究》,《西域研究》2009 年第 2 期,第 76—82、138 页。艾再孜·阿布都热西提、李吟屏的录文存在一些问题,前者已由荣新江、文欣做了重新录文,后者 2001、2004 年刊布的文书,则由荒川正晴做过重新录文,参见荒川正晴《調査の概略とコータン新出漢文文書》,收入荒川正晴编《東トルキスタン出土〈胡漢文書〉の総合調査》,第 4—6 页。
　　③ 孟宪实《中国人民大学藏西域汉文文书及其学术价值——以镇守军相关文书为中心》,《中国人民大学学报》2022 年第 1 期,第 20 页。
　　④ 这些文书的年代主要集中在 8 世纪晚期,大部分是杰谢的征税文书。参见段晴《中国人民大学藏于阗语文书的学术价值》,《中国人民大学学报》2022 年第 1 期,第 17 页。
　　⑤ 荣新江《西域发现的汉文文书及其价值》,原载《中国文化报》2015 年 5 月 22 日第 4 版,后收入荣新江《三升斋随笔》,凤凰出版社,2020 年,第 128 页。文书中的部分内容,还可参见荣新江《唐代于阗史新探:和田新发现的汉文文书研究概说》,收入吕绍理、周惠民主编《中原与域外:庆祝张广达教授八十嵩寿研讨会论文集》,台湾政治大学历史学系,2011 年,第 46 页。

和田文书,大部分都是清一色的安史之乱后的文书,安史之乱前的文书较为少见①,而这批新出文书,不仅有安史之乱后的,还有安史之乱前的②。据荣新江和孟宪实介绍,人大所藏汉文文书中,年代最早的是武则天延载二年(695)③,也就是长寿元年汉军大规模进入四镇的 3 年后。正如荣新江指出的那样,这件文书的发现不仅将于阗汉文文书的年代上限从开元年间提升到了武则天时期,还意味着镇守军进驻于阗后,唐朝的文书制度也随之进入了于阗④,这批文书的价值由此可见一斑。

这批新获文书,首先值得重点关注的是一批开元年间的汉语—于阗语双语木简。1998 年,艾再孜·阿布都热西提曾刊布了 4 枚双语木简,年代为开元十五年。新获的木简与此前出土的类似,共有 35 枚,年代为开元十年。荣新江和文欣对两批双语木简进行了综合研究,两位学者认为这些木简是开元年间于阗百姓的纳粮记录,纳粮的百姓应该是来自拔伽乡(Birgaṃdara),文书中出现的屋悉贵(Ustāka)则是拔伽乡下的一个村,这批木简说明开元时期,镇守军就已经深深介入了于阗的征税体系中⑤。上述两批玄宗时期的木简都是十分惊人的发现,从中可知,安史之乱前镇守军就对于阗有很强的控制,这极大地丰富了我们对镇军制形成后镇守军与于阗当地社会关系的认识,充分显示出新材料对推动

---

①　就笔者目力所及,此前所出安史之乱前的于阗文书,除了艾再孜·阿布都热西提 1998 年刊布的开元十五年双语木简,最近的大概要算《新获吐鲁番出土文献》收录的《唐于阗毗沙都督府案卷为家畜事》及其背面的《唐开元十七年于阗盖阿兴典牒为奴送麦事》了,参见荣新江、孟宪实主编《新获吐鲁番出土文献》,中华书局,2008 年,第 359—360 页。关于后者的最新研究,可参见管俊玮《〈唐开元十七年(726)于阗盖阿兴鲁番牒为奴送麦事〉性质考释》,《敦煌吐鲁番研究》第 20 卷,上海古籍出版社,2021 年,第 183—192 页。另外,关于此前和田所出汉文文书年代的介绍,可参见张广达、荣新江《关于和田出土于阗文献的年代及其相关问题》《8 世纪下半叶至 9 世纪初的于阗》,均收入张广达、荣新江《于阗史丛考》,第 63—64、246—248 页。

②　据孟宪实统计,人大所藏有纪年的 20 件汉文文书中,安史之乱前的就有 5 件,参见孟宪实《中国人民大学藏西域汉文文书及其学术价值——以镇守军相关文书为中心》,《中国人民大学学报》2022 年第 1 期,第 22 页。

③　荣新江《唐代于阗史新探:和田新发现的汉文文书研究概说》,收入吕绍理、周惠民主编《中原与域外:庆祝张广达教授八十嵩寿研讨会论文集》,第 44—45 页;孟宪实《中国人民大学藏西域汉文文书及其学术价值——以镇守军相关文书为中心》,《中国人民大学学报》2022 年第 1 期,第 22 页。

④　荣新江《唐代于阗史新探:和田新发现的汉文文书研究概说》,收入吕绍理、周惠民主编《中原与域外:庆祝张广达教授八十嵩寿研讨会论文集》,第 44—45 页。

⑤　荣新江、文欣《和田新出汉语—于阗语双语木简考释》,《敦煌吐鲁番研究》第 11 卷,第 45—70 页。

相关研究的价值。荒川正晴也注意到了现藏于英国图书馆的几枚斯坦因所获类似木简,这些木简有些是汉语—于阗语双语,有些则只有汉语,格式与上述荣新江、文欣研究的木简差不多,都是纳税记录。这些木简出土于麻扎拖格拉克,荒川正晴重新考订了木简的年代,他认为木简年代在开元十五年,而非此前认为的大历十五年(780),前文所言开元十五年的四枚木简也可能是出土于麻扎拖格拉克。接下来,荒川正晴从他一直非常关注的交通的角度,讨论了麻扎拖格拉克性质的问题。他认为麻扎拖格拉克附近设置了 Āskuīra 乡的官衙,彭怀堡也可能就在附近,Āskuīra 处于坎城守捉与蔺城守捉之间的交通要道上,堡里可能设置了作为交通据点的馆,拔伽乡之下的屋悉贵村向 Āskuīra 输送的"驼驴料"可能就是供应堡和馆里的牲畜的①。尽管麻扎拖格拉克是否设置了 Āskuīra 乡的官衙和彭怀堡还难以肯定,但荒川正晴从木简出土地的位置出发,去讨论纳税背后的交通问题还是很有启发的,今后在涉及于阗的征税文书时,或许我们也可以从交通的角度多加思考。荣新江此后又单独撰文讨论了汉语—于阗语双语文书的性质和行用。荣新江指出这种双语文书,一般是先写汉语,再写于阗语,于阗语与汉语不一定完全对应,也有缩写的情况。双语文书有不同的功能,有的是为方便镇守军和于阗的官吏、百姓沟通,特别是在涉及赋税的征收时,有的是交纳税物后的收据"抄",还有的则是汉人与于阗人间的契约。双语文书是唐朝在于阗进行统治的有效工具②。除了木简外,新获文书中还有一件于阗镇守军勘印历,文书时间为玄宗年间,记载了于阗镇守军与四镇经略使、疏勒军、拨换守捉、且末镇的往来。文欣认为从勘印历可以看出于阗镇守军的存在影响了羁縻府州的行政运作,镇守军的守捉、镇、堡设于交通要道,镇防体系与交通体系因而重叠,于阗和四镇其他地区的联系也得到了加强,这使唐朝对于阗的控制进一步深入③。

当然,新出文书中数量最多的还是安史之乱后的文书。荣新江长期关注敦煌吐鲁番文书和于阗研究,对新出文书有极高的敏感度,除了和文欣合撰的论文

①　荒川正晴《英国图书馆藏和田出土木简的再研究——以木简内容及其性质为中心》,田卫卫译,《西域文史》第 6 辑,科学出版社,2012 年,第 35—48 页。

②　荣新江《汉语—于阗语双语文书的历史学考察》,收入新疆吐鲁番学研究院编《语言背后的历史——西域古典语言学高峰论坛论文集》,上海古籍出版社,2012 年,第 20—31 页。

③　文欣《和田新出〈唐于阗镇守军勘印历〉初探》,《西域历史语言研究集刊》第 2 辑,科学出版社,2009 年,第 111—124 页。

外,荣新江还另外撰写了两篇介绍新出和田文书的论文。一篇是《唐代于阗史新探：和田新发现的汉文文书研究概说》。在这篇论文中,荣新江从地理、交通、赋税、汉文化传播几个方面简要介绍了新获和田汉文文书的情况,并对其中的几件重要文书做了提示①。另一篇是《新见唐代于阗地方军镇的官文书》,重点介绍了与镇守军相关的几件军事文书。除了考释文书外,最值得注意的是荣新江在文中提示的镇守军文书传递流程,即于阗军——都守捉——守捉——镇——都巡、堡铺押官——行官、探子②。这一流程不仅传递文书、下达命令,同时也代表了镇守军从上到下的不同层级,这对我们进一步理解唐朝镇守军的军镇层级无疑有很大帮助。

　　除了荣新江之外,还有诸多学者也关注到了这批新文书。孟宪实以于阗为例探讨了于阗镇守体制的变化,他认为于阗在军政体制上也发生了从镇戍到军镇的演变。此前的毗沙都督府与安西都护府是原有的羁縻府州系统,镇军制形成后,于阗镇守军与安西四镇节度从权力上控制并支配了原来的羁縻体制,在安史之乱后,这种控制得到了加强③。孟宪实还利用新出土的和田文书讨论了于阗镇守军的职官。孟氏指出四镇的军事化有两个重点,一是四镇本身的驻军军镇化,二是四镇节度使体系的建设完成,具体到于阗,于阗镇守使是于阗最高的军事长官,其下还有经略副使和判官等官员④。孟宪实最近还专门撰文,介绍了人大所藏与镇守军相关的文书,并提示了几件重要文书,值得进一步关注⑤。刘子凡则利用新出文书考察了于阗镇守军与当地社会的关系,他认为安史之乱后,于阗镇守军向当地百姓收取各类赋税、掌控交通,并且掌管了于阗的户口和男丁信息,镇守军的家口也开始融入于阗当地社会经济生活中⑥。此外,刘子凡还研究了一件杰谢镇用水灌溉的文书,他发现与一般州县不同,镇守军控制了于阗的

---

　　①　荣新江《唐代于阗史新探：和田新发现的汉文文书研究概说》,收入吕绍理、周惠民主编《中原与域外：庆祝张广达教授八十嵩寿研讨会论文集》,第43—55页。

　　②　荣新江《新発现の唐代コータン地域軍鎮関係官文書》,《内陸アジア言语の研究》第33期,2018年,第1—10页。中文本参见荣新江《新见唐代于阗地方军镇的官文书》,收入《祝总斌先生九十华诞颂寿论文集》,第366—378页。

　　③　孟宪实《于阗：从镇戍到军镇的演变》,《北京大学学报》2012年第4期,第120—128页。

　　④　孟宪实《于阗镇守及使府主要职官》,《西域研究》2014年第1期,第1—8页。

　　⑤　孟宪实《中国人民大学藏西域汉文文书及其学术价值——以镇守军相关文书为中心》,《中国人民大学学报》2022年第1期,第20—26页。

　　⑥　刘子凡《于阗镇守军与当地社会》,《西域研究》2014年第1期,第16—28页。

水利管理，这说明于阗镇守军势力在一定程度上参与到了民政事务的管理中①。丁俊则利用新出和田汉文文书研究了镇守军的征税系统，与吉田丰认为的间接征税不同，丁俊倾向于认为镇守军直接征税，她认为于阗镇守军内部存在一个严密且完善的征税官系统，基本上以守捉和镇两级为主，由专征官、判官、典组成，行官也会承担类似任务②。她还研究了几件和田粮帐文书，认为百姓需向镇守军交纳粮税，税率高达五分之一，镇守军不仅在军一级有仓库，杰谢镇和守捉也有，杰谢守捉仓对杰谢镇仓粮具有调配权③。

2020年，由孟宪实主持的国家社科基金重大项目"中国人民大学藏唐代西域出土文献整理与研究"立项（项目编号：20&ZD250），标志着这批新出和田文书的整理工作进入到了一个新的阶段。项目立项后，项目组成员又陆续发表了一系列相关论文，刊布了一批新文书。在新出和田文书中，有一批大历、建中、贞元年间的税粮文书，荣新江、庆昭蓉两位学者对这批文书做了非常仔细的研究，先后合作撰写了《唐代碛西"税粮"制度钩沉》、《和田出土大历建中年间税粮相关文书考释》④、《和田出土唐贞元年间杰谢税粮及相关文书考释》三篇文章。在《唐代碛西"税粮"制度钩沉》一文中，庆昭蓉、荣新江结合和田、库车出土的税粮文书，对唐朝在西域地区推行的税粮制度进行了考察。文章认为税粮主要交纳的是粮食，于阗镇守军虽然通过羁縻府州系统征税，但负责税粮征收的镇守军却越来越接近于阗百姓，于阗百姓的税粮非常沉重，甚至出现了拖欠。8世纪后期，镇守军尽管缺乏人力，但依然维持了严密的行政制度⑤。在《和田出土唐贞元年间杰谢税粮及相关文书考释》一文中，两位作者对国图藏BH1-2背《唐贞元六年十月、十一月杰谢镇仓粮入破账历稿》、人大藏GXW0169《唐贞元六年十月廿八日杰谢镇牒稿为当镇应交税粮事》、国图藏BH1-3《唐贞元六年十月廿二日杰谢镇仓算叱半史郎等交税粮簿》、BH1-1背《唐贞元六年冬季杰谢镇官健预支人粮、马料簿》、人大藏GXW0167背《唐某年（贞元年间?）于阗杰谢镇仓粮

①　刘子凡《杰谢营田与水利——和田新出〈杰谢作状为床和田作等用水浇溉事〉研究》，《新疆大学学报》2012年第5期，第70—75页。
②　丁俊《于阗镇守军征税系统初探》，《西域研究》2016年第3期，第13—23页。
③　丁俊《有关和田出土的几件粮帐文书》，《西域研究》2014年第1期，第9—15页。
④　庆昭蓉、荣新江《和田出土大历建中年间税粮相关文书考释》，收入朱玉麒主编《西域文史》第16辑，科学出版社，2022年。
⑤　庆昭蓉、荣新江《唐代碛西"税粮"制度钩沉》，《西域研究》2022年第2期，第47—72页。

入破账草》三组文书及其关联文书做了较为仔细的研究。这三组文书此前也曾在其他学者的论文中提到过，但仅仅是刊布了部分内容，此次，荣新江、庆昭蓉两位学者不仅刊布了三组文书的全文，还对每一件文书中涉及的人名、制度以及文书内容做了深入的解说。在解说文书的基础上，两位学者对贞元年间于阗税粮的征收、使用以及收支簿的制作等问题做了进一步的总结。他们指出贞元时期的于阗百姓可能是夏秋两季一边收割一边交纳税粮，之所以夏秋两次交纳可能和于阗当地的自然环境有关，胡人百姓可以通过叱半将税粮直接交纳到各地镇仓，杰谢镇仓则是一年一度清点、上交。税粮征收完成后，税粮既可能是仿照内地的粮食转运系统，先往上集中到于阗镇守军军仓等预定场所，与其他地方的税粮整合后再往下拨放使用，也可能是先由各守捉收齐后再将一部分运往大本营使用，另一部分则运往其他边戍使用。文书中，虽然出现了杰谢镇现征现用的情况，但这可能与贞元六年后于阗镇守军的粮食征收、调度更加捉襟见肘有关，属于特例。杰谢镇镇仓对于镇仓收入和支出的项目，原则上都是每日记录的，并有专人审核，在仓粮上交、转运、申报账簿时，这些镇仓的入破历还会汇集成更大的总账①。这批税粮文书对我们认识安史之乱后于阗镇守军的税粮征收流程以及镇守军对税粮的保管、使用流程等问题都具有十分重要的价值，荣新江、庆昭蓉的后续研究成果值得期待。

除了荣新江、庆昭蓉的研究外，孟宪实还结合传世史料与出土文书勾勒了唐代于阗历史的发展脉络，他将唐代的于阗历史划分为了四个时期，即初步建立臣属关系的贞观时期、特殊军政体制建立的四镇前期、军镇化带动西域体制发展的四镇后期、军地融合深化的后安史之乱时期。这四个时期中，较为值得注意的是安史之乱后的时期。此前，孟宪实在讨论库车出土的孔目司文书时，就已注意到了安史之乱后的四镇行政体制问题②，在此文中，孟宪实对这一时期的于阗行政体制做了进一步概括。孟宪实认为安史之乱后，唐朝西域守军东调平叛，边防空虚，吐蕃攻占河西走廊后，切断了唐朝中央与西域守军的联系，造成西域守军物资供应困难。在此情况下，于阗镇守军与于阗地方的联系空前加强，军地融合得

---

① 庆昭蓉，荣新江《和田出土唐贞元年间杰谢税粮及相关文书考释》，《敦煌吐鲁番研究》第 21 卷，上海古籍出版社，2022 年，第 165—209 页。

② 孟宪实《安史之乱后四镇管理体制问题——从〈建中四年孔目司帖〉谈起》，收入王振芬，荣新江主编《丝绸之路与新疆出土文献：旅顺博物馆百年纪念国际学术研讨会论文集》，第 552—568 页。

到了深化,部分百姓事务转归军队管理,于阗当地人也参与到了军队中①。循着孟宪实的思路,孙炳晗在前人研究基础上,对安史之乱后的于阗征税体系进行了专门研究。孙炳晗认为于阗国内部存在从州级至乡级的征税体系,乡在于阗国的征税体系中发挥着重要作用,一方面是接收来自州一级的征税命令,另一方面则要负责将征税命令往下传递到村一级。镇守军在向于阗百姓征收物资时,并不直接面向于阗百姓,而是通过于阗国内部的征税系统,将征收物资的要求传递给于阗地方政府,再由于阗官员完成征收②。这一观点与丁俊提出的镇守军存在一个完善的征税官系统的观点不同③,反而是更接近吉田丰间接征收的观点。看来,于阗镇守军究竟是直接,还是间接征税或者征收物资,抑或征收物资的种类不同,征税方式也有区别等问题依然有待进一步研究。

除了汉文文书,新获的于阗语文书也很值得注意。段晴是国内最重要的于阗语研究者,大部分新获于阗语文书都是由她和她的团队整理刊布并进行考释的④,这些研究成果,例如多篇对于阗契约的研究,就大大丰富了我们对于阗社会的认识,对我们解读汉语文书也有相当的帮助⑤。除了上文提及的对"村"的研究外,段晴还有数篇文章与本节主题相关,兹略述如下。

《萨波 Vaisa 之牒所隐括的社会变迁》,所谓"萨波 Vaisa 之牒"即新疆博物馆藏 09ZJ0032 文书。作者先讨论了于阗语文书"令"的格式,认为于阗语"令"的格式受到唐朝"牒"的影响,这件 9 世纪初的文书就是一件牒文,这表明吐蕃统治于阗后,于阗仍在使用"牒"制。之后,作者又对文书中的人名、地名做了进一步考释,并从牒文中出现的"部人"一词出发,讨论了唐朝和吐蕃对于阗的不同统治

---

① 孟宪实《唐代于阗的四个历史时期》,《西域研究》2022 年第 3 期,第 1—11 页。

② 孙炳晗《安史之乱后于阗地区征税体系研究》,《西域研究》2022 年第 3 期,第 12—27 页。

③ 据孙文注释,丁俊除此前发表的《于阗镇守军征税系统初探》一文外,还撰写有《唐建中年间于阗杰谢镇的税粮账目与财务行政》一文(待刊),丁文与上文提到的庆昭蓉、荣新江的两篇文章一样,都是对新出和田税粮文书的最新研究,这些成果值得期待。

④ 关于段晴教授和她的团队对于阗研究的贡献和详细的研究介绍,可参见荣新江《西域胡语文献研究获得新进展——段晴教授及其团队的贡献》,《中国社会科学报》2022 年 3 月 18 日第007 版。

⑤ 例如作者对《于阗语高僧买奴契约》的研究,就对我们理解汉语文书有很大的帮助。文书记载了发生在杰谢的一桩买卖奴隶的交易,卖方来自杰谢,买方则是屋悉贵的高僧,文书中还提到乡头和破沙 Suhaṃ。从文书可知,杰谢与拔伽的屋悉贵之间存在着密切的往来,破沙不仅可以担任契约的见证人,还可以同时兼任乡头。参见段晴《于阗语高僧买奴契约》,《敦煌吐鲁番研究》第 11 卷,第11—28 页。

方式,作者指出吐蕃统治时期,虽然保留了于阗原有的官僚体制,但仍在于阗推行了部落制,税收制度也发生了变更①。《裴捺的人生轨迹》则利用多件于阗语文书串起了一个于阗基层官员裴捺(Puñadatta-)的人生历程,极大地加深了我们对于阗基层官吏的生活了解。裴捺大概是除了著名的思略(Sīḍaka)外②,我们目前最了解的于阗官员了。更让人兴奋的是,在国图藏 BH5 - 2《舅卖甥女》文书中出现的裴捺和伊里丧宜(Īrsaṃgä)可以和开元年间木简上的人名对应,这为我们进一步认识木简上的纳粮人身份提供了新的资料③。《钱与帛——中国人民大学博物馆藏三件于阗语—汉语双语文书解析》,段晴在文中刊布了三件文书,这三件文书中最值得注意的是 GXW0107《桑宜没欠款》。文书中出现的这些欠税人,在其他文书中曾多次出现,段晴在文中已对相关文书做了提示④。若将这些不同的文书进行整体研究,我们或许可以对这些纳税人的身份以及这份欠款单的性质有进一步的认识。《吕琮胡书——对中国国家图书馆藏西域文书 BH1 - 1于阗语文书的释读》。段晴对这件文书有较为详细的解读,她认为文书的主旨在于向于阗当地人解释什么是差科,并命令杰谢派出力役。文书中提到了诸多人名,思略(sīdaka)、勃延仰(puñargaṃ)、梅椋(mayadattä)、阿童(altāṃ)以及郭开府、魏大郎、成副使,这些人名、地名均见于其他文书中,作者对比不同的文书,对这些人进行了细致的梳理。文书中还出现了几个地名杰谢、媲摩、蒲城、固城,作者认为这几个地方应该都在媲摩州所辖范围内,其职能之一,是专门给驻扎在媲摩城的镇守军供应物品⑤。这件作于 782—784 年之间的文书,揭示了唐朝在于阗推行差科制度的一些细节问题,是我们了解于阗的赋税制度以及安史之乱后

① 段晴《萨波 Vaisa 之牒所隐括的社会变迁》,刘绍刚、侯世新主编《新疆博物馆新获文书研究》,中华书局,2013 年,第 78—91 页。

② 关于思略,可参见张广达、荣新江《8 世纪下半叶至 9 世纪初的于阗》,收入《于阗史丛考》(增订版),第 255—256 页。

③ 段晴《裴捺的人生轨迹》,收入阿不都热西提·亚库甫主编《西域——中亚语文学研究:2012年中央民族大学主办西域—中业语文学国际学术研讨会论文集》,上海古籍出版社,2015 年,第 80—89 页。

④ 段晴、李建强《钱与帛——中国人民大学博物馆藏三件于阗语—汉语双语文书解析》,《西域研究》2014 年第 1 期,第 29—38 页。

⑤ 段晴《吕琮胡书——对中国国家图书馆藏西域文书 BH1 - 1 于阗语文书的释读》,《西域研究》2022 年第 2 期,第 73—86 页。杰谢已经可以确定属于六城州,蒲城、固城两地都是州一级的区域(参见朱丽双《唐代于阗的羁縻州与地理区划研究》,《中国史研究》2012 年第 2 期,第 80—82、83—84页),段晴将这几个地区视为媲摩的一部分,不确。

镇守军与于阗社会关系的重要资料,值得重视。

在对上述几件于阗语征税文书进行了细致的研究后,段晴又对于阗"税"的相关问题进行了进一步的考察,《关于古代于阗"税"的辨考——基于策勒县文物保护管理所藏于阗语案牍所做观察》就是段晴的最新研究成果。段晴在文中首先刊布了一件藏于策勒县文管所的于阗语文书,这件文书作于于阗王伏阇达三年(730 年左右),是一件关于疏里吉(Śūrakä)、疏里捺(Śūradattä)兄弟欠税的文书。段晴认为疏里吉和疏里捺兄弟是一个庄园和一个村的家主,于阗王国此时的税收是以庄园为基础进行征收的。之后,段晴又对于阗语文书中出现的几个有关税收的名词进行了考释,即 thaṃga、ṣṣaṃga、ciṃgāṃ jsāri、kīra。段晴认为 thaṃga 并非囊括一切的税,而是一种杂税,作为一种税收,thaṃga 可以是钱,也可以是物,但不包括丝织品。thaṃga 在征收时是按照男丁征收的,这一税收来自于阗国原有的税收体制。ṣṣaṃga 则是于阗王国的主要税收,这种税只能交钱,而且是按照人头征收的,在不同的时代,征收的税额也有不同。thaṃga、ṣṣaṃga 都是于阗王国固有的税收,唐朝势力进入于阗后,于阗百姓也开始向唐朝交税,ciṃgāṃ jsāri 就是于阗百姓向唐朝交纳的租,征收的是粮食,kīra 则是劳役[①]。此前,我们对于阗国本身的税收制度了解得非常有限,通过段晴的研究,我们可以清楚地知道于阗国内部存在不同种类的税收,且在唐军进入后,于阗依然保留了自己的税收传统。唐朝统治下的于阗百姓,不仅需要按照传统向于阗王交纳税收,还需要向唐朝交税,甚至要承担劳役。段晴的这一系列研究对于我们进一步认识于阗国的税收体制、唐朝制度与于阗制度的接轨等问题都有重要的价值,这批新出于阗语文书的后续研究成果值得期待。

除了以上段晴刊布、研究的几件文书外,还有另外的几件于阗语文书也值得格外注意。一件是新疆博物馆所藏的木板于阗语粮食支出帐,这件文书由文欣做了考释。在新疆博物馆所藏木板文书公布之前,施杰我(P.O.Skjærvø)还解读了另一件类似的文书[②],文欣在文中对两件文书做了综合研究。文欣认为两件

①　段晴《关于古代于阗"税"的辨考——基于策勒县文物保护管理所藏于阗语案牍所做观察》,收入荣新江主编《丝绸之路上的中华文明》,商务印书馆,2022 年,第 254—276 页。

②　P. O. Skjærvø, "An Account Tablet from Eighth-Century Khotan", *Bulletin of the Asia Institute*, Vol. 15, 2001, pp. 1 - 8.

文书属于一个叫 Labuda 的于阗村庄,前一件文书是村庄在八个月之内的粮食支出账目,后一件文书则是一个相关的账簿。根据文书可知,村庄的粮食支出包括 5 个方面:内廷纳税;村民口粮;过客使用;写经使用;外送。于阗社会在村一级,可能存在一种基层的公有体制,粮食按村统一管理、分配,正是这种公有体制,于阗征税时才可以按人数均摊①。相比于镇守军,我们此前对于阗国的基层社会和于阗原先的征税体系了解得极为有限,这两件粮食支出帐,正好在一定程度上弥补了这一不足,特别是于阗村落的公有体制,共同承担赋税这一点,对我们理解其他文书极为有用。文欣的这一研究成果正好可以和上述段晴的系列成果互相对照,共同加深了我们对于阗国税收体制的认识,文欣的后续成果同样值得期待。第二件是人大博物馆所藏的《守官瑟尼洛之牒》,这件文书由范晶晶刊布,并做了研究。范晶晶依据文书中出现的"当汉人副使当值时",认为文书反映了唐朝官员与当地王室共治的情形②。文书中出现的汉人副使当值确实很值得注意,若能进一步结合其他文书,则我们或许可以对镇守军与于阗官员的合作有进一步的了解。范晶晶最近又刊布了一件人大藏于阗语税收文书,编号为GXW0404,这是一件征收绨绸和麻子的征税文书,其中的不少人名,如桑宜没(Saṃgabuda)、没特桑宜(Budasaṃga)、纥罗捺(Rruhadatta)等人又见于其他文书中,范晶晶据此将文书的年代确定在 8 世纪后半叶。范晶晶认为这件文书属于摊派文书,征税的命令来自媲摩守捉,文书很可能只是下发到杰谢乡,在杰谢乡范围内摊派。至于具体的征税流程,范晶晶依据其他征税文书,推测媲摩守捉是将征税命令下发到了基层官员勃延仰处,再由勃延仰根据各村人数进行摊派③。这件新刊布的征税文书,由于出现了大量的人名以及媲摩守捉(即坎城守捉)而显得格外引人注目,透过这件文书,我们不仅进一步深化了对于阗税收种类的认识,还对守捉的征税流程有了进一步了解,类似的征税文书在于阗语和汉语文书中都有发现,在未来开展对这些文书的综合研究,无疑是很有必要的。

---

① 文欣《新疆博物馆藏木板于阗语粮食支出帐考释》,《西域文史》第 9 辑,科学出版社,2015年,第 85—107 页。

② 范晶晶《中国人民大学博物馆藏一件于阗语文书》,《语言学研究》第 28 辑,高等教育出版社,2020 年,第 15—19 页。

③ 范晶晶《对一件于阗语税收文书的考释》,《西域研究》2022 年第 3 期,第 28—36 页。

三、存在的问题与展望

从以上回顾看，围绕镇军制形成后，唐代军事体制的变化、四镇军政体制的演进两个问题，学界已经取得了非常丰富的成果，我们对这两个问题的基本历史脉络也已有了较为清楚的了解。当然，毋庸讳言，其中也存在一些不足之处。以下，笔者希望在反思既有研究不足的基础上，对未来的研究做一展望。

在讨论唐代西域军事体制的变化时，吐鲁番文书毫无疑问是最重要的史料，但吐鲁番所出文书，年代跨度较大，即使是同一制度，也有不同时期的文书，不同时代的文书反映的制度实态自然也是不同的，若使用后一阶段的文书去探究前一阶段的军制，所得出的结论不免令人怀疑。这就要求我们在利用吐鲁番文书时必须对文书的年代和文书形成的背景有一个清晰的认识，但在目前的研究中，依然存在不同时代的文书混用的情况。即以府兵制为例，吐鲁番出土文书中，涉及府兵制的文书，从太宗到玄宗时期都有，开元二年蒲昌府文书形成时，府兵制已经处于调整当中，不仅府兵地位大不如前，其职能也发生了很大的变化，与唐初的府兵制已不可同日而语。虽然自日比野丈夫开始，利用蒲昌府文书探讨整个唐朝时期的府兵制问题早已蔚然成风，但这样的讨论实际上是有风险的，开元年间的府兵文书在研究唐初的府兵制时恐怕只能作为辅助材料。不仅出土文书如此，史籍中有关军制的记载往往也混杂了不同时代的记录，即使是唐人自己撰写的《唐六典》，所反映的制度也不一定是玄宗时期的①，在使用时尤其需要仔细辨别。今后在讨论唐朝在西域的军制演变时，需要严格区分不同时段的材料，讨论旧军制时，应以唐初的材料为主，讨论新军制时，则应以镇军制形成后的材料为主。

吐鲁番出土文书中，除了完全属于镇军制形成前或镇军制形成后的材料外，还有一些处于新旧军制转换期的材料，例如武则天时期和玄宗初年的出土文书。

---

① 吴宗国指出，《唐六典》"在一句话或一段话中概括了不同时期的情况，反映了制度在不同时期的发展。但在行文中往往没有交代，或表述得很不准确。如不仔细考证每一句话所表述的确切时间和准确含义，就会在理解上发生混乱。……如果不仔细了解每句话甚至每句话中各个部分的确切时间和真实含义，就不能真正理解这句话所反映的制度状况"。关于《唐六典》所载制度的时间问题，可参见吴宗国主编《盛唐政治制度研究》，中国人民大学出版社，2019年，第6—11页。

由于不同时代文书的混用,这一阶段文书的特殊性并没有得到足够的重视。如果我们转换视角,把目光进一步聚焦在新旧军制如何转换上,则这些处于新旧军制转换时期的文书就是讨论此时军制运行的绝佳材料。在这一视角下,此前一些未能注意或注意不够的问题也可以成为新问题,如新旧军制交替过程中,两种并存的军制如何协调? 旧军制中的府兵和镇戍在新军制之下经历了怎样的变化? 还是以西州为例,天山军成立前,府兵毫无疑问是西州的主要军事力量,那么,天山军成立后,府兵发生了怎样的变化呢? 目前的解释大多是府兵逐渐融入天山军中,这作为一个大的历史趋势自然是没有问题的,但我们能否进一步细化呢? 吐鲁番府兵文书中,涉及天山军成立之后的并不少,笔者认为有必要重新审视这批文书,这些文书不应该仅仅被视为府兵文书,还应该从新旧军制交替的角度去观察。

除了府兵的转变,镇的新旧转换也很值得注意。与军、守捉这类镇军制形成后才出现的新军镇不同,镇从唐初就一直存在,作为地方军事力量的重要组成部分,镇在唐初的边州中毫无疑问占有重要地位。但当更大规模的军和守捉出现之后,镇经历了怎样的变化呢? 上述与鸜鹆镇相关的文书,年代正好集中在开元末到天宝年间,此时正是新旧军制转换完成的时期,透过鸜鹆镇,我们可以了解到新军制之下镇的实态,这正是鸜鹆镇文书最大的研究价值所在。但目前已有的研究成果,从新军制形成后,镇经历了怎样的演变这一视角出发的讨论依然不够,鸜鹆镇文书的时代特色还未完全发掘出来。另外,从新旧军制演变的角度而言,还应该关注的是对北庭与西州不同军制演变模式的比较。北庭此前未设置府兵,可以直接转变为新军制,西州则需要历经从府兵到大山军的转变,两者实际上代表了两种不同的军制演变模式,遗憾的是,目前学者们对两者的区别关注得还远远不够。如果从不同军制演变模式的角度切入,我们或许可以对瀚海军文书、天山军文书有不同于现在的认识,新旧军制转换过程中的一些细节问题也可以在比较中得到更为深入的认识。

除了转换视角带来的新问题外,新史料的发现也为我们讨论新军制的运行提供了新的资料。近年来在新疆克亚克库都克烽燧遗址出土了大批文书,截止到2022 年 3 月,该遗址已出土 883 件文书(纸文书 758、木简 119、帛书 4、刻辞 2)①,

---

① https://www.thepaper.cn/newsDetail_forward_17124260 2022.3.29,参见澎湃新闻报道《见证"楼兰路":新疆沙堆烽出土大量唐代汉文木简》。

仅就目前披露的信息看,文书中出现了临河烽、马铺烽、沙堆烽、黑河铺、猪泉谷铺、榆林镇、通海镇、掩耳守捉、于术守捉、西夷辟守捉、焉耆守捉、安西都护府、麻泽镇、横岭烽、悭泉谷铺、猪泉谷铺、苏累铺等机构①。这些机构,除了通海镇、于术守捉、西夷辟守捉、焉耆守捉、安西都护府外,其他机构我们都未在别处见过②,足见这批文书的价值。这批文书的意义,除了文书整理者提出的填补了焉耆镇军镇防御体系记载的空白外③,也为我们了解新军制形成后,都护府、守捉、镇、烽铺不同层级军事机构之间的互动、新军制的运行实态提供了极为宝贵的一手资料。鸜鹆镇文书只涉及鸜鹆镇之下的游弈系统,我们所能了解的仅仅是镇与游弈系统的一般关系,新出克亚克库都克烽燧文书则为我们展现了一幅更加生动细致的烽燧运作画面,正好可以作为鸜鹆镇文书的补充。两相对照,我们便可以对烽燧与镇、守捉之间的互动有更多了解,不少以往出土文书未能回答的问题,例如新军制之下的镇究竟在唐朝的西域镇防体系中居于何种地位,守捉与镇的关系是怎样的,在战时和平时状态下,各级军事机构是如何协调运作的,也有望在新出文书中得到解答,期待这批文书能够早日整理、公布。

至于四镇,尤其是于阗地区的军政体制问题,借助大量新出土的和田文书,我们现在已经对于阗的镇守军有了相当的了解,在镇守军的征税体系、军镇体系等问题上都已取得了很大的成果。不过,笔者认为仍有一些新问题值得进一步探讨。

首先是唐朝进入四镇后所推行的新体制如何与四镇原有的王国体制衔接的问题。从前文的学术史回顾中就可以看到,唐朝势力进入四镇后,实际上对四镇

①　https://www.thepaper.cn/newsDetail_forward_17124260 2022.3.29,参见澎湃新闻报道《见证"楼兰路":新疆沙堆烽出土大量唐代汉文木简》。正式的考古简报可参见胡兴军《新疆尉犁县克亚克库都克烽燧遗址考古发掘收获》,《文物天地》2021年第7期,第98—103页;胡兴军、阿里甫等《新疆尉犁县克亚克库都克唐代烽燧遗址》,《考古》2021年第8期,第23—44页。

②　临河烽、马铺烽、沙堆烽、黑河铺、猪泉谷铺、掩耳守捉不见于他处,通海镇见于敦煌P.4615《索崇恩和尚修功德记》及P.4638《大番故敦煌郡莫高窟阴处士修功德记》,陈国灿对此有梳理,参见陈国灿《唐安西四镇中"镇"的变化》,《西域研究》2008年第4期,第18页。《新唐书·地理志》提道:"焉耆西有于术、榆林、龙泉、东夷僻、西夷僻、赤岸六守捉城"(第1048页),此处作榆林守捉,与文书中的榆林镇不同,不知是时代不同,还是镇与守捉并置。

③　胡兴军《新疆尉犁县克亚克库都克烽燧遗址考古发掘收获》,《文物天地》2021年第7期,第102页。关于这一问题的初步研究,还可参看党琳《克亚克库都克烽燧与唐代焉耆交通研究》,《敦煌学辑刊》2021年第1期,第77—90页;党琳、张安福《克亚克库都克烽燧所见唐代西域治理》,《史林》2021年第5期,第36—45页。

原有的行政体制是造成了很大冲击的。唐朝划分的羁縻府州,并没有完全遵从所在地此前的行政区划,而是进行了重新组合,乡、村等内地基层行政体系,虽然也被搬到了四镇,但内涵完全不同,在唐朝推行的普遍制度与于阗的传统制度之间存在着非常明显的缝隙。这一缝隙在征税制度上也能显示出来。透过于阗语粮食支出帐以及段晴新刊布的几件于阗语征税文书,我们已经可以了解到于阗当地有着自己独特的征税体系,这一体系是一种基层的公有体制,征税时是按人数均摊,且征收的赋税种类多种多样。而我们在镇守军征税文书中并未看到按户等交税的记录,大量的文书均显示出,镇守军的征税标准也是人数多寡,这就表明镇守军在很大程度上沿用了于阗传统的征税体系。从这两个例子我们可以看到,唐朝在统治于阗时,既没有完全照搬内地制度,也没有完全沿用当地制度,而是对两种制度进行了不同程度的调和,从而形成了一种胡汉结合的新体制。类似的制度特色想必还存在于其他制度中,对镇守军的新制度与于阗等四镇王国旧有行政体制之间的关系问题,值得站在胡汉结合的角度下继续讨论。

　　除了行政体制外,于阗的军镇也值得继续关注。借助新出土的和田文书,我们现在对于阗镇守军的军镇已经有了更多了解,在此基础上,我们可以对于阗镇守军的军镇体系开展进一步研究。从和田出土文书可知,于阗镇守军在于阗境内设置了多个守捉,除了此前已知的坎城守捉、蔺城守捉外,新出文书中至少还出现了质逻守捉[1]、杰谢守捉[2],在这些守捉之上还有都守捉[3],与都守捉类似的还有都游奕使[4],都守捉和都游奕使在其他文书中还未见到。对于都守捉、都游

───────────

[1]　GXW0064 文书,整理者定名为《唐某年于阗镇守军牒质逻、蔺城等守捉为摊市袋索等事》,参见陈丽芳《唐代于阗的童蒙教育——以中国人民大学博物馆藏和田习字文书为中心》,《西域研究》2014 年第 1 期,第 43 页。

[2]　GXW0224 号文书中有"帖杰谢守捉",参见毕波《和田新发现汉语、胡语文书所见"筋脚"考》,《西域考古·史地·语言研究新视野:黄文弼与中瑞西北科学考查团国际学术研讨会论文集》,科学出版社,2015 年,第 341 页。图藏 X9 文书中有都守捉帖杰谢守捉,丁俊《有关和田出土的几件粮帐文书》,《西域研究》2014 年第 1 期,第 14 页。

[3]　国图藏编号为 X9 的文书中就有都守捉牒杰谢守捉的记录,参见丁俊《有关和田出土的几件粮帐文书》,《西域研究》2014 年第 1 期,第 15 页。人大藏 GXW0154、GXW0223、GXW0240 文书也都提到了都守捉,参见沈琛《吐蕃统治时期于阗的军事体制考论》,《唐研究》第 24 卷,北京大学出版社,2019 年,第 93 页。

[4]　李吟屏《近年发现于新疆和田的四件唐代汉文文书残页考释》,《西域研究》2004 年 3 期,第 84 页。荒川正晴《调查の概略とコータン新出汉文文书》,荒川正晴编《东トルキスタン出土「胡汉文书」の综合调查》,第 5 页。

弈使的性质以及各个守捉之间的关系，目前我们知道的并不多。如果要理解镇守军的军镇体系，我们应该进一步加强对各个守捉及守捉之下的镇的研究，特别是需要对守捉与镇之间、镇与镇之间的文书多加留意。这些文书中，涉及不少平时和战时状态下，守捉与镇之间的协调运作，如果我们能结合性质上相近的吐鲁番军镇文书和克亚克库都克烽燧文书来对照研究，则我们对于阗的军镇体系当可以有更深入的了解。

　　与作为纯粹军镇的西州、北庭军镇不同，除了军事事务外，龟兹、于阗军镇还介入到了征税事务中，各级军镇都是征税体系中的一环。经过吉田丰、荒川正晴、丁俊、孙炳晗等学者的研究，虽然我们已经对于阗、龟兹镇守军的征税体系有了较为深入的了解，但依然有一些涉及镇守军征税的问题可以进一步讨论。首先值得提出来讨论的问题是，镇守军是何时介入到四镇的征税事务中的？荒川正晴和孟宪实对《孔目司帖》的研究，已经揭示出了安史之乱后，唐朝守军孤立无援，对西域绿洲依存度大为提高的问题。在对四镇依存度提高的情况下，镇守军势必会强化对四镇的控制，镇守军在当地社会的影响力也会随之增强。从这一背景出发，孟宪实认为镇守军介入到四镇征税事务是安史之乱后的特殊背景下发生的，但荒川正晴和孟彦弘则认为安史之乱前就已如此[①]。讨论镇守军何时介入四镇征税事务中，不仅仅涉及征税的问题，也涉及安史之乱前和安史之乱后四镇军政体系变迁的问题，要解决这一问题，就必须先了解安史之乱前的四镇征税体制，安史之乱前的文书尽管不多，但都值得再反复研读。开元年间的征税木简与安史之乱后的征税文书也值得再作比较，同样地，在讨论目前我们所能看到的大部分和田文书时，也应该充分考虑到安史之乱的背景，很多文书都应该放在镇守军孤立无援的背景下去解读。其次，从和田文书看，在镇守军的征税体系中，守捉和镇都是不可或缺的一环，但我们目前对守捉和镇在镇守军征税体系中各自发挥何种作用并不了解，对守捉和镇的征税范围、具体征税人员、守捉之上

---

　　① 荒川正晴在对《建中四年孔目司帖》的研究中指出军队直接命令各绿洲征发钱物，虽然集中在 8 世纪后半期的文书，但这样的钱物征发有可能是从镇守军驻扎之初就已经开始了，参见荒川正晴《クチャ出土〈孔目司文書〉攷》，《古代文化》第 49 卷第 3 号，1997 年，第 159 页。孟彦弘对孔目司文书的最新研究中也认为镇守军派役、征税的体制不一定是安史之乱后的新体制，安史之乱前可能就是这样，参见孟彦弘《旅顺博物馆所藏新疆出土孔目司帖及其所反映的唐代赋役制度》，收入《祝总斌先生九十华诞颂寿论文集》，第 450 页。

的征税机构等细节问题的认识也比较模糊，这些问题都还可以继续深入讨论。
第三，镇守军的征税究竟是直接征税，还是间接征税？从上文的学术史回顾中就
可以看到，这一根本性的问题目前并没有一个满意的答案，不同学者的意见也不
尽相同。要解决这个问题，笔者认为有必要对镇守军在于阗的征税种类进行区
分，究竟哪些是正税？哪些是差科、徭役？哪些是杂税？不同的赋税，镇守军的
征税方式是否存在差异？只有先对这些不同的赋役进行区分，或许我们才可能
对镇守军的征税方式有一个更加清楚的认识。

　　在对龟兹、于阗的行政体制有了较多的了解后，我们可以进一步关注的是四
镇内部不同地区间行政体制的差异。限于资料，四镇中，我们目前对于阗和龟兹
的了解比较多，那么，龟兹与于阗的行政体制是否有不同的地方呢？至少从目前
能见到的库车和和田出土的文书看，两地的赋役制度是存在相当大的区别的，龟
兹不仅有差科，甚至还划分了户等①，而于阗的赋税却是由村庄集体承担，征税
的标准仅仅是人口的多寡。这一差异是唐朝进入四镇之初就已形成，还是安史
之乱后才如此？两地推行制度不同的原因是什么？于阗的行政体系在镇守军征
税中还发挥着至关重要的作用，龟兹的基层行政体系是否也有类似的作用？这
些问题实际上都不清楚，在强调四镇相同点的同时，我们或许也应该关注到四镇
的不同点。

　　从目前已刊出的研究成果看，新出和田文书不仅数量较大，史料价值也极
高，这些新出文书大大加深了我们对于阗军镇体系（如新出文书中出现的众多此
前未见的守捉名）、征税体系（无论是于阗国自身的征税体系，还是镇守军的征税
体系）的认识，新史料对相关研究的推动作用于此可见。由孟宪实主持的"中国
人民大学藏唐代西域出土文献整理与研究"项目已经立项，相信这批文书很快就
会被整理、刊布，这批新出和田文书的刊布无疑会对于阗史和唐代西域史的研究
产生巨大的推动作用，对此，笔者满怀期待。

　　附记：本文在撰写和修改过程中，承蒙仇鹿鸣老师和匿名评审专家提出诸
多修改意见，谨致谢忱。

---

　　①　陈国灿、刘安志《唐代安西都护府对龟兹的治理》，收入刘安志《敦煌吐鲁番文书与唐代西域
史研究》，第308页。

书评：Andrew Shimunek，*Languages of Ancient Southern Mongolia and North China: A Historical-Comparative Study of the Serbi or Xianbei Branch of the Serbi-Mongolic Language Family with an Analysis of Northeastern Frontier Chinese and Old Tibetan Phonology*

于子轩

安德鲁·希姆内克（Andrew Shimunek）是一位年轻的蒙古学家，主要从事契丹语、达斡尔语、哈穆尼堪（Khamnigan）蒙古语、喀尔喀蒙古语等语言学研究。他于 2013 年在享誉世界的印第安纳大学中央欧亚系获得博士学位，随后在博士论文的基础上出版了《古代蒙古南部与中国北部诸语言：鲜卑-蒙古语系鲜卑语支历史比较研究，兼论东北边地汉语和古藏语语音》一书。在这部著作中，作者运用历史比较语言学的方法，发掘汉文传世文献、古藏文文书碑铭和契丹小字石刻中的拓跋语、吐谷浑语和契丹语语料，并利用 13 世纪以降的蒙古语和邻近的突厥、满-通古斯、韩、日、西伯利亚、汉、藏诸语言加以对照，首次提出了"鲜卑-蒙古语系"的概念，详细对比分析了拓跋语、吐谷浑语和契丹语的语音、词汇和语法特征，对鲜卑-蒙古语系诸语言的源流提出了全新的看法。本书既实现了概念、框架上的重大突破，也在许多具体问题上取得了推进，无疑是今后相关领域的研究者必须参考的著作。

一

除书前的目录、转写和缩略语说明以及书后的附录、参考文献、索引外,全书共分为十章。

第一章分类归纳了 18 世纪以来关于蒙古语系属的种种错误观点并逐一反驳,例如将蒙古语与印欧语、突厥语或韩语建立起亲缘关系的尝试。近一个世纪以来,伯希和(P. Pelliot)、李盖提(L. Ligeti)、鲍培(N. Poppe)、卡拉(G. Kara)、杨虎嫩(J. Janhunen)等学者大体上都认为 13 世纪以后的蒙古语和拓跋语、契丹语拥有共同的祖语,作者在此基础上提出"鲜卑-蒙古语系"的概念并构建了更直观、详细的树状图(第 35 页)。作者认为,鲜卑-蒙古语系包含鲜卑语支和蒙古语支两大语支,前者包括拓跋语、吐谷浑语、契丹语等,后者包括 13 世纪以降的全部蒙古语。本章还阐明了全书遵循的历史比较语言学基本原则。

第二章主要依据汉文史料讨论鲜卑-蒙古语人群的早期历史。这部分内容对中国学界来说并无多少新意,基本不超出亦邻真近四十年前发表的《中国北方民族与蒙古族族源》一文的框架①。作者对史料的处理基本满足于收集和翻译,有时缺乏批判性。例如作者相信契丹的族源可以追溯到宇文,最近苗润博的研究表明这种观点来自元朝史官的建构②,这也解释了作者很难解释的"其(宇文)语与鲜卑颇异"(第 53—54 页)。或许是出于谨慎,作者几乎没有涉及蒙古高原上操早期鲜卑-蒙古语的柔然、九姓鞑靼等人群。对于那些后文未加详细讨论的语言(例如檀石槐时代的鲜卑语、奚语等),作者在汉文史料中搜集了一些专名并构拟原语,但收获不大,极少能够找到词源。

第三章和第四章分别讨论了"早期北方边地汉语"(Early Northern Frontier Varieties of Chinese)和古藏语语音。这些讨论是后文作者依据汉文传世文献和古藏文文书碑铭构拟几种鲜卑语支语言(拓跋语、吐谷浑语、契丹语)的重要基

---

① 亦邻真《中国北方民族与蒙古族族源》,《内蒙古大学学报》1979 年第 3—4 期,后收于氏著《亦邻真蒙古学文集》,内蒙古人民出版社,2001 年,第 544—592 页;蒙古文版见同书第 101—169 页。

② 参见苗润博《记忆·遗态·书写:基于史料批判的契丹早期史研究》,北京大学博士学位论文,2018 年,第 79—82 页;苗润博《元修〈辽史〉契丹早期史观解构》,《中山大学学报》2022 年第 4 期,第 113—116 页。

础。不过，作者对古汉语语音的构拟与蒲立本（Edwin G. Pulleyblank）、许思莱（Axel Schuessler）、白一平（W. H. Baxter）、沙加尔（L. Sagart）等学者的构拟差别较大的西方主流学界差别巨大，本书主要承继了作者的导师白桂思（Christopher I. Beckwith）的一系列论断，但这些论断存在争议①。

第五章研究拓跋语。作者所依据的史料有三种：《魏书·官氏志》所记的部分鲜卑姓氏；《南齐书·魏虏传》中所记的鲜卑官名；《嘎仙洞石室铭文》中的"可寒""可敦"名号。作者构拟了这些汉字转写的拓跋语词汇的原语，分析了它们的语源，并尝试总结出拓跋语的语音特征、少量词缀和数量达到五十多个的词汇表。这一章在汉文史料的搜集和解读方面存在较多问题，本文第二部分将详细说明。

第六章研究吐谷浑语。在简要介绍了吐谷浑和吐谷浑语后，作者分别从藏文和汉文材料中搜集了一些吐谷浑人名、地名和一般词汇。藏文材料限于敦煌古藏文文书《大事纪年》（*Old Tibetan Annals*）和《吐谷浑王国编年史》（*Annals of the 'Azha Principality*）；汉文材料限于以《宋书·鲜卑吐谷浑传》为代表的正史吐谷浑传。作者还在藏语安多方言中找到了两例可能的吐谷浑语残留。不过，考虑到安多地区至今仍有许多操蒙古语、东乡语、保安语等蒙古语系语言的人群，很难说明这两例的来源就是吐谷浑语。作者对上述吐谷浑语语料的研究方法与拓跋语部分一致。

第七章研究契丹语，这也是作者硕士论文的主要内容②。作者将契丹语划分为早、中、晚三期，分别对应辽建立以前、辽前期和辽后期以后。早期契丹语的语料基本来自中古时期的汉文史料，中期契丹语即契丹大小字材料反映的契丹语，晚期契丹语则见于宋元时期汉文史料的记录，这个分期颇有见地。中期契丹

① András Róna-Tas，"Review of *Languages of Ancient Southern Mongolia and North China* by Andrew Shimunek"，*Archivum Eurasiae Medii Aevi*，Vol. 24（2018），pp. 319 - 320. Pavel Rykin，"Review of *Languages of Ancient Southern Mongolia and North China* by Andrew Shimunek"，*Ural-Altaische Jahrbücher*，Neue Folge，Vol. 27（2019），pp. 289 - 290. Yasunori Takeuchi，"Review of Languages of Ancient Southern Mongolia and North China by Andrew Shimunek"，*Mongolian Studies*，Vol. 39（2017 - 2018），pp. 135 - 136.

② Andrew Shimunek，*Towards a Reconstruction of the Kitan Language*，with Notes on *Northern Late Middle Chinese Phonology*. M. A. Thesis. Department of Linguistics and the Department of Central Eurasian Studies，Indiana University，Bloomington，IN.

语材料相对丰富,在鲜卑-蒙古语系早期诸语言中先行研究最多、最深入。作者在前人研究的基础上系统梳理了中期契丹语的语音、词法、句法,相较此前康丹(Daniel Kane)的专著(*The Kitan Language and Script*,Leiden:Brill,2009)取得了一些推进。不过,对契丹语数(number)的讨论(第 264—266 页)过于简略①。当然,目前学界对契丹大小字的了解还很不全面,在此基础上构建的契丹语语言学知识也一定会不断面对新材料、新研究的挑战②。

第八章在以上研究的基础上重构鲜卑-蒙古共同语的语音、词法、句法、词汇。此前学界还从未有过类似的研究尝试。作者总结了拓跋语、吐谷浑语、契丹语与蒙古语之间的语音对应关系,列举了契丹语与蒙古语同源的词缀以及这些语言中的同源词。由于作者构拟的拓跋语、吐谷浑语词汇存在很多问题,列举的契丹语词缀和词汇也不够全面,这一部分仍有不少修正和补充的空间。不过,其中的许多新见足以成为未来研究的起点。

第九章通过研究鲜卑-蒙古语系的"犁""弓"等文化词汇(cultural vocabulary)和"土""子"等基本词汇(primary vocabulary)与汉语、日韩语、通古斯语、藏缅语等邻近语言中相应词汇的关系,从历史比较语言学的角度讨论原始鲜卑-蒙古语的发源地。关注上古汉语与原始鲜卑-蒙古语之间的借词是一大亮点,不过这一部分的许多联想有牵强附会之处③。从生计方式和邻近语言两个角度,作者提出原始鲜卑-蒙古语的发源地是内蒙古东部和南部,也许还延伸到安多地区、内蒙古东北部和中国东北(第 414 页)。

---

① 就在本书出版的前一年,两位日本学者分别深入地讨论了这一问题,参见武内康则《契丹語の複數接尾辞について》,《言語研究》149,2016 年;大竹昌已《契丹語形容詞の性・數標示体系について》,《京都大学言語学研究》35,2016 年。

② 例如 András Róna-Tas 在书评中针对该部分的长篇讨论,参见 András Róna-Tas, "Review of *Languages of Ancient Southern Mongolia and North China* by Andrew Shimunek", *Archivum Eurasiae Medii Aevi*, Vol. 24 (2018), pp. 325 – 330. Yasunori Takeuchi, "Review of Languages of Ancient Southern Mongolia and North China by Andrew Shimunek", *Mongolian Studies*, Vol. 39 (2017 – 2018), pp. 138 – 140.

③ 已有许多评论者指出了这一点,参见 András Róna-Tas, "Review of *Languages of Ancient Southern Mongolia and North China* by Andrew Shimunek", *Archivum Eurasiae Medii Aevi*, Vol. 24 (2018), pp. 330 – 331;Pavel Rykin, "Review of *Languages of Ancient Southern Mongolia and North China* by Andrew Shimunek", *Ural-Altaische Jahrbücher*, Neue Folge, Vol. 27 (2019), pp. 288 – 289;Julia Escher and Yves Trachsel, "Review of *Languages of Ancient Southern Mongolia and North China* by Andrew Shimunek", *Asiatische Studien*, Vol. 72, No. 4 (2018), pp. 1232 – 1233。

第十章总结了本书的主要贡献，并提出了有助于改进本书的未来工作，包括建立中古蒙古语和契丹语的语料库、改进古汉语音韵构拟和探索契丹语句法。

本书有四篇附录。附录 A 是对部分契丹小字释读的修订。附录 B 列举了常见的契丹小字讹字。附录 C 列举了汉文、藏文、拉丁文、波斯文文献中解释其他语言词汇的格套。附录 D 讨论了只见于蒙古语支而不见于鲜卑语支的词缀。

二

一个世纪以来，不少前辈学者涉及过本书研究的几种语言，关于吐谷浑语早有伯希和的开山之作，关于拓跋语亦有李盖提的精彩研究，契丹语的先行研究更是汗牛充栋①。将它们综合起来考察也并非本书首创，杨虎嫩等学者提出过包含这几种语言的"类蒙古语"（Para-Mongolic）的概念②。不过，本书对拓跋语和吐谷浑语的研究在深度上远远超过了先行研究；更重要的是，这是学界第一次从语音、语法、词汇等方面将这三种语言与蒙古语进行系统的、大规模的比较研究。正是在这个意义上，笔者认为本书具有方法论意义，无论赞成还是反对其中的具体观点，相关领域此后的研究都很难绕开这部著作。

开拓性的研究往往是困难的。写作本书需要研究者具备极高的历史比较语言学素养、能够处理十余种古代和现代语言、熟悉东西方学者在不同领域庞杂的学术积累，这其实超出了单个学者的研究能力。因此尽管作者语言能力突出、知识广博且付出了相当辛苦的劳动，本书仍有许多不足之处。本书问世之后，已有日本、瑞士、匈牙利和俄罗斯学者在《蒙古研究》（*Mongolian Studies*）、《亚洲研究》（*Asiatische Studien*）、《乌拉尔-阿尔泰年鉴》（*Ural-Altaische Jahrbücher*）、《中世纪欧亚集刊》（*Archivum Eurasiae Medii Aevi*）等西方主流学术期刊上发表了书评③。

---

①　Paul Pelliot，"Note sur les T'ou-yu-houen et les Sou-p'i"，*T'oung Pao*，Second Series，Vol. 20，No. 5（1921），pp. 323 - 331. Louis Ligeti，"Le tabgatch, un dialecte de la langue Sien-pi"，in：Louis Ligeti ed.，*Mongolian Studies*，Budapest：Akadémiai Kiadó，1970，pp. 265 - 308.

②　例如 Juha Janhunen，"Para-Mongolic"，in：Juha Janhunen ed.，*The Mongolic Languages*，London and New York：Routledge，2003，pp. 391 - 402.

③　Yasunori Takeuchi，"Review of Languages of Ancient Southern Mongolia and North China by Andrew Shimunek"，*Mongolian Studies*，Vol. 39（2017 - 2018），pp. 134 - 142. András Róna-Tas，"Review of *Languages of Ancient Southern Mongolia and North China* by Andrew （转下页）

它们都充分肯定了本书所取得的学术突破，但也从不同角度对本书提出了批评意见。除前文已经提到的古汉语音韵构拟问题外，批评意见主要集中在蒙古学层面，即从现有的蒙古语言学知识出发探讨具体的语源分析能否成立。但在笔者看来，本书最严重的问题并不在于此。从副标题即可看出，本书主要涉及两类语言：一是作为目标语言的鲜卑-蒙古语系诸语言，二是作为史料语言的汉语和藏语（以汉语为主），本书的研究方法主要是运用已有的蒙古语言学知识发掘和分析汉文和藏文史料中包含的鲜卑-蒙古语因素。本书在目标语言方面虽然也有一些可商榷之处，但"硬伤"不多，体现了作者接受过扎实的蒙古学学术训练；然而本书在处理史料语言方面存在较大的问题，这导致很多情况下作为第二步的目标语言语源分析成为空中楼阁。考虑到已有的几篇书评几乎没有涉及这方面的问题，本文将从以下两个层面对此详细讨论。

（一）关注的史料范围有限

本书拓跋语部分语料来源仅限于《魏书·官氏志》《南齐书·魏虏传》《嘎仙洞石室铭文》三种材料，这些当然是拓跋语相对集中的材料，但除此之外还有相当多传世和出土文献中包含拓跋语人名、地名、官名等词汇。早在七十多年前，巴赞（Louis Bazin）就搜集了许多传世文献中的拓跋语语料，虽然他在对汉文文本的把握和语源分析方面都存在很多问题，但至少覆盖的史料范围远远超过了本书。尽管巴赞这篇文章被列入了参考文献，但作者并未如巴赞那样将《魏书》《北史》本纪、列传中的拓跋语人名纳入考察范围，这或许是因为巴赞的文章并未注明所列拓跋语词汇的出处所致①。近几十年来，北朝墓志碑刻大量出土，更多的拓跋语人名、官名浮出水面。例如《北魏文成帝南巡碑》碑阴就列举了数百个拓跋语人名、官名，它们避免了传世文献中极可能存在的传抄讹误直接呈现在研

（接上页）Shimunek", *Archivum Eurasiae Medii Aevi*, Vol. 24 (2018), pp. 315 – 335. Pavel Rykin, "Review of *Languages of Ancient Southern Mongolia and North China* by Andrew Shimunek", *Ural-Altaische Jahrbücher*, Neue Folge, Vol. 27 (2019), pp. 287 – 300. Julia Escher and Yves Trachsel, "Review of *Languages of Ancient Southern Mongolia and North China* by Andrew Shimunek", *Asiatische Studien*, Vol. 72, No. 4 (2018), pp. 1231 – 1234.

① 参见 Louis Bazin, "Recherches sur les parlers T'o-pa", *T'oung Pao*, Second Series, Vol. 39, No. 4(1950), pp. 228 – 329. 作者也忽略了巴赞某些有价值的分析，例如将"阿真厨"与古突厥语 ašči 联系起来，见该文 p. 305.

究者面前，是不可多得的一手材料。《南巡碑》当然是近年来北魏史研究的热点之一，但迄今为止还没有学者真正从拓跋语的角度加以研究①。可以说，研究《南巡碑》的学者普遍缺乏蒙古学训练，而接受了蒙古学训练的学者往往不了解这一材料，本书的作者也不例外。目前出土的一千多方北朝墓志虽然大多是孝文帝华夏化改革以后制作的，但追溯父祖世系时有些会提到他们的鲜卑本名和所担任的鲜卑系职官，其中大多是不见于传世文献的独特材料，有数百条之多②。这些新出北朝墓志中的拓跋语因素，仅有个别论著有所涉及，绝大多数没有被关注和讨论过③。对各种传世和出土文献中拓跋语因素的研究当然不能期待全部有收获，但只要扩大搜寻史料的范围，就能发现本书讨论到的拓跋语词汇的其他汉字转写形式，还会发现本书没有注意到的拓跋语词汇。下面各举一例说明。

关于拓跋语官职"折溃真"（第 150、330—331 页），作者只注意到了《南齐书·魏房传》中的这一种汉字转写形式。《北魏文成帝南巡碑》碑阴题名中有许多个"折纥真"，如"内都坐折纥真""中都坐折纥真""外都坐折纥真""南部折纥真""主客折纥真"等④；北周《是云偰墓志》中追记其十二世祖为"折侯真是云尚书"⑤；柔然控制下的阚氏高昌时期的《高昌主簿张绾等传供帐》中有"吴儿折胡

---

① 山西省考古研究所、灵丘县文物局《山西灵丘北魏文成帝〈南巡碑〉》，《文物》1997 年第 12 期；张庆捷、郭春梅《北魏文成帝〈南巡碑〉所见拓跋职官初探》，《中国史研究》1999 年第 2 期；川本芳昭《北魏文成帝南巡碑について》，《九州大学東洋史論集》28，2000 年；张金龙《文成帝〈南巡碑〉所见北魏前期禁卫武官制度》，《民族研究》2003 年第 4 期；张庆捷等《北魏文成帝〈南巡碑〉所录部分汉族职官研究》，殷宪主编《北朝史研究：中国魏晋南北朝史国际学术研讨会论文集》，商务印书馆，2004 年，第460—477 页；松下憲一《北魏石刻史料に見える内朝官—「北魏文成帝南巡碑」の分析を中心に—》，收于氏著《北朝胡族体制論》，北海道大学出版社，2007 年，第 57—86 页；窪添慶文《文成帝期の胡族と内朝官》，收于氏著《墓誌を用いた北魏史研究》，汲古书院，2017 年，第 447—490 页。

② 方便的检索工具是王连龙《南北朝墓志集成》，上海人民出版社，2021 年所附人名、官名索引。

③ 例如罗新《北魏申洪之墓志补释》，中国文化遗产研究院编《出土文献研究》第 9 辑，中华书局，2010 年，收于氏著《王化与山险：中古边裔论丛》，北京大学出版社，2019 年，第 257—272 页；宫纪子《モソゴル時代の「知」の東西》上，名古屋大学出版会，2018 年，第 491—492、512—515 页。

④ 山西省考古研究所、灵丘县文物局《山西灵丘北魏文成帝〈南巡碑〉》，《文物》1997 年第 12期，第 77 页；川本芳昭《北魏文成帝南巡碑について》，《九州大学東洋史論集》28，2000 年，第 30 页；松下憲一《北魏石刻史料に見える内朝官—「北魏文成帝南巡碑」の分析を中心に—》，《北朝胡族体制論》，第 82—83 页。

⑤ 胡戟、荣新江主编《大唐西市博物馆藏墓志》，北京大学出版社，2012 年，第 14—15 页。对该墓志的研究，可参看李鸿宾《北周是云偰及夫人贺拔定妃墓志考释》，收于吕建中、胡戟主编《大唐西市博物馆藏墓志研究续一》，陕西师范大学出版社，2013 年，第 39—53 页。

真"①。将这些材料考虑在内,未必会推翻作者将它与蒙古时期"札鲁忽赤"(jarɣuči)联系起来的精彩分析,但会大大丰富我们对这个拓跋—柔然语官职的理解,例如"折纥真"的实际职能不止于其本义所指向的司法审判,北魏的"折纥真"在孝文帝时期被汉译为"下大夫"等等②。

《北魏文成帝南巡碑》碑阴第一列第八行有"宁南将军、殿中尚书、日南公斛骨乙莫汗"③,即《显祖献文皇帝第一品侯夫人墓志铭》中志主的父亲侯骨伊莫汗:

> 夫人本姓侯骨……考伊莫汗,世祖之世,为散骑常侍,封安平侯,又迁侍中、尚书,寻出镇临济,封日南郡公。④

"斛骨"(*ɣəwk-kwət)即"侯骨"(*ɣəw-kwət),"乙莫汗"(*ʔit-ma-ɣan)即"伊莫汗"(*ʔji-ma-ɣan),且官爵(殿中)尚书、日南(郡)公几乎一致,可以勘同⑤。此人还出现在传世文献中,即《北史》中提到的孝文帝初年的"殿中尚书胡莫寒"⑥。《魏书·官氏志》记"胡古口引氏,后改为侯氏"⑦,作为整个《官氏志》中唯一的四字姓氏,这里的"口引"可能是受前文"若口引"影响导致的传抄讹误,"胡古"

---

① 唐长孺主编《吐鲁番出土文书》壹,文物出版社,1992 年,第 122—123 页。有学者提出该文书应定名为《阚氏高昌仓部织物及毯等支出帐》,参见裴成国《〈高昌主簿张绾等传供帐〉再研究——兼论阚氏高昌国时期的客使接待制度》《西域研究》2013 年第 4 期,第 67—73 页。

② 详细讨论,参见拙文《阚氏高昌的柔然名号》,待刊;庞博《北魏前期北族官职的汉译与改写:以"下大夫"为中心》,《中国史研究》,待刊。

③ 以往学者多将最后一个字录为"干",参见山西省考古研究所、灵丘县文物局《山西灵丘北魏文成帝〈南巡碑〉》,《文物》1997 年第 12 期,第 72 页;川本芳昭《北魏文成帝南巡碑について》,《九州大学東洋史論集》28,2000 年,第 26 页;松下憲一《北魏石刻史料に見える内朝官—「北魏文成帝南巡碑」の分析を中心に—》,《北朝胡族体制論》,第 75 页。殷宪指出该字当作"汗",参见氏著《显祖嫔侯骨氏墓志非伪辨》,《中国书法》2008 年第 9 期,第 96 页。图版参看高凤山主编《三晋石刻大全 大同市灵丘县卷》,三晋出版社,2010 年,第 6 页。

④ 赵万里《汉魏南北朝墓志集释》,科学出版社,1956 年,图版二一;赵超《汉魏南北朝墓志汇编》,天津古籍出版社,1990 年,第 41—42 页。

⑤ 殷宪已做出这一勘同,参见氏著《显祖嫔侯骨氏墓志非伪辨》,《中国书法》2008 年第 9 期,第 96 页。本文所引早期中古音,皆据 E. G. Pulleyblank, *Lexicon of Reconstructed Pronunciation in Early Middle Chinese, Late Middle Chinese, and Early Mandarin*, Vancouver: UBC Press, 1991。

⑥ 《北史》卷一七《汝阴王天赐传》,中华书局,1974 年,第 639 页。亦见《魏书》卷一九《汝阴王天赐传》,中华书局,2017 年,第 518 页,《魏书》此卷系据《北史》补,见第 526 页校勘记。

⑦ 《魏书》卷一一三《官氏志》,第 3268 页。

（* ɣɔ-kɔ'）即"斛骨""侯骨"，这一拓跋语姓氏在不同情况下取第一个音节改为已有的汉语姓氏"侯氏"或"胡氏"。为了适应汉语名短的特点，拓跋语名"伊/乙莫汗"取后两个音节作"莫寒"。"伊/乙莫汗/寒"（* ʔit/ʔji-ma-ɣan）与中古蒙古语ima'an（回鹘式蒙古文 imaɣan）同源，意为"山羊"，该词的契丹语形式是 **𤰞 𤰞**〈ém-a〉①。这个词的拓跋语形式与中古蒙古语形式极为接近，与契丹语形式相去较远，而契丹语形式却与现代蒙古语各方言（jamaː，喀尔喀蒙古文 ямаа）和达斡尔语（imaː）形式相近②，这对于探讨鲜卑-蒙古语系古今诸语言之间的源流关系是一个很有价值的个案，而本书第 451 页对该词源流的讨论就很难成立了。过去通常认为契丹语 **𤰞 𤰞**〈ém-a〉、中古蒙古语 ima'an 都是借自古突厥语 ïmɣa，在发现了该词的拓跋语形式后，该词的借入方向也有必要重新考虑③。

　　本书吐谷浑语部分也存在同样的问题。包含吐谷浑语语料的汉文史料除正史吐谷浑传外，最集中的是吐谷浑人墓志，目前已出土 21 方，其中有许多吐谷浑人名和可汗名号值得分析④。藏文史料中包含吐谷浑语语料的也不只有古藏文《大事纪年》和《吐谷浑王国编年史》，后世海量的藏文文献中也记录了一些旁见侧出的吐谷浑语人名、地名，例如《贤者喜宴》记赤德松赞（Khri lde srong brtsan）兴佛诏书中小邦盟誓者之首即甥（姻亲）阿柴王（dbon va zha rje）dud kyi bul zhi

---

　　① 关于该词在汉文、阿拉伯文、回鹘体蒙古文等文献中的中古蒙古语形式，参见 Bayarma Khabtagaeva, "The Role of Ewenki VgV in Mongolic Reconstructions", in: Ákos Bertalan Apatóczky and Christopher P. Atwood eds., *Philology of the Grasslands: Essays in Mongolic, Turkic, and Tungusic Studies*, Leiden: Brill, 2018, p. 184。关于契丹语形式，参见 Daniel Kane, *The Kitan Language and Script*, Leiden: Brill, 2009, p. 99；清格尔泰等《契丹小字再研究》，内蒙古人民出版社，2017 年，第 248、283 页。

　　② 关于该词在现代蒙古语各方言、达斡尔语中的形式，参见孙竹主编《蒙古语族语言词典》，青海人民出版社，1990 年，第 734 页。

　　③ 参见 Sir Gerard Clauson, *An Etymological Dictionary of Pre-Thirteenth Century Turkish*, Oxford: The Clarendon Press, 1972, p. 158. Alexander Vovin, "Old Turkic Loanwords in the Khitan Language", in: Hatice Şirin User and Bülent Gül ed., *Yalım Kaya Bitigi. Osman Fikri Sertkaya Armağanı*, Ankara: Türk Kültürünü Araştırma Enstitüsü, 2013, p. 622。另参看 Louis Bazin, "Noms de la «chèvre» en turc et en mongol", in: *Studia Altaica*, *Festschrift für Nikolaus Poppe zum 60. Geburtstag*, Wiesbaden: Otto Harrassowitz, 1957, pp. 28-32。关于这部分内容，笔者将另撰文详细讨论。

　　④ 最新的汇总参见周伟洲《吐谷浑墓志通考》，《中国边疆史地研究》2019 年第 3 期。除该文列举的 20 方外，还有新出土的《慕容智墓志》，参见刘兵兵、陈国科、沙琛乔《唐〈慕容智墓志〉考释》，《考古与文物》2021 年第 2 期。

khud por ma ga 吐谷浑可汗(tho yo gon kha gan)①。这里的 ma ga 应即汉文史料中的"莫贺",来自梵语 mahā,意为"大"②;这个名号的前半部分的语源有待进一步研究。对于本书注意到的吐谷浑语词汇,也可以补充其他语料,例如"阿干"(兄)不只见于吐谷浑语(第 185—187 页),拓跋语中也有"阿干",如《南巡碑》中的多位"内阿干"③。

(二) 对汉文文献缺乏深入的理解

以往研究拓跋语的西方学者如巴赞、李盖提、武阿勒(Alexander Vovin)等都是一流的阿尔泰学家,精通蒙古、突厥语文,但往往对汉文文献不够熟悉。本书作者纠正了前辈学者处理汉文文献时犯的某些错误,如将"莫堤,比刺史"断作"莫堤比,刺史"(第 156 页)等,值得肯定,不过从知识结构上说,作者与这些前辈学者没有本质的区别。这导致本书拓跋语部分本可以避免的错误太多,取得的学术推进有限。

关于《魏书·官氏志》中记录的拓跋语姓氏改为汉语姓氏,作者认为至少有三种策略:意译(如叱奴氏——狼氏)、取音译的一两个字(如副吕氏——副氏)、其他(如拓跋氏——元氏)(第 123 页)。这个总结可以成立,但问题是如何在研究实践中确定某个个案属于哪一种。如果对不同汉字的古音相近缺乏敏感、对汉字的含义理解不到位、不了解拓跋语姓氏的多种转写形式,很容易将采取后两种策略的个案归入第一种,然后试图在蒙古语中寻找词源。可想而知,这样的词源即使被宣称找到了,也一定非常牵强,因为它的基础就是错误的。下面举几例说明。

其(ˣgi/gɨ)连氏——綦(P. ˣgi/gɨ)氏(第 125—126 页)。作者对"綦"的理解应该来自白一平-沙加尔词表,即鞋带(sandal code),但这只是这个字若干种意

---

① 　dPav bo gtsug lag vphreng ba, *Chos vbyung mkhas pavi dgav ston*, New Delhi, 1962, f.130a. 汉译本见巴卧·祖拉陈瓦著,黄颢、周润年译注《贤者喜宴——吐蕃史译注》,中央民族大学出版社,2010 年,第 245 页。对这个名号结构的分析,参见林冠群《唐代吐蕃史研究》,联经出版事业股份公司,2011 年,第 694—696 页。

② 　参见 Christopher P. Atwood,"Some Early Inner Asian Terms Related to the Imperial Family and the Comitatus", *Central Asiatic Journal*, Vol. 56(2012/2013), pp. 61‑68。

③ 　关于北魏的"阿干",参见罗新《高句丽兄系官职的内亚渊源》,收于氏著《中古北族名号研究》,北京大学出版社,2009 年,第 188—191 页。

思中的一种，"綦"还有青黑色、足印等含义。作者在西部蒙古语中找到了一个表示马肚带（girth strap）的词 jirim。利金（Pavel Rykin）从语音的角度稍微改进了作者的解释，但并未从根本上解决问题①。无法解释马肚带和鞋带之间的语义差距，也无法解释为什么氏族会以马肚带为名。唯一的解释是，"其"与"綦"的发音完全一致。

叱（*tɕʰit）干氏——薛（*siat）氏（第 126—127 页）。作者并不知道，叱干氏也叫薛干氏，《魏书》与《晋书》对同一事件的记述足以证实叱干部即薛干部②。"叱"与"薛"语音上的差别或许与杨虎嫩提出的"类蒙古语"中 *c 擦音化为 sh 的现象有关，例如满语中的"类蒙古语"借词 shanggiyan（白）对应原始鲜卑-蒙古语 *cagaxan③。无论如何，叱干氏改薛氏只是取另一种转写形式薛干氏的第一个字而已。作者在《汉语大辞典》中查到"薛"的意思是赖蒿，又在书面蒙古语中找到了一个表示长得繁盛的 čirɣai，对应的喀尔喀蒙古语 чаргай 表示栒子属植物（cotoneaster），将它们联系起来是非常牵强的。

纥奚（*ɣɛj）氏—嵇（*kɛj）氏（第 130—131 页）。作者先是假定"嵇"讹自"稽"，又根据后者有"耕作"的意思，将它与意为生长的蒙古语动词 urqu-联系起来。这漫长的逻辑链条中存在太多的问题：生长与耕作本就是两个意思；"耕作"只是"稽"的若干种意思中的一种，且"稽"的本意倒是"留止"而非"生长"。其实"奚"与"嵇"音近才是合理的解释。姚薇元考证《魏书》《北史》中的嵇拔即《宋书》中的滑稽，滑稽即嵇拔的拓跋语姓氏纥奚的另一种转写形式④。纥奚即滑稽，"稽""嵇"音同，因此纥奚氏改为嵇氏。

拔列（*liat）（兰）（*lan）氏—梁（*liaŋ）氏（第 135 页）。作者提出"拔列"可还原为 *pary-al，动词词根与蒙古语 bari-（抓，建）同源，*-al 则是与蒙古语-l 同源的名词化词缀，因而含义与桥梁有关。这个看似有几分道理的语源分析建立

---

①　Pavel Rykin，"Review of *Languages of Ancient Southern Mongolia and North China* by Andrew Shimunek"，*Ural-Altaische Jahrbücher*，Neue Folge，Vol. 27 (2019)，pp. 291–292.

②　姚薇元《北朝胡姓考》，中华书局，1962 年，第 205 页。

③　Juha Janhunen，"Para-Mongolic"，in：Juha Janhunen ed.，*The Mongolic Languages*，London & New York：Routledge，2003，p. 397. Juha Janhunen，"Observations on the Para-Mongolic Elements in Jurchenic"，*Acta Linguistica Petropolitana*，Vol. 11，No. 3（2015），p. 586.

④　姚薇元《〈宋书·索虏传〉〈南齐书·魏虏传〉北人姓名考证》，《清华学报》第 8 卷第 2 期，1933 年，第 5 页。

在错误的汉文文本基础上,作者虽然注意到《魏书》校勘者据宋代以后的材料(如《古今姓氏书辨证》《通志》)补的"兰"字,但未予重视。事实上,《南巡碑》中可见"拔烈兰真树""拔烈兰黄头""拔烈兰步爱"①,足证这个拓跋语姓氏包含"兰"。拔列/烈兰氏改梁氏,很可能只是因为"梁"与"列/烈"或"兰"音近。

作者没有识别出古音相同或相近的汉字而误以为汉语姓氏是拓跋语姓氏的意译的个案还有不少,例如纥豆(*dəw^h)陵氏——窦(*dəw^h)氏(第131—132页)、是贲(*pən)氏——封(*puawŋ)氏(第137—138页),等等。另外,作者根据独孤氏改为刘氏及汉字"刘"的本义构拟拓跋语"独孤"*duqu意为战斧(第138页)。事实上,"刘"用作战斧的本义在中古时期已经极罕见,许多史料表明独孤氏改刘氏是对汉朝皇族的攀附②。吐谷浑语部分也存在类似的问题,例如将素和贵还原作*sɔʁɔqay(第190页),其实"素和"是鲜卑姓氏③,则此处"贵"应该是单名。

作者对汉文文献缺乏深入的理解,部分原因在于不能全面掌握处理过这些汉文文献的中国和日本学者的研究。以拓跋语部分为例,作者虽然注意到了白鸟库吉的个别文章,但遗漏了其名著《东胡民族考》④。至于中国学者,作者只引用了与白鸟库吉的研究高度雷同的方壮猷的研究以及聂鸿音的一篇论文,且从整章论述来看,作者并没有真正参考聂鸿音的论文。在作者着力解决的《魏书·官氏志》所载姓氏的问题上,姚薇元《北朝胡姓考》是一部绕不开的著作。尽管姚薇元对蒙古语所知甚少,但他详细列举了每个姓氏在史料中的多种形式与用例,能够帮助作者避免许多主观臆断的错误。陈浩《北魏代人姓氏汉化改革——以〈魏书·官氏志〉为中心》与此章的部分内容研究对象相同,虽然不应苛责一位美国学者没有注意到中国的硕士学位论文,但陈浩在对汉文文献的理解上明显高出一筹⑤。

此外,日本学者武内康则2013年发表的中文论文《拓跋语与契丹语词汇拾

① 山西省考古研究所、灵丘县文物局《山西灵丘北魏文成帝〈南巡碑〉》,《文物》1997年第12期,第74、77页;川本芳昭《北魏文成帝南巡碑について》,《九州大学東洋史論集》28,2000年,第29—30页;松下憲一《北魏石刻史料に見える内朝官—「北魏文成帝南巡碑」の分析を中心に—》,《北朝胡族体制論》,第80—81页。

② 姚薇元《北朝胡姓考》,第38—52页。

③ 参见姚薇元《北朝胡姓考》,第77—80页。白鸟库吉认为"素和"本义为"白",参见白鸟库吉《塞外民族史研究》上,岩波书店,1986年,第161页。

④ 白鳥庫吉《東胡民族考》,收于氏著《塞外民族史研究》上,第63—320页。

⑤ 陈浩《北魏代人姓氏汉化改革——以〈魏书·官氏志〉为中心》,北京大学硕士学位论文,2012年。

零》与本书内容高度相关，可惜作者未能参考，尽管本书的鸣谢部分出现了这位学者的名字①。另一位专治契丹语文的日本学者大竹昌巳在本书出版的前几年间也发表了多篇重要论文，涉及契丹语的元音、数、格诸多方面，在契丹语词汇的破译方面也取得了不少突破②。作者没有注意到这些最新成果，不能不说是本书的一个缺憾。

三

本书出版以后，又有多种令人惊喜的新材料为鲜卑-蒙古语系早期诸语言研究开辟了新的方向。首先是两种位于蒙古高原的婆罗米字母拼写的碑铭即回斯·陶勒盖（Khüis Tolgoi）Ⅰ碑和布古特（Bugut）碑 B4 面得到破译，它们反映的语言是一种与中古蒙古语十分接近、与契丹语稍有不同的语言的两种有细微差别的方言③。笔者详细论证了这种语言只能是柔然语④。柔然文碑铭的发现，为

① 武内康则《拓跋语与契丹语词汇拾零》，《华西语文学刊》第八辑，2013 年。
② 例如大竹昌巳《契丹语的元音长度——兼论契丹小字的拼写规则》，《华西语文学刊》第八辑，2013 年；《契丹小字文献における母音の長さの書き分け》，《言語研究》148，2015 年；《契丹語形容詞の性・数標示体系について》；《契丹小字文献における「母音間音間のg」》，《日本モンゴル学会紀要》46，2016 年；Masami Ōtake, "Reconstructing the Khitan Vowel System and Vowel Spelling Rule through the Khitan Small Script", *Acta Orientalia Academiae Scientiarum Hungaricae*, Vol. 70, No. 2(2017), pp. 189 - 206。
③ 关于回斯·陶勒盖Ⅰ碑，参见 Mehmet Ölmez, "The Khüis Tolgoi Inscription: On the Discovery, Whereabouts, Condition of the Stones, and an on-the-Spot Visit", *Journal Asiatique*, Vol. 306, No. 2(2018), pp. 287 - 289；Dieter Maue, "Signs and Sounds", *Journal Asiatique*, Vol. 306, No. 2(2018), pp. 291 - 301；Alexander Vovin, "An Interpretation of the Khüis Tolgoi Inscription", *Journal Asiatique*, Vol. 306, No. 2(2018), pp. 303 - 313；Étienne de la Vaissière, "The Historical Context to the Khüis Tolgoi Inscription", *Journal Asiatique*, Vol. 306, No. 2 (2018), pp. 315 - 319。关于布古特碑 B4 面，参见 Mehmet Ölmez, "A Short History of the Bugut Inscription", *Journal Asiatique*, Vol. 307, No. 1(2019), pp. 91 - 96；Dieter Maue, "The Brāhmī Script on the Bugut Stele", *Journal Asiatique*, Vol. 307, No. 1(2019), pp. 109 - 119；Alexander Vovin, "Groping in the Dark: The First Attempt to Interpret the Bugut Brāhmī Inscription", *Journal Asiatique*, Vol. 307, No. 1(2019), pp. 121 - 134。将两者结合起来进行的语言学研究，参见 Alexander Vovin, "A Sketch of the Earliest Mongolic Language: the Brāhmī Bugut and Khüis Tolgoi Inscription", *International Journal of Eurasian Linguistics*, Vol. 1(2019), pp. 162 - 197。
④ 拙文《柔然文小考》，《中华文史论丛》2021 年第 3 期。亦参看何启龙《蒙古国新发现 6 世纪婆罗米文原始蒙古语碑文与柔然鲜卑单语考证——兼论土族语（Monguor）与吐谷浑语的关系》，刘迎胜、姚大力主编《清华元史》，商务印书馆，2022 年，第 1—88 页。

我们了解柔然语乃至鲜卑-蒙古语系早期诸语言提供了难得的机遇。未来我们有希望改进对布古特碑 B4 面和回斯·陶勒盖Ⅰ碑的释读[1]，释读回斯·陶勒盖Ⅱ碑并在此基础上进一步探讨柔然语的语音、语法和词汇[2]。

其次是吐谷浑文的发现。最近在武威出土的《慕容智墓志》志石侧面纵刻有两行不知名文字，很可能是吐谷浑文。这些文字虽然尚未破译，但可以确定属于汉字型文字（Sinitic/Siniform scripts），有不少字与某些契丹大小字极其相似[3]。作为目前发现年代最早的汉字型文字，它与契丹大小字、西夏文之间的关系是一个值得探讨的话题。唐—吐蕃战争中不少吐谷浑人被唐朝裹挟向东进入鄂尔多斯地区甚至华北北部，辽朝前期多个吐谷浑部落朝贡、内属[4]。既然契丹大小字和吐谷浑文如此相似，据古藏文史料《北方王统叙记》（P. T. 1283）契丹语与吐谷浑语又大体一致[5]，是否可以推断契丹大小字是参照吐谷浑文创制的？如果这个推断能够成立的话，或许可以对汉字型文字的源流产生全新的理解[6]。我们还可以期待更多吐谷浑文材料的出土，并在此基础上破译吐谷浑文。

除上述新材料之外，我们还可以在包括本书在内的先行研究的基础上继续发掘汉文和藏文史料中的拓跋语、吐谷浑语、柔然语、契丹语语料并尝试进行语源分析。例如，笔者在吐鲁番出土汉文文书中检出了柔然控制下的阚氏高昌时期和突厥第一汗国控制下的麴氏高昌时期的数十条柔然语语料，其中绝大部分

---

① 已有学者进行了这项工作，参见白玉冬《东突厥汗国的拓跋语佛教集团——婆罗米文慧斯陶鲁盖碑文研究》，黄维忠主编《西域历史语言研究集刊》第 16 辑，中国藏学出版社，2021 年，第 31—49 页。

② 关于回斯·陶勒盖Ⅱ碑，参见 Mehmet Ölmez, "The Khüis Tolgoi Inscription: On the Discovery, Whereabouts, Condition of the Stones, and an on-the-Spot Visit", *Journal Asiatique*, Vol. 306, No. 2(2018), p. 288.

③ 图版见甘肃省文物考古研究所等《甘肃武周时期吐谷浑喜王慕容智墓发掘简报》，《考古与文物》2021 年第 2 期，第 37 页；亦参见刘兵兵、陈国科、沙琛乔《唐〈慕容智墓志〉考释》，《考古与文物》2021 年第 2 期，第 91—92 页。

④ 周伟洲《吐谷浑史》，宁夏人民出版社，1985 年，第 164—171、174—179、199—200 页。

⑤ 参见森安孝夫《チベット語史料中に現われる北方民族—DRU‐GUとHOR—》，《アジア・アフリカ言語文化研究》14，1977 年，第 4 页，收于氏著《東西ウイグルと中央ユーラシア》，名古屋大学出版会，第 54 页；Federica Venturi, "An Old Tibetan Document on the Uighurs: A New Translation and Interpretation", *Journal of Asian History*, Vol. 42, No. 1(2008), p. 25.

⑥ 目前学界对汉字型文字源流的认识，参见 Juha Janhunen, "On the Formation of Sinitic Scripts in Mediaeval Northern China", *Journal de la Société Finno-Ougrienne*, Vol. 85(1994), pp. 107‐124.

语源得到了解决①。同时，契丹语语言学似乎也在经历新的突破②。安德鲁·希
姆内克的这部著作是鲜卑-蒙古语系早期诸语言研究的里程碑，从这里出发，相
信未来的研究会越来越多地揭示出鲜卑-蒙古语系早期诸语言的奥秘，这也将为
包括十六国北朝史在内的早期内亚史研究带来新的机遇。

---

① 参见拙文《麴氏高昌的突厥名号》，黄维忠主编《西域历史语言研究集刊》第15辑，中国藏学
出版社，2021年，第66—88页；《阚氏高昌的柔然名号》，待刊。

② 例如 András Róna-Tas，"Khitan Studies I. The Graphs of the Khitan Small Script 1.
General Remarks，Dotted Graphs，Numerals"，*Acta Orientalia Academiae Scientiarum
Hungaricae*，Vol. 69，No. 2(2016)，pp. 117‑138；András Róna-Tas，"Khitan Studies I. The Graphs
of the Khitan Small Script. 2. The Vowels"，*Acta Orientalia Academiae Scientiarum Hungaricae*，
Vol. 70，No. 2(2017)，pp. 135‑188；Wu Yingzhe and András Róna-Tas，"Khitan Studies I. The
Glyphs of the Khitan Small Script 3. The Consonants，3.1 Labial Stops"，*Acta Orientalia
Academiae Scientiarum Hungaricae*，Vol. 72，No. 1(2019)，pp. 47‑79；大竹昌巳《契丹語の歴史言
語学的研究》，京都大学博士学位论文，2020年。

书评：大内文雄《南北朝隋唐期仏教史研究》

石　青

本书收录了大内文雄先生自 1977 年至 2011 年(其中第六章第二节为本书出版时新撰)陆续发表的探讨南北朝隋唐时代佛教发展状况的一系列论文。本书分为两篇,第一篇收录了作者从《历代三宝纪》出发考察中古佛教史学史的发展相关论文 9 篇;第二篇收录了关于南北朝后期至隋唐地方佛教发展状况的论文 8 篇。

首先列出章节标题及论文发表情况,以便读者了解作者的思考过程,章节标题均译为中文,括号中标注为论文最初的刊发情况。

接着笔者将逐章介绍本书的具体内容。

一、内容提要

　　第一篇是围绕《历代三宝纪》(以下简称《三宝纪》)展开的若干问题的讨论。

---

①　本章曾被译为中文发表,见大内文雄著,吴彦译,宗慧校《北齐佛教衰亡的一面——以摩崖石刻经典的盛行与衰退为中心》,《佛学研究》2017 年第 1 期,第 134—142 页。

序章强调了《三宝纪》的史书性质，将其置于整个经录发展史中，考察经录中史书性质的产生与消退。作者认为南北朝时期不乏佛教史著述，有僧传、谱录、史钞等体裁，同时也编纂经录，经录反映了佛典汉译的历史，但它们都不是中国佛教编年通史。《三宝纪》正是通史编纂的尝试，其内容也被后世目录继承，但都仅是作为经录被继承，史书性质却逐渐被淡化。

第一章关注历代经目判断"疑伪"经的标准及其背景。作者指出伪经目录编纂常常与谶纬禁绝政策互为表里，通过图籍收集整理，剔除对政权产生威胁的经典。而有一部分经典虽然是中国撰述，应当入伪经录，但被视为正经，如《净度三昧经》，这些经典往往适用于维持僧团秩序，与律典相互补充。可以看到无论是佛教通史中采用朝代和帝王年号为纪年方式，还是入藏录编纂和伪经判别，或多或少都反映出国家意志对佛教史编纂的重要影响。

第二章从宝唱编《经律异相》出发考察梁代佛教类书的编纂及其出现的背景。作者将南朝佛教类书的产生追溯到宋齐时代，表现为戒律相关的抄经，南齐时出现了"依事类撰"的抄撰书，但梁代才是佛教类书大量出现的时期。同时通过逐条比对，作者梳理了《经律异相》与僧祐著作间的因承关系。

第三章聚焦《三宝纪》"帝年"部分，在陈垣先生《中国佛教史籍概论》的基础上进一步探讨费长房尊齐梁、抑北魏，以隋继承周、周继承梁的史观及其产生的原因。作者指出费长房的生平经历塑造了他特殊的历史观。费长房生于北周治下的巴蜀地区，曾出家为僧，后因周武灭佛还俗，复佛后并未选择恢复缁衣，隋开皇（581—600）年间奉诏入京任翻经学士。因巴蜀地区在被西魏北周控制之前一直在梁的统治之下，因此费长房以梁为正朔所在，北周灭梁，则正朔归于北周，隋受禅，正朔归于隋，齐、陈则处于偏霸地位。这使得《三宝纪》具有政治性，将佛教史置于国家正统性下叙述。值得一提的是开皇年间有两件大事对《三宝纪》的成立造成影响，其一是隋平陈，其二是法经《众经目录》的编纂，前者让费长房意识到自己身处一个变革的时代，后者直接促使费长房在《三宝纪》中加入入藏录一目[1]。

---

[1]　关于《三宝纪》入藏录的可靠性学界仍存争议。林屋友次郎认为《三宝纪》入藏录是在法经《众经目录》影响下迅速完成的，内容上与代录部分多有矛盾之处，可能是出自费长房杜撰。（林屋友次郎《隋代経録に関する研究》，收入《常盤博士還暦記念　仏教論叢》，弘文堂书房，1933 年，第278—283 页。）而平川彰的意见与此相反，认为相较于代录，入藏录更可信。（平川彰《経録の問題点》，刊于《仏教学》5，1978 年。）书中大内文雄采用林屋的意见。

另外,本章作者还论及开皇十七年(597)正月从事译经的僧俗将开皇二年(582)以来翻译的佛经一并奏上,这件事标志着开皇二年至十七年间的译经活动取得阶段性成果,费长房也选择此时将《三宝纪》进上,因此《三宝纪》所录佛典的断限也是开皇十七年。

第四章作者考察了《三宝纪》"帝年"部分的编纂意图和史源。作者敏锐地注意到《隋书·经籍志》著录《历代三宝记》卷数仅三卷,认为这很可能是"帝年"部分的单行本。通过观察发现帝年中以秦昭襄王元年为周秦纪年的分界,新莽和桓玄的年号也被使用,体现出费长房对实际掌权者的尊崇;着重记述隋文帝的生年、某一时期的户口数,称扬隋一统的功绩;通过瑞像的移动暗示正朔的转移;将王统的象征从周鼎所在替换为佛教兴废,把佛教和王法解释为相辅相成的关系。这些都是"帝年"编纂的意图。"帝年"引用史籍众多,其中最值得注意的是年历类文献,如陶弘景《陶隐居年历》(又名《帝王年历》)、皇甫谧《帝王世纪》等①,而姚恭《年历帝纪》可能在体裁上对《三宝纪》产生重要影响。

第五章作者通过帝纪年历类文献考察中国佛教史中通史意识的发展过程。按照时代顺序,南北朝时期随着佛教的兴盛,出现了诸如陶弘景《帝王年历》、魏收《魏书·释老志》等作品,其中体现出通观佛教史的趋势。隋《三宝纪》具有史书性质,受到魏晋以来出现的帝纪和年历两种史书体裁的影响。费长房没有使用姚恭《年历帝纪》年历和帝纪杂糅的体例,而是采用了传统的帝纪编纂方法,再以代录来呼应,代录相当于中国佛教帝纪,帝年相当于佛教年历。到了唐代出现了大量通史、年历类著作,在这一史学潮流下,佛教僧人也编纂年历。值得一提的是圆珍带到日本的《佛法和汉年代历》中汉的部分参考了玄畅《帝王年代录》,玄畅还著有《三宝五运图》,这些都与《三宝纪》帝年体例相似。可见这种体例在费长房时已经出现,影响持续到唐宋。另外,本章中作者论及南北朝至唐初道士和废佛论者多参与修历的现象,因为当时佛道双方争论的一个焦点在于释迦与老子降诞的先后关系。

第六章考察道宣《续高僧传》译经篇的传记编次以及内容上对《三宝纪》的借鉴。《续高僧传》译经篇中大量传记内容转引自《三宝纪》。译经篇首列僧伽婆罗

---

① 《三宝纪》中未有明确注明引用《帝王世纪》的条目,但作者推测如《三宝纪》中提到东汉中元二年(57)的全国户口数可能就引自《帝王世纪》。

传与宝唱传，实为慧皎《高僧传》之后梁代经典翻译史的总述；同理菩提流支和昙曜传相当于北魏至北周译经史；真谛和法泰传是总叙陈朝译经史及摄论学派的盛衰。这不仅是译经僧的传记，也有总述隋以前译经史的意图。研究佛典目录的学者对《大唐内典录》评价不高，因为其中大量转载了《三宝纪》的内容，但对比两者，作者发现道宣的增删有其特殊意义。作者从传说、论文、小序的引用和避讳字几个方面考察，认为道宣受到费长房的史观影响显著，对东晋南朝几个政权评价很高，比起费长房的作品，道宣的目录经录的性质更突出。《大唐内典录》唐代部分是《三宝纪》中没有的，但形式上道宣借鉴了费长房隋代录末尾的写法。

第七章作者从一份《大周刊定众经目录》(以下简称《武周录》)参编者名录[1]入手，通过对参与者所属寺院一一详考，认为此次撰录活动是以洛阳的寺院为中心开展的，同时武后时期的译经活动主要也在洛阳的寺院进行。通过对这些参与武周时期译经和撰述的寺院和僧人的追索，可知武周时期参与译经事业的僧人是在各佛教发达地区网罗的最高人才，《武周录》的编纂有翼赞武周朝政权的使命，具有很强的政治性，这也是《武周录》的重要贡献。另外，《武周录》对寺藏经录[2]的引用明显多于《开元录》。

第二篇主要分为两个部分，第一部分即一至五章，主要探讨南北朝后期至唐初复杂政治环境下各地区佛教的发展状况；第二部分是六至八章，主要利用石刻史料考察一个地区僧尼的活动轨迹及本地僧尼对当地佛教发展的贡献。

第一章关注梁武帝身边的佛教。通过对天监(502—519)到普通(520—527)年间二十五年时间里梁武帝身边的僧人生平经历的考察，作者认为此时梁武帝身边的佛教界代表人物具有强烈的士大夫贵族意识。他们中的一些人也有立身荣达的愿望，都以梁武帝为结束齐末动荡的救世主，蒙受招请逐渐形成一个特权阶层。作为家僧他们有的以义学著名受到供养，有的充任维护教团秩序的僧官，有的与武帝是师徒主从关系。

第二章关注南北朝末至唐初荆州地区的佛教发展状况，荆州地区的特殊之

---

[1]　作者注明此名录高丽藏本无，《大正藏》校勘记据明本补，以宋、元本校勘。

[2]　冯国栋在《唐宋亡佚佛教经录丛考》一文中从历代书目及佛教史传中辑出唐宋亡佚佛教经录19种，并对这些经录的作者、撰作时间和内容均有详考，其中有多部为寺藏经目，可作参考。此文初刊《浙江大学学报》2008年第5期，后收入氏著《佛教文献与佛教文学》，宗教文化出版社，2011年，第55—72页。

处是存在后梁政权。西魏攻下江陵之后,士庶北迁,其中也包括僧人。后梁初建宣帝时代江陵地区的佛教处于百废待兴的状态;后梁明帝时是荆州佛教开始复兴的时代,这一时期襄阳的佛教发展领先于荆州,自宣帝时代起荆州的摄论学和三论学新知识主要来源于襄阳;隋代以后荆州以天台智顗为代表的僧人返乡传教,《法华》、三论学流行;隋唐之际又经历了朱粲之乱破坏了大量寺院。入唐以后萧氏一族一直笃信佛教,萧瑀在骊山津梁寺供养与荆州有关的僧人,也曾返回荆州四望山拜谒父祖陵墓。直到太宗贞观(627—649)年间荆州安定下来,佛教也再度繁荣。

第三章关注西魏大统十六年(550)到隋文帝开皇、仁寿(601—604)年间的襄阳地区,以《启法寺碑》作为《续高僧传》等文献的补充,进一步描绘此时期佛教的命运。北朝及隋为了加强对襄阳地区的控制实行了总管制。起初西魏委任长孙俭等人对新附江南地区执行占领政策,先后委任了多名总管,但直到宇文直就任总管才实现对襄阳地区的稳定控制。宇文直治下襄阳的地位很高,他死后,襄阳又经历了灭佛政策,直到隋文帝掌权佛教才得以复兴。且隋平陈前夕,因襄阳地区的重要战略位置,襄州地位再度提升,平陈之后地位不复以往,隋炀帝即位不久总管制废除。启法寺碑文详细描述了寺院在周武灭佛政策下被毁坏,开皇四年(584)又重建的过程,过程中曾任襄州总管的韦世康及总管府僚佐、襄阳县令都参与其中。与启法寺命运相似的还有兴国寺。

第四章以安州僧人慧暠的生平经历为中心,考察三论学在6至7世纪的湖北、四川地区的传播情况。慧暠生于梁武帝太清元年(547),此后不久南方经历了侯景之乱,社会动荡不安。慧暠十五岁出家远赴茅山师从法朗弟子明法师学习三论学。在他之前湖北地区已有僧玮、襄阳慧哲、荆州罗云等人传播三论学,而巴蜀地区三论学尚不发达,且巴蜀社会环境较为安定,这些都使慧暠萌生去巴蜀传教的想法。大业(605—617)年间慧暠往四川成都、绵州、梓州地区传播三论学,但被毁谤迷惑民众入狱,出狱后就返回安州。虽然巴蜀地区较为安定但也面临内忧外患,在此情境下官方对僧尼活动格外谨慎。慧暠死后其弟子继续传播三论学,其中灵睿在四川,但因隋唐之际战乱大量僧人避地巴蜀,使巴蜀地区充斥各种学说,各学派之间也存在冲突。

第五章关注四川地区益州、绵州佛教发展的特点,特别是绵州震响寺相关僧尼。四川地区在西魏北周时期与长安佛教界关系密切,但仍受废佛政策波及,隋初才复兴。隋代益州寺院是统治者权力展示的舞台,绵州地区佛教不似益州繁华,且绵州的寺院之外有浓厚的道教、民俗信仰氛围,震响寺在绵州佛教界处于中心地位。唐初的混乱中,蜀中较为安定,此时高僧大德毕集于此,某种程度上也是都城佛教的延续。正因四川僧人多在道教氛围浓厚的地区传法,他们的护法意识尤为强烈,震响寺明槩曾撰有护法论。

　　第六章综合现有研究简述石刻经典的产生与发展过程①。石经制作源于东魏北齐,受到儒家石经传统和北魏以来石窟造像风气的影响而产生,主要分布在邺城与晋阳之间的交通要道即所谓“太行八陉”上。东魏北齐时除了邺城周边,山东也出现大量摩崖石经,均与制作者的末法意识和亡国危机意识有关,具有护持经典的意义。隋至初唐,刻经活动从邺城周边向北延伸至河北省和北京一带,以房山云居寺刻经为代表。这些石窟中有的与末法思想有关,有的如宝山石窟具有邻近聚落墓地性质;《佛顶尊胜陀罗尼经》的传播表现出玄宗以后佛教密教化、世俗化趋势。唐代后期四川石经制作发达。作者指出《孝经》反映了高僧与政权中枢之间的关系,也反映出教团与俗权的关系。《佛垂般涅槃略说教诫经》即《遗教经》,其意义在于要求教团自觉遵守内律,也显示出国家对教团的统治意志。

　　第七章通过摩崖石经的盛衰观察北齐佛教的命运。作者注意到北周末“山东”地区的摩崖石经几乎消失,寻其原因,与两个政治变动有关,其一是尉迟迥叛乱,其二是隋对陈的讨伐。尉迟迥的叛乱让隋文帝对邺城采取了彻底毁弃策略,并加强对北齐故地的统治;由于隋伐陈的需要,朝廷也加强了“山东”到江南交通线的控制。从事大规模刻经的僧安、道壹等人的行为与隋文帝的统治意志矛盾而被禁止。但是隋文帝一方面警惕北齐故地,一方面又招募该区域的名僧名士,虽然这只是彰显中央集权的措施,但客观上在国家组织的佛典翻译等事业中北齐佛教得以延续。

　　第八章利用宝山灵泉寺石窟塔铭考察灵泉寺及相州寺院的状况。东魏北齐至隋相州在行政上发生了巨大变动,原本北齐都城也是佛教中心的邺城在隋文

---

　　① 关于中古石刻佛经的分布情况,国内学者张总也有比较全面的综述。详参张总《中国石刻佛经考察与研究述略》,收入浙江大学东亚宗教文化研究中心等编《佛教史研究(第1卷)》,新文丰出版公司,2017年,第359—388页。

帝时被毁弃,相州州治迁往安阳。但这一变动并未造成佛教的衰微,这一带依旧有僧人活动,且其间的佛教传统对隋唐佛教产生了深远影响。宝山塔铭中以灰身塔篇幅最长,灰身塔独见于宝山,应是灵裕的创制,是附近诸寺共同的墓地,灵裕及其弟子共同修复了北周废佛以来的寺院。塔铭中出现的寺院除灵泉寺外,还有邺县大慈寺、慈涧寺、光严寺等。其中慈涧寺是重要的教学道场,灵泉寺是律学重镇。以神赡塔铭和灵慧塔铭等文本为线索,可知自武后时起,到睿宗时代,相州与长安、洛阳的联系主要就是僧人参与翻经事业。林虑山岜谷寺、灵泉寺都是有律学背景的义学见长的寺院。同时灵泉寺与相州大云寺这样的官寺关系也很密切。宝山石刻中还出现了很多尼僧名,所见尼寺主要有光天、圣道、清行三寺,属于岚峰山,僧尼则多在宝山。大致可以判断,以灵泉寺为起点,西侧宝山多为僧人,东侧岚峰山多为女性信仰者,塔铭内容反映出尼僧的活动范围远不如僧人广。

最后是附录,其中收录宝山灵泉寺石窟塔铭释文十五篇。

二、简评

总体而言笔者认为本书的主要推进有两点,其一是作者对《三宝纪》"帝年"部分的关注。过去学界对《三宝纪》的探讨集中在"代录"部分,将其视为隋统一后整合南北方目录的集大成之作,保留了诸多佛典翻译信息。众所周知,后汉以来佛典汉译一直在持续①,自东晋末释道安编纂《综理众经目录》起,南方相继出现了《众经别录》、《出三藏记集》、梁华林园宝云经藏《众经目录》等官私佛典目录;北方则出现李廓、法上等人编纂的魏、齐《众经目录》,这些目录中仅僧祐《出三藏记集》得以流传至今,余皆亡佚,而《三宝纪》刚好综合了这些目录的内容,历来受到经录研究者的重视②,但鲜少有学者关注"帝年"。陈垣先生在《中国佛教史籍概论》中早有提示,多年来未有学者措意,而作者对"帝年"和费长房史观的

①　佛典汉译史概观详参船山彻《仏典はどう漢訳されたのか——スートラが経典になるとき》第二章《翻訳に従事した人たち——訳経のおおまかな歴史》,岩波书店,2013 年,第 19—52 页。

②　相关研究很多,具有代表性的有林屋友次郎《経録研究・前篇》,岩波书店,1941 年;常盘大定《後漢より宋齐に至る訳経総録》,国书刊行会,1973 年;川口义照《中国仏教における経録研究》,法藏馆,2000 年等。

探讨即沿着这一思路，结合费长房的生平经历，对其史观形成的时代背景作了深入揭示，颇具启发性。同时注重考察政治因素对佛教史书编纂的影响；"帝年"部分的史源；年历体裁出现在佛教史叙述中的背景，及其对后世佛教史编纂的影响等问题。

其二，以往的中古佛教史研究大都注重国家层面的政教关系及皇帝贵族与僧人的交往[①]，或具体某个教团的形成、存续与发展，及个人对佛教发展的影响[②]，关于地方佛教整体命运的研究较少[③]。而作者对南北朝末期至隋唐地方佛教发展予以重视，特别是北周武帝灭佛和周隋革命对地方佛教的影响，以及北朝政权统治下南方佛教的命运等问题，利用石刻史料结合传世文献深入细致地描绘政权更替、国家宗教政策对地方佛教的影响。本书另外一个极具启发意义的地方是，作者选取位于梁代边境的几个地区，除了政权更迭外，这些地方也存在人员和学术思想的移动。作者利用《续高僧传》和出土石刻材料，揭示出梁陈之际建康佛教学术对长江中上游地区的辐射力[④]。

同时，书中对部分问题的讨论仍有深入的空间。如序章中提到诸如道安、僧祐编纂的经录虽然以时代排列，但都没有按朝代整理；唐代不仅年历盛行也编纂目录，还撰写单个寺院藏经录。如果将视野从现存经录扩展到全部经录，那么仅

---

① 研究南朝佛教的代表性成果有谏访义纯《中国南朝仏教史の研究》，法藏馆，1997 年；北朝佛教史代表著作有塚本善隆《北朝仏教史研究》，大东出版社，1974 年；隋唐佛教史有山崎宏《隋唐仏教史の研究》，法藏馆，1967 年。

② 如汤用彤先生考察两晋南北朝佛教史时注重名僧与名士的交往，以佛教史上重要的僧人及其弟子为主轴展开论述。参氏著《汉魏两晋南北朝佛教史》，北京大学出版社，2011 年；许理和考察襄阳、江陵、庐山的佛教即以道安和慧远为中心，参氏著李四龙、裴勇等译《佛教征服中国》，江苏人民出版社，1998 年，第 305—430 页；吉川忠夫考察摄山栖霞寺的历史即以教团的形成为线索，兼论教团与东方沿海地域的地缘关系及与平原明氏一族的渊源，参氏撰《五、六世紀東方沿海地域と仏教——摄山栖霞寺の歴史によせて》，《東洋史研究》42—3，1983 年，后收入吉川忠夫《六朝隋唐文史哲論集Ⅱ宗教の諸相》，法藏館，2020 年，第 225—256 页；宫川尚志考察竺僧朗教团在胡族政权治下的命运，详参《五胡十六国と太山の竺僧朗教団》，收入氏著《六朝史研究・宗教篇》，平乐寺书店，1964 年，第 255—278 页。类似成果颇多，不备举。

③ 谏访义纯已运用以地区为单位、以执政官任期为时段划分的方法研究梁武帝时期益州地区的佛教发展状况，详见谏访义纯《中国南朝仏教史の研究》第十章《梁武帝の蜀地经略と仏教——益州刺史の任免を中心として》，第 202—228 页；谏访先生在研究梁武帝佛教政策时也使用编定年表的方式，详见谏访义纯《中国南朝仏教史の研究》第一章《梁武帝仏教関係事蹟年譜考》，第 11—78 页。这种方法可视作清人制作方镇年表方法的延续，其局限性在于视角比较宏观。

④ 此点蒙匿名评审专家提示。评审专家不仅从内容上对本文多有补充，还指出了笔者的疏漏，笔者对其意见多有采纳，专此致谢。

从《三宝纪》代录的引用经目来看，其中《竺道祖录》就具有按朝代整理的趋势，分为《魏世录》《吴世录》《晋世杂录》《河西伪录》等，只是没有"帝年"性质的年表。同时像道安所撰目录和竺道祖目录想必依据道安襄阳教团、庐山慧远教团藏经，《出三藏记集》也依托定林上寺藏经编纂，另有《一乘寺藏众经目录》，寺藏经目的出现时间应当较早。当然《三宝纪》中所录内容的可靠性历来存在许多争议，很多涉及引书真实性的问题尚难以定论①。

伪经目录的编纂固然与国家谶纬禁绝政策要求剔除佛教符命相关伪经有关，但并不尽然。经目都具有很强的因承关系，许多经录中的疑伪一目是对前代目录中疑伪经目的继承，现存经录中《出三藏记集》、法经《众经目录》、彦琮《众经目录》等都是如此。以彦琮经录为例，其中的疑伪目就对僧祐目录中疑伪目多有继承，加入萧子良抄经和部分本土抄撰经。作者如能用更具体的疑伪经录中符命相关经典的例子来加以说明，并注重疑伪经录本身在不同时代的不同特点，则能更好地支撑结论。

佛教类书的生成也应置于南朝士大夫热衷收集书籍和夸耀知识占有的学术风气中认识，而非仅仅梳理佛教经书抄撰的发展历程。作者也注意到僧祐对佛教类书编纂并不持支持态度，佛教抄经和类书编纂大都是面向士人，满足士人的知识需求的②，因此不能不考虑南朝聚书之风盛行的学术大环境。与其说佛教类书从抄经逐渐发展而来，不如说与士大夫编纂的各类书钞和类书同步出现。

另外第一篇第六章讨论《大唐内典录》与《三宝纪》的关系，虽然作者的问题是从道宣著作生发的，但讨论唐代诸经录对《三宝纪》的利用时如果能将明佺、智

---

① 这与经录编纂往往依据寺藏实见经书或转引前代目录有关。《三宝纪》卷一五有费长房引书目录，从费长房的自叙中可知其中他所见者只有 6 种，其余都是从这 6 种经录中转引，造成《三宝纪》引用源头不明。而《三宝纪》代录的内容很大程度被后世经录继承，反过却有限，这造成我们难以通过后世其他经录获得《三宝纪》史源的线索。对费长房引书真实性持极端怀疑态度的有谭世保《汉唐佛史探真》（中山大学出版社，1991 年）一书。也有许多学者与谭世保持不同意见，如冯国栋在《古佚佛教经录考辨》（《文史》2011 年第 3 辑）一文中对谭氏多个观点有所修正。又，陈志远在考察宝唱所撰《众经目录》时也不赞同谭氏关于《三宝纪》引《宝唱录》皆为费长房伪造的观点。详参陈志远《宝唱著作杂考——齐梁佛书编纂的一个断面》，收入氏著《六朝佛教史研究论集》，博扬文化，2020 年，第189—207 页。又如林屋友次郎认为费长房所引《朱士行汉录》也非费长房作伪。参氏著《経録研究·前篇》，第 241—281 页。总体而言笔者认为《三宝纪》引书虽繁杂但并非费长房杜撰。

② 陈志远指出僧祐的著作中除《出三藏记集》外都具有类书性质，他撰述的用意是以世俗知识结构整理佛教经典，服务于居士佛教修行。参看陈志远《定林上寺经藏考》，收入氏著《六朝佛教史研究论集》，第 156 页。

昇、圆照等目录都纳入对比，就能使问题得到更充分的论述，也更能彰显出道宣裁剪组合史料的特殊考量。

部分史料的使用尚有可商之处，如陶弘景《帝王年历》作者以为具有年表性质，今观《梁书》本传云陶氏："尤明阴阳五行，风角星算，山川地理，方图产物，医术本草。著《帝代年历》，又尝造浑天象。"①《南史》进一步阐释陶弘景之学术："以算推知汉熹平三年丁丑冬至，加时在日中，而天实以乙亥冬至，加时在夜半，凡差三十八刻，是汉历后天二日十二刻也。"②笔者推测此书的性质是否是历法著作而非年表。陶弘景此书多出现在护教文献中，诸如法琳《破邪论》《辩正论》，而不见别处称引，或是北朝佛道论争下的附会之作，其成立背景类似《三宝纪》所引《朱士行汉录》③。而两《唐书》是因其书名收入杂史类，实未见其书。这也解释了《破邪论》中引及的《陶隐居年历》与《华阳隐居先生本起录》中所载之年历起止有出入的问题。

以上笔者简要介绍了本书的内容，又结合相关研究对本书的学术贡献作了评述。作者充分利用《三宝纪》帝年部分，注意到《三宝纪》经录之外的通史性质，并由此出发考察了中国佛教通史意识的生长；利用石刻材料结合传世文献细致描绘了南北朝至唐初政权更替背景下区域佛教的发展状况；在石经的利用上又采用宏观的视角，以各地区石经雕造事业整体的盛衰和特点为线索，揭示出其背后区域佛教的命运。诚然经录研究是日本学界关注较多的领域，作者将视线转向经录中"史"的部分，由此提出了一系列新问题颇具启发性，但作者在讨论具体问题时对经录相关问题的把握也有不够准确的地方。

---

① （唐）姚思廉撰《梁书》卷五一《陶弘景传》，中华书局，1973年，第743页。
② （唐）李延寿撰《南史》卷七六《陶弘景传》，中华书局，1975年，第1898页。
③ 林屋友次郎认为《朱士行汉录》是北朝人的伪作，成立于北魏或北周灭佛背景下，是用以对抗道教的产物。参氏著《経録研究・前篇》，第241—281页。

编后记

　　本卷以"中古史研究的旧式新法"为题,编者有意未设置明确的主题,除惰性之外,大约也暗含对日渐盛行的"有计划学术"的担忧。事先虽无规划,各位作者交来的文稿仍反映出近年来中古史研究对新史料的发掘与关注,如玺印、简牍、石刻、文书等,涉及议题包括史源考证、职官制度、地方社会与阶层流动等不同方面。既有对历来聚讼不已问题的重新梳理,也有运用新材料展开的实证研究。目前国内学界无疑拥有最多的中古史从业者,这一人数上的优势,当然未必等同于研究水准的提升,但客观上有利于研究方法与议题的多元,维系不同的学术传统,在日益逼仄的世界中,或有独特的意义。

　　本卷较侧重"研究评述"的组稿。高水平的综述不仅是"替人读书"的工作,作者需在大量阅读前人研究的基础上,勾画出某一重要学术论题演变的脉络,概括各家之说的要旨,评骘其得失,既标示值得阅读的重要论著,又能发掘学术史上的隐没者,分析当前论争的瓶颈,探讨未来研究的可能。这样的工作对后来者进入某一学术论域具有重要的"路标"作用,但在当下学术体制中实属费力多而程功少者,因此本卷尝试在此方面稍作努力。

　　长期以来,中古史研究包含两个互有张力的传统,一是由于史料的相对不足,重视开拓新材料,二是注重对学术史的清理与反思,在总结既往研究范式得失的基础上,推动研究方法与视角的更新。材料与方法的相互激发,兼容新旧,大约是中古史研究保持活力乃至形成与其他断代不同特色的重要原因,这也是本卷标举"旧式新法"的指向。

　　作为一份稍具同仁刊物色彩的学术集刊,《中国中古史研究》至今已出版十卷。记得当年大家聊起是否要编一个刊物时,亦不乏争论,即使在十几年前,多数同仁便意识到已过了创办学术集刊的黄金时期。记得自己曾开玩笑说,本刊最合适的定位是"起家官"杂志，起家官杂志需要两个因素，一是"清"，二是"轻"，即维持作者群体的年轻化，又以刊登较高水准、特别是具有"方法实验性"的论文为特色。观察十余年来国内外学术风气的变化，这一本出戏谑的编辑方针，仍不无现实的价值。

仇鹿鸣

2023 年 6 月 20 日

《中国中古史研究》第十卷作者所属

曹天江：清华大学历史系

柴　芃：山西大学历史文化学院

陈韵青：中国政法大学法律古籍整理研究所

段　彬：山西大学历史文化学院

胡　康：复旦大学历史学系

林子微：东京大学人文社会系研究科

庞　博：北京大学历史学系

石　青：浙江大学历史学院

宋欣昀：复旦大学历史学系

邢　云：北京大学科学技术与医学史系

于子轩：北京大学历史学系

周　鼎：扬州大学社会发展学院